华北理工大学社会科学研究院文库

经济与社会理论研究与智库服务

华北理工大学社会科学研究院◎编

燕山大学出版社

·秦皇岛·

图书在版编目（CIP）数据

经济与社会理论研究与智库服务 / 华北理工大学社会科学研究院编. —秦皇岛：燕山大学出版社，2023.1

ISBN 978-7-5761-0376-2

Ⅰ．①经… Ⅱ．①华… Ⅲ．①社会科学－文集 Ⅳ．①C53

中国版本图书馆 CIP 数据核字（2022）第 134529 号

经济与社会理论研究与智库服务
华北理工大学社会科学研究院 编

出 版 人：陈　玉

责任编辑：孙志强　　　　　　　　　　策划编辑：裴立超

责任印制：吴　波　　　　　　　　　　封面设计：刘馨泽

出版发行：燕山大学出版社　　　　　　电　　话：0335-8387555
YANSHAN UNIVERSITY PRESS

地　　址：河北省秦皇岛市河北大街西段 438 号　　邮政编码：066004

印　　刷：英格拉姆印刷(固安)有限公司　　　　　　经　　销：全国新华书店

开　　本：185mm×260mm　1/16　　　　印　　张：23.5

版　　次：2023 年 1 月第 1 版　　　　　印　　次：2023 年 1 月第 1 次印刷

书　　号：ISBN 978-7-5761-0376-2　　　字　　数：442 千字

定　　价：96.00 元

前　言

习近平总书记高度重视哲学社会科学工作的开展并对社科工作者寄予厚望。习近平总书记指出："一个没有发达的自然科学的国家不可能走在世界前列，一个没有繁荣的哲学社会科学的国家也不可能走在世界前列。坚持和发展中国特色社会主义，哲学社会科学具有不可替代的重要地位，哲学社会科学工作者具有不可替代的重要作用。""我国哲学社会科学应该以我们正在做的事情为中心，从我国改革发展的实践中挖掘新材料、发现新问题、提出新观点、构建新理论。""着力构建中国特色哲学社会科学，在指导思想、学科体系、学术体系、话语体系等方面充分体现中国特色、中国风格、中国气派。"近年来，遵照习近平总书记的要求，在华北理工大学校党委和校行政的大力支持下，我院科研人员奋发图强，形成了一批在国内甚至国际有较大影响的科研成果。学校支持我院把已取得的部分成果以文库形式正式出版，这是对我院科研人员极大的支持和鼓励。

以"立足需求、源于实践、精准施策"为原则，体现我院服务地方经济社会发展的智库职能，本次纳入文库的文章包括"经济与社会理论研究"和"智库服务"两部分，收集72篇，合计40余万字。

第一部分"经济与社会理论研究"，收录37篇文章。文章来源有三方面：一是发表在《人民日报》等大报大刊上的评论与理论性文章；二是发表在国内核心期刊的学术性文章；三是国内权威学术会议征文或讲稿。内容包括两方面：一是经济理论研究，研究范围广泛，涵盖可持续发展、资源城市转型、产业结构调整、区域或城乡发展、科技创新发展、产业集群、新经济、数字贸易、营商环境等方面。一些文章曾在社会上产生重要影响和广泛关注，国内外多家知名主流媒体进行转载和报道。如《2015世界可持续发展年度报告》发表后，联合国环境规划署专门召开由各国大使参赞和国内外专家参加的推介会。与会专家评价《2015世界可持续发展年度报告》是"代表了中国的科学家、研究团队以及中国政府对全球可持续发展的贡献"，认为"开创性地、开拓性地代表中国学术界，代表中国的声音、中国的建议""是在用中国的声音讲世界的故事"。二是国家凝聚力研究,部分文章为国家社科基金重点项目"当代中国国家凝聚力研究"的阶段性成果,其中《增强社会主义核心价值观的大众凝聚力》等 6 篇文章获得"第十五届河北省社会科学优秀成果二等奖"。《我国国家凝聚力进入全面增强新时期》发表在《中国社会科学报》头版,正值 2019 年全国"两会"召开期间,文章引发广泛关注,并被"学习强国"收录。

第二部分"智库服务",收录 35 篇文章。该部分首篇《怎样写一篇好的决策调研报告》是在河北科技大学的专题讲座稿,报告受到学校教师的广泛好评。其余 34 篇报告紧紧围绕河北省经济社会发展中亟待解决的问题,经过充分调研、座谈而形成。其中大部分调研报告得到国务院或河北省及唐山市主要领导批示,一些转化为政府决策,或写进政策文件、纳入"十四五"规划。智库报告具有综合性、多学科交叉性、实践性、时效性等特点,内容涵盖广泛,包括:较为宏观的区域发展,如京津冀协同发展、雄安新区发展、优化营商环境、自贸区建设、智慧城市建设等;具体产业发展,如安全应急产业、体育产业、钢铁产业、机器人产业、生物活性碳化肥料产业、生物医药产业等;社会多方面发展,如职业教育、"互联网 +"政务服务、乡村振兴、贫困地区脱贫、空心村、健康经济、人才集聚、世界文化遗产保护等。

近几年取得的成果仅仅是开始,为我院进一步开展社科研究、更好地服务各级党委政府科学决策奠定了良好基础。我们有信心在华北理工大学学校党委的领导下,在科研部门和各学院的支持下,再接再厉,开创华北理工大学社会科学高质量发展的新局面。

华北理工大学社会科学研究院院长 刘学谦

2021 年 11 月 1 日

目　　录

第一篇　经济与社会理论研究

第二篇　智库服务

第一篇

经济与社会理论研究

2015 世界可持续发展年度报告

进入 21 世纪后的地球，面临着人口增长、能源和资源需求、生态和环境胁迫、社会问题等带来的多重压力，也面临着土地利用改变巨大、城市化迅速发展、人类活动强度非线性增大、气候变暖、网络化带来的全新挑战。在此背景下，21 世纪开始之年，"应对变化中地球的挑战 2001"世界大会首倡并发布了"可持续发展科学"诞生宣言，并正式宣布"可持续发展科学"是科学领域一个全新的学术方向。

2015 年被称为可持续发展年，9 月在纽约世界首脑特别峰会上将批准"2015 后发展议程"。为配合这一时间节点，本课题组发布世界首份《2015 世界可持续发展年度报告》。本报告在世界上首次计算了主要国家实现可持续发展目标的时间表，获得了全球 192 个国家（地区）的可持续发展能力指数，还特别提出了在"后发展议程"中全球目标设计的新思路。

本报告既从经济增长、结构治理和环境安全的实用性要求出发，也从哲学观念、人类进化、文明形态的理性化总结出发，力求全方位涵盖"自然、经济、社会"复杂巨系统的行为规则，体现"人口、资源、环境、发展"四位一体的辩证关系，从而在可持续发展这个庞大的交叉科学体系中，彰显中国学者的学术见解。

一、深入认识可持续发展概念

自 1983 年联合国启动可持续发展的奠基性研究以来，"可持续发展科学"已经凝练出以下三项共识：必须坚持以创新驱动克服增长停滞和边际效益递减（提供动力）；必须保持财富的增加不以牺牲生态环境为代价（维系质量）；必须保持代际与区际的共建共享，促进社会理性有序（实现公平），从而在可持续发展内涵中提取出了"动力、质量、公平"三大元素。只有上述三大元素及其组合在可持续发展进程不同阶段获得最佳映射时，可持续发展科学的内涵才具有统一可比的基础，才能制定可观控和可测度的共同标准。

1999 年，中国第一份可持续发展战略研究报告发布，明确提出"人与自然之间关系的平衡"和"人与人之间关系的和谐"是贯穿于整个可持续发展的两大核心主线，为可持续发展科学的建立提出了可公度性要求。

可持续发展科学的建立与完善大致分为四个主要方向——经济学方向、社会学方向、生态学方向以及系统学方向，其中，系统学方向为中国学者所独立开创。

由于各类局限性约束，可持续发展科学的公理破缺也正逐渐显现出来：在强调代际公平的同时比较忽略区际公平；在强调环境效应的同时比较忽略社会效应；过分强调自然变化，比较忽略文化变化。

联合国《21 世纪议程》与千年发展目标实施以来，全球可持续发展进程进入 2015 年后发展议程的新阶段。在此基础上，依据可持续发展科学，我们寻求可持续发展的"拉格朗日点"作为制定全球实现可持续发展时间表的定量指南，并据此作出对各国可持续发展目标实现时间的基本预测。我们将进入可持续发展门槛的前提设定为："无世界大战发生、无全球性经济危机发生、无全球性国际治理结构失控发生、无全球性网络灾难发生、无全球性不可控事件发生。"

二、世界 2015 年后发展议程

2015 年后的世界可持续发展面临新挑战。

挑战之一，人与自然关系不和谐，表现为：全球温度上升控制在 2 摄氏度阈值之内面临巨大挑战；世界资源短缺风险日益凸显，实现资源消耗"零增长"目标任重道远；全球环境污染程度持续加重，仍处于环境与发展的"两难"境地；全球生态服务功能持续下降，"生态赤字"加速上升。

挑战之二，人与人关系不和谐，表现为：人口总量呈加速增殖，人口结构失衡日益严重；全球"财富鸿沟"越来越大，陷入发展与公平的"两难"悖论；全球失业和贫困人口居高不下；全球社会风险持续增加，社会认同感降低。

挑战之三，人类身心关系不和谐，表现为："财富增长"与"幸福流失"悖论；"致富至上""唯 GDP 论"泛滥；"消费异化"与"可持续消费"冲突。

有鉴于此，本报告设计了一套人类可持续发展面临威胁的定量评估体系，该评估体系从威胁空间范围、时间尺度、应对难度三个维度对人类可持续发展面临的威胁进行评价。其中，空间范围分为全球尺度、洲际尺度和区域尺度三类。时间尺度分为长期（大于 100 年）、中期（50 ～ 100 年）和短期（小于 50 年）三类。应对难度分为高（无解决方案）、中（有解决方案难实施）和低（有解决方案易实施）三类。

评估结果显示，21 世纪人类可持续发展面临的前十大威胁依次为——气候变暖、恐怖活动、资源短缺、自然生态退化、贫富差距、环境污染、腐败行为、人口膨胀、地区冲突和传染病。

当今全球可持续发展也正迎来历史性的新机遇。首先，从发展动力引擎的升级来看，第三次工业革命大潮方兴未艾，创新驱动引领发展动力升级，为人类可持续发展提供了可靠的动力支撑；其次，从全球治理体系调整来看，以中国为代表的新兴经济体国家群体性崛起，与传统发达国家在全球可持续发展治理体系构建的良性互动和共建共享之中，为全球可持续发展创造了新机遇、新活力和领导力；最后，从发展理念变革来看，全球绿色新政方兴未艾，从追求"资本红利"向追求"生态红利"转变，推动了工业文明向生态文明转型，生态文明建设孕育着世界可持续发展的历史性机遇。

三、世界的社会难题与人文响应

本报告基于世界可持续发展的社会维度，构建了社会和谐指数指标体系，旨在通过对全球社会和谐指数的研究发现各国政府在治理过程中存在的问题。

世界社会和谐指数研究指标体系具体包括社会治理、社会稳定和社会发展三大子系统及其分属的七大要素。其中，社会治理是对世界各国政府社会管理能力和管理水平的综合度量，由治理能力、社会清廉及和平指数三项组成。社会稳定是对世界各国政府应对国内社会矛盾、平衡社会各阶层利益能力的综合度量，由幸福体验和基尼系数两项组成。社会发展是对世界各国政府促进本国人民发展、提升国家综合竞争能力的综合度量，由教育投入和创新能力两项组成。该体系还对三级指标进行说明与界定，并给出了详细的计算方法与权威的资料来源。

通过计算，我们得出全球典型国家 2013 年社会和谐指数。测算结果显示，社会和谐指数与国家类型基本一致。

人类发展指数（HDI）由平均预期寿命、成人识字率和人均 GDP 的对数三个指标构成，分别反映人的长寿水平、教育水平和生活水平，然后按照一定的计算方法，得出当年世界各国的综合指数，据此衡量当年各国的人类发展水平。根据人类发展指数的高低，联合国开发计划署将世界各国依次分为极高人类发展水平、高人类发展水平、中等人类发展水平和低人类发展水平四个组别。

本报告认为，世界各国人类发展指数达到 0.8 以上将是社会问题减少、人类发展水平较高的阶段。因此，本报告根据现有不同组别人类发展水平的年均增长率估算出世界平均 HDI 值发展趋势和不同类型的典型国家人类发展指数达到 0.8 的时间。就世界范围来看，人类发展指数大约将在 2040 年前后达到 0.8，之后增速将进一步放缓，预计将在 21 世纪末达到 0.95。

四、未来 15 年后发展目标的重整

本报告以联合国可持续发展目标工作组建议的 17 项目标为基础，对不同类型国家可持续发展目标的选择进行计算、分析和总结，定量分析的结果显示，可在如下几个方面对"17 项目标"进行改进。

（1）提出可持续发展目标的系统理论，可持续发展强调发展的系统性和全面性。本报告充分重视人与自然的和谐、人与人关系的和谐两大可持续发展主题，并由此提出发展动力、质量和公平等三大元素的逻辑自洽理论。

（2）考虑不同发展阶段的可持续发展目标，本报告将全球各国的发展阶段分为发达国家、发展中国家和最不发达国家，并对各种类型发展阶段下可持续发展的动力、质量和公平优先级进行评价。

（3）本报告以"17 项目标"为基础，对五种类型国家，特别是小岛国家未来 15 年的可持续发展目标体系进行了梳理和评价。

（4）本报告在发达国家、新兴经济体国家、发展中国家、最不发达国家和小岛国家中，分别选取五个代表性国家，对其未来 15 年可持续发展的目标优先级进行排序。

（5）明确可持续发展"共同而有区别的责任"原则，本报告不仅关注可持续发展目标，还强调目标背后的责任。

未来 15 年发达国家可持续发展的目标选择中，本报告以美国、德国、挪威、澳大利亚、日本为例，虽然他们在各维度上的可持续发展水平普遍较高，但其中也存在短板，假设以 0.618（标准化数据的黄金分割点）作为各项目标实现可持续发展的标准值，距离标准值越远，越应该优先发展该项目标。基于这样的假设，未来 15 年发达国家应依次优先在能源配置、用水安全、生产消费、气候变化、劳动就业等目标方面实施可持续发展战略。

未来 15 年新兴经济体国家可持续发展的目标选择中，按同一研究方法，本报告以巴西、俄罗斯、中国、印度、南非为例，未来 15 年新兴经济体国家应依次优先在结束饥饿、能源配置、确保健康、用水安全、生产消费、劳动就业、社会平等、城市发展、海洋利用、全球合作等目标方面实施可持续发展战略。

　　发展中国家以印度尼西亚、不丹、埃及、尼日利亚、委内瑞拉为例，未来15年应依次优先在确保健康、结束饥饿、能源配置、生产消费、用水安全、劳动就业、城市发展、基础设施、全球合作、社会平等、海洋利用、优质教育、性别平等等目标方面实施可持续发展战略。

　　最不发达国家以阿富汗、孟加拉国、苏丹、莫桑比克、埃塞俄比亚为例，未来15年应依次优先在基础设施、确保健康、城市发展、用水安全、消除贫困、优质教育、全球合作、结束饥饿、生产消费、社会进步、社会平等、能源配置、海洋利用等目标方面实施可持续发展战略。

　　小岛国家以马尔代夫、斐济、所罗门群岛、汤加、毛里求斯为例，未来15年应依次优先在确保健康、海洋利用、用水安全、劳动就业、生产消费、基础设施、生态保护、城市发展、社会进步、性别平等、社会平等等目标方面实施可持续发展战略。

五、世界192个国家（地区）可持续发展能力

　　衡量可持续发展的指标体系是正确引导可持续发展方向的关键。指标体系应是反映系统本质和行为规矩的"量化特征组合"，是衡量系统变化和质量优劣的"比较尺度标准"，是调控系统结构和优化功能的"实际操作手柄"。

　　可持续发展的指标体系，分为总体层、系统层、状态层和要素层四个等级。其中，总体层表达可持续发展的总体能力，代表着战略实施的总体态势和总体效果；系统层由内部的逻辑关系和函数关系表达为五大系统；状态层在每一个划分的系统内能够代表系统行为的关系结构；要素层采用可测、可比、可以获得的指标及指标群，对变量层的数量表现、强度表现、速率表现给予直接度量。

　　综上，我们在可持续发展总体框架原则下，综合考虑指标的可获取性和连续性，构建了共包括五大系统和26项要素的"可持续发展能力"指标体系。其中五大系统包括生存支持系统、发展支持系统、环境支持系统、社会支持系统和智力支持系统，26项要素中既包括单一要素指标，也包括综合要素指标。

　　依照所设计的指标体系，应用"世界银行"和《人类发展报告》（2014）发布的全球各国家（地区）最新年度统计数据，在统计规则的统一比较下，本报告完成了世界各国家（地区）可持续发展能力以及五大分项的计算。根据数据的可获取性，共选取全球192个国家（地区）。据测算结果，前十名为挪威、瑞士、瑞典、加拿大、冰岛、芬兰、奥地利、德国、斯洛文尼亚、澳大利亚，末十名为格林纳达、基里巴

斯、索马里、密克罗尼西亚、尼基茨和尼维斯、毛里塔尼亚、圣马力诺、马绍尔群岛、图瓦卢、南苏丹。

六、首推可持续发展"资产负债表"

在对世界可持续发展能力系统学解析的基础上，《人类发展报告》首次从全球视角介绍了世界可持续发展能力的"资产负债表"。可持续发展能力的"资产负债表"基本思想是从本质上强调对发展质量的评判。可持续发展能力"资产负债表"的分析构筑在对可持续发展的系统解析之上，寻求不同国家之间及同一国家不同支持系统内部支撑要素的比较优势，将比较优势定量化、规范化，然后置于统一基础上加以对比，形成可持续发展能力的"资产"（比较优势）和"负债"（比较劣势）。

应用可持续发展能力资产负债表，对全球各国的可持续发展能力做出相应的定量判别，即应用相对资产和相对负债相互抵消的净结果，作为各国可持续发展能力水平的"质"的表征。

所统计的 192 个国家（地区）中，可持续能力相对资产最优的 5 个国家（地区）为：挪威、德国、冰岛、瑞典、新西兰。可持续能力相对负债最大的 5 个国家（地区）为：南苏丹、约旦河西岸和加沙、乌干达、也门、冈比亚。依据国家类型划分，可持续能力相对资产最优的为发达国家（66.07%），其次为新兴经济体国家（61.50%），最后是最不发达国家（47.28%）。

来源：牛文元，刘学谦，刘怡君 . 2015 世界可持续发展年度报告 [N]. 光明日报，2015-09-09（016）.

使经济结构调整成为优化升级的过程

　　经济结构战略性调整是加快转变经济发展方式的主攻方向，直接关系到加快转变经济发展方式的成效。在"十二五"时期推动经济结构调整，必须深入贯彻落实科学发展观，自觉遵循产业发展规律，综合考虑各地的工业化水平与阶段性差异，坚持统筹协调、扬长避短，防止出现产业结构雷同化、单一化等问题，真正使经济结构调整成为优化升级的过程。

　　坚持区域统筹，防止产业结构雷同化。我国目前的经济结构虽然还有一些计划经济的影子，但大多是在改革开放和社会主义市场经济条件下形成的，具有历史原因和现实依据，对我国经济长期稳定增长发挥了重要作用。然而，随着国内外形势的发展变化特别是工业化水平的提高，我国目前的经济结构已经出现了明显的不适应，制约着我国经济又好又快发展。为解决这些问题，各地在制定"十二五"规划时加大了经济结构调整的力度。但值得注意的是，不少地方出现了经济结构调整目标和方向雷同的问题。比如，许多城市把第三产业在总产值中的比重超过第二产业作为调整经济结构的目标。这从大方向来讲虽然不错，但如果各个城市不顾工业化发展阶段和水平，都急于实现这样的目标，则是不现实的。同时，发展第三产业并不等于实现经济发展方式的转变，关键是全面提高各个产业的发展质量和效益。又如，各地在规划发展战略性新兴产业时大都写上了新能源、新材料、现代高端装备制造业、信息技术产业等。当然，这些都是非常好的战略性新兴产业，但如果全国各地不管是否具备条件都去发展这些产业，其结果必然是要么形成新的产能过剩，要么有的地方根本发展不起来。因此，各地推进经济结构调整一定要从实际出发，选准突破口，把能够办得到、干得好的产业作为着力点，在突出区域特色的基础上实现合理分工、统筹布局。

　　坚持全面协调，注意做到系统推进。经济结构调整是一项系统任务，包括从生产到消费、从区域特色产业培育到空间优化布局、从传统产业改造提升到新兴产业培育发展等诸多方面和环节，其中的每个方面和环节都是实现整个系统功能不可或缺的。如果推进经济结构调整片面强调某一个方面和环节，而不是整体地、系统地调整，就有可能造成新的结构失衡。现实中，有的地方强调调整产业结构却忽视调整消费结构，有的地方强调调整第二产业结构却忽视调整第一、第三产业结构，有的地方注重培养新兴主导产业却忽视改造提升传统产业，等等。这种失衡的调整是不可能实现经济结构优化升级的目标的。

坚持再创新优势，但不能丢掉传统优势。在社会主义市场经济条件下，区域特色和优势是区域经济发展和竞争力提升的重要支撑，没有特色和优势的区域经济很难实现又好又快发展。推进经济结构调整，绝不能调丢自己的传统优势，而应在这个基础上再创新优势。这个新优势可以是通过产业结构调整调出的，可以是通过产业、科研、金融、中介等的合作创新集聚的，可以是通过培育战略性新兴产业育出的，可以是通过招商引资引来的。值得注意的是，目前一些地方忽视自己的传统优势对推动区域经济发展的重要作用，把自己并不具有资源、环境、人才、区位等方面条件的产业项目作为产业结构调整的方向和目标。这无异于弃长扬短，不仅不会形成区域经济发展新优势，甚至会丧失已有优势，陷入新的困境。

来源：刘学谦. 使经济结构调整成为优化升级的过程 [N]. 人民日报，2011-05-25（007）.

资源型城市转型的路径探讨

资源型城市转型是一个世界性的难题。难就难在一座资源型城市的形成，短则几十年、长则上百年，要实现转型既需要城市主体的强烈转型欲望和冲动，又需要具备相应的经济、社会、科技等条件。无论国内还是国外都有因转型不成功而衰落甚至消亡的城市。据统计，我国有 118 座资源型城市，已有 50 座出现资源衰竭。我国资源型城市如何实现科学转型，直接关系国家的经济发展和社会稳定。国内外资源型城市转型所提供的经验，使我们能够形成一些具有普遍意义的路径选择共识。

一、在繁荣时期，就要有危机意识

资源型城市的发展大体经过三个时期：一是大规模开发建设期，二是稳定繁荣发展期，三是资源枯竭衰落期。但真正到了衰落时期再去考虑转型，一般来说为时已晚。因为衰落期城市已经难以支付转型所需要的巨大成本。只有在繁荣时期，并在完成了一定的城市资本积累之后，推进转型效果才会更好。为此，一是就要在干部群众中树立危机意识，充分认识转型的必要性和重要性。危机意识的形成，大体上有三种方法可资借鉴：一是算账算出危机意识。即从资源开采年限的有限性与对城市经济发展支撑的有限性的对比中，看城市未来发展对人民群众生活水平的影响和社会事业全面发展的制衡。河北省唐山市在推进资源型城市转型的过程中，就是这样做的。唐山市是典型的依煤而建、因钢而兴的城市，近年来经济发展较快，2008年 GDP 达到了 3561 亿元，财政收入 4508 亿元，人均 GDP 超过了 7000 美元。但是，市委市政府利用各种会议、媒体反复宣传这样一种认识：唐山现有资源只够采50 年，也就是说 50 年后唐山将步入资源枯竭型城市；如果我们现在不改变固有的发展模式，那么不仅生态环境将难以为继，经济可持续发展将难以为继，就是资源支撑也终有一天会难以为继。这样的危机意识目前已经成为唐山干部群众的共识。二是在经济全球化的竞争下，激发危机意识。在经济全球化、市场化条件下，资源型城市的资源优势受到了严峻挑战。在世界上很少有哪一个资源型城市的资源是独一无二的。激烈的国际竞争，往往使靠单纯资源开发而发展的城市经济受到严重制约。从 2008 年开始的世界金融危机，造成整个国际市场低迷，国外的一些资源型矿产品，如铁矿石等大量向我国倾销，造成我国相同资源的矿山停产、减产，直接影响到资源型城市的经济增长和人民群众生活水平的提高。事实已经告诉我们，资源型城市如果不去主动转型、创造产业结构的新优势，就是守着资源的金山也会过穷日子的。三是在科学发展中形成危机意识。传统资源型城市发展的直接后果往往是对生态环境的破坏，而且发展的速度与对生态环境的破坏往往成正比。走科学发展之路，实现人与自然相协调，发展绿色矿山、建设生态城市成为人民群众的共同需求。以对环境的破坏换取资源型城市的发展，人民群众是不答应的，也是得不偿失的。走科学发展之路，资源型城市就必须主动转型。

二、在传统优势上，创造转型新优势

资源型城市具备资源优势，这是不言而喻的。我们把这种优势称之为传统优势。在传统优势的基础上创造转型的新优势是资源型城市转型、实现可持续发展的必然要求。具体路径如下：一是通过对资源型产品的深加工，延伸产业链创造新优势。资源型城市产品大多为初级产品，通过深加工增加产品附加值，不但增加了效益，而且降低了运输成本。通过开发中下游产品，延伸产业链，把原材料加工制造成直接进入消费市场的产品，不仅会增加效益、促进就业，更重要的是，可以为城市转型打下重要的资本、人才、技术基础。大庆是典型的石油资源型城市，该市的主导产业一直是石油开采。近些年来，通过经济转型，已经延伸到乙烯、丙烯、芳香烃等产业链条，并开发出轻柴油、合成树脂、塑料、化肥、甲醇等精深加工产品。大庆市正逐步由完全靠石油开采的资源型城市变为世界性的石化产业基地。二是通过产业结构的调整，创造城市转型的新优势。资源型城市的产业结构一般是二产独大，一产和三产薄弱。调整产业结构应重点放在二产的内部结构调整和不断扩大三产在生产总值中的比重上。山西晋城在改造提升煤炭传统产业的基础上，大力发展煤化工产业、煤层气产业、煤电化一体产业，形成了明显的新优势。在三产方面，要围绕资源型城市的优势产业做足现代服务业的文章，发展电子信息化产业，重点是运用信息技术改造提升传统产业。发展现代物流业，构建四通八达、联结国内外的交通网络，为产品走向世界、世界资源为我所用打造基础平台。三是在科学发展的新机遇中，选择新兴产业创造新优势。走科学发展之路并不是不要资源型产业，人类依靠自然资源生存和发展还有很长的路要走。我们要走循环经济、绿色经济、低碳经济的可持续发展的路子。这种新型工业化不仅能改造提升传统产业，而且还会使一大批新兴产业应运而生，比如健康产业、环保产业、安全产业、新能源产业等。

三、增长点由单极变为多极

资源型城市的经济增长，主要靠资源型支柱产业。但是在市场经济、全球经济一体化的形势下，这样的产业很难保证又好又快地平稳发展。因为这种单纯依靠资源的支柱产业，应对市场波动乃至市场风险的能力非常脆弱。所以在转型的过程中，应该注意打造多元化的增长极。一是通过发展接续产业打造新的增长极。这里说的接续产业有两个方面：一方面是和资源产业相关联的新产业。如有的城市在煤炭产业的基础上，积极发展煤化工、电力、冶金等产业。这些借助资源型传统产业优势而形成的新的产业，改变了过去单一的产业结构，形成了资源型城市的新的增长极。另一方面是资源产业的革命性变革所产生的完全新型的资源产业。如煤和石油等传统能源，它们的革命性变革所产生的是非化石能源，如氢能、核能、太阳能、生物质能等新型清洁能源。二是通过发展替代产业，打造新的增长极。所谓替代产业，就是和原有的资源传统产业不相关联的新产业。实际上，德国的鲁尔、法国的洛林等国际上著名的资源型城市成功转型都是走的这条路。我国的资源型城市转型也应该重视培育发展摆脱资源依赖的新型产业，使经济增长由单极变为多极。三是在两个市场、两种资源的开发利用中，打造新的增长极。一些有条件的资源型城市也可以充分发挥沿海、沿江等区位优势，彻底摆脱资源型城市的传统发展思路，走大开放、大开发的新型工业化之路，构建全新的现代化产业格局，创造新的经济增长极。

四、充分发挥各级政府的调控作用

发展社会主义市场经济，使我国资源型城市获得了充分的发展权。但是从实践中看，市场经济的"无形之手"使得资源型城市很难放弃繁荣时期资源开发所带来的巨大经济利益而转型，这也是所谓世界资源型城市所共同患有的"荷兰病"。所以，要促进资源型城市转型，必须充分发挥各级政府的调控作用。一是要通过科学规划引导资源型城市转型。科学规划是城市转型的方向，有了正确的方向，转型才不会走弯路、走错路。二是要通过政策扶植资源型城市转型。就我国的情况而言，大部分资源型城市都属于地级以下城市，基本上没有权力出台支持城市转型的政策。

因此通过政策扶植资源型城市转型，更多地要靠中央政府和省级政府出台具有普惠性的产业、财政、税收和土地等领域的综合性、连续性政策，这样才能调动起资源型城市转型的积极性。三是要通过机制督促资源型城市转型。资源型城市转型过程中遇到的许多问题都不是仅仅依靠正确的决策能够解决的，而是必须建立科学的机制。一方面要建立和完善国家层面的资源开发补偿机制、衰退产业援助机制以及接续产业、替代产业的支持机制；另一方面要把推动资源型城市的转型工作纳入资源型城市各级领导班子的考核内容，通过机制来促进资源型城市转型。

来源：河北省社会科学基金项目课题组，刘学谦. 资源型城市转型的路径探讨[N]. 光明日报，2010-01-17（007）.

为科学发展提供知识和技术支撑

纵观世界各国发展趋势，知识越来越成为提高综合国力的决定性因素，人力资源越来越成为推动经济社会发展的战略性资源，人才培养与储备越来越成为增强核心竞争力的重要手段。我国要在以往经济增长的基础上继续保持可持续发展，就必须要把经济发展真正转移到依靠科技进步、劳动者素质提高和管理创新的轨道上来，要高度重视知识和技术的积累。

改革开放以来，我国经济社会持续快速发展，科学技术取得长足进步，创新能力不断提升，知识在经济社会发展中的作用越来越突出。在新的时期，大力开发和利用知识资源，对于转变经济发展方式、缓解资源环境约束、提升国家核心竞争力、满足人民群众日益增长的物质文化生活需要，具有重大战略意义。必须认识到，我国长期形成的主要依靠人力投入和资源消耗来换取经济高速增长的路子已经走到尽头，转变发展方式、调整产业结构的任务比以往任何时期都更加紧迫。加快转变经济发展方式，最根本的是要靠科技的力量，关键是要大幅度提高自主创新能力，提升知识、技术转移和规模化生产能力，积极构建完整的创新体系和现代产业体系。

战胜国际金融危机，客观上也要求加快知识和技术的积累。资本主义世界的每次经济危机，都使财富资本遭到巨大破坏，但经过一段时间又能实现新的经济发展。究其原因，最重要的还是深厚的知识和技术积累发挥了作用。历史经验表明，经济危机往往孕育着新的科技革命。正是科技上的重大突破和创新，推动经济结构重大调整，提供新的增长引擎，使经济重新恢复平衡并提升到更高水平。谁在科技创新方面占据优势，谁就能够掌握发展的主动权，率先复苏并走向繁荣。当今世界正处在新科技革命的前夜。进入 21 世纪以来，一些重要科技领域发生革命性突破的先兆已经初显端倪。这场新科技革命，将依赖现代化进程强大需求的拉动，将源于知识与技术体系创新的驱动。

我国的社会主义现代化建设，是在全球科学技术飞速发展和世界范围大发展大变革大调整的背景下进行的，面临着激烈的国际竞争。这场竞争的核心是人才与科技竞争力，基础则是学习与教育竞争力。特别是当前，世界各国都在利用知识经济的发展机遇，通过优先部署教育和科技发展提高国家竞争力，应对后国际金融危机时期的挑战。

实现知识和技术的积累，根据国内外的经验，主要应在以下几个方面下功夫：

一是高度重视教育。教育者把人类改造自然、发展社会的经验集合起来，并随着时代的发展，不断充实和完善，形成人类智慧的宝库。各级各类学校通过教育，不断将知识和技术传授给下一代，构成人类不断发展着的改造自然和推进社会进步的素质和能力。因此，教育是人类知识和技术积累的主要承担者。在科技高度发达的现代信息社会，我们必须不断创新教育的体制和方法，在全面提高教育质量上下功夫，通过教育把人类最优秀的知识和技术积累下来，在科学发展的过程中发挥作用。全面推进教育改革发展，使我国进入人力资源强国行列，必将为经济社会又好又快发展和社会主义现代化建设提供强大人才支持和重要知识贡献。

二是高度重视创新。人类的知识和技术是在不断的发展和创新中积累起来的。从知识和技术积累的角度谈创新，一方面，要激发全社会的创新活力，营造创新的氛围，以创新成果的多样性丰富知识和技术的积累；另一方面，要围绕经济社会发展的关键技术问题和难点问题组织创新，全面提高科学技术水平，以高质量的创新成果提升知识和技术积累的内涵。

三是高度重视人才。人才是知识和技术积累的承担者，在各类创新中的作用具有不可替代性。人才一方面在实践中对知识和技术进行积累，另一方面又在实践中运用知识和技术进行创新。各类人才是社会发展振兴的宝贵财富。高度重视人才，首先要大量培养造就具有创新能力、适应经济社会和科技发展需要的各类人才，并根据需要面向世界广纳人才；其次要努力营造人尽其才、才尽其用、优秀人才脱颖而出的制度和社会环境，在全社会形成尊重知识、尊重人才、尊重劳动、尊重创造的氛围。此外，还要注意人才的接续性。因为只有优秀人才辈出，才能更好地发挥知识和技术积累在经济建设中的重要作用。

四是高度重视先进技术的引进。世界各国先进的知识和技术是人类智慧的结晶。我国应进一步加大对外引进先进技术的力度，特别是要抓住国际金融危机以来出现的新机遇，通过企业并购、技术合作、建立海外研发机构、吸纳科技等各类人才等一系列举措，广泛而多渠道地吸收全球创新资源和最新成果，用于增强我们的自主创新能力。

来源：刘学谦.为科学发展提供知识和技术支撑[N].经济日报,2012-03-23(014).

借鉴国际经验　促进绿色发展

当今世界，发展绿色经济已经成为一个重要趋势。从自身实践出发，借鉴国际经验，推动绿色发展，是我国破解能源资源瓶颈制约难题的客观要求和必然选择。近年来，韩国实施绿色成长战略并取得明显成果，其经验有一定的借鉴意义。

2008 年 8 月，韩国为加强应对能源、资源危机和气候变化的能力，解决温室气体减排与经济增长之间的矛盾，在可持续发展的基础上，提出了新的国家发展战略——绿色成长。在"适应气候变化，实现能源自立；创造新成长动力；改变生活质量，提升国家形象"三大战略的指导下，制定并实施了一系列政策措施。

第一，设立了专门的组织机构。包括绿色成长委员会等，以及民间的金融、产业、科学技术、生活等方面的绿色成长合作社。目前绿色成长委员会已经制定了温室气体的减排、绿色成长教育、促进绿色投资等方案，以及绿色 IT 国家、新再生能源产业发展、绿色交通等战略。在绿色成长委员会的指导下，每半年举办一次地区绿色成长优秀事例发表大会，以此带动绿色成长战略的顺利开展；发布《2011 绿色成长指标报告》，制定了 30 个核心指标和相关的参考指标，系统地分析了韩国绿色成长的变化和发展趋势。

第二，制定了诸多的政策法规。其中最重要的是 2010 年出台的《低碳绿色成长基本法》。按照该法规定，企业有义务每年汇报温室气体排放量和能源消耗量。对超标企业则下令限期加以改善，对违规企业处以罚款。同时，该法还明文规定了温室气体排放权利，以及温室气体减排及回收、碳交易市场的有关事宜。此外又出台了《绿色建筑法》《智能电网法》，制定了低碳产品积分、低碳产品认证等制度，以及温室气体、能源的目标管理体制、减排节约目标，在政府、法律的层面上逐步完备了绿色成长的相关体系。

第三，制定了促进绿色技术研发、绿色产业投资，扶植重点绿色项目的措施。鼓励民间 30 家大企业扩大投资规模，制定绿色技术研发综合政策，以及将 GDP 的 2%投入绿色成长（2009—2013 年）的计划。

第四，加强了学校的绿色成长教育。2009 年 11 月，设立了绿色教育事业团，负责制定环境和绿色成长的教育课程、编排教科书、培训教师，并设立绿色教育资源中心；2010 年，中小学开设了绿色成长相关科目，并设立了绿色成长研究学校、气候保护实验学校、环境体验学校等，这些学校又设立了绿色成长兴趣小组，教育学生了解绿色成长、亲身体验绿色成长、具体实施绿色成长，使学生从小养成不浪费资源、能源的好习惯。

第五，通过电视等媒体大力宣传绿色成长。倡导全民进行绿色革命，不浪费电、气、水等能源，减少废气、生活垃圾的排放，使用低碳绿色商品；倡导绿色生活方式，包括走楼梯、不使用一次性用品、少开车等。为了让人们亲身体会到绿色成长的必要性，开设了绿色成长体验馆，参观人员都可以亲身体验发电自行车，可以利用碳计算器比较日光灯、发光二极管等的电力消耗，了解电脑待机时的电力消耗等。

韩国实施绿色成长战略以来，其成果和经验也得到了国际上的认可。一是节能减排方面取得了良好的效果。2009 年单位 GDP 的温室气体排放比 2005 年降低了 0.6%，2010 年单位 GDP 的能源消耗比 2005 年减少了 4.6%，新再生能源的普及率比 2005 年增加了 0.5%。二是人民的生活质量得到了改善。2007 年到 2011 年之间，优良水的比率提升了 3.5%。特别是从 2005 年开始林木储备量以年均 7.3% 的速度增加，人均生活垃圾从 2009 年开始呈减少趋势。三是国民的认识有了很大的提高。2010 年至 2011 年报道的主要政策中，绿色成长相关报道排行第一位；韩国官方电台的调查结果表明，国民普遍认为政府实施的诸多经济政策中比较成功的是绿色成长战略；2012 年韩国最权威调查机构的调查表明，95% 以上的国民都认识到了气候变化的严重性，认为有必要继续推行绿色成长战略。四是绿色技术水平上升、新再生能源的生产和出口大幅度增长。2005 年以来政府的绿色研发支出一直呈增加趋势。据报道，韩国科学技术情报研究院与韩国教育科学技术部共同制作了一份包括 9 个发达国家在内的绿色技术考评表，用来了解绿色汽车、可代替水资源、绿色 IT、二次电池、太阳能电池等 5 项绿色技术水平和绿色技术开发动向。根据此表，韩国的二次电池专利水平排第一位，绿色汽车排第八位，绿色 IT 和太阳能电池排第四位，可代替水资源排第五位，5 项技术的年均专利申请数排第二位。

韩国积极主动地提出并实施了绿色成长战略，所积累的成功经验对我国推进绿色发展有一定的借鉴意义。概括起来有以下几点：

第一，推进我国的绿色发展，要高度重视培养专业人才。人才是科技的发明创造者，是先进科技的运用者和传播者。应大力培养太阳能、风能、水能等洁净能源设备系统的研发和管理人才，以及设计和研发节能减排产品等可引领绿色产业的核心人才，并培训绿色金融等领域的业务骨干。

第二，推进我国的绿色发展，要发动最广泛的公众参与。可以利用世界环境日、世界气象日、世界无车日、全国科普日等主题日，举办一些以节能减排环保为主题的研讨会、展览会等多种活动，广泛地发动公众积极参与，以此提高公众对绿色发展的认识。

第三，推进我国的绿色发展，要把绿色发展纳入国家教育体系中。中小学应开设绿色发展的相关课程，中高等院校应陆续建立与此相关的专业，加强绿色发展教育以及科研基地建设。幼儿园教育也可以讲授简单的绿色发展的相关知识，使孩子们从小认识到能源枯竭和环境污染的严重性，养成节约、不浪费的好习惯。同时，学校教育要与家庭教育相结合，共同推进绿色发展。

第四，推进我国的绿色发展，要制定和完善相关法规法律。应在已有的基础上，制定建筑、交通等各项法规，以及垃圾排放与分离等制度，加快研究制定新能源和可再生能源价格体系，强化节能减排的监管力度，把节能减排目标纳入社会发展的综合评价体系。

第五，推进我国的绿色发展，要在大力宣传的基础上注重实践体验。要通过加大宣传力度，让公众认识到绿色发展与每个人的切身利益有着密切的关系。有条件的城市还可以设立体验馆，免费向公众开放，让父母和孩子一同身临其境地体验绿色发展的必要性，使公众认识到践行绿色发展就是走科学发展之路。

来源：刘学谦，金英淑.借鉴国际经验　促进绿色发展[N].经济日报，2012-05-04（015）.

抓好城乡规划一体化

党的十八大报告提出，加快完善城乡发展一体化体制机制，着力在城乡规划、基础设施、公共服务等方面推进一体化。在这里，报告把抓好规划一体化作为加快完善城乡发展一体化体制机制的重要内容，具有重要意义。

实现城乡发展一体化，改变城乡"二元"结构，实现农业、农村现代化，是广大农民追求幸福的迫切愿望。但是，大量事实表明，遵从农民的迫切愿望推进城乡发展一体化，只有在遵循规律的前提下，才能达到目的。这其中很重要的一点就是做好城乡一体化规划。长期以来，在我国一些地区由于缺乏统一的城乡规划，造成了资源的浪费和小城镇建设的无序，直接影响了城乡发展一体化的进程，这充分表明城乡规划一体化先行的重要性。

重视城乡规划一体化，首先必须认真做好城乡一体化规划，这是许多地区推进城乡发展一体化的成功经验。唐山市作为河北省确定的全省统筹城乡发展试点市，坚持把城乡规划一体化作为先导性工程来抓，着力构建覆盖城乡的"全域唐山"规划体系。从2007年11月开始，唐山市历时一年时间，编制了处于国内领先水平的《唐山城乡发展一体化战略规划（2008—2020）》，明确了城乡一体化发展战略、思路、目标和重点，同时，又组织市规划部门和县（市）区，相继编制了近郊区城市化发展规划、县城扩容建设规划、中心镇扩大发展规划、中心村扩村建设规划、基层村建设规划。到2020年，全市将逐步构筑起"中心城市—中小城市—中心镇—中心村—规划保留村"的城乡空间布局。2010年，唐山市首次在全域范围内实现了"三规合一"，即县域镇村空间布局规划、土地利用规划和产业布局规划三个规划实现了衔接配套。科学的规划推进了唐山城乡发展一体化进程；城乡公共资源的合理利用，改善了民生，提升了农民幸福指数；城乡产业的协调发展，支撑了唐山农民收入的持续稳定增长；新型城镇化步伐的不断加快，极大地改善了农村的人居环境、居住条件和村容村貌。

笔者认为，搞好城乡发展一体化规划，最重要的是做好"四个体现"。

　　一是要体现以人为本。城乡发展一体化规划必须坚持以人为本。实现城乡发展一体化，是为了让群众过上更美好更幸福的生活，"人民对美好生活的向往"也应该是城乡发展一体化规划的指导思想。规划编制不能忽视群众的意见，群众既是城乡发展一体化的建设者，也是城乡发展一体化成果的享受者。

　　二是要体现创新。制定城乡发展一体化规划，必须要有前瞻性，至少20年不落后。还要善于吸收国内外成功的经验为我所用。推进城乡发展一体化，在我国长三角和珠三角地区有成功的做法，要吸收这些地区成功的经验，同时坚持从实际出发，尊重城乡一体化发展的规律，站在全面建成小康社会的高度去规划城乡发展一体化，根据自己的区域资源和区位优势编制城乡一体化规划。

　　三是要体现特色。我们国家幅员辽阔，各地在城乡发展中，逐步形成了丰富多彩的城镇特色。这些特色承载着历史形成的宝贵文化遗产，也体现了人与自然的和谐与统一。我们在城乡发展一体化的规划中，绝不能用千篇一律的城市化模板去替代城乡发展一体化的多元格局。从这个角度说，我们的城乡发展一体化规划是对丰富和多元的风格进行科学的整理和提升。否则，经过城乡发展一体化后，看不到具有特色的城乡风情，只剩下一样的高楼大厦。

　　四是要体现可持续性。现在的城乡发展一体化规划是充分体现人与自然、人与社会高度和谐的规划，是充分体现生态文明的规划。要做好这样的规划，涉及方方面面的工作，需要全方位的协同设计，才能达到生态文明的要求。规划要充分体现可持续发展，体现循环、绿色、生态、低碳、节能，要给子孙后代留有足够的发展空间。

　　来源：刘学谦. 抓好城乡规划一体化 [N]. 经济日报，2012-11-22（013）.

资源型城市创新驱动发展的五大支撑

资源型城市要实现创新驱动发展，知识创新、科技创新、产业创新、制度创新、服务创新是关键所在。资源型城市应依托五大支撑，切实走出一条可持续发展之路。

党的十八大报告明确提出，科技创新是提高社会生产力和综合国力的战略支撑，必须摆在国家发展全局的核心位置。习近平总书记也多次强调，加快实施创新驱动发展战略。资源型城市作为我国重要的能源资源战略保障基地，是国民经济持续健康发展的重要支撑。探索资源型城市创新驱动发展新动力，是加快转变经济发展方式、实现资源型城市可持续发展的现实之需，也是加快推进国家创新驱动发展的关键所在。

目前，我国有200多个资源型城市，数量多、分布广、地位突出。我们要密切结合资源型城市发展实际，站在新起点上进行战略创新，采取"走出去"和"引进来"相结合的政策，依托知识创新、科技创新、产业创新、制度创新、服务创新五大支撑，加快推进资源型城市创新驱动发展，实现经济社会持续健康发展。

知识创新为资源型城市创新驱动提供智力支持。知识是创新的源泉，高校和科研机构是知识的载体，高素质创新型人才又是知识创新的根源。通过大规模引进高校、科研机构，联合共建知识创新载体，构筑资源型城市创新体系。在引进过程中需给予良好的政策支持，同时积极鼓励大学和科研院所，就面向城市发展的主导产业和社会领域，开展关键技术、共性技术的研发和联合攻关，推进技术转移与成果转化，使其真正成为资源型城市创新发展的引领者。此外，还要加快实施创新型人才战略，善于"借外脑、练内功"，完善人才引进和培育体系；高度重视人才市场体系建设，尽快形成一批高素质的创新团队和学术群体，切实提升资源型城市竞争力和创新能力。

科技创新为资源型城市创新驱动提供动力支持。资源型城市创新驱动发展的关键在于科技创新，重点要强化企业在科技创新中的主体地位。一是加强科技投入，政府的科技投入首先要保证量的稳步增长，同时更要关注高效分配和使用，重点投放到资源型城市中的新兴产业，支持重大关键领域核心技术研发。二是积极培育和发展技术市场，完善资源型城市技术市场的管理体系和服务体系，加强技术中心建设，为技术开发、技术转让、技术咨询、技术服务活动，提供优质高效的服务平台和服务手段。三是各级政府在资源配置和公共服务上，要向自主创新型企业倾斜，要支持自主创新型中小企业获得创业资助，要通过全方位政策导向，形成有利于技术创新的激励机制和约束机制。

产业创新为资源型城市创新驱动提供经济基础支撑。加大资源型城市产业结构优化升级力度，把培育和发展创新型产业作为核心任务，构建创新联盟和创新集群，形成新的主导产业群，逐渐实现主导产业多元化与规模化。一是利用传统产业优势，逐步打破企业界限，建立产业创新联盟，使企业能够共享科技成果，大规模地开发循环经济技术、低碳经济技术，增强整个行业的竞争能力。二是构建现代制造业服务创新企业集群。要积极引进和培育现代航运与物流服务业企业，提高现代化和智能化服务水平；大力发展服务外包，重点发展业务流程外包、信息技术外包和知识流程外包，积极融入现代物流、金融、制造等服务领域。三是创建新能源创新企业集群。大力发展新能源产业是缓解资源型城市能源压力、满足市场需求的战略选择。重点建设太阳能光伏发电、风电、生物质能等新能源产业，加快产业集聚，创建新能源企业产业集群。

制度创新为资源型城市创新驱动提供决策支撑。资源型城市的制度创新应从转型的法制化、城市管理体制转变和职能转变三方面进行。一是抓紧制定或修订一批地方法规，将保护和促进创新的各项政策措施法制化、规范化、制度化，构建完整的创新政策法规体系。二是尽快建立适应市场经济条件和自主创新要求的科技管理体制，形成协同一致的创新激励机制，形成科学高效的科技管理体系。三是转变政府的管理模式，着力引导资源型城市创新能力提升。地方政府应注重从服务型向创新激励型政府转变，管理重点要由规范市场秩序转向如何引导创新资源、如何激励创新要素，深入开展区域创新体系建设的研究，科学制定各级各类发展规划，设计更为有效的约束及激励机制，保证资源型城市的创新体系能够跟上时代的步伐。

服务创新为资源型城市创新发展提供环境支撑。一是加强创新服务体系的建设。要制定科技创新服务业的中长期发展规划，建立一批适应不同需求的大、中、小型科技创新服务机构，借助科技创新服务信息平台，逐渐形成目标一致、相互协调、动态有序、不断发展的网络化科技创新服务组织体系，并与其他相关城市的科技创新网全面对接。二是提升中介服务能力。以政府政策引导为杠杆，遵循市场经济和科技自身发展规律，促使大学、独立科研机构的专业研究中心、孵化器与科技园之间建立起长期稳定的合作关系，初步形成"科技成果—创业企业—产业集群"的现代制造业发展链。三是营造文化创新环境。资源型城市文化创新，要结合地方文化底蕴，鼓励人们要有蓬勃向上、创业致富、容忍失败的创新精神，使创新意识贯穿于人们的思维和行动中，为资源型城市创新营造浓郁的文化创新氛围。

总之，资源型城市受传统因素的影响，比非资源型城市的创新面临更多约束和挑战，在经济新常态下，我们要坚定信心，保持战略创新定力，以改革开路，顺势而为，狠抓五大支撑不放松，以资源型城市创新推进创新型国家建设，使之成为中华民族伟大复兴中国梦的新动力。

来源：中国科学院唐山科学发展研究院课题组，刘学谦，边社辉，甄翠敏. 资源型城市创新驱动发展的五大支撑 [N]. 经济日报，2015-01-15（014）.

在转型升级中实现可持续发展

　　唐山在"十三五"规划中，将"转型"放在首位，构建现代产业体系。从改造提升传统产业、培育壮大战略性新兴产业、突出发展现代服务业、做优做强现代农业、提升产业智慧化水平、突出开发区（园区）建设六个方面系统部署。笔者认为，必须抓好以下方面，唐山才能在转型升级中实现可持续发展。

　　一是抓住国家"一带一路"倡议机遇，努力建成东北亚合作的窗口城市。重点办好中日韩循环经济示范基地，打通产业对接合作和贸易互联互通的渠道。主动加强与国内外先进企业的对接合作，积极引导钢铁、建材、化工等优势过剩产能向非洲、中东、中亚等国家和地区转移，建立境外生产制造基地和域外资源能源基地。

　　二是抓住和利用好京津冀协同发展的重大历史机遇。充分利用京津冀地区的人才、科技、信息、资本、项目优势，补齐唐山市可持续发展短板，加速释放长期蓄积的区位、产业基础等优势和潜能，大力发展分享经济，以新技术、新产业、新模式、新业态"四新经济"，加快形成新的经济增长点和增长动能，全面提升可持续发展的能力。以曹妃甸工业区实现跨域发展为突破口，通过建设京冀协同试验示范区，带动唐山的整体发展，不断增强经济发展活力，真正成为首都经济圈的重要支点。

　　三是积极培育市场主体，激发市场活力，大力发展战略性新兴产业。大力推进市场主体梯次发展，开展重点企业中长期培训计划，积极搭建技术支持、人才对接、银企对接平台。加强对投达产企业的协调调度和分类指导。研究出台推进产业集群发展意见，推进企业向园区聚集、向集群聚集。打造丰润动车制造产业链集群；加快矿用抢险探测机器人、焊接机器人、消防机器人、新能源汽车、石墨烯等产业化进程，培育战略性新兴产业的先导性以及后续支柱产业集群。加快推进太阳能电池、风力发电机组、海上风力发电、安全核电等新能源项目建设，建成国家商业能源储备和调配中心。谋划实施一批海洋工程装备项目。

　　四是加快金融体系建设，为促进可持续发展提供金融支持。设立大气污染防治专项资金，加大对企业开展污染治理的资金补助力度，解决企业实施综合治理、技术改造资金短缺的问题。加强金融支持，积极协调各大银行对企业不抽贷、不断贷，对优势核心企业整合重组、转型发展给予更多的金融支持，改造提升钢铁、建材、化工、能源、装备制造等传统优势主导产业。

五是持续提高管理质量和水平。精简机构、简政放权，提高组织的行政效率，在食品安全、医疗、教育等领域加大投入和管理，强化调查研究、加强政策制定、加强工作部署和任务落实，加强社会管理的法律、体制机制、人员队伍、能力和信息化建设，提高社会管理水平。

来源：刘学谦，张公鬼. 在转型升级中实现可持续发展 [N]. 中国社会科学报，2016-07-29（005）.

我国国家凝聚力进入全面增强新时期

国家凝聚力是指国家内部不同民族、政党以及民众，在理想、目标、利益共同的基础上，国家满足其物质、精神、政治、文化、安全等需要而产生的内向聚合力和外向吸引力。国家凝聚力包括国家物质凝聚力、国家精神凝聚力、国家政治凝聚力、国家文化凝聚力、国家安全凝聚力等。国家凝聚力的原理表明，人民群众的需要和国家对人民群众需要的满足是国家凝聚力形成的源泉和动力。国家凝聚力的源泉和动力，与国家不同时期的社会主要矛盾密切相关。

党的十九大报告指出，我国社会主要矛盾已经转化为人民日益增长的美好生活需要和不平衡不充分的发展之间的矛盾。从人民需要的角度看，从物质文化需要到美好生活需要，表现了需要多样化、全面化、既有量又有质的巨大变化；从国家满足人民需要的能力看，从落后的社会生产到发展不平衡不充分，表现了国家满足人民需要能力增强基础上的高质量发展新要求。我国社会主要矛盾的变化，必然直接引起国家凝聚力源泉和动力的变化，也必将促进国家凝聚力的进一步增强和提升。我国国家凝聚力的发展变化轨迹显示，我国国家凝聚力已从党的十八大前的全面发展期，进入十八大后的全面增强期。对世界范围内有代表性的 45 个国家进行国家凝聚力强度分析排位，我国处在第 7 位，与十八大前国家凝聚力全面发展期排名的第 14 位比，上升了 7 个位次。

满足人民美好物质需求，国家物质凝聚力进入全面增强新时期。国家凝聚力原理表明，国家财富、经济实力、人均收入、健康水平、可持续发展能力等，是重要的物质凝聚力构成要素。首先，从国家财富和经济实力角度看。我国经济保持了中高速增长，在人均财富增长的同时，经济总量稳居世界第二。特别是随着国家创新驱动发展战略的大力实施，创新型国家建设取得了一系列重大科技成果，国家财富增长，经济实力增强，人民有了自豪感、成就感。其次，从人居环境和健康水平看。通过采取一系列环保措施，我国人居环境越来越好。通过实施健康中国战略，普及健康生活、优化健康服务、完善健康保障、建设健康环境、发展健康产业，人民健康事业全面发展。根据世界银行和我国原国家卫计委发布的数据，我国人均预期寿命从 2011 年的 73.5 岁上升到 2017 年的 76.7 岁。人民享受生活的美好感、幸福感不断增强。再次，从人民生活水平和社会保障看。随着一大批惠民措施的实施，改革发展的成果更多更公平地惠及全体人民。实现了 6000 多万贫困人口稳定脱贫，贫困发生率从 10.2% 下降到 4% 以下。覆盖城乡居民的社会保障体系基本建立，增强了人民的获得感、公平感。最后，从可持续发展看。国家对发展绿色经济、循环经济、生态经济、节约经济重视程度空前，这不仅提升了国家可持续发展的水平和能力，也增强了人民对未来发展的信心。

满足人民美好精神需求，国家精神凝聚力进入全面增强新时期。增强国家精神凝聚力，关键是增强人民对国家信仰、理想、精神、道德的认同。一是国家信仰的人民认同。当代中国的国家信仰是马列主义、毛泽东思想和中国特色社会主义理论体系。党的十八大以来形成的习近平新时代中国特色社会主义思想，指导中国人民取得了系列重大成就，是马克思主义中国化的最新成果。国家信仰和人民信仰的高度一致性，使国家发展有了强大的信仰力量。二是实现"两个一百年"奋斗目标，实现中华民族伟大复兴的中国梦，已经成为中华民族的共同理想。国家理想的人民认同度，在这一时期得到了普遍性和广泛性的提升。三是国家精神得到了丰富和发展。党的十八大以来，习近平总书记提出坚持和弘扬井冈山精神、长征精神、古田会议精神和"两路"精神、"垦荒"精神、塞罕坝精神、航天精神、大庆精神、焦裕禄精神、嘉庚精神等多种民族精神和时代精神。这些精神跨越革命战争时期和社会主义建设年代，成为中国精神的丰富内涵。同时，诞生在中国的"上海精神""丝路精神""金砖精神"开始得到世界人民的认同。四是思想道德建设为实现中国梦提供强大精神力量。党的十八大以来，面对道德建设的复杂性和新问题，为使社会主义核心价值观内化为人们的精神追求，外化为人们的自觉行动，全党上下通过教育引导、舆论宣传、文化熏陶、典型引导、实践养成、制度保障等方式，推动了社会主义核心价值观在道德领域的落实，增强了社会主义核心价值观的大众凝聚力。全国范围内涌现了一大批各行各业的道德榜样和道德模范，道德已经成为强大的精神凝聚力量。

满足人民美好政治需求，国家政治凝聚力进入全面增强新时期。国家政治凝聚力由执政党对人民的凝聚力、党的核心的影响力领导力、人民当家作主的落实程度、人民对政府的满意度等要素构成。首先是党的凝聚力不断加强。党的十八大以来，我们党提出一系列新理念新思想新战略，出台一系列重大方针政策，推出一系列重大举措，推进一系列重大工作，解决了许多长期想解决而没有解决的难题，办成了许多过去想办而没有办成的大事，推动党和国家事业发生历史性变革。同时，全党坚持从严治党，严肃党内政治生活、加强党的作风建设，反腐败取得重大成果，确保党始终同人民同呼吸、共命运、心连心，增强了人民对党的高度信任感、认同感。其次是国家领导人的领导能力、科学决策水平和人格魅力，直接影响着国家的凝聚力。以习近平同志为核心的党中央是凝聚人民、团结人民的坚强领导核心。有了这个核心，我国人民就有了战胜各种困难和挑战的主心骨，就有了国家凝聚力量的向心点。再次是人民当家作主的制度体系逐步健全，依法治国迈出重大步伐。人民当家作主的制度体系，是人民当家作主的制度保障，它促进新中国成立以来人民群众主人翁意识的传承和强化，形成国家利益高于一切的责任担当精神和爱国强国的群体心理。通过科学立法、民主立法、依法立法和严格执法、公正司法、全民守法，建设法治国家，使人民的根本利益得到保护，公正公平正义成为社会裁判的准则。最后是通过统筹推进各类结构性改革，深化简政放权，优化地方各级权力配置等，国家治理的组织架构进一步完善，政府职能进一步转变，初步形成了更好贴近基层服务群众的优势，人民对政府的满意度不断提升。

满足人民美好文化需求，国家文化凝聚力进入全面增强新时期。国家在人民中有强大的文化凝聚力，才有在多样文化中保持文化自信的定力。党的十八大以来，我国进入了中国现代文化和优秀传统文化全面发展和复兴的新时期。其一，承载中国文化元素最多的教育事业取得显著成绩。当前，我国各学段入学率都超过中高收入国家平均水平，教育发展质量进入世界中上行列。在高等教育方面，根据英国 QS 全球教育集团发布的十四届 QS 世界大学排名，中国 12 所高校进入全球百强，成为拥有世界百强大学最多的亚洲国家。中国人开始享受更好教育的同时，也在彰显中国文化影响世界的实力。其二，我国已经成为文化产品大国。一批文化精品力作受到广泛关注，国家倡导的价值取向得到人民认同。文化传播、文化交流、文化贸易多头并举，中国品牌、中国声音、中国形象得到越来越多国家和人民的认可。中国文化正在成为世界文化中必不可少的元素。其三，日益完善的普惠性现代公共文化服务体系建设，保证满足最大多数人民的文化需求。目前全国县级文化馆、博物馆、纪念馆已成为重要文化阵地，覆盖城乡的国家、省（自治区、直辖市）、市、县、乡、村（社区）六级公共文化服务网络已经基本建成。我国公共文化的普惠性，使人民在享受中国文化的同时，提升了整个民族的文化素质。这表明当下中国文化的繁荣已经成为中华民族伟大复兴的前奏曲。

满足人民美好安全和谐生活需求，国家安全凝聚力进入全面增强时期。国家安全凝聚力使人民对国家产生热爱感、安全感、依赖感和向心力。特别是人民富裕起来之后，安全需要正在成为第一需要。人民有安全感，才能国泰民安。党的十八大以来，在习近平总书记提出的总体国家安全观的指导下，全面加强国家安全建设取得重大成就。无论是政治安全、国土安全、军事安全，还是经济安全、文化安全、社会安全都得到全面提升。与此同时，科技安全、信息安全、生态安全、资源安全、核安全都得到加强。实践证明，国家安全正在成为衡量各国国家能力的重要标准。我国国家安全凝聚力的增强，其根本是我国国家安全能力的增强。

来源：刘学谦，何新生.我国国家凝聚力进入全面增强新时期[N].中国社会科学报，2019-03-12（001）.

践行共享理念　凝聚人民力量

党的十八届五中全会提出共享发展的理念，注重的是解决社会公平正义的问题，也揭示了当代中国发展进步的根本出发点和落脚点。因此，必须坚持发展为了人民、发展依靠人民、发展成果由人民共享，使全体人民在共建共享发展中有更多获得感，增强发展动力，增进人民团结，朝着共同富裕方向稳步前进。在当代中国，践行共享理念，不仅仅是一个概念，而且是迈向全面小康的重要前提。

迈向全面小康的过程，也是实现社会公平正义的过程。一方面，保证人人享有发展机遇、享有发展成果，全体人民推动发展的积极性、主动性、创造性才能充分调动起来。另一方面，我国经济发展的"蛋糕"不断做大，但分配不公的问题比较突出，收入差距、城乡区域公共服务水平差距较大，共享发展的实际情况和制度设计都有不完善的地方。为此，党的十八届五中全会作出增加公共服务供给、实施脱贫攻坚工程、提高教育质量、促进就业创业、缩小收入差距、建立更加公平更加可持续的社会保障制度、推进健康中国建设、促进人口均衡发展等方面的部署，这既是关于共享发展的有效制度安排，也是我们推动共享发展的重要着力点。

践行共享发展，首先要突出人民的主体地位。全面小康，是惠及全体人民的小康，是要使全体人民朝着共同富裕方向稳步前进，绝不能出现"富者累巨万，而贫者食糟糠"的现象。我国进入改革开放新时期，坚持以中国特色社会主义理论为指导，坚持中国特色社会主义制度，坚持走中国特色社会主义道路，取得了成为世界第二大经济体的巨大成就，人民的物质生活水平也有了很大提高，广大人民群众总体上是满足、高兴的。但是，收入差距的问题、教育不公平的问题、社会保障不均衡的问题，在一些地方并没有解决好，致使一些群众身在强大的祖国，并没有更多的获得感。因此出现了一些群众国家意识和国家责任淡化的问题。践行共享理念，就是要把共享不到、共享不够、共享不平衡的问题解决好，让改革发展的成果更多地惠及全体人民。要坚守底线、突出重点、引导预期，更加注重机会公平，着力保障基本民生，针对他们面临的特定困难，想方设法帮助他们解决实际问题。这样才能把最广大人民群众热爱祖国、投身祖国建设的积极性充分调动起来，形成实现中华民族伟大复兴的强大合力。

践行共享理念，保证国家凝聚力可持续发展。国家凝聚力具有随人民需求变化出现周期性变化的特点。而"共享"是凝聚力变化的重要平衡点。由于任何国家都不可能无限制条件地满足人的无限需求，当人们的某些需求得不到满足时，容易产生离心力。但是，现实发展成果由人民共享所产生的国家意识和国家责任，可以平衡这些利益缺失，保证国家顺利地渡过凝聚力变化的周期。当没有"共享"这个平衡点时，人民对国家的不满意就会加速国家凝聚力的削弱变化过程，增加国家凝聚力周期转换的困难和阻力。因此，践行"共享"理念，让人民共同享有人生出彩的机会，共同享有梦想成真的机会，共同享有同祖国和时代一起成长与进步的机会，让改革开放的成果惠及每一个普通百姓，才会在一代又一代人民群众中，可持续地凝聚起强大的力量。

践行共享发展，关键还要作出更有效的制度安排，加紧建设对保障社会公平正义具有重大作用的制度，逐步建立以权利公平、机会公平、规则公平为主要内容的社会公平保障体系，努力营造公平的社会环境，保证人民平等参与、平等发展的权利。要让发展成果更多更公平地惠及全体人民，归根到底要通过制度来落实，有了公平正义的制度，共享发展才有坚实的根基。只有让发展成果公平共享，全面小康才能凝心聚力；只有让人民幸福安康，中国才能在现代化道路上稳健前行。通过共享发展让发展更有温度、让幸福更有质感，我们就一定能够不断增强发展动力，不断增进国家凝聚力，让13亿多中国人朝着共同富裕目标稳步前进。

来源：刘学谦.践行共享理念　凝聚人民力量[N].经济日报，2015-12-03（013）.

以改革创新精神助推实现中国梦

习近平同志指出："实现中国梦必须弘扬中国精神。这就是以爱国主义为核心的民族精神，以改革创新为核心的时代精神。""改革创新始终是鞭策我们在改革开放中与时俱进的精神力量。"坚持改革创新，是当代中国不断发展进步的强大动力，是改革开放以来我们党治国理政的突出特色。实现中华民族伟大复兴的中国梦，必须大力弘扬以改革创新为核心的时代精神。

大力弘扬以改革创新为核心的时代精神，必须正确把握其内涵。它主要包含五个方面的内容：一是敢于打破一切不合时宜的旧观念、旧体制、旧习惯的勇气。因循守旧、不思进取，前怕狼、后怕虎，就不可能去改革创新。二是咬定青山不放松的韧劲。对认准的改革创新道路，不迟疑、不动摇，坚定不移走下去。三是牺牲奉献、公而忘私的品格。自私自利或从小集团利益出发搞改革创新，必然把改革创新引到邪路上去。四是尊重科学、大胆探索的求实态度。既求真务实、按规律办事，又不拘陈规、勇于走前人没有走过的路。五是胸怀大局、敢于担当的使命意识。牢记国家兴亡、匹夫有责，自觉为国家富强、民族振兴、人民幸福拼搏奋斗、改革创新。

实现中国梦，必须大力弘扬以改革创新为核心的时代精神。我们的中国梦，总体目标是到中国共产党成立100年时全面建成小康社会，到新中国成立100年时建成富强民主文明和谐的社会主义现代化国家，实现中华民族伟大复兴。实现这样一个伟大梦想，不可能一帆风顺，必然会遇到这样那样的困难和挑战。克服困难、应对挑战，离不开大力弘扬改革创新精神。同时，实现这样一个伟大梦想，也不可能像历史上资本主义国家那样采取殖民扩张、巧取豪夺的方式，而是要靠我们自己的努力，走和平发展道路。这样的道路前人没有走过、现实中没有先例，只有靠我们自己大胆探索。只有大力弘扬改革创新精神，才能逢山开路、遇河架桥，最终实现梦想。

弘扬以改革创新为核心的时代精神，必须坚持以中国特色社会主义理论体系为指导。改革创新始终存在着方向是否正确的问题。在当代中国，改革创新必须有利于坚持和发展中国特色社会主义，必须坚持以中国特色社会主义理论体系为指导。

中国特色社会主义理论体系是马克思主义中国化的最新成果，对我们的工作和实践具有最直接的科学指导作用。坚持以中国特色社会主义理论体系为指导推进改革创新，要求我们坚持一切从实际出发，实事求是，自觉按客观规律办事，努力推动经济社会科学发展，努力为广大人民群众谋福祉。当前，我们要深入学习贯彻习近平同志系列重要讲话精神，把弘扬改革创新精神与推进改革发展紧密结合起来，为实现中国梦不懈奋斗。

弘扬以改革创新为核心的时代精神，应成为全民族全社会的自觉行动。中国梦归根到底是人民的梦，必须紧紧依靠人民来实现。实现中国梦不是部分人的事，而是全民族的事。这也决定了弘扬改革创新精神不是部分人的责任，而是全社会的责任。只有全社会共同大力弘扬以改革创新为核心的时代精神，才能不断开拓各行各业、各项工作新局面。为此，应加大相关宣传教育力度，增强广大群众改革创新的责任感、使命感和紧迫感，激发广大群众改革创新的智慧和潜能，使弘扬以改革创新为核心的时代精神成为每个人的自觉行动，为实现中国梦提供强大精神力量。

来源：刘学谦. 以改革创新精神助推实现中国梦 [N]. 人民日报,2014-10-23(007).

增强社会主义核心价值观的大众凝聚力

社会主义核心价值观的大众凝聚力，是指核心价值观在满足人民大众道德诉求过程中，所产生的吸引聚合力。其重要体现之一是形成道德意识和道德责任。核心价值观的大众凝聚力的强弱，一定能够通过大众的道德意识和道德责任表现出来。重要体现之二是形成道德建设的正能量。社会主义核心价值观具有鲜明的价值导向，因此它对大众形成的凝聚力，一定是和社会主义本质对道德建设的要求相一致的，凝聚力越强，对道德建设的促进作用越大。重要体现之三是道德建设的内生动力。核心价值观形成大众凝聚力的价值和意义，是能够转化为大众的道德建设自觉和道德建设动力。而这正是我们当前培育和践行社会主义核心价值观的重要动力。增强社会主义核心价值观的大众凝聚力，关键是做好以下四个方面的工作：

一要增强社会主义核心价值观的大众认知度。要增强社会主义核心价值观的大众凝聚力，首先要增强大众的认知和知晓程度。这里包含两层内容：一是大众认知和知晓核心价值观的广泛性。社会主义核心价值观是全中国人民都要遵从的价值观，因此只有少数人知道不行，要使各行各业的大众都认知和知晓，进行大众化宣传，使社会主义核心价值观对大众的影响能够像空气一样无处不在、无处不有。二是大众认知和知晓核心价值观的深刻性。核心价值观虽然只有 24 个字，但内容十分丰富和深刻。要让大众充分理解和把握并不是一件简单容易的事情。要让核心价值观的深刻内容大众化，必须努力做好通俗化和群众化。通俗化就是要让大众听得懂、记得住。要像习近平同志给青年学生讲青年树立核心价值观十分重要那样形象、生动、易记，他说："这就像穿衣服扣扣子一样，如果第一粒扣子扣错了，剩余的扣子都会扣错。人生的扣子从一开始就要扣好。"这样通俗化地讲解核心价值观非常重要，每一个人都会记得牢。群众化就是要面对工人讲工人语言，面对农民讲农民语言，面对士兵讲军人语言，等等。实践证明，用不同群众的语言比较能够沟通，容易产生共识。这样就能做到每个人都能感知它、领悟它。

二要提升社会主义核心价值观的大众认同度。核心价值观的大众认同度，是人民群众个体和群体对核心价值观的价值和意义认识相同或一致的程度。这是社会主义核心价值观大众凝聚力强弱的重要标志。从社会凝聚力的角度说，提升社会主义核心价值观的大众认同度，主要有三个方面：一是与历史传承的相关性。即与国家历史传承的正相关度越高，认同度往往越高。我国历史上的许多优秀道德理念和传统，早已得到中国人民的高度认同。社会主义核心价值观的内涵，在反映中国特色的基础上，既吸收了中国优秀传统道德精华，又借鉴了西方的道德文化。我们的宣传工作者应该把核心价值观中所传承的中国优秀传统道德充分展示出来，以增强大众的认同度。二是与时代特点的相关性。即反映时代特点越充分，大众认同度也越高。核心价值观的内涵充分反映了改革开放以来当代中国道德建设的创新成果，充分体现了时代的特色。我们的宣传工作者要把这些时代特色展示出来，增强大众特别是新生代的认同。三是与大众需要的相关性。越是反映大众需要的理论，大众的认同度越高。中国特色社会主义理论因其反映并满足了人民群众脱贫致富奔小康、实现中华民族伟大复兴的需要，得到中国人民的高度认同。社会主义核心价值观是根据当代人民群众道德建设的需求提炼出来的，它来自人民，一切为了人民。把核心价值观所体现的人民性充分展示出来，必将极大提高大众的认同度。以上三个方面是相互联系的统一体，它们之间相互支持、缺一不可，割裂开来必然削弱和影响大众的认同程度。

三要把社会主义核心价值观内化为大众的精神追求。这是道德建设的最高境界，也是增强大众凝聚力的必然要求。国家倡导的核心价值观成为大众的精神追求，这在任何时代、任何国家都是必然的。因为国家倡导的核心价值观只有成为大众的精神追求，才能形成凝聚力，才能成为社会和谐、国家发展的永恒精神力量。但是，这是一个相对较长的过程。首先要进行长期的学习与修养，在自我升华中实现核心价值观的逐步内化。每一个大众个体，无论从事什么职业，都要在认知、认同的基础上，在自我提高的过程中，通过学习与修养，实现道德水平的升华，这样才能进入明大德、守公德、严私德的境界。其次要逐步形成道德社会的氛围，使个体在道德实践、道德文化、道德环境的熏陶中，实现核心价值观的内化。国家践行富强、民主、文明、和谐之德；社会践行自由、平等、公正、法制之德；公民践行爱国、敬业、诚信、友善之德，久而久之，必将德入民心。最后要在坚定中国特色社会主义理论国家信仰中，实现核心价值观的内化。社会主义核心价值观是中国特色社会主义理论的重要组成部分，只有坚定中国特色社会主义理论信仰，才能把核心价值观自觉转化为精神追求。

四要把社会主义核心价值观外化为大众的自觉行动。这是践行核心价值观的最终目的，也是增强大众凝聚力的重要价值和意义。从社会凝聚力的角度分析，把社会主义核心价值观外化为大众的自觉行动，关键是实现三个转变：一是让崇德、尚德成为社会风气，在这样的大环境中，践行核心价值观逐步实现由从众到自觉的转变。从众是跟着学，跟着做；自觉是主动学，我要做。我们提倡自觉行动，重在后者。二是在全社会践行核心价值观的道德氛围中，逐步实现由偶然行为到习惯自然的转变。践行核心价值观偶然做到一两次不难，难的是成习惯、成自然，只有这样的自觉行动，才能形成社会良好风气。三是在一些地方缺乏德治的社会风气中，率先形成道德意识和道德责任，践行核心价值观逐步实现由随波逐流到从我做起转变。践行核心价值观需要责任担当者引领，但更重要的是人人从我做起，只有从我做起的自觉行动，才能建成道德社会。以上这三个转变是把社会主义核心价值观外化为大众自觉行动的三个层次，也是三层境界。其中最难的是第三个转变。我们的各级党政干部、广大共产党员、各个行业的先锋模范，是第三个转变的主力军。

来源：刘学谦.增强社会主义核心价值观的大众凝聚力 [N].光明日报，2015-05-24（007）.

以人民认同增强国家精神凝聚力

国家精神凝聚力是国家理想、信仰、精神、道德等满足人民需要，为人民所认同，从而产生的高度思想聚合力。精神凝聚力同国家物质、政治、文化、安全凝聚力一起共同构成国家凝聚力。国家精神凝聚力对任何国家而言都是时刻不能丧失的精神生命力、战斗力和发展动力。战争年代丧失精神凝聚力会吃败仗，和平发展时期丧失精神凝聚力会出现内乱或是丢失政权，现代化建设时期丧失精神凝聚力会失去改革创新的能力。

新中国成立以来，我国国家精神凝聚力总体上是强大的。正是这种强大保证了我们国家从贫穷走向富强，保证了改革开放的成功，保证了我们国家成为世界第二大经济体。但不可否认的是，国家精神凝聚力在不同的历史阶段出现过一些问题，有时是很严重的问题。如"文革"时期出现的国家精神凝聚力方向错误而导致精神扭曲；现在一些干部群众出现的信仰缺失而导致国家意识和社会责任淡薄等，都直接或间接影响了国家的发展和社会的进步。现在我们正实践着中华民族伟大复兴的中国梦，需要凝聚全国人民的精神力量，必须增强国家精神凝聚力。

国家精神凝聚力的产生需要国家理想、信仰、精神、道德被人民所认同。这里所谓的认同，是感性认识到理性认识的过程，是知与行的统一。认同的程度越高，表明认识和理解越深，所产生的国家意识和国家责任心越强，进而对国家所形成的向心力越强大。

要积极推进国家理想的人民认同。国家理想是全国人民的奋斗目标，有了人民认同的国家理想，才能够凝聚全国人民的智慧和力量。国家理想在不同的历史阶段往往有不同的内容，但在价值取向上应该是相通的，在历史涵盖上应该是相衔接的。当前，中国的国家理想就是实现中国梦，它体现着 1840 年鸦片战争以来世代中国人的理想和奋斗目标，是强大国家精神凝聚力的源泉和动力。认同的关键是让人民群众认清中国梦同每个中国公民之间的利益关系，认识中国梦就是中国人民的强国梦、富国梦、幸福梦。每个中国人自觉地把中国梦当成自己的理想去追求、去奋斗，中国人民伟大理想——中国梦的实现才会有根本的保证。

要积极推进国家信仰的人民认同。国家信仰是国家稳定、社会发展的精神动力。一个国家的信仰是什么？国家的性质不同、内容也不同，但相同的是任何国家信仰只有人民认同才能变成行动，才能变成改造世界的物质力量。当代中国国家信仰就是中国特色社会主义理论体系，在它的指导下，改革开放实践取得了世界公认的伟大成就。事实证明，坚持中国特色社会主义理论体系是历史的必然选择。让人民认同这个国家信仰，首先要把这个理论内化于心。通过深入宣传、倡导，使人民认识到这个理论作为国家信仰的科学性和独特性，并在广大群众的实践中得到增强。其次，党和国家各级领导干部，社会各阶层代表、精英，要带头认同和践行国家信仰，以此带动人民群众跟着学、跟着做。再次，要处理好国家信仰、社会信仰和个人信仰的关系，要积极引导个人信仰在价值取向上同国家信仰保持统一，让个人信仰在保留个性的基础上服从国家信仰，形成稳定社会、促进发展的合力。最后，国家要通过法律法规和必要的制度巩固国家信仰在政治、经济、文化生活中的主导地位，这也是国际惯例。

要积极推进国家精神的人民认同。国家精神是一种爱国、爱民、爱生命的行为理念，它是人民在同敌人、困难和灾害作斗争的过程中凝练形成的；是历史传承下来并在新时代不断丰富发展的精神宝库。纵观世界各国，每个国家都有自己的国家精神，国家精神既体现了一个国家成长、发展、奋斗并让国人引以为自豪的历史轨迹，也展示着一个国家人民群众的性格、品质，特别是为国家发展、人民幸福而不懈奋斗的精神风貌。习近平总书记指出，实现中国梦必须弘扬中国精神，这就是以爱国主义为核心的民族精神，以改革创新为核心的时代精神。这里既指出了国家精神的重要性，也概括了国家精神的丰富内涵。我们应该集思广益，把中国精神的丰富内涵提炼出来，让人民群众在认同的过程中实践，在实践的过程中进一步认同。如果我们的亿万人民群众把中国精神内化于心，在推进中华民族伟大复兴的征程中就没有战胜不了的困难。

要积极推进国家道德准则的人民认同。国家发布了 24 字核心价值观，使人民群众践行国家道德准则有了重要的前提和基础，但必须有人民群众认同才能变成精神凝聚力量，才能变成整个社会的行动。首先是要做好既包容历史又涵盖当今的融合阐释。人民群众的道德习惯具有历史传承性，对 24 字核心价值观进行大众化的、传统与现代相结合的阐释非常重要，只有被人民群众深刻理解才能被深刻认同。其次，要在 24 字核心价值观的基础上根据不同行业、不同职业、不同年龄进一步细化，要让不同的人都能找到认同国家道德准则的切入点和执行点。再次，要进行深入持久的全方位、形象化、大众化、亲民化宣传，坚决反对形式主义和一阵风。最后，要建立有效的奖惩制度，并且长期坚持。通过这些方面的努力，广大人民群众对国家道德准则的认同必将汇聚成强大的道德正能量，必将促进全社会的稳定与和谐发展。

来源：刘学谦. 以人民认同增强国家精神凝聚力 [N]. 中国社会科学报，2015-01-16（A08）.

尽快完善战略新兴产业集群成长机制

培育发展战略新兴产业，是世界各国抢占新一轮科技革命和经济发展制高点的战略重点，已成为世界主要国家的共同选择。与发达国家相比，我国战略新兴产业集群尚处于形成期，集群的规模优势和创新网络优势远没有发挥出来。因此，应遵循集群创新演进机理，多方面入手，尽快形成并完善战略新兴产业集群良性成长机制，解决产业发展瓶颈，加快形成新兴产业网络。

一、企业为主　形成竞合互动机制

战略新兴产业集群内大、中、小不同等级企业并存，构成了共生互补的生态化企业网络，其间既有因相同的技术和共同的市场而形成的竞争，也有因劳动分工和专业化带来的合作。

竞争使得企业个体保持足够的发展动力，合作使企业之间形成资源、信息共享和优势互补。集群内的竞合互动实现了各个企业从分立走向融合、从对抗式的单打独斗走向协同式的联合竞争，从而提高了集群整体的对外竞争力。因此，促使集群中企业间形成以企业为主体的竞合互动机制至关重要。同时，集群还要积极参与到国际竞争体系中去，主动与国际创新体系加强合作，形成良性互动的国际竞合机制，为产业集群发展壮大提供更大助力。

二、多元互动　构建学习创新机制

多元互动的学习创新机制，也是一个自我调节的动态循环反馈机制。首先，大学与研究机构作为知识和技术创新的源头，可通过跨国合作、教育培训、成果转化等方式，有效地促进知识、信息、技术的扩散，为战略新兴产业集群实现原始创新提供有力支持。其次，由于企业可支配资源、经营战略和发展路径不同，使其在人力、设备、技术和组织管理等方面所积累的知识在数量和质量上有较大差别，进而形成技术势差。但对集群内企业来说，企业之间的学习成本很低，高位势企业的知识很容易外溢到低位势企业，形成对低位势企业的拉动效应。同时低位势企业因获取大量知识，技术能力大增，会进一步挤压高位势企业的发展空间，迫使原来居于高位势的企业不断探求持续增长的新优势，从而引发高位势企业的再创新，促使集群学习呈现螺旋上升的态势。最后，政府对共同技术研究的支持、中介机构及时地传递科技信息、金融机构的风险参与等，都会使集群内的科技创新较容易发生。

总之，要让政府、高等院校、科研机构、企业、金融机构等多元主体在集群共同的文化氛围和制度环境中，形成知识、技术和人才等一系列共享机制，有效地把企业各自的学习创新活动联结为一种协同现象，为产业集群进一步发展积聚创新动力。

三、合作共享　搭建人才交流机制

从知识获取角度讲，产业集群是一个纵横交错的庞大的网络系统，其丰富的知识资源为置身其中的每一个企业，包括竞争企业、上游供应商、下游客户以及服务于集群的公共服务机构等，提供了更多的学习机会。战略新兴产业集群发展需要大量的高端创新型专业人才，作为隐含经验类知识的载体，知识型人员能否在地域内自由流动，是提高集群创新能力的关键。有关部门和相关组织应根据区域产业特点，合理制定政策。比如，可采用技术入股、提供创业基金等方式，吸引集群外部领军人物和优秀技术骨干加入；加强与国际一流大学、科研机构的交流合作，采取"引进来、送出去"相结合的模式，培育国际高端专业技术人才；加强对员工的职业培训和职业教育，提高集群内员工的责任感和知识技能水平；完善人才管理政策，创新合作模式，可使用兼职、外聘技术咨询顾问、周末或假期工程师等，形成便于技术人员流动共享的互动机制。

四、政府主导　完善激励机制

政府激励战略新兴产业集群进行创新的理论基础，在于弥补市场失灵和制度失效，激励手段可通过各种政策工具的组合使用，促进集群的技术创新力度。政府应间接参与战略新兴产业集群的创建过程，让企业成为集群创新的主导者、公共部门和政府作为集群创新的服务者和引导者发挥作用。此外，政府激励的目标应是鼓励集群企业的合作和网络化，提供更好的公共计划、投资和营商环境，满足企业的各种需求。因此政府要促进集群内企业的供应联系，帮助建立学习链，加快知识在集群内的扩散，做好集群内各种信息评价及对外宣传工作，吸引外部投资。同时引导集群积极融入全球价值链体系，搭建国际创新平台，鼓励企业采用大数据、云计算等技术手段，通过分工协作与其他国家和地区的集群构成有机整体，实现新兴产业集群在全球价值链上地位的跃迁。

总之，政府要遵循市场规律，通过适度的引导和激励，使战略新兴产业集群尽快成长为自生能力好、经济效益高、国际竞争力强的新兴产业组织。

来源：甄翠敏，边社辉，李赞.尽快完善战略新兴产业集群成长机制 [N].经济日报，2017-06-17（007）.

大众创业要具备四个关键要素

　　大众创业、万众创新是在我国经济社会发展"三期"叠加形势下的战略选择，既是充分激发亿万群众智慧和创造力的重大改革举措，也是实现国家强盛、人民富裕的重要途径；既是提高生产要素时空重新配置效率，促使人们以物质富足带动精神富足的科学抉择，也是由经济大国向经济强国迈进的必然选择。然而，大众创业是一个系统工程，在全社会掀起大众创业浪潮，需要具备和解决如下四个关键因素：

　　一是人的因素。要形成大众创业的局面，人作为创业主体要满足两个条件：要具有强烈的创业意愿；要有足够的创业能力。创业意愿的激发需要在全社会形成浓郁的创业、创新的文化氛围，尊重创新、崇尚创业，尊重人才、保障人才权益、宽容创业失败。鼓励人们讲道德、重诚信、循法治、守契约，使创新创业成为人们普遍的生活方式，使大众关注创业、思考创业并愿意实践创业。要加大对创业典型的宣传和表彰，发挥示范带动作用。而且，创业能力的培养需要从教育抓起，由应试教育向素质教育转变，加强对高校毕业生的就业指导和创业教育，实施大学生创业引领计划，支持大学毕业生到新兴产业创业。各级政府要鼓励支持创业辅导、培训机构大力发展，使更多的有意愿创业者提高创业能力和创业成功的概率。

　　二是资本的因素。大众创业尤其是"草根创业"，往往以自有资金或向亲友筹措为主，但创业风险相对较高，一旦创业失败，创业者及其家庭将陷入生活困境。因此，创业资金的外部融资渠道是否畅通成为大众创业浪潮形成的关键因素。首先，政府可设立"大众创业的风险基金"，确保创业后续发展资金的不断链，真正做到扶上马，还要送一程。国家2015年计划拿出400亿元的新兴产业创业引导资金，如何良好经营管理、提高资金的使用效率，值得我们思考。其次，进行金融结构改革。现有金融结构存在趋高趋重现象，建议金融结构中应有一部分专门为创业者服务，如，可成立更多的规范化中小银行为创业者服务。国家管理的大额基金应该加大对创新创业的投资比例。此外，要鼓励和支持创业者采取股权融资，促使社会资金从虚拟经济流向实体经济。

　　三是创业机会的因素。对于创业机会的寻找和把握，一方面取决于创业者对创业信息、机会的搜寻和认知能力，另一方面取决于政府创业机会的供给能力。从政府角度而言至少有四个方面工作要做到位：其一，加大对现有创新创业政策的宣传和解读，让创业者更多地了解创新创业所能获得的培育和扶持，增强创业成功的概率和信心。其二，打通科技成果转化通道，关键是加快科技成果使用处置和收益管理改革，使科技人员愿意创新、愿意创业、愿意转化，鼓励各式各样的创新，直接用于创业，合作参与创业，转让促进创业。万众创新必然会带动大众创业。其三，营造公平有序的市场环境，变更多"特惠"政策为"普惠"政策，破除一些行业垄断，降低市场准入、取消非必要的行业限制。对于一些新型业态、商业模式的创新，要给予法治保障，对其保护、规范、监管，促进公平竞争，维护市场秩序。其四，加快社会创新，引导和支持创办社会企业，实现政府、企业和公益组织、媒体等跨界合作，解决青年教育、养老护理、妇女就业困难、维护残障人权等社会问题，同时为大众创业提供更多的渠道和机会。

　　四是政策体制的因素。政策体制是大众创业的条件因素和保障因素，要为大众创业创造条件和环境，扫清创业障碍而非设置障碍。其一，政府放权让利做"减法"，推进简政放权，简化行政审批手续，推进投资创业便利化。其二，制定分类引导的创业政策体系。目前创新与创业的概念通常模糊不分，其实，创新不等同于高科技产业，创新亦包括技术创新、管理创新、模式创新、业态创新、市场创新等，当前政策支持或资金供给均倾向于高科技产业的创新创业，而忽视其他行业和群体。大众创业更多是"草根"创业，缺乏高新技术支撑，也多与传统行业相关，但这些创业可能涉及业态创新、模式创新，尤其是对"互联网+"的运用，类似创业对于增加就业、扩大内需具有重要贡献和意义，因此制定分类引导的创业政策体系，能够更好地激发大众创业热情。其三，进一步推进融资体制、税收、流通体制改革，增加服务行业的创业机会，同时为其他行业创业提供便利条件。完善法律环境建设，加强事中事后监管，依法惩治违法行为，保护知识产权，建立诚信经营、公平竞争的市场环境。进一步健全利于大众创业的政策体系，落实和完善鼓励大众创业的税费减免、小额贷款担保、资金补贴、场地安排等培育扶植政策，形成政府扶持创业、社会支持创业、大众乐于创业和敢于创业的新机制。

　　来源：张公嵬，李赞.大众创业要具备四个关键要素[N].经济日报，2015-08-20（014）.

在转型升级中做强做精传统产业

当前，我国尚处在工业化中期阶段，传统产业依然是工业的主体，真正代表现代高技术前沿的产业比重很小，传统产业在国民经济中的比重还很大。无论从我国基本国情角度看，还是从国际竞争力角度看，在相当长的一个时期内，传统产业特别是传统制造业仍然会有广阔的市场需求和发展前景。而且，随着科技的发展、工业化的演进、产业的转型升级，在高新技术的改造和提升下，传统产业仍可被赋予新的活力，成为优势产业，从而进入另一个新的生命周期。我们要正确认识传统产业在国民经济中的重要性，在经济的转型发展中重视传统产业的发展，做强做精传统产业。

改革开放以来，我国传统产业取得了很大成就，但也面临许多问题。如，产业处于全球价值链低端，产品附加值低；创新机制落后，创新投入低，共性技术供应不足；缺乏品牌支撑，市场竞争力弱；等等。我国正处于经济社会转型关键期，在大力发展高新技术产业和新兴产业的同时，必须注重用高新技术改造传统产业，做强做精传统产业，实现传统产业转型升级，使传统产业焕发生机和活力。

一是用高新技术改造提升传统产业。将高新技术与传统优势产业相融合，用高新技术改造传统产业的装备，提高技术装备水准，开发生产高新技术产品，提高产品科技含量和附加值。

二是将先进的管理理念和方法植入传统产业。发挥资讯技术覆盖面广、渗透力强、带动作用明显的优势，找准切入点，围绕工业产品研发设计、流程式控制、企业管理、市场行销、人力资源开发等环节，提升自动化、智慧化和现代化管理水准，应用电脑技术，改造传统和落后的企业管理模式，使传统产业的企业管理跨入现代化管理轨道。建立现代企业制度，鼓励企业管理者"走出去"学习考察，引导企业采取合资方式学习国外先进的管理理念和方法，改善传统产业的经营管理体制。加强品牌建设，提高产品竞争力，实施名牌培育工程，加强传统产业品牌建设，使传统产业拥有的中国名牌、驰名商标等数量不断增加。在强调产品品牌的同时，强化区域品牌、集群品牌、民族品牌建设，提高产品附加值，进而提高产品国际竞争力。

三是优化产业布局，提高产业集中度。产业园区是产业发展的主要载体，是推进新型工业化的核心动力和关键抓手。园区的发展切忌大而散，应当从重视数量转到重视品质的方向上来，坚持发展特色园区，形成具有竞争力和聚集力的产业园区。积极打造传统产业基地和园区，创建国家、省新型工业化产业示范基地，推进产业集群内传统产业链条的完善和企业间的协作，探索建立传统产业技术创新联盟，进一步提升产业集聚效应。稳步推进传统产业转移，把产业转移的过程变成产业升级的过程。设立传统产业转移技术改造和技术创新专项资金，让产业转移和异地改造项目、城区企业一律进园，重大项目给予财政支援。对于能耗高、能效低、高污染的产业产能坚决取缔淘汰。同时，对于能耗低、品质好、环境达标的传统产业也要给予大力支援。

来源：张公嵬，薛晓光. 在转型升级中做强做精传统产业 [N]. 经济日报，2014-08-26（016）.

优化科技型中小企业的发展环境

当前，我国经济从高速增长阶段转向高质量发展阶段，科技型中小企业是培育发展新动能的一个重要载体。大力培育科技型中小企业、切实推动其更好发展，应是当前的一项重要工作。

科技型中小企业是经济高质量发展的重要支撑。科技型中小企业一般具有人力资本密集和知识密集等特征，其数量的增长和质量的提高能为高质量发展提供生力军和新动能。科技型中小企业也是优化经济结构、转变发展方式的重要载体。这些企业汇聚了创新要素，促进了科技创新资源的流动，可有效提高资源的空间配置效率、提供高附加值的产品和服务，具有较强的竞争力。

近几年，我国科技型中小企业发展较快，但在发展过程中仍然面临一些困难。比如，科技研发方向不准确、科技成果与企业需要衔接不顺畅；专业技术人才短缺，人才流动仍面临一些体制障碍；融资难，融资渠道窄；创业创新创造平台重复雷同、量多质差等，这些问题都制约了科技型中小企业的健康发展。如何进一步优化和完善科技型中小企业发展的内外部环境？可重点在以下几个方面切实发力：

多措并举力促科技成果转移转化。一是更好地推动科技研发与企业需要的对接，使科技成果供需对接常态化，既提升科研方向的准确性，又提高科技成果的转化率。二是完善和落实国家科技成果转移转化政策，充分考虑利益共享和风险分担等方面的问题，形成多方激励相容的格局。明确界定科技成果的处置权、使用权和收益权，使科技成果开发者有持续稳定的收益预期，最大限度地激发开发者的转化热情。三是要完善科技成果的评价体系。积极推行科技成果的市场化评估、定价和交易，完善专利资助政策，优化财政资助结构。四是积极搭建科技成果的流通平台。加大力度建设一批专业的科技成果转移转化基地，积极利用互联网平台，将科技成果的供给和需求按专业领域建立数据库。

全面提升人才供给能力和水平。科技型中小企业发展的核心要素是人才，包括科技研发人才和专业技能人才。在培育科技研发人才方面，要实行更加积极开放的人才政策，培养和集聚一大批具有国际水平的战略科技人才、科技领军人才、青年科技人才和高水平的创新团队；要促进科技研发人员的合理流动，消除阻碍人才流动的条条框框，充分保障科研人员的合理权益，同时创新人才引进方式，统筹引资与引智。在培育专业技能人才方面，高等院校要适时进行专业调整，企业也要对专业技能人才进行培训，提高其专业技术水平。

不断优化融资环境。一是深化金融体制改革。在有条件的地区支持创办政策性科技银行，专门为科技型企业融资服务；引导和鼓励金融机构转变经营理念，适度放宽融资条件，允许科技型中小企业联合贷款，利益共享、风险共担；改革和完善金融机构监管制度，更好地为科技型中小企业提供金融服务；健全知识产权价值市场评估机制，鼓励和支持知识产权质押贷款。二是积极拓宽融资渠道。发挥民营银行、小额贷款公司、风险投资、股权和债券等融资渠道的作用，扩大金融市场准入，支持建立普惠制金融机制，鼓励大型平台型企业提供普惠金融服务，切实发挥其在信息搜集、个性化服务等方面的优势。

积极推进创新平台建设。创新平台要朝着专业化领域迈进，实施覆盖领域专业化、管理运营专业化，并积极探索科技创新平台的营利模式，激发其持续发展能力和服务能力；鼓励跨区域共建科技成果转化平台；完善产学研合作的利益机制，进一步开放大学、科研机构和大型企业的创新平台，共享创新资源，提高创新资源的使用效率；培育发展各领域的产业技术创新联盟，开发行业关键共性技术。

营造弘扬企业家精神的良好环境。在全社会营造尊重和激励企业家干事创业的文化氛围，保护企业家的合法权益，用好市场准入负面清单制度，构建激励相容的容错机制，营造允许失败、宽容失败的创业氛围。

来源：张公嵬．优化科技型中小企业的发展环境[N]．经济日报，2019-04-03（012）.

拉格朗日点与可持续发展的四个平衡

——以河北省为例

引言

推进经济社会的可持续发展是人类最广泛的共识。如何评价和推进可持续发展，各国专家和政府做了大量的研究和实践，取得了丰硕的成果。但是，这种探索和实践远没有结束。2015年，以中科院牛文元教授为首席科学家的专家团队，首次发表《2015世界可持续发展年度报告》，报告的内容得到了国内专家的普遍认可，联合国环境署专门向世界各国进行了推荐。这是我国的专家学者首次用自己创新的理论和标准评价世界可持续发展。这部报告首次把天文学中的拉格朗日点理论引入了对世界可持续发展的分析，提出了推进人类可持续发展必须坚持要素之间平衡的观点，并计算出了世界190多个国家实现可持续发展的时间。

所谓拉格朗日点是指，受两大天体物体的作用，能够使小物体稳定的点。1772年由法国数学家拉格朗日推算得出。他在1772年发表的论文《三体问题》中举例说，如果某一时刻，三个运动物体恰恰处于等边三角形的三个顶点，那么给定初速度，它们将始终保持等边三角形队形运动。科学家发现，在自然界的各种运动系统中都有拉格朗日点。

同样，我们可以把推进经济社会的可持续发展看作是一个多要素构成的运动着的系统，而各种要素要在运动着的系统中稳定地发挥作用，也需要找到自身实现平衡运动的拉格朗日点。《2015世界可持续发展年度报告》指出，所谓可持续发展"拉格朗日点"，就是找到诸如"人类活动强度与自然承载力"（自然平衡）、"环境与发展"（经济平衡）、"效率与公平"（社会平衡）等的平衡点。寻求可持续发展科学所定义的"平衡"，包含两个相互衔接的阶段。第一个阶段是调控可持续发展系统抵达"拉格朗日点"；第二阶段是在"拉格朗日点"上保持稳定。可持续发展"拉格朗日点"将作为获取"交集最大化"或"效益最大化"的依据和标准。因此，在任何可持续发展的研究中，所谓定量的、指标的、趋势性判断，都必然要涉及平衡点的确定以及采取达到或接近平衡点的行动路线图。

正是出于这样的思考和依据，我在研究河北可持续发展问题时，选取了河北省可持续发展的平衡点问题，尽管这些方面的平衡点缺乏数据，有些甚至根本就没有数据，但是能够找到一个科学的研究方向，我认为也是有价值的。同时河北省的可持续发展是一个系统，涉及方方面面，因此我的研究也不可能面面俱到，只选取了我所熟悉、了解的四个方面，即河北经济增长与环境保护的平衡点问题、河北全面发展与人才需求的平衡点问题、河北人民对美好生活的向往与生产力水平的平衡点问题、河北社会治理能力与社会和谐稳定的平衡点问题。

一、河北经济增长与环境保护的平衡点研究

经济增长与环境保护平衡，在可持续发展经济学中，始终是核心问题。在没有达到可持续发展的平衡点之前，经济增长和环境保护是不可避免处在矛盾状态中的。推进可持续发展达到平衡点之前，主要作用不是只要经济增长不要环境保护，也不是只要环境保护不要经济增长，而是如何在保证经济增长的过程中，实现逐步减少对环境的破坏和对化石燃料的依赖。这虽然不是可持续发展的终极目标，但却是一个不断进步的目标。我们研究河北经济增长与环境保护的平衡点，不是研究这个平衡点是什么，而是如何尽快地接近这个平衡点。现实的河北与接近这个平衡点同先进发达省份相比，不是快了而是慢了。在"GDP 政绩观"的驱动下，相当长的时期以来，一些地方都是采取"先污染后治理""重发展轻环境"的发展模式，河北省更甚。虽然近年来，从有可比性的省市到地方，其发展战略都在强调可持续发展，调结构、转方式，但河北作为全国的钢铁大省，大部分产业处于产业链的中上游，产业结构偏重，经济发展的同时也造成了严重的环境污染。

根据统计数据，河北省的 GDP 总量在全国的排名在 6～8 名之间，但其环境质量排名与 GDP 总量排名相差甚远。根据环保部最新公布（2017 年 10 月）的 74 个城市的空气质量，空气质量相对较差的 10 个城市依次是唐山、哈尔滨、邢台、太原、石家庄、邯郸、徐州、长春、沧州和济南；空气质量相对较好的 10 个城市依次是舟山、拉萨、贵阳、福州、南通、厦门、海口、昆明、台州和宁波。质量较差前 10 名中河北省占了三席位置，根据往年环保部公布的城市空气质量，质量较差前 10 名中河北甚至占据 6～7 席位置。因此河北省环境保护任重道远。

河北省经济发展与环境保护的失衡，由多方面原因造成。一是产业结构原因。河北

省作为重工业省份、钢铁大省，其产业结构天然地决定了其环境必然要次于第三产业发达的地区。二是人民的环保意识。在任何一个经济体的发展初期，人民的环保意识都比较弱，一般都采用"先污染后治理"的发展模式，这也是符合人民需要的发展。只有在经济发展满足了人民的基本物质需要之后，才会产生对生态环境等的更高层次的需要。三是技术的原因。由于经济发展初期技术水平低下，对污染物的处理能力很差，废气、废水、粉尘等直接排放到生态环境中，对生态系统造成很大的破坏。第二、第三点原因属于共性的问题，在很多发达国家、我国的发达地区也曾存在。随着人民环保意识的增强，以及技术水平对污染物的利用和处理能力的增强，解决河北省经济发展与环境保护的不平衡，必须调结构、转方式，大力发展循环经济，这是根本的出路。

平衡经济发展与环境保护之间的关系，要把握好以下两点：

一是可持续发展并不否定经济增长。经济发展是环境保护的不二法宝。经济发展为环境保护提供了资金与技术支撑。在经济发展的过程中，强调环境的作用，通过公共环境保护政策来纠正资源的扭曲和错配。河北省经济与环境不平衡的原因之一是固定设备、技术水平的落后，在科技创新的驱动下，在新的技术水平帮助下，可以实现经济发展与环境保护的良好互动，从而以比较快的速度接近平衡点。

二是环境保护可以助推经济发展。经济发展包括经济数量的增长也包括经济结构的优化。环境保护可以从数量的增长与结构的优化两方面助推经济的发展。首先，"青山绿水就是金山银山"，美好的生态环境是一种生产资源，是一种发展优势。例如，直接依赖美好生态环境发展的旅游产业可以为该地区带来价值提升效应、品牌效应、生态效应、幸福价值效应。其次，环境保护倒逼企业转型升级。在环境保护的重压之下，关停、减产只是权宜之计，根本上是企业进行技术升级，或发展循环经济，延伸产业链，提高废弃物的利用率；或进行设备更新改造，降低其单位GDP 生产能耗。当技术上对环境保护的空间减少时，企业还可以进行资源重新配置，将原来用于重工业的资金、劳动等资源配置到第三产业。因此，环境保护可以倒逼河北省产业结构的优化与调整。

表1　10个省（市）的GDP总量比较

地区	2015 年	2014 年	2013 年	2012 年	2011 年	2010 年	2009 年
北京市	23014.59	21330.83	19800.81	17879.40	16251.93	14113.58	12153.03
天津市	16538.19	15726.93	14442.01	12893.88	11307.28	9224.46	7521.85
河北省	29806.11	29421.15	28442.95	26575.01	24515.76	20394.26	17235.48
江苏省	70116.38	65088.32	59753.37	54058.22	49110.27	41425.48	34457.30
浙江省	42886.49	40173.03	37756.59	34665.33	32318.85	27722.31	22990.35
山东省	63002.33	59426.59	55230.32	50013.24	45361.85	39169.92	33896.65

（续表）

地区	2015 年	2014 年	2013 年	2012 年	2011 年	2010 年	2009 年
河南省	37002.16	34938.24	32191.30	29599.31	26931.03	23092.36	19480.46
湖北省	29550.19	27379.22	24791.83	22250.45	19632.26	15967.61	12961.10
广东省	72812.55	67809.85	62474.79	57067.92	53210.28	46013.06	39482.56
四川省	30053.10	28536.66	26392.07	23872.80	21026.68	17185.48	14151.28

表 2 煤炭消耗量（万吨）比较

地区	2015 年	2014 年	2013 年	2012 年	2011 年	2010 年	2009 年
北京市	1165.18	1736.54	2019.23	2270.00	2366.00	2634.62	2664.70
天津市	4538.83	5027.28	5278.67	5298.00	5262.00	4806.79	4119.65
河北省	28943.13	29635.54	31663.27	31359.00	30792.00	27464.72	26515.81
江苏省	27209.12	26912.61	27946.07	27762.00	27364.00	23100.48	21003.02
浙江省	13826.07	13824.37	14161.26	14374.00	14776.00	13949.86	13276.16
山东省	40926.94	39561.73	37683.44	40233.00	38921.00	37327.89	34795.17
河南省	23719.94	24249.88	25058.14	25240.00	28374.00	26050.00	24445.42
湖北省	11765.91	11887.83	12166.72	15799.00	15805.00	13470.06	11099.75
广东省	16587.32	17013.71	17106.78	17634.00	18439.00	15983.62	13647.26
四川省	9288.90	11045.39	11678.55	11872.00	11454.00	11520.40	12147.35

表 3 电力消费量（亿千瓦小时）比较

地区	2015 年	2014 年	2013 年	2012 年	2011 年	2010 年	2009 年
北京市	952.72	937.05	913.10	874.30	821.71	809.90	739.15
天津市	800.60	794.36	774.50	722.50	695.15	645.70	550.16
河北省	3175.66	3314.11	3251.20	3077.70	2984.90	2691.50	2343.85
江苏省	5114.70	5012.54	4956.60	4580.90	4281.62	3864.40	3313.99
浙江省	3553.90	3506.39	3453.10	3210.60	3116.91	2820.90	2471.44
山东省	5117.05	4223.49	4083.10	3794.60	3635.26	3298.50	2941.07
河南省	2879.62	2919.57	2899.20	2747.70	2659.14	2354.00	2081.38
湖北省	1665.16	1656.54	1629.80	1507.90	1450.76	1330.40	1135.13
广东省	5310.69	5235.23	4830.10	4619.40	4399.02	4060.10	3609.64
四川省	1992.40	2014.79	1949.00	1830.70	1751.44	1549.00	1324.61

表 4 2011—2015 年 10 个省（市）单位 GDP 能耗

地区	2011 年	2012 年	2013 年	2014 年	2015 年
北京市	0.145582709	0.126961755	0.101977141	0.081409865	0.050627884
天津市	0.465363907	0.41089261	0.365507987	0.319660608	0.27444539
河北省	1.25600838	1.180018371	1.113220323	1.007286935	0.971046876
江苏省	0.557195063	0.51355742	0.467690274	0.413478332	0.388056543

（续表）

地区	2011 年	2012 年	2013 年	2014 年	2015 年
浙江省	0.457194486	0.414650603	0.37506724	0.34412067	0.32238754
山东省	0.858011743	0.804446982	0.682296246	0.665724384	0.649609943
河南省	1.053580201	0.85272258	0.778413422	0.694078465	0.641042036
湖北省	0.8050525	0.710053055	0.490755221	0.434191697	0.398166983
广东省	0.346530783	0.309000223	0.273818928	0.250903224	0.22780853
四川省	0.544736497	0.497302369	0.442502236	0.387059663	0.309082923

二、河北全面发展与人才需求的平衡点研究

全面发展是可持续发展的上升阶段，它对人才的需求是刚性的、因果性的。因而没有人才支撑的全面发展，是不可能实现全面发展的。因为从不全面发展到全面发展，拓展发展的过程，步步都需要创新，创新就需要人才。正如习近平总书记所指出的："人是科技创新的关键因素，创新的事业呼唤创新的人才。"无论从国家大局看，还是从省域经济社会的发展看，哪个方面缺人才，哪个方面就会缺创新，哪个方面就会出现发展的短板。河北省要实现可持续发展，必须进行产业转型升级。科技创新正是产业转型升级的第一推动力。不论是实现第一产业的机械化、现代化，还是传统产业的改造升级、新兴产业的培育发展、实现第二产业结构的高级化，抑或是生活性服务业向生产性服务业转型、优化第三产业结构，都离不开科技创新。

科技创新对劳动者技能水平的要求提高，产生了对高级人才的需求，而高级人才的供给与需求是否平衡，制约着科技创新能否成功，进而关系能否实现全面发展。

河北省目前高级人才供给与社会需要的不平衡主要表现为两方面：一方面是数量的不平衡。主要表现为供不应求，产业的高级人才的需求要大于人才供给。

据河北省人社厅统计，截至 2015 年年底，河北省专业技术人才总量 378 万人，占河北省常住人口的 5.09%。同期，北京市专业技术人才总量 392 万人，占该市常住人口的 18.06%；天津市专业技术人才总量 255 万人，占该市常住人口的 16.48%。河北省专业技术人才数量占全省常住人口的比例明显低于京津。而且，河北省缺少高精尖人才，尤其是院士和高水平专家数量少。从人才的行业分布来看，河北省高新技术产业人才、高层次企业经营管理人才严重缺乏。

从全国范围来看，根据第六次全国人口普查数据，我们界定大学专科以上学历为高级人才或高技能专业型人才。经整理可得，河北省的高级人才所占比例为 7.6%左右，低于全国 10% 的水平，更是远远低于北京、天津的高级人才比例。高级人才比例低于河北省的只有安徽省、江西省、河南省、广西壮族自治区、贵州省、云南省、西藏自治区七个省（自治区）。

表 5　人才比例

地区	专科以下学历	专科以下学历所占比例	专科以上学历	专科以上学历所占比例
全国	64355133	0.89946809	7192856	0.10053191
北京	596363	0.610160561	381024	0.389839439
天津	432252	0.784789764	118535	0.215210236
河北	3697073	0.923234919	307404	0.076765081
山西	1542358	0.891910194	186917	0.108089806
内蒙古	1125527	0.875882184	159494	0.124117816
辽宁	2027144	0.864320674	318217	0.135679326
吉林	1276952	0.893597695	152049	0.106402305
黑龙江	1676474	0.897418617	191633	0.102581383
上海	897165	0.716894094	354296	0.283105906
江苏	3950544	0.880499859	536162	0.119500141
浙江	2901122	0.884384068	379265	0.115615932
安徽	2679082	0.924702717	218154	0.075297283
福建	1755592	0.90030082	194414	0.09969918
江西	2089822	0.928312615	161383	0.071687385
山东	5189924	0.911437212	504296	0.088562788
河南	4665000	0.93183018	341277	0.06816982
湖北	2756512	0.907983002	279351	0.092016998

（续表）

地区	专科以下学历	专科以下学历所占比例	专科以上学历	专科以上学历所占比例
湖南	3121834	0.921070505	267520	0.078929495
广东	4932132	0.892680972	592946	0.107319028
广西	2267869	0.926437511	180077	0.073562489
海南	388253	0.909634673	38570	0.090365327
重庆	1231926	0.896219284	142655	0.103780716
四川	4359400	0.929905548	328603	0.070094452
贵州	1557586	0.929214194	118654	0.070785806
云南	2495257	0.935106192	173164	0.064893808
西藏	137325	0.928995204	10496	0.071004796
陕西	1786764	0.895144988	209297	0.104855012
甘肃	1299483	0.918804739	114836	0.081195261
青海	257044	0.884927479	33425	0.115072521
宁夏	285427	0.8726146	41667	0.1273854
新疆	975927	0.861363881	157075	0.138636119

另一方面是结构的不平衡、不匹配。主要表现为产业结构与人才结构的合度不强，产业结构的升级快于人才结构的升级。2015 年，全球最大的职业社交网站领英（LinkedIn）对京津冀三地信息技术产业人才结构进行深入研究分析，制作的《京津冀信息技术产业人才结构报告》显示，北京拥有大数据、移动开发、设计、硬件、游戏等九大热门技能的从业人员比例为 87.8%，较天津高出近一倍，河北比例仅为 6.5%。这主要源于河北重工业占比较高，信息技术产业基础薄弱。其中，河北产品管理相关技能人才占信息产业人才的 0.6%，低于北京该类技能人才比例的 9.7% 和天津的 2.2%；开发类技术人才占比为 2.5%，大数据人才占比 1.6%；而硬件人才更是完全缺失，低于天津硬件产业相关人才占比的 3.4% 和北京的 1.8%。从全国范围来看，根据张延平（中山大学，2011 年，中国软科学）对 1999—2008 年，10 年间的中国 30 个省市的区域人才结构与区域产业结构协调适配度进行的测评及分析，以 0.5 为分界线，0.5 以上为"协调"，0.5 以下为"失调"，可见河北省 10 年的均值为 0.42994，属于弱度失调。如表 6 所示，其协调度在全国属于中间位置，排 17 位。但从纵向时间来看，10 年间河北省的产业结构与人才结构的耦合度基本在 0.42 水平上下波动，无明显改善的迹象，这种惰性在全国高度重视人才的今天，实在是少见。河北省长期人才结构不合理，也是多年来产业结构畸形发展的重要原因。

表6　中国30个省市的区域人才结构与区域产业结构的协调适配度

省份	1999	2000	2001	2002	2003	2004	2005	2005	2007	2008	10年平均值
北京	0.679	0.683	0.693	0.731	0.733	0.741	0.753	0.731	0.729	0.721	0.719
天津	0.547	0.566	0.569	0.589	0.591	0.594	0.592	0.595	0.588	0.576	0.581
河北	0.435	0.429	0.424	0.442	0.436	0.419	0.431	0.427	0.431	0.425	0.430
山西	0.397	0.414	0.428	0.441	0.423	0.427	0.431	0.433	0.425	0.425	0.424
内蒙古	0.412	0.417	0.428	0.438	0.433	0.437	0.437	0.421	0.415	0.409	0.425
辽宁	0.493	0.487	0.489	0.516	0.500	0.506	0.516	0.490	0.496	0.478	0.497
吉林	0.447	0.453	0.454	0.477	0.435	0.461	0.460	0.445	0.452	0.440	0.452
黑龙江	0.455	0.443	0.446	0.462	0.454	0.429	0.457	0.433	0.441	0.432	0.445
上海	0.574	0.606	0.622	0.634	0.659	0.645	0.680	0.652	0.672	0.649	0.639
江苏	0.523	0.538	0.541	0.558	0.578	0.570	0.582	0.564	0.562	0.585	0.560
浙江	0.519	0.544	0.546	0.540	0.574	0.557	0.552	0.539	0.556	0.547	0.547
安徽	0.427	0.430	0.425	0.437	0.446	0.437	0.448	0.441	0.445	0.449	0.439
福建	0.489	0.503	0.502	0.507	0.529	0.514	0.529	0.522	0.520	0.512	0.513
江西	0.425	0.439	0.428	0.444	0.439	0.436	0.448	0.446	0.436	0.430	0.437
山东	0.489	0.485	0.479	0.489	0.476	0.491	0.500	0.483	0.491	0.486	0.487
河南	0.437	0.424	0.421	0.414	0.418	0.431	0.423	0.446	0.436	0.436	0.429
湖北	0.464	0.456	0.467	0.480	0.475	0.458	0.499	0.469	0.461	0.477	0.471
湖南	0.461	0.470	0.463	0.459	0.471	0.469	0.474	0.452	0.422	0.457	0.460
广东	0.564	0.572	0.577	0.593	0.611	0.591	0.614	0.612	0.615	0.602	0.595
文本	0.407	0.406	0.415	0.420	0.420	0.413	0.418	0.399	0.411	0.415	0.412
海南	0.415	0.402	0.404	0.403	0.420	0.376	0.409	0.406	0.396	0.405	0.404
重庆	0.450	0.456	0.455	0.474	0.488	0.480	0.484	0.486	0.473	0.472	0.472
四川	0.463	0.461	0.469	0.470	0.469	0.437	0.481	0.476	0.481	0.469	0.468
贵州	0.401	0.364	0.363	0.426	0.420	0.411	0.417	0.430	0.398	0.417	0.405
云南	0.423	0.416	0.416	0.424	0.395	0.411	0.421	0.406	0.415	0.398	0.412
陕西	0.489	0.477	0.504	0.517	0.493	0.502	0.474	0.471	0.481	0.478	0.489
甘肃	0.420	0.422	0.423	0.428	0.431	0.415	0.432	0.426	0.417	0.412	0.423
青海	0.399	0.389	0.396	0.431	0.401	0.390	0.401	0.421	0.425	0.406	0.406
宁夏	0.414	0.432	0.421	0.438	0.430	0.414	0.421	0.432	0.419	0.416	0.424
新疆	0.413	0.391	0.408	0.398	0.398	0.420	0.399	0.407	0.402	0.397	0.403

来源:《我国区域人才结构优化与产业结构升级的协调适配度评价研究》

因此河北省实现可持续发展，必须在高级人才数量和高级人才结构上下功夫，提高高级人才比例，改善高级人才结构，实现人才供给与需求间的平衡。利用现有的区位优势、交通优势，抓住京津冀协同发展的契机，对高级人才采用"不为所有，但为所用"的人才策略，充分利用北京、天津的技术优势和人才优势。同时还要创造良好的用人制度和用人环境。鼓励校企合作办学，发展职业教育，培育专业的高技能人才。鼓励企业加大职工再教育、再培训，在税收上给予优惠。

三、河北人民对美好生活的向往与生产力水平的平衡点研究

实现人民对美好生活的向往，是提高生产力水平的出发点和落脚点，当然也是实现可持续发展的根本点。根据统计数据，河北的 GDP 总量在全国的排名位于 7 或 8 位，但人均 GDP 在全国的排名位于 19 或 20 位。可见，人民群众并未从经济发展中得到更多的物质满足。可持续发展的原则之一——高效性原则不仅是根据其经济生产率来衡量，更重要的是根据人们的基本需求得到满足的程度来衡量。因此，提高人民需求的满足度是河北省实现可持续发展的应有之义。

比较全国 GDP 排名屯河北省较近的省份（江苏省、浙江省、山东省、河南省、湖北省、广东省、四川省），加之北京、天津两个直辖市，共 10 个省（市）。河北省经济总量大而人均 GDP 低的原因之一是生产率较低，生产单位 GDP 的成本较高。

表 7　全国人均生产总值（元）排名

排名	地区	2015 年	地区	2014 年	地区	2013 年
1	天津市	107960	天津市	105231	天津市	100105
2	北京市	106497	北京市	99995	北京市	94648
3	上海市	103796	上海市	97370	上海市	90993
4	江苏省	87995	江苏省	81874	江苏省	75354
5	浙江省	77644	浙江省	73002	浙江省	68805
6	内蒙古自治区	71101	内蒙古自治区	71046	内蒙古自治区	67836
7	福建省	67966	辽宁省	65201	广东省	61996
8	广东省	67503	福建省	63472	福建省	58833
9	辽宁省	65354	广东省	63469	辽宁省	58145
10	山东省	64168	山东省	60879	山东省	56885
11	重庆市	52321	吉林省	50160	重庆市	47428
12	吉林省	51086	重庆市	47850	吉林省	43223
13	湖北省	50654	湖北省	47145	陕西省	43117
14	陕西省	47626	陕西省	46929	湖北省	42826
15	宁夏回族自治区	43805	宁夏回族自治区	41834	宁夏回族自治区	39613
16	湖南省	42754	新疆维吾尔自治区	40648	青海省	38909
17	青海省	41252	湖南省	40271	海南省	37697
18	海南省	40818	河北省	39984	黑龙江省	37553
19	河北省	40255	青海省	39671	新疆维吾尔自治区	36943

（续表）

排名	地区	2015 年	地区	2014 年	地区	2013 年
20	新疆维吾尔自治区	40036	黑龙江省	39226	湖南省	36875
21	黑龙江省	39462	海南省	38924	河北省	35663
22	河南省	39123	河南省	37072	广西壮族自治区	34984
23	四川省	36775	四川省	35128	河南省	34211
24	江西省	36724	山西省	35070	四川省	32617
25	安徽省	35997	江西省	34674	江西省	32001
26	广西壮族自治区	35190	安徽省	34425	山西省	31930
27	山西省	34919	广西壮族自治区	33090	安徽省	30741
28	西藏自治区	31999	西藏自治区	29252	西藏自治区	26326
29	贵州省	29847	云南省	27264	贵州省	25322
30	云南省	28806	贵州省	26437	甘肃省	24539
31	甘肃省	26165	甘肃省	26433	云南省	23151

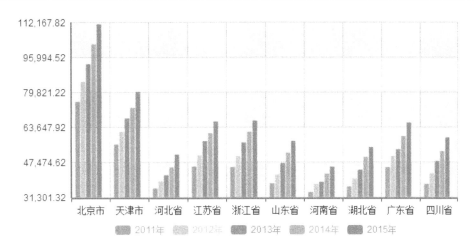

表 8　2011—2015 年城镇单位就业人员平均工资（元）

地区	2015 年	2014 年	2013 年	2012 年	2011 年
北京市	111390	102268	93006	84742	75482
天津市	80090	72773	67773	61514	55658
河北省	50921	45114	41501	38658	35309
江苏省	66196	60867	57177	50639	45487
浙江省	66668	61572	56571	50197	45162
山东省	57270	51825	46998	41904	37618
河南省	45403	42179	38301	37338	33634
湖北省	54367	49838	43899	39846	36128
广东省	65788	59481	53318	50278	45060
四川省	58915	52555	47965	42339	37330

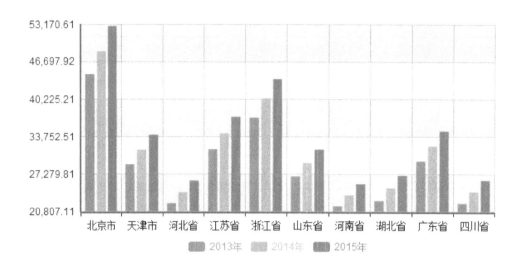

表 9　2013—2015 年城镇居民人均可支配收入（元）

地区	2015 年	2014 年	2013 年
北京市	52859.17	48531.85	44563.93
天津市	34101.35	31506.03	28979.82
河北省	26152.16	24141.34	22226.75
江苏省	37173.48	34346.26	31585.48
浙江省	43714.48	40392.72	37079.68
山东省	31545.27	29221.94	26882.39
河南省	25575.61	23672.06	21740.67
湖北省	27051.47	24852.28	22667.94
广东省	34757.16	32148.11	29537.29
四川省	26205.25	24234.41	22227.51

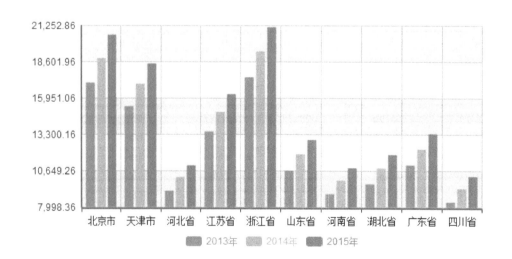

表 10　2013—2015 年农村居民人均可支配收入（元）

地区	2015 年	2014 年	2013 年
北京市	20568.72	18867.30	17101.18
天津市	18481.63	17014.18	15352.60
河北省	11050.51	10186.14	9187.71
江苏省	16256.70	14958.44	13521.29
浙江省	21125.00	19373.28	17493.92
山东省	12930.37	11882.26	10686.86
河南省	10852.86	9966.07	8969.11
湖北省	11843.89	10849.06	9691.80
广东省	13360.44	12245.56	11067.79
四川省	10247.35	9347.74	8380.69

处理好人民美好生活需求与生产力水平的平衡，要注意以下三点：

一是要提高劳动报酬在初次分配中的比例。通过提高最低工资水平，增加劳动者的工资，增加居民的可支配收入。鼓励居民消费，推动河北省由投资驱动型向消费驱动型转变。

二是实行河北省制造 2025，为消费者提供高品质、高质量的产品，满足居民的需求。

三是通过科技创新提高河北省的劳动生产率，在做大蛋糕的基础上更好更多地分蛋糕。

四、河北社会治理能力与社会和谐稳定的平衡点研究

社会治理能力也就是政府综合管理能力。世界公认的内容，主要涉及政府治理的五个维度，分别是话语权和问责制，政治稳定，政府效率，监管质量，控制腐败。社会稳定和谐，就是要实现政治稳定、经济稳定、社会稳定、人心稳定，就是要社会组织机制健全，社会管理完善，社会秩序良好，社会安定团结，人民安居乐业。政府的社会治理能力同社会稳定和谐具有同期正相关性，各级政府的社会治理能力越强，就越能实现社会和谐稳定的目标。我认为，社会治理能力和社会稳定和谐的平衡点，就在于我们经过怎样的努力更接近这个平衡点。

经济与社会理论研究与智库服务

表 11　2014 年省域社会治理水平测算

地区	社会治理指数	社会保障治理指数	社会案例治理指数	公共服务治理指数	社会参与治理指数
北京市	62.97	59.07	52.68	57.06	69.52
上海市	61.45	63.05	50.14	63.41	60.01
浙江省	42.33	38.96	46.73	26.13	50.54
江苏省	36.29	40.08	31.61	29.37	49.41
广东省	31.35	14.21	38.69	21.11	37.51
山东省	30.19	30.10	32.11	24.78	35.57
.天津市	27.10	42.58	43.38	45.79	21.02
重庆市	24.81	54.00	28.97	23.84	17.97
辽宁省	24.81	63.14	25.06	26.99	28.44
宁夏回族自治区	24.76	41.84	24.37	61.78	13.49
新疆维吾尔自治区	24.40	35.37	31.45	39.55	10.82
内蒙古自治区	22.96	45.88	28.02	33.88	12.51
海南省	22.93	32.72	33.18	26.86	10.08
安徽省	22.79	25.59	19.97	18.59	20.11
山西省	22.60	28.98	18.19	27.80	21.14
陕西省	22.59	35.24	18.05	33.58	16.88
云南省	22.41	35.48	41.43	21.50	13.27
湖北省	21.58	33.95	22.99	16.13	17.12
福建省	21.23	17.28	22.57	21.46	15.41
江西省	20.31	26.29	27.86	22.41	13.42
广西壮族自治区	20.20	20.63	34.49	15.89	11.41
甘肃省	20.05	38.08	34.00	26.82	14.20
四川省	19.91	35.59	24.38	20.49	14.61
贵州省	19.84	30.63	44.54	17.01	12.74
河北省	19.30	22.80	29.55	19.08	14.28
湖南省	18.95	34.38	26.61	18.27	18.55
黑龙江省	18.93	36.29	28.83	22.94	11.52
吉林省	16.98	42.18	21.74	27.10	9.07
河南省	15.74	26.93	34.54	17.63	10.53

来源：《基于 TOPSIS 模型的中国省域社会治理水平评价的实证研究南锐》

表 12　各省的社会治理水平指数

省份	2007	2008	2009	2010	2011	2012	2013	2014
北京市	0.7473	0.7724	0.7982	0.8747	0.9464	1.0232	1.0722	1.1469
天津市	0.6511	0.6640	0.6726	0.7085	0.7173	0.7398	0.7547	0.7542
河北省	0.4949	0.5219	0.5146	0.5376	0.5065	0.5193	0.5620	0.5512
山西省	0.4530	0.4850	0.5132	0.5299	0.5371	0.5971	0.6560	0.6768

（续表）

省份	2007	2008	2009	2010	2011	2012	2013	2014
内蒙古自治区	0.4778	0.4973	0.5359	0.5673	0.5382	0.5868	0.6243	0.6424
辽宁省	0.5662	0.5973	0.5960	0.6200	0.6232	0.6553	0.6697	0.6851
吉林省	0.5491	0.5581	0.5904	0.6140	0.5939	0.6563	0.6624	0.6629
黑龙江省	0.5679	0.5942	0.5948	0.6103	0.5668	0.6076	0.6340	0.6487
上海市	0.7388	0.7305	0.7434	0.8134	0.7959	0.8469	0.8295	0.8611
江苏省	0.5398	0.5729	0.6174	0.6681	0.7158	0.7972	0.8101	0.8064
浙江省	0.4913	0.5163	0.5582	0.6252	0.6600	0.7773	0.8379	0.8632
安徽省	0.2747	0.3332	0.3619	0.4202	0.4521	0.5176	0.5459	0.5526
福建省	0.4119	0.4604	0.4840	0.5387	0.5329	0.5783	0.6228	0.6218
江西省	0.4074	0.4186	0.4021	0.4110	0.3943	0.4416	0.5029	0.5055
山东省	0.5114	0.5527	0.5524	0.5751	0.5811	0.6270	0.6615	0.6719
河南省	0.3748	0.3889	0.3959	0.4167	0.4058	0.4418	0.5425	0.5615
湖北省	0.4344	0.4645	0.4812	0.5029	0.4779	0.5939	0.6173	0.6514
湖南省	0.4791	0.4886	0.4871	0.4914	0.4668	0.5192	0.5363	0.5510
广东省	0.3174	0.3610	0.4110	0.5031	0.5054	0.6007	0.6801	0.7005
广西壮族自治区	0.2911	0.3192	0.3442	0.3850	0.3811	0.4009	0.4463	0.4658
海南省	0.4129	0.4514	0.4736	0.5350	0.5834	0.6066	0.6452	0.6585
重庆市	0.3419	0.3715	0.4241	0.5059	0.5431	0.6582	0.7017	0.7292
四川省	0.3199	0.3490	0.3990	0.4486	0.4629	0.5201	0.5843	0.6175
贵州省	0.2368	0.2612	0.2788	0.3168	0.3115	0.3887	0.4568	0.4950
云南省	0.3026	0.3295	0.3405	0.3840	0.3637	0.4142	0.4421	0.4470
西藏自治区	0.3935	0.4094	0.4571	0.4875	0.5171	0.5852	0.5905	0.6863
陕西省	0.3881	0.4232	0.4638	0.5185	0.5288	0.6037	0.6406	0.6518
甘肃省	0.3424	0.3831	0.4029	0.4515	0.4548	0.5227	0.5679	0.6191
青海省	0.3823	0.3830	0.4057	0.4074	0.4626	0.5167	0.5956	0.6332
宁夏回族自治区	0.2591	0.2869	0.3242	0.3999	0.3625	0.4893	0.5519	0.5796
新疆维吾尔自治区	0.5167	0.5652	0.6146	0.6597	0.6477	0.6625	0.6844	0.7140

来源：《社会治理水平：指数测算收敛性及影响因素》

表13　2009—2015年城市登记失业人数（万人）

地区	2015 年	2014 年	2013 年	2012 年	2011 年	2010 年	2009 年
北京市	7.85	7.43	7.53	8.15	8.13	7.73	8.16
天津市	25.08	22.52	21.69	20.40	20.11	16.10	15.00
河北省	39.41	38.31	37.22	36.83	35.99	35.14	34.50
江苏省	36.01	36.57	37.61	40.47	41.45	40.65	40.74
浙江省	33.69	33.14	33.41	33.41	31.67	31.13	30.68
山东省	43.69	43.07	42.15	43.40	45.10	44.50	45.12
河南省	42.46	40.01	40.24	38.30	38.41	38.16	38.46

（续表）

地区	2015 年	2014 年	2013 年	2012 年	2011 年	2010 年	2009 年
湖北省	33.43	37.88	40.17	42.26	55.12	55.65	55.25
广东省	36.97	36.83	37.98	39.61	38.83	39.30	39.51
四川省	54.64	54.36	42.87	40.67	36.93	34.56	36.28

表 14　2009—2015 年城镇登记失业率（%）

地区	2015 年	2014 年	2013 年	2012 年	2011 年	2010 年	2009 年
北京市	1.4	1.3	1.2	1.3	1.4	1.4	1.4
天津市	3.5	3.5	3.6	3.6	3.6	3.6	3.6
河北省	3.6	3.6	3.7	3.7	3.8	3.9	3.9
江苏省	3.0	3.0	3.0	3.1	3.2	3.2	3.2
浙江省	2.9	3.0	3.0	3.0	3.1	3.2	3.3
山东省	3.4	3.3	3.2	3.3	3.4	3.4	3.4
河南省	3.0	3.0	3.1	3.1	3.4	3.4	3.5
湖北省	2.6	3.1	3.5	3.8	4.1	4.2	4.2
广东省	2.5	2.4	2.4	2.5	2.5	2.5	2.6
四川省	4.1	4.2	4.1	4.0	4.2	4.1	4.3

从以上数据分析可以看出，河北省的社会治理能力自己和自己比某些方面有进步，但和周边比还有不小的差距。河北省的维稳工作成绩是很大的，但付出的代价也是很大的。河北省的营商环境一直是影响经济发展的重要原因，抓了多年成效也不是很大，问题就在于有关部门从来就不认为河北省的营商环境差。2009 年到 2015 年，别的省市失业登记率都在降，河北省却在增。还有政府工作效率低、治理能力现代化滞后等问题。河北省必须在提高社会治理能力、实现治理能力现代化上下大功夫、下真功夫，否则就会离社会稳定和谐的平衡点越来越远。

通过以上四个方面的分析，我们可以明显地感到，河北的可持续发展有很大的进步，但同时也存在严重的制约，这些制约因素有的并不能很快解决，只能通过科技的进步和资本的积累，以及社会的进步、改革的深入和思想的解放逐步解决。基于这样的一个判断，河北省将在很长时间内处于调整可持续发展系统进入"拉格朗日点"的第一阶段。虽然我们国家整体上也处于这样一个阶段，但河北省必须补齐可持续发展的短板，才能赶上北上广深和江浙鲁的步伐，不拖国家可持续发展进入"拉格朗日点"的后腿。

作者：刘学谦

大数据优化营商环境的意义和对策

大数据已成为数字时代最重要的生产要素和核心资源，是新发展阶段深入推进"放管服"改革，持续优化营商环境，推动服务型政府和数字政府转型的基础性技术。与新加坡等国家的发达经济相比，我国营商环境还有很大提升空间。应用大数据等新一代信息技术优化营商环境的逻辑和意义在于，电子政务服务通过平台赋能、数据赋能、互联网思维，有效推动了营商环境的高效便利、市场化、法治化、国际化和公开透明。

新时代全球经济环境、贸易方式发生重大变化，国内环境资源约束加强、区域竞争加剧，土地、税收等传统招商优惠政策对企业的边际吸引力递减，营商环境正成为一个国家或地区经济环境软实力和竞争力的重要体现。新一代信息技术作为第四次工业革命的通用技术和基础技术，在经济高质量发展和国家治理能力中发挥着重要作用。推进新一代信息技术与营商环境优化相融合，发挥大数据、区块链、人工智能等技术在优化营商环境方面的作用，是新发展阶段优化营商环境的重要抓手。

一、营商环境建设存在的短板

近年来我国营商环境优化取得令人瞩目的成效，连续两年被列入全球优化营商环境改善幅度最大的十大经济体。2019 年我国在全球营商环境上的排名大幅上升至 31 位，电子政务发展指数国际排名从 2018 年的第 65 位提升至 2020 年的第 45 位，在线服务达到全球"非常高"的水平（第 9 位）。然而与国际先进水平相比仍存在短板和改进空间。

（一）营商环境的高效化和便利化存在提升空间

我国目前的相关行政审批流程仍然存在着一些问题，"减证"工作不彻底，如证书种类多、交叉与重复认证、审批环节多、审批时间长等，行政审批流程仍需精简。根据世界银行发布的《2020 年营商环境报告》，中国在纳税（排名第 105 位）、获得信贷（排名第 80 位）和跨境贸易（排名第 56 位）等方面排名靠后。一是缴纳税费的时间较长，缴纳比例较高，流程相对复杂。据统计，中国企业财税合规年均花费 138

小时，远远高于新加坡的 64 小时；二是跨境贸易中进出口单证合规、边界合规的耗时较长，费用较高。据统计，中国的出口边境合规耗时大约 21 小时，成本约 256 美元，均高于经合组织高收入经济体耗时和成本；三是办理破产的时间较长，费用较高，回归率较低。

（二）营商环境的市场化和透明化存在短板

政府服务职能存在缺位或错位的状况，使服务过程条块分割"办事来回跑""资料环节多"等问题潜藏在诸多营商环节中，资源整合与服务流程有待进一步改善。同时，政务服务的自由裁量权需进一步缩小，审批操作流程严密性和标准化仍亟须提升。行政人员存在"怠政懒政""任性执法"和"官僚主义"等问题，一些流程暗含着前置中介，影响服务质量和效率，不利于营商环境建设的公开透明和标准化。

（三）营商环境的法制化进程较为缓慢

法治化是营商环境的高级标准，目前我国营商环境缺乏良好的制度化、法治化运行机制，各地区和部门缺乏相关监管的细化规定和指示，监管的随意性较大，甚至会出现个别的执法扰民现象。对守法企业的产权保护、对不法企业的严惩、政策的公开透明、政策的连续与可预期方面有待进一步改善。

二、大数据优化营商环境的意义

（一）大数据推动营商环境建设优化的高效化

各地政府通过新一代数字技术应用与数据资源共享开放，打造多部门数据互通、联合协作的服务平台，推进政务服务"一网、一门、一次"改革，推行"一网通办""异地可办""跨区通办"等服务创新，将部门各自"摆摊"整合形成"看不见"的多部门联合，全面推行审批服务"马上办、网上办、就近办、一次办"，线上线下打通的政务服务。以企业开办为例，政务服务提供方通过信息共享和工作流程改革转变，将"办企业"从只能线下跑多部门交多套材料变成"进一扇门、跑一次、交一套材料"或者"线上办理零材料"，并且可以通过电脑端、移动端等不同的申办渠道享受同等的服务。

（二）大数据推动营商环境建设优化的精准化

营商环境是企业生存发展的系统生态环境，企业需求具有全方位、多层次、个性化的复杂性。利用大数据、NLP、知识图谱等人工智能技术，一方面搜集、整合企业信息，为企业定制画像，另一方面自动归集各类政策，按政策类型、申报时间、申报要求、奖励标准等多维度进行政策智能解析，实现政策与企业的快速匹配，实现 1 分钟内"企业精准画像—政策智能匹配—一键兑现政策"全流程。推动企业申请政策模式从原来的"企业人工找政策"向"政策智能找企业"转变，帮助企业足不出户快速精准享受政策红利，从而腾出更多的时间和精力发展。

（三）大数据推动营商环境建设优化的全面化

企业发展需求是全面、全流程需求，因此要求政务服务不是单一服务而是全面服务。大数据等新一代信息技术推动营商环境全面化建设的逻辑在于，针对企业不同发展阶段的政策需求，将各项政务服务由线下转线上，标签化、目录化行政审批流程和优惠政策，提供全流程服务。应用电子政务服务，针对开办企业，实现申领营业执照、刻制印章、申领发票、用工信息登记、银行预约开户全流程服务；针对企业日程运营，实现提高电力接入效率、提供不动产登记、交易和缴税"一窗受理、并行办理"服务、优化缴纳税费服务质量，实行纳税人线上"一表申请""一键报税"，海关、交通运输部门和地方政府通过"单一窗口"，实行通关全流程电子化，等等。

（四）大数据推动营商环境建设优化的持续化

信息技术应用能突破信息流通速度的限制，超越时间和空间，使政府部门与群众和企业实时互动，整合碎片化信息资源、集中行政审批服务、互通互联各服务部门，实现动态监测。同时，大数据的运用，能够实现超前分析和未来预测，减少服务行为的盲目性和随意性，从而能够推动营商环境优化的可持续性。

（五）大数据推动营商环境建设优化的公开透明化

电子政务打破了信息储存与共享的限制，行政人员办理执照申请、缴纳税收、信贷许可等业务时，其操作烙上互联网的印记，拖沓、推诿、特殊化等操作相对而言更难遁形，由此，在线政务能起到压缩行政人员自由裁量权的作用，做到监管时有迹可循、有处可查。

大数据等新一代信息技术是新发展阶段进一步优化营商环境的有效技术手段，充分发挥技术的有效性必须树立六个方面的思维。

一是量化思维。量化思维是大数据思维的首要思维，优化营商环境要以量化评价为着力点。以大数据技术实现营商环境量化评价的可操作性、客观性、全面性和区域间的可比性，更好对标先进、对接国际规则。二是需求导向思维。新发展阶段市场主体更加多样，其需求也更加多元。大数据具有的大体量、多样性、时效性、准确性、大价值 5V 特征，为解决企业个性化需求提供了技术支撑。三是精准思维。利用大数据等信息技术精准捕捉企业需求，精准发力，解决实际困难和诉求。四是便利思维。通过应用信息技术，整合疏通部门职能，提高行政审批与监管的高效和便利。五是共享思维。数据开放、共享、共赢，积极主动运用数字技术和互联网思维改进政务服务模式、拓展政务服务功能，打破部门间、地区间信息壁垒。六是法治思维。注重完善数据分类分级安全保护制度、数据隐私保护和安全审查制度，加强政务数据、企业商业秘密和个人信息保护。

三、大数据优化营商环境的对策

近年来我国在推动电子政务、数字政府等方面取得显著成效，有效优化了营商环境，但仍存在"信息孤岛"和"政策壁垒"，大数据等信息技术优势在营商环境优化中的作用未得到充分发挥。下一步应在以下几个方面集中发力。

（一）强化数据融通，打通信息孤岛

一是面向涉企服务领域设立公共信用、电子证照等业务数据专区，以基础数据库为依托，构建政府、企业、银行等多主体数据共享的链路网络。探索运用多方安全计算等加密算法，夯实数据专区安全保障体系。二是探索政企数据资源双向互认机制。开展与优秀企业的定向授权合作，有条件开放医疗卫生、交通物流等领域公共数据资源，探索开展政企数据资源双向归集、互换，切实提升数据资源流转利用效率，增强城市大数据平台的服务能力。三是利用信息技术和数据资源的融合，推动更多事项实现"免证办"，加快推动身份信息、金融信息等数据之间的衔接融合，为企业提供涉及办税、招投标等的统一认证服务，不断提升政务服务便利化水平，方便企业办事。

（二）打造优化营商环境的一体化平台

一是打通各系统及应用接口，构建通用共享平台设施，推进集约化、一站式、一体化政务服务平台建设，推动从"部门管理为中心"向"用户服务为中心"转变。二是完善全国一体化在线政务服务平台，全面提升一网通办率，建设服务事项一口进出总门户，服务事项覆盖国家、省、市、区（县）、街镇（乡镇）五级。三是推动公共资源交易平台互联共享，建立统一信息发布和披露制度。建设不同区域、自贸区数字政府网络联动模式，形成区域要素、信息自由流通的高效营商运转体系。

（三）增强数据资源监管

一是借助大数据技术，构建"数据+信用"的新型监管体系，加强信用领域的跨区域协作、信用要素流动对接，将行政审批、事中事后监管全流程贯通。二是将政务数据与社会数据融合，实现政府、企业和社会协同监管，提供更精准的服务与更高效的监管。

作者：刘学谦，李赞；来源：2021 国是论坛征文

"互联网 +"背景下城市精细化管理的路径

2018 年两会期间，习近平总书记在参加上海代表团审议时强调，要提高城市管理标准，更多运用互联网、大数据等信息技术手段，提高城市科学化、精细化、智能化管理水平。习总书记的要求从标准、手段、目标三个维度为我们实现城市精细化管理指明了方向。

一、目前我国城市精细化管理中存在的问题

（一）形式主义，只说不做

城市精细化管理在城市各级、各部门领导的讲话中、下发的文件中屡见不鲜，然而在实际管理中，要么没有实施细则、执行标准，要么没有责任主体，使城市精细化管理流于形式。说起来是精细化管理，但做起来仍然是老办法。

（二）注重过程，轻视效果

许多城市在精细化管理过程中做了很多工作，浪费了很多人力、物力，看似很认真，实则没走心。背离了城市管理"以人为本"的理念，结果城市病依然存在，群众不买账。对于这一点，看看各种城市病，不是轻了，而是重了，就足以佐证。

（三）城市管理"细而不精"

一是看见了，看不清楚。已经看到或早已看到城市发展中的问题，但产生问题的根源、本质看不清楚，找不出来。二是知道了，不知怎么办。知道存在的问题及原因，但不知道应该怎么办。三是事出了，不知打谁的板子。管理中出现了问题，要么大事化小、蒙混过关，要么一刀切，权责不分，奖惩不明。四是服务了，民众不满意。没有从民众最紧急、最关切的问题入手，完全凭自己主观意愿、判断进行管理服务，结果事情没少做，效率没提高，群众不满意。

（四）缺乏城市精细化管理的顶层设计

规划建设存在面子工程、形象工程问题；部门管理存在九龙治水、互相扯皮、

争功夺利问题；城市发展和管理的理念存在脱离人本核心、脱离地域特色和文化传统问题；城市管理的法律依据不健全，使得管理者在某些时候、某些领域无所适从。

（五）互联网、物联网、大数据、云计算等现代信息技术手段，没有成功地融入到城市精细化管理中去

目前，虽然在气象、交通等领域已经普遍使用互联网、物联网等信息技术手段，但更多领域还没有覆盖，即使覆盖也只是初级化，没有运用大数据和云计算来决策、指挥城市管理，没有实现应该由现代信息技术手段带来的安全、快捷、秩序、高效的城市精细化管理目标。

二、利用"互联网＋"实现城市精细化管理的思维与路径

"互联网＋"推动了以"精准、细致、严格、高效"为原则的城市精细化管理，其机理主要表现为以下四个方面：

首先，"互联网＋"调动公民参与城市管理的热情，更好满足居民的需求，体现着城市精细化管理的"精准"原则。其次，"互联网＋"实现城市管理的全行业、全时空、全流程的监控，体现着城市精细化管理的"细致"原则。再次，"互联网＋"推动城市管理的标准化、程序化发展，体现着城市精细化管理的"严格"原则。最后，"互联网＋"降低城市精细化管理的时间成本，提高了管理的效率，体现着精细化管理的"高效"原则。

因此，借鉴紫藤科技有限公司在河北成功打造"互联网＋"政务服务"模式的成功经验，利用"互联网＋"实现城市精细化管理，应该首先树立六个方面的思维。

一是民本思维。服务人民，让人民满意，是我们推进"互联网＋"城市精细化管理的出发点和落脚点。二是精致思维。要利用互联网把城市精细化管理做到精致，让城市化管理的众口不再难调。三是简化思维。通过"互联网＋"推进城市精细化管理，一定要使管事、办事的过程简单化，不能复杂化。四是平台思维。就是开放、共享、共赢的思维。如果通过"互联网＋"这个平台，把人民群众手中的手机变成城市管理的终端，城市管理的许多难题都可以得到解决。五是数据思维。掌握了不同人不同的行为数据，就掌握了不同人群的行为规律。无论管事还是管人，都要努力实现拿数据说话。六是互动思维。要让城市管理的过程公开透明，让人民群众可以随时提意见、监督。

推动"互联网＋"条件下的城市管理精细化必须遵循以下路径：

（一）利用"互联网＋"实现城市管理对象的精细化

城市管理对象是一个复杂的巨系统，城市管理对象的精细化是城市管理精细化的前提。利用"互联网＋"可以更为精细地区分管理对象，从复杂系统中具体出来，同时更为准确地分析某一具体管理对象发生逆法规行为的全方位影响因素。

（二）利用"互联网＋"实现城市管理范围的精细化

一是利用"互联网＋"实现城市地上、地下的全空间覆盖，管理着城市的每一个角落。二是利用"互联网＋"实现城市管理的空间覆盖，从经济发展、文化传统、民众生活到公共卫生、生活秩序等，规范着城市的几乎全部。

（三）利用"互联网＋"实现城市管理内容的精细化

在精准定位管理对象的基础上，利用"互联网＋"能够对管理目标、管理标准、流程过程、分工、职责、奖惩等具体管理内容做出明确要求，实现管理内容的精细化。

（四）利用"互联网＋"实现城市管理手段的精细化

精细化管理技术的基础和实现手段是信息化，要大力推进信息化建设，构筑"数字城管"。完善网格化系统，重视基础数据的采集、处理和应用。物联网、大数据、云计算使得城市管理实现感知、分析、服务、指挥、监察"五位一体"。

（五）利用"互联网＋"实现城市管理满足人民需求的精细化

信息化的快速发展，使得粗放式的城市管理与民众日益增长的需求期许矛盾越来越大，利用"互联网＋"改变民众的生产生活方式，提升人的获得感和个人价值的相互补异能力，有利于促使城市管理向着安全、便捷、有序、高效的目标迈进。

（六）利用"互联网＋"实现城市管理职责分工的精细化

"互联网＋"实现了互联互通，互联互通奠定了分工的基础。职责分工的精细化有了考核依据、有了奖惩依据，才能促进城市各管理部门有序高效协作。

三、促进互"联网＋"城市精细化管理的几点建议

（一）加快进行"互联网＋"城市精细化管理的顶层设计

在法规体系上，建议国家研究制定《城市管理法》，为"互联网＋"城市精细化管理提供法律依据。以"以人为本"和可持续发展为城市管理理念，以公共资源的高效配置和公共服务供给的公平化、均等化为方向设计城市管理方案，以部门间的紧密协作为组织运行方式，以"互联网＋"等信息化为基础和手段进行城市管理顶层设计。

（二）在全国进行"互联网＋"城市精细化管理示范试点

尽快摸索出一套适合我国国情的相对通用的"互联网＋"城市精细化管理标准，

并在全国范围内推广。充分发挥"互联网＋"等现代信息技术手段在城市精细化管理中的作用，从城市管理对象、范围、内容、手段等全方位实现精细化管理。

（三）组织城管人员进行全员"互联网＋"城市精细化管理培训

其一，培训城市管理从业人员掌握"互联网＋"城市精细化管理所需的业务知识和技能，尤其是信息化知识和技能，提高管理水平和能力。其二，对城市智能化、精细化管理导致的冗余人员进行经济发展新业态、新模式的知识和技能培训，引导和鼓励冗余人员的就业和创业，为城市精细化管理扫清人为障碍。

（四）推进"互联网＋"城市精细化管理要实现城乡一体化

"互联网＋"等信息化手段的快速发展，使得城市管理与乡镇、农村管理能够便捷、有效衔接。尤其是乡镇和农村的进城务工人员、流动人口的网上信息登记，便于控制人口的流量、流向，解决管理居住、交通运输等问题。

（五）推进"互联网＋"城市精细化管理要引导民众积极参加

要想让城市管理效率高、效果好、民众满意，必须积极鼓励和引导民众参与到城市管理中来，从方案的设计、执行到监督，各个环节都有民众参与，可以避免城市管理只重过程、轻视结果的问题。"互联网＋"等信息化手段的充分运用，特别是手机的普及，为民众参与城市管理提供了便捷的渠道和平台。

（六）推进"互联网＋"城市精细化管理应支持鼓励民间资本参与

融入"互联网＋"等信息化的城市管理需要巨大的人力、财力投入，在城市管理的某一领域或具体的某一管理对象，如市政基础设施、城市垃圾分类处理等，可积极引入民间资本来参与运营管理，一方面可以提高运营管理效率，节省财政支出；另一方面可以提高民众参与城市管理的积极性。

作者：刘学谦，华北理工大学社科院张公崑博士、社科院李赟博士协助作者进行了资料搜集和文稿整理；来源：2018 国是论坛

建设环渤海大湾区的研究与探讨

　　湾区是指由一个海湾或者相连的若干个海湾、港湾、邻近岛屿共同组成的区域，湾区已成为带动全球经济发展的重要增长极和领头羊，由此衍生出的经济效应被称为"湾区经济"。湾区经济是一种重要的滨海经济形态，它是国际先进滨海城市的显著标注，也是国际经济版图的突出亮点。环渤海地区地理位置优越，能够为湾区发展提供优渥的环境条件，环渤海地区要顺应世界经济发展大势，结合自身优势，尽快启动环渤海大湾区建设，促进环渤海地区经济迅速腾飞。

一、湾区经济已经成为世界经济发展的新引擎

　　湾区经济靠港而生，依湾而兴。湾区经济逐渐以都市圈为主要节点在世界经济网络中占据战略地位，成为区域乃至全球经济发展的重要增长引擎。其中，美国的旧金山湾、纽约湾，日本的东京湾被称为世界三大湾区。至今，世界三大湾区走过了漫长的发展路途，是全球湾区经济发展的典范。

　　纽约湾区有"金融湾区"之称，它是世界金融的核心中枢以及国际航运中心，纽约湾区的金融业、奢侈品业和都市文化在世界上都极具影响力。面积达 33484 平方公里，湾区内有 58 所大学，人口约为 6500 万人，占美国总人口的20%，城市化水平达到90%以上，华尔街对外贸易周转额占全美的1/5，制造业产值占全美的1/3，是世界金融的核心枢纽与商业中心。美国 7 大银行中 6 家的总部，全美最大的 500 家公司 1/3 以上的总部都设在纽约湾区。

　　旧金山湾区是"高科技湾区"，以环境优美、科技发达著称，旧金山湾区是世界各地科技精英的聚集地，其中高科技人员约 200 万，有 70 多万的华人在此。该湾区面积达 17955 平方公里，人口约为 760 万，并拥有世界知名的硅谷以及以斯坦福、加州大学伯克利分校为代表的 20 多所著名科技研究型大学。湾区内的高技术企业主要以信息技术和生物技术为主，谷歌、苹果、英特尔、Facebook、Uber 等科技巨头企

业全球总部均设于此。

东京湾区是"产业湾区",面积达 13562 平方公里,占日本国土总面积的 3.5%,聚集了日本 1/3 的人口、2/3 的经济总量、3/4 的工业产值。东京湾区内拥有日本最大的工业城市群,是国际金融、交通、商贸和消费等多种功能的中心地,同时也是日本重要的能源基地、国贸和物流中心。此外,该地还集中了日本的钢铁、有色冶炼、炼油、石化、机械、电子、汽车、造船等主要工业部门,东京湾区 6 个港口年吞吐量超过 5 亿吨,并构成了鲜明的产业分工体系,东京湾城市群是世界上经济最发达、城市化水平最高的城市群之一。

世界三大湾区的发展经验及路径,对我国发展湾区经济有以下五点启示:一是以高效便捷的交通连接为基础推进区域经济一体化;二是依据高能创新要素打造优势产业集群高地;三是以自由贸易港带动区域面向全球开放;四是以宜居宜业的生态环境聚集全球优秀人才;五是以湾区联盟和规划实现区域协调发展。

二、以粤港澳大湾区为代表,我国湾区经济已经形成发展新趋势

为推动内地与港澳深化合作,建立国家对外开放的新格局,2017 年中央提出了制定粤港澳大湾区城市群发展的规划,粤港澳大湾区正式进入国家"顶层设计"。2020 年年底杭州湾大湾区也逐渐崭露头角,对我国经济的崛起将起到新的支撑作用。

粤港澳湾区涵盖广东省 9 个城市、香港和澳门 2 个经济特区,占地面积 5.6 万平方公里,人口约为 6600 万人,2017 年 GDP 总额首次突破 10 万亿人民币(约达 1.6 万亿美元),规模超过了俄罗斯,与韩国持平,创造了全国 1/8 的 GDP。2017 年区域内港口集装箱吞吐量是世界三大湾区总和的 4.5 倍,达 6247 万标准箱,湾区总体经济增速保持在 7% 以上。规模以上工业企业拥有 1.3 万个研发机构,世界 500 强企业有 17 家,主要集中于科技和金融领域,如腾讯、华为、招商银行等。同时湾区内金融市场高度发达,拥有港交所和深交所两大证券交易所,这为科创产业的发展营造了良好的金融环境。

正在打造的杭州湾大湾区,其核心城市是上海和杭州,其中浙江境内部分的杭州湾经济区,拥有浙江 68% 的经济总量、55% 的人口、78% 的发明专利申请量、76% 的高新技术产业产值、78% 的境内上市公司和 75% 的中国民营 500 强企业。杭州湾湾区的物流效率高,加速了资金的流动和消费能力的提升。鉴于纽约、东京、旧金山三大湾区的金融支撑特色非常明显,杭州湾湾区按照设计将打造新经济新金融的创新中心、创新创业的科技金融服务中心、"一带一路"的离岸金融服务中心和

全油品产业链贸易中心。

早在 20 世纪末，"环渤海经济圈"的确立，就有了建设"环渤海大湾区"的雏形，而后京津冀协同发展政策以及雄安新区的落户，更是为推动环渤海大湾区的建设提供各方支撑。各方专家学者共识认为，环渤海大湾区的建设和发展对我国经济实力的提升将起到重要的作用。

三、启动建设环渤海大湾区的必要性与可行性

环渤海经济圈目前正处在国家推进"一带一路"建设、京津冀协同发展等多重战略机遇叠加的黄金发展期，发展湾区经济，发挥环渤海地区港口、产业、科技等方面优势，加快环渤海经济带开发建设，实现新旧动能转化和经济发展方式转变，对提升北方经济增长的质量具有重大意义。

（一）环渤海大湾区经济总量在全国具有重要位置

长江三角洲、珠江三角洲以及环渤海地区，被共同称为促进中国经济的三大"经济增长极"，其经济地位十分显著。环渤海大湾区以北京、天津、河北沿海为核心区，与辽东半岛、山东半岛形成合力发展的优势，"C"字形的区位优势，使得湾区内交通更为便捷，经济联系更为密切。据统计，2017 年环渤海大湾区的经济总量达 81475 亿元，占我国 GDP 的近 10%。根据环渤海大湾区经济发展的相关数据计算，2000—2017 年间，环渤海"三省二市"GDP 变动 1 个单位就能够引起我国经济总量出现 5 个单位的变化量，这一数据无疑证明了我国环渤海大湾区经济总量在全国中的重要位置。

（二）环渤海大湾区建设将引领我国北方经济新腾飞

环渤海大湾区的建设，将充分发挥北京、天津以及济南、青岛、唐山、大连等沿海核心城市的作用，推动北京的科技力量不断向辽东半岛、山东半岛以及京津冀地区辐射，带动整个区域经济结构的优化升级，提升湾区内各城市的国际化、现代化水平。环渤海大湾区可直接带动河北、辽宁、山东的发展，继而向东北地区、华北地区辐射，乃至带动我国整个北方经济的可持续增长。东北地区和华北地区经济的提升，将有效缓解中国经济南重北轻的发展局面，稳固中国北方的经济地位，推动中国经济发展的再平衡，实现我国北方经济的新腾飞，助推中国经济均衡发展、高质量发展。

（三）启动建设环渤海大湾区条件已经具备

建设环渤海大湾区已经具备条件：一是以天津、青岛、大连、曹妃甸等为代表

的国际大港聚集于此，港群密集，交通便利，具备发展湾区的基础条件；二是环渤海地区临港工业和经济开放带实现了多元化发展模式，不断与国际接轨，而雄安新区的加入将促使该地区对外开放的程度达到新高度；三是环渤海地区具有相对发达的产业体系，北京、天津、青岛、大连等多个城市产业体系完善，能够为湾区发展提供产业发展保障；四是科技创新能力强大，北京、天津、青岛、大连等城市是我国大学和科研院所的高度密集区，高端人才的拥有量、发明专利的拥有量、科技成果的转化量等，均位居全国第一，为环渤海大湾区的发展提供了强大的科技创新支撑；五是京津冀协同发展、"一带一路"建设、雄安新区设立、东北老工业基地振兴等战略相继实施，使得环渤海地区得到国家的高度重视，建设环渤海大湾区具有重要的机遇优势。

四、环渤海大湾区启动建设的几点建议

环渤海大湾区是引领经济增长的新空间，是对接"一带一路"及京津冀协同发展战略的新载体。借鉴国内外湾区发展经验，结合环渤海大湾区的实际情况，当前应从以下五个方面着手，启动环渤海大湾区建设相关工作。

（一）启动环渤海大湾区的研究并尽早纳入国家战略

粤港澳大湾区已经上升为国家战略，但我国仅有一个大湾区还是远远不够的。未来我国要发展成为全球第一大经济体和世界强国，对照美国标杆，至少需要规划建设 2 到 3 个大湾区。为此，国家智库需尽快启动发展环渤海大湾区的相关研究并促其尽早纳入国家战略。在环渤海经济圈发展的基础上，着力打造环渤海经济大湾区，结合湾区内各座城市经济发展侧重及发展优势，实现分工协作、合作共赢，使得湾区制造业、高科技产业、现代服务业、湾区休闲文化等产业都得到进一步发展，形成强劲有力的大区域优势，与以珠三角为代表的南部经济以及以长三角为代表的中部经济形成大合力，共同服务于我国整体经济的提升与发展。

（二）国家有关部门应尽快考虑制定环渤海大湾区的发展规划

在国家发展湾区经济的总体战略指导下，建议国家有关部门尽快考虑制定环渤海大湾区发展的规划，做好顶层设计。在整体框架上提升环渤海大湾区城市协同发展的层次。规划要明确环渤海大湾区内各城市的功能定位，明确各城市的产业分工，发挥以北京为中心的高科技创新、高技术人才的培养基地功能，打造出以北京、天津、曹妃甸为代表的空港、海港交通新格局，形成以青岛、大连、秦皇岛为主的特色沿海旅游产业链，突出以天津港、大连港为主不断向国际邮轮母港进军的港口功能，建设面

向世界开发开放、互联互通的京津冀沿海经济带、辽东半岛经济带和山东半岛经济带等，实现湾区城市错位发展，最大化发挥湾区经济的集聚效应、带动效应。

（三）在雄安新区率先建设数字环渤海大湾区

雄安新区是继深圳经济特区和上海浦东新区之后又一具有全国意义的新区，是千年大计、国家大事，其将被建设成为绿色生态宜居新城区、创新驱动发展引领区、协调发展示范区、开放发展先行区，这些特征都与建设环渤海经济大湾区不谋而合。环渤海经济大湾区建设不是湾区各城市的地理大融合，而是在数字化的社会关系和城市发展中最大限度地实现信息流通，对湾区内的各种资源、产业发展等进行有效调度，减少湾区发展过程中出现的"摩擦"。雄安新区应该具有引导环渤海大湾区发展的核心地位。因此，建议在雄安新区率先建设数字环渤海大湾区。将大湾区内各城市的人口、资源、环境，教育、科研、产业，流通、贸易、开放度，以及经济结构、发展优势等率先建设数据库，为启动建设环渤海大湾区进行基础的、有效的服务。

（四）成立环渤海经济大湾区城市联盟

环渤海大湾区是以京津冀地区为核心、以辽东半岛和山东半岛为两翼而组成的环渤海经济区域，涉及北京、天津 2 个直辖市，河北、山东和辽宁 3 个省份，卷入大连、秦皇岛、唐山、济南、青岛等诸多次级城市。在环渤海大湾区的地域内，各座城市经济发展的自身基础及特色、承担的功能及发展侧重各有不用，环渤海城市应以地域发展为重，打造湾区城市大联盟，尽早落实环渤海大湾区的建设。北京地区科技力量相对雄厚，河北、山东、辽宁充分利用环渤海经济大湾区的城市联盟作用，有效承接北京科技产业的转移，将会大大提高本地科技创新能力以及整体经济产量，并逐步达成环渤海经济大湾区内的分工协作、优势互补，形成区域凝聚发展新优势。

（五）率先启动京津冀核心区纳入京津冀协同发展的内容

无论从地理位置还是政策决策上看，京津冀地区都位于我国环渤海大湾区的核心区，它是连接我国山东半岛、辽东半岛的重要节点，具有交通网络密集、政策优势强、经济水平较高、城市对外开放程度较高等多重优势。京津冀协同发展战略是建设环渤海经济大湾区的政策基础之一，而建设环渤海经济大湾区不是一蹴而就的，建设环渤海大湾区需要由点成线、以线带面，循序渐进、逐步演化。因此，率先启动京津冀核心区纳入京津冀协同发展的内容，是十分必要的，京津冀核心区的建立不仅可以加快京津冀协同发展的步伐，还可以推进环渤海经济大湾区启动建设的进程。

作者：刘学，杨柳春，何新生，沈兆楠；来源：在第五届"京津冀经济与金融创新发展论坛"上的交流材料

搞好党史教育　增强党对青年学生的凝聚力

中共中央决定，2021 年在全党开展党史学习教育，激励全党不忘初心、牢记使命。无论是党员还是人民群众都应学习党史，党史是近现代中国史的重要组成部分。加强党史学习，才能深入了解共产党与国家、人民、民族命运紧密相连、艰辛而辉煌的奋斗历程，更好地认识、认同中国共产党，增强党的凝聚力和国家凝聚力。在大中专院校搞好党史教育，其重要性就在于增强党对青年学生的凝聚力。青年学生是中国特色社会主义事业的接班人，是中国未来的希望。青年一代的理想信念、精神状态、综合能力，是全面建设社会主义现代化国家、实现第二个百年奋斗目标的重要因素。通过党史教育把青年学生凝聚在党的旗帜之下；建设社会主义现代国家和实现中华民族伟大复兴，就有了重要保证。搞好党史教育增强党对青年学生的凝聚力，我们认为关键是抓好以下五个方面的教育工作。

一、要用党不忘初心、始终坚持理想和信念的历史凝聚青年学生

2021 年是建党 100 周年。这 100 年，是共产党不断发展壮大、走向成熟的 100 年，也是中国共产党与中国人民同呼吸共奋斗的 100 年。中国共产党带领人民走过的这 100 年并不是一帆风顺的，而是充满困难和曲折的。但共产党人始终坚持"为中国人民谋幸福，为中华民族谋复兴"的初心和使命；不谋一己之私，不谋一时之利，始终坚定把民族复兴、国家富强、人民幸福作为党的奋斗理想和目标。加强对青年学生的党史教育，以共产党人"不忘初心、牢记使命"的事迹为榜样，激励青年学生做有理想、有目标、有本领、有担当，"在自己所处的时代条件下谋划人生、创造历史"的新时代追梦人；同时，青年学生深入了解和认识建党的背景、宗旨、性质，共产党发展壮大过程中的曲折与奋斗、不变的革命初心与不断与时俱进的治理方式，才能更好地认识中国共产党、认同中国共产党的领导和执政理念，在实践中自觉拥护和跟随党的领导。

二、要用党在实现奋斗目标过程中所形成的革命精神教育学生，增强对青年学生的凝聚力

从战争时期的红船精神、井冈山精神、长征精神、延安精神、西柏坡精神，到和平年代的雷锋精神、大庆精神、红旗渠精神，再到改革开放精神、抗震救灾精神、奥运精神、女排精神、抗疫精神等，这些精神构成了"以爱国主义为核心的民族精神，以改革创新为核心的时代精神"的重要内容。随着时代的发展，将会不断涌现更多令人感动、激人奋进的精神。这些精神的背后，是一个个为祖国献身、守护人民安全的鲜活党员个体，也是共产党人对"全心全意为人民服务"的真实写照与践行。特别是战争时期，在物质条件和军事装备能力较差的条件下，共产党人所表现出的为国家献身的爱国精神形成了强大的精神凝聚力，这些精神凝聚力转化为强大的战斗力，成为取得战争胜利的重要精神基石。我国建设社会主义现代化同样需要传承与弘扬这些精神。青年学生是社会主义现代化建设的主力军和中坚力量，改革开放精神、爱岗敬业精神、拼搏进取精神等一旦在青年学生中传播，得到青年学生的认同，就会内化为行动指南，从而表现出持久的精神动力。

三、要用党始终坚持以人民为中心、全心全意为人民服务的宗旨来凝聚青年学生

"全心全意为人民服务"的宗旨决定了共产党完全彻底地成为"中华民族与中国人民的利益"的忠实代表。无论是面对"非典"、洪水、地震等各种突发灾害，还是从全面脱贫、全面小康到共同富裕，中国共产党发展历史中始终坚持以人民为中心，坚持"人民利益高于一切"，坚持把"人民对美好生活的向往"作为奋斗目标，坚持"发展为了人民、发展依靠人民、发展成果由人民共享"。特别是 2020 年，我国之所以能在世界范围内快速实现抗击疫情重大战略成果的胜利，就是因为党中央始终把"保障人民生命安全和身体健康放在第一位"。用践行"全心全意为人民服务"宗旨的先进人物和事迹教育青年学生，党史中的人物形象就活了起来，党的性质、宗旨、任务、目标等理论就有了现实的场景。与空洞的理论说教相比，这更加贴近青年学生的生活，更能激发青年一代的共鸣，增强对青年的凝聚力与吸引力。

四、要用党领导人民战胜敌人和困难，从胜利走向胜利，直到迈向建设社会主义现代化国家的历史史实、重大成就凝聚学生

在我国，中国共产党是唯一执政党。中国共产党与时代同步伐、与人民共命运，跨过一道又一道沟坎，取得一个又一个辉煌胜利，实现了从站起来、富起来到强起来的历史使命。这些重大成果如同一颗颗珍珠串联了建党以来的国家取得的发展与进步，而共产党就是这段辉煌历史的领路人。党史解答了中国共产党为什么"能"、马克思主义为什么"行"、中国特色社会主义为什么"好"的成功密码。辉煌成就的取得离不开共产党领导的历史表明，社会主义现代化新征程的建设和中华民族伟大复兴中国梦的实现同样需要坚定党的领导，增强党的凝聚力。用我们党从成立以后取得的抗日战争的胜利、解放战争的胜利、社会主义新中国的建立，以及领导人民进行改革开放建设全面小康、实现全面脱贫等这些成就鼓舞和教育学生，利于青年学生进一步增强道路自信、理论自信、制度自信、文化自信，更加认同党的执政理念，坚定地围绕在党周围，形成强大的凝聚力，这种凝聚力必将转化为建设社会主义现代化的生产力和创造力。

五、要用党的领袖所表现出的人格魅力和高超的领导艺术凝聚青年学生

党的领袖是中国共产党对内、对外的最高代表，对党的领袖的认同直接影响着对中国共产党领导集体、执政能力的认同，是政治凝聚力的重要构成要素。这些领袖所展现的平易近人、信念坚定、有责任有担当的人格魅力，治国理政才能和大国领袖风范，得到了人民的拥护和爱戴，成为凝聚核心，产生了政治凝聚力。用优秀共产党领袖所具有的人格魅力和高超的领导艺术感染和凝聚青年学生，使之认同并坚定中国共产党的领导，更加紧密团结在以习近平同志为核心的党中央周围，以习近平新时代中国特色社会主义思想指导学习和工作实践，社会主义现代化建设就有了坚实的群众基础和后备力量。

作者：刘学谦

国家凝聚力理论与演化轨迹分析

　　进入 21 世纪，无论是发达国家还是发展中国家，国家凝聚力都受到了严峻挑战。西方国家连续出现的经济发展低迷使国家凝聚力明显下降，特别是对多元文化的排斥和不同信仰之间的博弈，动摇了社会稳定的根基；发展中国家由传统社会步入工业化社会，连续遭遇"资源诅咒陷阱""中等收入陷阱""腐朽老化陷阱"，严重冲击着社会的稳定与和谐，增强国家凝聚力已经成为各国政府的头等大事。我们要实现中华民族伟大复兴的中国梦，必须破解难题，调动起全体人民的积极性、创造性，以人民对美好生活的向往为动力，全面增强当代中国的国家凝聚力。

一、当代中国国家凝聚力的内涵解析

（一）国家凝聚力的概念定义

　　所谓当代中国国家凝聚力是指，国家内不同民族、政党以及民众在理想、目标、利益共同的基础上，国家满足其物质、精神、政治、文化、安全等需要而产生的内向聚合力和外向吸引力。这个概念表明五个方面的内容：（1）国家产生凝聚力的前提，是人民必须有共同理想、目标和利益；（2）国家产生凝聚力的条件，是国家必须有能力满足人民的物质、精神、政治、文化、安全等需要；（3）国家凝聚力表现为人民群众之间的诚信与友善、团结与互助；（4）国家凝聚力在国内表现为人民的爱国、责任和担当；（5）国家凝聚力在国外表现为羡慕、支持和向往。国家凝聚力同时也是国家治理能力的综合体现。一个国家政权的国家治理能力越强，其国家凝聚力也就越强；国家治理能力差，其国家凝聚力也会弱化。

（二）国家凝聚力的特性属性

　　不同国家的凝聚力都有和自己国家性质相一致的特点，当代中国国家凝聚力同样具有自己的特点。当代中国国家凝聚力具有以下五个特性属性：

　　（1）国家凝聚力的包容性特点。在我们国家，不仅有国家凝聚力，还有政党凝聚力、民族凝聚力、社会团体凝聚力等。但是，作为国家凝聚力，并非和这些凝聚力相排斥，而是相互包容的。在国家代表人民利益的健康发展时期，上述凝聚力都是国家凝聚力的支撑与合力。因此在作用方向相同的前提下，社会各群体凝聚力的强大，也会促进国家凝聚力的强大。当然，这种包容是有条件的，这个条件就是国内政党、民族目标、利益的一致性。国家凝聚力的包容性特点对国家稳定、社会和谐有重要作用。

（2）国家凝聚力的非均衡特点。所谓非均衡特点，是指国家凝聚力在作用对象上是非均衡的。一方面与国家对人民的需求满足程度和水平不均衡有关，另一方面与吸引对象个人的觉悟、知识、素质、能力有关。国家凝聚力的非均衡特点往往是国家凝聚力建设的着力点。针对国家凝聚力的非均衡特点，找准影响国家凝聚力的薄弱环节，加强全面建设，才能保持国家凝聚力的持续强大。

（3）国家凝聚力的周期性特点。任何时代、任何制度下的国家凝聚力都是有周期变化的。国家凝聚力的周期变化同人民需要周期变化具有同步相关性。人民群众的物质、精神、政治、文化、安全需要是不断变化的，而且这种变化是有周期性的。旧的需要国家满足了，国家保持了对人民的凝聚力；人民的需要变化了，国家用满足人民旧的需要的办法去满足新需要，就不会产生凝聚力；只有用新的办法满足人民的新需要，才会产生凝聚力。这实际上是对国家政权执政能力的严峻考验。

（4）国家凝聚力的积淀性特点。国家凝聚力可以在较短时间内得到增强或爆发，如国家突然遭遇灾害和战争。但国家凝聚力的形成则是一个积淀的过程。一方面，一个国家不会因暂时的困难满足不了人民的需要而即刻丧失凝聚力。如果这些困难并非主观因素所造成，在国家凝聚力的积淀性特点作用下，处理得好还会增强国家的凝聚力。另一方面，一个国家的历史与国家凝聚力的积淀性成正比。在一般情况下，一个国家的历史越长，说明满足人们需要的能力越强，国家凝聚力也越强。国家凝聚力的积淀性特点，对任何时代的国家复兴都具有重要作用。现在我国提出实现中华民族的伟大复兴，实际上就是充分利用中华民族历史积淀的凝聚力，来达到实现中国梦的目标。

（5）国家凝聚力作用方向的选择性特点。国家凝聚力本身的作用方向是有选择性的，它往往和国家执政者确定的国家目标密切相联系。因此，不能简单地说，国家凝聚力越强就一定越好。如果方向错了，国家凝聚力越强，对国家、社会的破坏力就越大。两次世界大战的爆发都可以从强大凝聚力作用方向的错误找到原因。因此，只有保持正确方向的国家凝聚力，才能保持作用的正能量。

（三）国家凝聚力的系统解析

遵从一般系统学的理论和原则，我们对构成国家凝聚力的本质要素进行了长期的探索和研究，把国家凝聚力内涵解析为内部具有严格逻辑关系的五个分力，即国家物质凝聚力、国家精神凝聚力、国家政治凝聚力、国家文化凝聚力、国家安全凝聚力。根据社会发展合力的观点，任何国家推动社会发展的动力都不是单一的，而是既有物质因素又有精神因素，还有政治因素、文化因素、安全因素等，这些因素交互作用形成推动社会发展的整体合力。因此，国家凝聚力是构成国家社会职责的多种要素共同发挥正向作用的结果，国家凝聚力必然是推动社会发展的总合力。参见图1。

图1　国家凝聚力的构成要素

（1）国家满足人民经济与社会生产生活需要构成国家物质凝聚力。任何国家都首先要把满足人民生存与发展的物质需要作为首要职能，这样才会产生国家物质凝聚力。构成国家物质凝聚力的要素主要有以下几个方面：其一是国家财富总量和人均社会财富；其二是人民健康水平，主要指标是人均寿命；其三是人民的社会保障程度，这是国家凝聚人民的重要国家物质要素；其四人民收入分配公平程度，特别是人民对分配公平的认同；其五是国家可持续发展能力。

（2）国家满足人民信仰、理想、精神、道德需求构成国家精神凝聚力。世界上每个国家不管性质如何，都有国家统一的人民认同的主导信仰，人民有信仰，国家才有强大的精神凝聚力。国家理想目标是国家发展的前景和未来，代表着人民的长远和根本利益，是凝聚人民的重要精神力量。国家精神是一个国家的人民为生存和发展，在同敌人、困难和灾害作斗争的过程中所凝练的爱国家、爱人民、爱生命的行为理念，是一个国家历史传承下来并不断丰富发展的精神宝库。国家主导的道德行为准则，对国家与凝聚对象之间具有双向行为约束力和价值认同基础上的双向吸引力。

（3）国家按照人民的意志建设满意度高的政权及运行机制所形成的国家政治凝聚力。不同的政治国情和不同的政治发展阶段，人民意志所选择的政权形式也是不同的。首先，我们是中国共产党领导的社会主义国家，党的凝聚力直接影响和决定着国家的政治凝聚力。我们党能够保持强大的凝聚力，当代中国才会有强大的政治凝聚力。其次，国家领导人的执政能力和执政水平是影响国家政治凝聚力的关键因素。国家领导人的威望、人格和才能对国家政治凝聚力的形成、发展、强大具有重要作用。再次，民主和法制是国家政治凝聚力的核心内容。人民群众当家作主贯彻的广泛性和持久性影响着国家政治凝聚力的强大和稳定，没有法制的国家不会形成对现代人的政治凝聚力。最后，建设高效廉洁的政府，是国家政治凝聚力的基本要求。政府廉洁为中国历朝历代人民群众所敬仰，贪污腐败在中国为历朝历代人民群众所唾弃。政府工作高效往往是人民对政府满意的重要标志，办事效率低下，人民会因此对政府失去信任。

（4）国家传承历史文化、创新现代文化、满足人民文化需要所形成的国家文化凝聚力。文化凝聚力是国家的软实力。作为构成国家文化凝聚力的文化，主要包含以下几个方面：一是文化载体。主要包括语言文艺、文学艺术、风俗习惯等，通过文化载体把文化价值要素传递给凝聚对象发挥凝聚作用，最终形成文化凝聚力。二是文化教育。文化教育的普及与提高是国民认知、认同国家信仰、认同制度道路、认同传统文化的前提条件，国家文化教育水平决定着国家文化凝聚力的范围与强度。三是文化传播。人民的文化需求是由文化传播手段所实现的，同时文化需求的水平和程度决定文化传播手段的规模和发展，因此文化传播是国家文化凝聚力的构成要素，我们能够通过文化传播的规模和人民接受程度来反映国家文化凝聚力的变化。四是文化产业。国家文化凝聚力的构成要素，都是通过文化产品传递到凝聚对象，才能发挥凝聚作用。带有一个国家主文化要素的产品能走多远，一个国家的文化凝聚力就能影响多远。

（5）满足人民安全需要所形成的国家安全凝聚力。人民没有安全感，国家不可能把人民凝聚起来。国家安全凝聚力主要包括以下内容：一是军事安全。军事安全属于国家安全的传统领域，是国家安全的核心要素，直接决定着主权国家是否存在、人民是否生存，是国家安全凝聚力的重要基础和前提。二是政治安全。政治安全是国家安全体制的核心，一个国家没有政治安全不可能有国家安全。三是经济安全。经济安全与政治安全、军事安全相互影响，直接决定社会、生态、文化、科技、信息等各领域的发展水平和状态，是国家安全凝聚力的重要构成领域。四是社会安全。社会安全是公共安全的基本需要，是社会稳定程度的表现，是国家安全的重要内容，只有社会安全才能实现其他领域的安全。五是生态安全。生态安全是国家安全的物质基础之一，营造和谐、安全的生态环境既是人类生存、经济可持续发展的必要条件，也是国家稳定、人民安居乐业形成凝聚力量的重要基础。六是文化安全。文化安全对国家安全的影响具有间接性、隐蔽性和融合性的特点，是维护国家安全的精神力量，是国家安全凝聚力的重要内容。七是科技安全。科技安全和国家安全在状态上呈正相关，既是维护国家安全的重要手段，又是国家安全的重要标志。八是信息安全。在现代化的条件下，信息技术渗透到社会生活的方方面面，任何领域的发展都离不开信息技术的支撑，都将直接影响经济、政治、科技、文化、军事等领域的安全，没有信息安全就没有国家安全。

二、当代中国国家凝聚力的演化轨迹

从 1949 年中华人民共和国成立至今，国家的发展有过高潮也有低谷。当我们探寻国家发展背后的强大动力时，也发现了和国家的发展同步的国家凝聚力发展变化的历史轨迹。当代中国国家凝聚力的演化轨迹大致可分为五个时期：（1）国家凝聚力的形成培育时期（1949—1956）；（2）国家凝聚力的强化发展时期（1957—1965）；（3）国家凝聚力的不平衡发展时期（1966—1976）；（4）国家凝聚力的调整发展时期（1977—1992）；（5）国家凝聚力的全面发展时期（1993—2013）。

（一）国家凝聚力的形成培育时期（1949—1956）

这一时期从 1949 年 10 月开国奠基到 1956 年确立中国社会主义国家制度，是当代中国国家发展历史的最好时期之一。在这一时期，当代中国国家物质凝聚力、精神凝聚力、政治凝聚力、文化凝聚力、安全凝聚力基本形成。中国几代人渴望的物质、精神、政治等需要，第一次通过自己的政权获得了满足，无论是国家物质凝聚力、精神凝聚力还是政治凝聚力、文化凝聚力和安全凝聚力，都基本形成。这是新中国国家政权的新生凝聚力。这一时期，国家凝聚力发挥了巨大的作用，主要表现为三个方面，首先是民心的聚合作用；其次是对新政权的巩固作用；最后是化解矛盾，实现共兴共荣的作用。

（二）国家凝聚力的强化发展时期（1957—1965）

这一时期是国家凝聚力全面发展和加强的时期。1956 年，我国的生产资料所有制社会主义改造基本完成以后，标志着社会主义制度在中国已经基本建立起来了。从此，中国进入了全面建设社会主义的新时期，也是国家凝聚力强化发展的时期。虽然我们党和政府在探索适合中国国情的社会主义建设道路的过程中出现了偏差，直接影响了对人民日益增长的政治经济文化等需求的满足，致使出现了国家凝聚力的弱化因素，但随着党和政府对实践偏差的调整与纠正，经济社会发展回到了正确道路，国家凝聚力也进入正常发展。到1965年时，当代中国国家凝聚力已经强大起来。这一时期，国家凝聚力对我国经济、社会、文化、教育、科技、国防等全面发展发挥了促进作用。

（三）国家凝聚力的不平衡发展时期（1966—1976）

这一时期由于"文革"的发生，国家政治凝聚力、精神凝聚力等某些方面发生了一些方向性的偏差，文化凝聚力出现了严重弱化，国家物质凝聚力受到严重影响，唯一得到强化的是国家安全凝聚力。这一时期的国家凝聚力发挥了三个方面的积极作用：一是保证国家乱而不散的维护作用；二是凝聚全国军民抵御苏联霸权主义侵略威胁的作用；三是排除干扰促进经济发展的作用。

（四）国家凝聚力的调整发展时期（1977—1992）

这一时期是由长期封闭到改革开放的新时期，是人民群众的需要全面发展的新时期，更是多层次、多元化矛盾叠加凸显的新时期。因此，这一时期的国家凝聚力必然是在曲折中不断变化、在构成要素不断完善发展过程中得到提升。一是国家物质凝聚力发挥了重要的支撑作用；二是新中国积淀的国家精神凝聚力弥补了"文革"后国家精神凝聚力的不足；三是国家政治凝聚力经历了先弱化后强化的过程；四是国家文化凝聚力在恢复和博弈中得到增强；五是国家安全凝聚力继续保持了强大。

（五）国家凝聚力的全面发展时期（1993—2013）

这一时期因实现基本小康，建成世界经济大国，因此国家凝聚力是不断上升和加强的。具体有五个特点：（1）国家物质凝聚力继续发挥重要的基础支撑作用，但是由于生态环境问题的出现，使得本来应该更加强大的国家物质凝聚力，遭到一定程度的削弱。（2）国家精神凝聚力得到加强，但是增强的速度并不是很快。原因是构成国家精神凝聚力的要素发展并不均衡，人民的认同还没有同我们的努力成正比。（3）国家政治凝聚力由于中国特色社会主义制度优越性的充分发挥而得到加强。由于腐败问题出现的减分值，远小于由于发展成果巨大而得到的加分值。（4）国家文化凝聚力逐步进入稳定增强时期。一旦中国优秀的传统文化和中国特色社会主义的先进文化相结合，一定能够形成不可战胜的能够影响世界的强大文化力量。（5）国家安全凝聚力由于要素的增加，弱化了发展的速度。特别是和工业化发展阶段相关的生态安全，需要较长时间的治理才能全面达到目标。但是对国家凝聚力建设的重要支撑作用并没有改变。

三、研究当代中国国家凝聚力的若干启示

通过对当代中国国家凝聚力演化轨迹的综合分析，总结当代中国国家凝聚力建设过程中的正反两方面经验和教训，对增强当代中国国家凝聚力有六个方面的启示：（1）领导核心是国家凝聚力强大的关键；（2）人民需要和满足是国家凝聚力的源泉和动力；（3）坚持走中国道路是国家凝聚力作用方向的正确保证；（4）平衡协调是国家凝聚力总体强大的根本；（5）自我修复能力是国家凝聚力的独特优势；（6）持续创新是国家凝聚力的活力之源。

（一）领导核心是国家凝聚力强大的关键

实践证明，国家凝聚力的强弱，领导核心至关重要。在当代中国，领导核心具有三重内涵：一是指中共作为执政党，在整体上是领导中国特色社会主义事业的核心力量；二是指中共的中央委员会，特别是中央政治局和中央政治局常委会，是对全党实行集中统一领导的核心；三是在中央政治局常委会这个核心领导层，要形成一个"领袖核心"。中国这样的大国要凝聚全国人民、战胜挑战、破浪前进，必须有党中央这个领导核心。实践证明，领导核心的作用是国家凝聚力强大的关键。当代中国能够保持强大凝聚力，战胜各种困难，取得胜利，党中央的领导核心作用至关重要。没有这个核心，国家就是一盘散沙，凝聚人民力量就失去了指挥员。因此，我们要不断增强国家凝聚力，必须维护党中央的权威。中国共产党第十八届中央委员会第六次全体会议提出"以习近平同志为核心的党中央"，这对维护党中央权威、维护党的团结和集中统一领导，对全党全军全国各族人民更好地凝聚力量抓住机遇、战胜挑战，保证国家兴旺发达、长治久安，具有十分重大而深远的意义。

（二）人民需要和满足是国家凝聚力的源泉和动力

不断满足人民群众日益增长的物质文化需要，国家凝聚力建设才有源泉和动力。当代中国国家凝聚力的发展史，就是党和政府不断满足人民群众日益增长的物质文化需要的历史。国家物质、精神、政治、文化、安全凝聚力的强弱变化，都是由此决定的。满足人民的物质需求，国家什么时候都是放在第一位的。国家富强了，人民生活水平提高了，人民才对国家出现的缺点和问题表现出宽容和忍耐，才会对国家有信心，才能保证国家进行政治、文化等上层建筑领域的建设。人民群众对安全的需求是随着经济社会生活的发展、工业化的进程不断拓展的。新中国成立以后，随着人民群众物质生活水平的提高，人民的文化生活需要也越来越丰富多彩和多元化，特别是随着改革开放和互联网进入中国，人民群众的文化生活需求，呈现出许多国际化的特点。我们国家能够保持文化凝聚力，根本原因就是从形式到内容再到

管理，实现了全面的创新。这种创新就是以中国特色社会主义先进文化为主导，实现优秀传统文化和现代文化的有机结合，提高了国家文化的人民认同率和凝聚力。同样，新中国成立初期人民的安全需要主要体现在政治安全、经济安全和国防安全上，现在已经远远超出了以上范围。社会安全、文化安全、信息安全、食品安全、生态安全等，人民的每一种安全需要得不到满足都容易引发社会问题。正是每一届中央领导集体都高度重视国家安全问题，根据国家安全建设出现的新要求新变化，不断拓展国家安全建设的内容，才有现在人民安居乐业的安全环境。

（三）坚持走中国道路是国家凝聚力作用方向正确的保证

新中国成立以来，国家凝聚力对共和国经济社会的发展，发挥了重大的推动作用，这源于我国走的是人民群众当家作主的社会主义道路。国家的社会主义性质，保证国家凝聚力的作用方向必须是人民根本利益指向的目标。在每一个历史时期，党和国家都提出了引导人民奋斗的前进目标，保证了国家凝聚力作用在国家经济发展、社会进步、人民幸福的支点上。当前，把国家凝聚力的作用方向引导到建设全面小康，实现"中国梦"上来，国家就有了来自人民的无穷力量。坚持中国特色社会主义理论、制度和道路，对当代中国国家凝聚力的作用方向具有正相关性。当代中国能够保持和增强大国家凝聚力，并形成实现中华民族伟大复兴的合力，正是由于我们国家始终坚持走中国特色社会主义道路，在人民中间形成了理想、目标的高度统一。

（四）平衡协调是国家凝聚力总体强大的根本

人民的需要有物质、精神、政治、文化和安全之分，因而国家凝聚力又有物质、精神、政治、文化、安全五个方面的凝聚力划分，而且功能各不相同。新中国成立以来的经验表明，这五个方面的凝聚力协调发展，国家凝聚力才能获得稳定的发展。五个方面的凝聚力有相互补充、相互支撑的功能，但不能相互代替。如果有一个方面长期弱化，不仅会从整体上消耗国家凝聚力的力量，而且会使凝聚力产生相反的作用方向。现实曾出现的"端起碗吃肉，放下碗骂娘""说经济发展成就我自豪，让我说爱国不容易"等现象，说到底是物质凝聚力和精神凝聚力建设发展不平衡、不协调造成的。当下是全面建设小康社会的关键时期，必然也是国家五个方面的凝聚力全面协调发展的新时期。人民群众不仅需要物质文明，还需要精神文明、政治文明；既需要文化素质的全面提升，也需要国泰民安、安全环境。全面满足人民的需要，实现全面、平衡发展，国家凝聚力才会发挥全面的功能和作用。

（五）自我修复能力是国家凝聚力的独特优势

新中国成立以来，国家凝聚力曾出现过曲折发展、失衡发展的弱化现象，但从没有丧失国家凝聚力。根本原因就是我们的国家凝聚力是在民族、政党及民众理想、目标、利益一致的基础上，满足其共同的需要形成的。因此，每个时期，党和国家纠正失误时，都得到了人民的大力支持。同时，国家凝聚力中内含的责任和担当精神、"国家兴亡，匹夫有责"精神，又能够集中智慧和力量，找到纠正错误、破解难题的道路和办法。这是当代中国在国家凝聚力建设中，其他国家所没有的优势。表明当代中国有强大凝聚力，党和政府不仅能够把实现人民对美好生活的向往当成自己的奋斗目标，而且不管遇到多少困难和曲折，都一定能够带领人民实现这个目标。

（六）持续创新是国家凝聚力的活力之源

2013 年 10 月 21 日，习近平总书记在欧美同学会成立一百周年庆祝大会上的讲话中指出："创新是一个民族进步的灵魂，是一个国家兴旺发达的不竭源泉，也是中华民族最鲜明的民族禀赋。在激烈的国际竞争中，惟创新者进，惟创新者强，惟创新者胜。"新中国的诞生，毫无疑问是中国社会的伟大创新；改革开放是计划体制下的伟大创新；今天建设全面小康，实现中华民族伟大复兴，同样是新形势下的伟大创新。正是当代中国社会的不断创新发展，使国家不仅能够以人民的需要为目标，而且有能力满足人民需要实现目标。这是国家凝聚力保持强大的活力之源。从创新对增强国家凝聚力的意义上说，创新不仅仅是科技人员的事，应该把创新摆在国家发展全局的核心位置，不断推进理论创新、制度创新、科技创新、文化创新等各方面创新，让创新贯穿党和国家的一切工作，让创新在全社会蔚然成风。只有整个社会充满创新的活力，国家凝聚力才能保持强大和可持续。

来源：刘学谦，周志田，杨多贵.国家凝聚力理论与演化轨迹分析 [J]. 中国科学院院刊，2016，31（11）：1208-1214.

增强新时代社会凝聚力的路径

一个国家的社会凝聚力代表着人们同心协力干事业的强大力量，既是社会稳定的标志，也是推动社会发展进步的内生动力。"众人拾柴火焰高"，中国特色社会主义的成功产生了强大的社会凝聚力，中国特色社会主义的成功也来自强大的社会凝聚力。特别是党的十八大以来，我国成功战胜各种自然灾害，成功应对国内外各种严峻挑战，取得了中国特色社会主义的新胜利，一个重要原因就是广大人民群众在以习近平同志为核心的党中央的坚强领导下，形成了中国梦的共同理想，形成了中国特色社会主义的根本信仰，形成了公平正义和谐安定的社会环境，形成了为美好幸福生活奋斗的强大社会凝聚力。增强新时代社会凝聚力，最根本的还是以习近平新时代中国特色社会主义思想为指导，遵循社会凝聚力的形成规律，汇聚更加磅礴的力量，谱写中国特色社会主义发展进步的新篇章。

一、强化共同理想的认同与践行

社会凝聚力，一般是指在共同理想、信仰、价值观念条件下，建设公平正义的和谐社会，为实现共同目标和利益而形成的人际吸引与聚合力量，其中共同理想是第一位的。习近平总书记强调指出："一个国家，一个民族，要同心同德迈向前进，必须有共同的理想信念作支撑。"国家理想是全国人民奋斗的目标，代表着社会凝聚力的凝聚方向。没有明确的国家理想，社会凝聚力就没有指向，形不成合力；没有正确的国家理想，社会凝聚力就会作用到错误的方向。当代中国的国家理想是实现中华民族伟大复兴的中国梦。强化人们对共同理想的认同与践行，就要善于把国家理想转化成与每个人的利益息息相关的"个人梦"，促使个人理想与国家理想一致与同步，使人民群众成为实现国家理想自觉的参与者、践行者、推动者和受益者、共享者。国家理想不可能涵盖每个人的利益与需求，但国家理想是个人理想的最大公约数，国家理想要最大限度地整合每个个体不同的利益诉求，为个人理想的实现提供资源、途径和保障，打通个人理想实现的通道，使每个个体都有实现自己理想的可能。

二、坚定中国特色社会主义信仰

"人民有信仰，国家有力量，民族有希望。"信仰是指导人民群众实践行为的最深层次的世界观与价值观，是国家稳定、社会发展的精神动力，具有社会凝聚功能、人生导向功能、政治激励功能。人民群众认同并践行统一的国家信仰，就可以形成维系社会群体凝聚的纽带，维持社会秩序和稳定，成为我国转型和改革过程中必不可少的稳定剂和黏合剂。没有信仰，就会失去行为准则、内心缺乏敬畏和约束，社会就无法形成凝聚力，丧失发展的生命力与活力。当代中国人的信仰，最核心的就是中国特色社会主义信仰。人民群众认同并坚定中国特色社会主义的信仰，就能在社会变革期凝聚发展共识，为我国经济社会发展在更高水平上提供精神动力。推进人民群众对中国特色社会主义的信仰认同与践行，党员干部要身先士卒，带头成为中国特色社会主义信仰的典范。只要领导带头，群众就会跟着学、跟着做，就会增强信仰的凝聚力。要坚定中国特色社会主义的"四个自信"。中国特色社会主义道路、理论、制度、文化是经过长期实践检验的科学的产物，中国特色社会主义道路自信、理论自信、制度自信、文化自信来源于实践，来源于人民，来源于真理。进一步坚定"四个自信"，就能凝聚起毫不畏惧面对一切困难和挑战的勇气和信心。要正确引导个人信仰，使个人信仰与中国特色社会主义信仰相一致。中国特色社会主义信仰和人民群众的信仰相互融合，整个社会就能形成稳定的凝聚力。

三、筑牢社会主义核心价值观

核心价值观是一个国家的重要稳定器。能否构建具有强大感召力的核心价值观，关系社会和谐稳定，关系国家长治久安，关系凝聚力的强弱。习近平总书记指出："核心价值观，其实就是一种德，既是个人的德，也是一种大德，就是国家的德、社会的德。"道德可以有效减少社会排斥、社会冲突、社会分裂，维护社会秩序和社会稳定，增强社会凝聚力。党的十八大以来，以习近平同志为核心的党中央，大力突出核心价值观的教育和普及，社会主义核心价值观逐步得到人民群众的认可与践行。但是，要让社会主义核心价值观真正内化于心、外化于行，让社会主义的道德之花竞相开放、蔚然成风，需要坚持不懈地努力。要加强舆论宣传和教育，在全国形成提倡和鼓励道德行为，反对和鞭挞不道德、不文明的行为，在全社会形成扬善抑恶的道德氛围和社会风气，让不道德、不文明的人或事接受大众的监督与舆论的批评。"少成若天性，习惯之为常。"道德教育要从小抓起，将是非对错等道德标准渗透于心、贯穿于行，春风化雨、润物无声，让道德真正成为指导人们日常行为的规范与准则，成为自觉的行为习惯。党政干部、广大共产党员、各个行业的先锋模范要带头遵守社会公德，带动人民群众由从众到自觉、由偶尔为之到习以为常，让道德成为推动社会进步的坚实力量。要通过道德素质、道德行为的培养，在国家层面，逐步形成爱国担当情、强国责任情；在人际层面，逐步形成尊老爱幼情、友爱互助情、见义勇为情等，每个人心中都洒满阳光，整个社会处处充满正能量，凝聚力自然会大幅提升。

四、建设更加公平正义共同富裕的社会

"治天下也，必先公，公则天下平矣。"公平正义是良好稳定社会秩序的本质特征和内在要求。只有公平正义的社会才能凝聚最多、最广泛群众的支持与拥护，才能形成强大的社会凝聚力。如果人们感受到一个公平正义的社会秩序，就会有安全感，就愿意成为社会大家庭的一员，就会以社会容纳取代社会排斥。反之，社会凝聚力就会削弱，社会改革和经济增长的成本也就增加。随着我国经济社会发展水平和人民生活水平的提高，人民群众的公平意识、民主意识、权利意识不断增强，对社会不公平问题的反映越来越强烈。公平正义是中国特色社会主义的内在本质要求。我们要切实按照习近平总书记的要求，"进一步实现公平正义，通过制度安排更好保障人民群众各方面权益"。加紧建设对保障社会公平正义具有重大作用的制度，逐步建立社会公平保障体系。共同富裕是中国特色社会主义的根本原则，也是公平正义的一个重要方面。增强社会凝聚力就要坚持共享发展，使发展成果更多更公平惠及全体人民，朝着共同富裕方向稳步前进。司法机关是维护社会公平正义的最后一道防线。增强社会凝聚力就要加快法治社会建设，善于运用法律手段调节经济社会关系、统筹协调各种利益冲突，用公正的法律保护人民利益、伸张社会正义。

五、坚决维护中国共产党的领导核心地位和权威

任何社会凝聚力都要有凝聚核心。没有凝聚核心的社会凝聚力是松散的、不可持续的。凝聚核心是社会凝聚力的"主心骨"，使社会成员紧紧围绕在其周围，形成

强大的凝聚力、生命力和战斗力。凝聚核心吸引力的强弱，决定着社会凝聚力的稳定性与持久性。中国共产党是当代中国社会凝聚力的凝聚核心。"办好中国的事情，关键在党"，凝聚起全社会的力量，关键也在党，关键在中国共产党的领导核心地位和权威的巩固与增强。一个社会对党和国家领导核心的衷心拥护和自觉遵从，是社会凝聚力强大、不松散的重要条件和保证。党的领导既是中国特色社会主义最本质的特征，也是中国特色社会主义制度的最大优势。毫不动摇地维护中国共产党的领导核心地位和权威，增强新时代中国特色社会主义社会的凝聚力，就要始终坚持党的全面领导，维护党的领导核心地位。党员干部要自觉忠诚于党、忠诚于人民，用行动感召人民群众拥护党、拥护社会主义。要坚决维护习近平总书记党中央的核心、全党的核心地位，坚决维护党中央的权威和集中统一领导。全党全国人民自觉维护党中央的权威，实现党的集中统一领导，我们的社会就有了凝聚的核心，就有了强大的凝聚力量，就有了实现中华民族伟大复兴的不竭动力。

来源：王健，张红霞，李赞.增强新时代社会凝聚力的路径 [J].红旗文稿，2019（20）：34-35.

满足人民美好生活需要是国家凝聚力的源动力

国家凝聚力是指当代中国不同民族、政党以及民众在理想、目标、利益共同的基础上，国家满足其物质、精神、政治、文化、安全等需要，而产生的内向聚合力和外向吸引力。一个国家要能够产生凝聚力，它的国家成员必须有共同理想、目标和利益，这是任何国家形成凝聚力的前提和基础。一个国家有了公众认同的共同理想，就能够凝聚强大的精神动力；一个国家有了公众认同的共同目标，大家就会心往一处想，劲往一处使；一个国家有了公众认同的共同利益，大家就会自觉地为之奋斗。人民的物质需要、精神需要、政治需要、文化需要以及安全需要及其满足是国家凝聚力产生的源泉和动力。这种国家对人民多元需要的满足所形成的强大凝聚力又必然转化为浓厚的爱国主义情感，形成实现中华民族伟大复兴的强大合力。

一、人民美好生活需要是国家凝聚力形成的源泉

党的十九大报告提出："我国社会主要矛盾已经转化为人民日益增长的美好生活需要和不平衡不充分的发展之间的矛盾。"我们提出国家凝聚力形成的源泉，是广大人民群众的多重需要，也是基于我国社会主要矛盾变化提出来的。因为只有把满足人民群众日益增长的精神、物质、文化、政治、安全等需要作为国家凝聚力形成的源泉去分析去研究，才能把握国家凝聚力形成变化的规律。

人民的需要，这样一个看似非常简单、共知的道理，是如何成为国家凝聚力形成源泉的呢？从根本上说，人民的需要这个从古到今最能直接表达国家主体构成人群的诉求形式，可以超越不同的政治立场和政治制度，成为国家领导人的执政目标。因为他们懂得，一个不能满足人民需要的政府，也就是人民不需要的政府，这样的政府不可能具有凝聚力。同时，这样一个表达内容，又成为不同政治倾向的理论家研究社会的共同起点。比如，马克思在论述人的需要产生时说："我们首先应当确定一切人类生存的第一个前提也就是一切历史的第一个前提，这个前提就是人们为了

能够'创造历史'必须能够生活。但是，为了生活，首先就需要衣、食、住以及其他东西。"并认为，"这也是人们仅仅为了能够生活就必须每日每时都要进行的一种历史活动，即一切历史的基本条件。"美国心理学家马斯洛则构建了需要层次理论。这一切表明了人民的需要对国家凝聚力形成的重要性。

我国人民从物质文化需要到美好生活需要的变化，不仅有量的变化，更有质的变化，是我国建设中国特色社会主义取得巨大成就、人民生活水平有了全面提高的必然反映。人民美好生活需要成为国家凝聚力形成的源泉，要具备以下三个方面的条件：

人民美好生活需要只有纳入国家发展目标，才能成为国家凝聚力形成的源泉。人民美好生活需要作为一种自然的客观存在时，并不能和国家之间产生凝聚与被凝聚的关系。只有人民美好生活需要同国家的发展构成因果关系时，人民美好生活客观存在的需要，才能成为国家凝聚人民的源泉。我国是社会主义国家，是按照人民意志建立起来的国家政权。从国家政权的性质上说，就是为人民服务的。国家为人民服务的内容，完全由人民的需要所决定。因此，国家行为要努力反映人民美好生活的意愿和需要，反映人民美好生活需要越广泛，国家凝聚力形成的源泉越强大。但是在社会主义的初级阶段，由于受生产力发展水平和能力的限制，人民的多元化需要并不能全部成为国家凝聚力形成的源泉。一方面要鼓励不断发展人民美好生活需要，国家把反映人民核心利益的需要纳入国家的发展目标，把人民的美好生活变得丰富多彩；另一方面也要积极引导人民群众根据国家生产力发展水平形成合理、科学的需要。超出国家发展水平、国家没有能力满足的需要，不可能纳入国家的发展目标，进而也不可能成为国家凝聚力形成的源泉。

人民美好生活需要的全面性要求只有有了国家发展的全面性保障，才能成为国家凝聚力形成的源泉。人民美好生活需要是全面的。习近平总书记在党的十九大报告中阐述人民美好生活需要的特点时强调："人民美好生活需要日益广泛，不仅对物质文化生活提出了更高要求，而且在民主、法治、公平、正义、安全、环境等方面的要求日益增长。"人民群众美好生活的全面性需要，只有得到国家发展的全面性保障，这种全面性需要才会全面转化为国家凝聚力形成的源泉。事实表明，在人民美好生活的全面性需要已经产生的前提下，国家没有满足的那部分需要，不仅不会转化为国家凝聚力形成的源泉，而且还会发生弱化国家凝聚力的负面作用。如国家能够满足人民美好生活的物质、精神、文化等方面的需要，但是如果人民对社会治安的安全需要问题不满意，这种不满意就可能会转化为对各级政府的工作不满意，进而弱化国家凝聚力。这种全面性不仅体现了人民需求全面性与国家能力之间的经济凝聚关系，也体现着国家坚持以人为本、实现人民利益最大化的政治凝聚关系。

人民美好生活需要要求国家有与之相适应的能力和水平，才能保证其成为国家凝聚力形成源泉的稳定性。人民美好生活需要的产生，总是和国家一定阶段的发展能力和水平相联系。这表明两方面问题，一是如果没有国家一定阶段发展能力和水平的提升，人民就没有条件形成美好生活的多方面需要。它反映的是社会存在决定社会意识的历史唯物主义原理。二是国家必须不断提升适应人民美好生活需要的能力和水平，人民美好生活需要才能成为国家凝聚力形成的源泉。它反映的是国家发展能力和水平与人民美好生活需要之间的动态平衡关系。

二、满足人民美好生活需要是增强国家凝聚力的动力

一个国家稳定强大的凝聚力，不能仅靠对人民群众不切实际的许愿和空头承诺，还必须有满足各种诉求的实际行动，而且实际行动的结果必须达到人民的期望值。事实表明，只有人民群众的需要通过国家的行为得到实实在在的满足，才能增强国家凝聚力。国家满足人民美好生活需要形成国家凝聚力的动力同样需要以下三个条件：

作为增强国家凝聚力动力的人民美好生活需要，必须是符合社会进步要求的正确诉求。增强国家凝聚力的动力是人民美好生活的需要得到满足，但是这种满足的人民需要必须是符合社会进步的正确的诉求。满足了不符合社会进步要求的错误需要，可能会增强一时的凝聚力，但长期下来，由于违背了经济社会发展的规律，会使满足失去可持续性，最终还是会丧失国家凝聚力。例如，为了满足一些民众致富的诉求，少数地方政府不加管理和限制地允许民众以破坏生态为代价，开采各种矿山资源，对自然环境造成严重破坏，由于这种行为违背了可持续发展的规律，损害了人民群众的根本利益，这样的政府不会产生可持续的凝聚力。

作为增强国家凝聚力的动力的人民美好生活需要，一定是反映主流民意的。这种人民美好生活需要，绝不能是只代表少数人的，必须是反映最广大人民群众主流诉求和民意的。因为只有这样，国家才能把最广大的人民群众凝聚起来。反映的民意越广泛，国家凝聚人民的力量越强大。一个国家的发展，只反映少数人的诉求，不反映大多数公众的诉求，是很危险的。我国在 20 世纪 80 年代面对东欧剧变，如果不是按照最广大人民群众的意愿实现改革开放，建设小康社会摆脱贫困，就不会有中国特色社会主义的美好今天。当代中国是人民群众当家作主的国家，只有实现对最广大人民群众愿望的满足，增强国家凝聚力才能有最强大的动力基础。

作为增强国家凝聚力的动力的人民美好生活需要的满足过程，必须是可持续性的。国家对人民美好生活需要的满足，不会是一次性或一时性的，必须具备可持续性。不仅要满足当代人，还要为下一代人的发展留下足够的空间，因为任何国家对公众需要的满足都是具有循环性并且在循环中不断上升的。只有在不断循环和上升的过程中，才能保持着国家凝聚力增强的动力。在这里，国家满足人民美好生活需要是从两个方面保持和增强国家凝聚力的。一是同种类需要得到满足后进入周而复始的单线循环往复阶段，不停地由低级向高级发展。如物质需要，主要是吃饱穿暖，发展到现在同样是吃饭穿衣，但已发生重大变化，由吃饱要求变为营养绿色要求，由穿暖要求变为时尚便捷多样化要求。二是在原有需要得到满足的基础上不断产生出新的需要，即按照不断分化的路线发展。如在物质需要得到满足之后，产生的精神需要、文化需要、政治需要、安全需要等。因此，国家满足人民美好生活需要，既要满足已有需要实现由低级到高级的持续性提升，又要满足人民美好生活不断产生的新的多样化的可持续性需要，才能保证国家凝聚力的强大和稳定。

三、全面满足人民美好生活需要，全面增强国家凝聚力

人民美好生活的需要是全面的，国家全面满足人民美好生活需要，才能使国家凝聚力得到全面的增强。在新的历史时期，要通过满足人民群众美好生活的物质、精神、政治、文化、安全等全面需要，使国家对人民的凝聚力得到全面增强。

首先，各级党委、政府必须牢固树立"人民对美好生活的向往就是我们的奋斗目标"的理念。习近平总书记提出的这一工作新要求看起来简单，但却反映了国家凝聚力不断增强的关键点所在。"人民对美好生活的向往"包括十分丰富的内涵。一方面，人民对美好生活的向往是一个全面的、现实与愿景相融合的综合体现。全面性，表明美好生活不是单纯的物质生活或单纯的文化生活美好，而是包括生活的方方面面的美好。现实和愿景相融合，表明对所包含的美好生活的向往作为人民的理想不是虚无缥缈的，而是具体的、实实在在的、人民渴望而且必须要实现的。另一方面，把人民对美好生活的向往作为党和政府的奋斗目标，抓住了国家凝聚力发展变化的源泉和动力。人民对美好生活的向往体现了人民群众需要的质和量的统一，把其作为党和政府的奋斗目标，就是对人民需要最实在、最好的满足，实现奋斗目标的过程也是国家凝聚力不断增强的过程。

其次，善于发现人民美好生活需要的新变化，掌握满足人民美好生活需要变化的主动权。国家凝聚力具有周期性的特点，而周期变化来源于人民需要的周期性新

变化。因此，全面掌握人民群众美好生活需要在不同时期不同发展阶段的新变化，是掌握国家凝聚力周期变化的关键点。一方面，根据经济社会的变化发展科学预测人民美好生活需要的新变化。人民需求变化具有一定的规律性，发现规律就可以预测现在和未来可能出现的变化。现在的问题是少数党员干部面对人民需求的新变化，不是积极主动地适应、了解和服务，而是让人民需求的新变化适应他们的老方法、老办法、老规定、老制度，导致人民群众不高兴、不满意，影响党和政府在人民中间的影响力和凝聚力。另一方面，要积极主动深入人民群众，努力发现人民群众美好生活需要的新变化。经常深入人民群众、了解社情民意是我们党和政府的光荣传统。人民的需要愿望必然通过各种方式表现出来，特别是在互联网高度发达的现代化社会，主动利用各种媒体表达民意、民心已经常态化。深入人民群众了解人民诉求变化的过程，也是联系群众、培养感情、寻求破除方法的过程，善于倾听人民呼声的各级党委政府，本身就对人民群众有凝聚力。

最后，要通过满足人民美好生活的全面需要增强国家凝聚力，促进国家凝聚力实现全面、平衡的增强。一是通过满足人民美好生活的物质需要，增强国家凝聚力。我们认为，当下第一位仍然是要紧紧抓住经济建设这个中心不动摇，这是增强国家凝聚力的重要基础。但发展必须摆脱浪费资源、破坏环境的传统发展模式，实现创新发展、协调发展、绿色发展、开放发展和共享发展。因此，要按人民对美好生活的新需求转变经济的增长方式，不断提高增长的质量和效益；要打赢脱贫攻坚战，全面建成小康社会；要大力发展健康产业，提高人民群众的健康生活水平；要通过深化经济体制改革，实现经济的可持续发展，让人民群众有更多的获得感，增强国家凝聚力。

二是通过满足人民美好生活的精神需要，增强国家凝聚力。习近平总书记指出："满足人民过上美好生活的新期待，必须提供丰富的精神食粮。"当前人民群众的精神需求是全面的，我们不但要抓好以社会主义核心价值观为内容的道德建设，还要抓好马克思列宁主义、毛泽东思想、中国特色社会主义理论体系，特别是习近平新时代中国特色社会主义思想教育，树立中国特色社会主义的共同理想和信念，大力弘扬中国精神，坚定"四个自信"。这样人民才会在富裕之后思想不空虚，人民有信仰，国家有力量，进而实现物质生活水平和精神生活水平的双提高，使国家凝聚力得到增强。

三是通过满足人民美好生活的政治需要，增强国家凝聚力。国家凝聚力首先是中国共产党的凝聚力。中国共产党的凝聚力在国家凝聚力中具有关键性和引领性作用，中国共产党凝聚力强大，当代中国的凝聚力就必然强大。人民群众普遍认同的是，中华民族要复兴，国家实现现代化，战胜各种困难和灾难，只有中国共产党的领导才能做得到。因此，坚持中国共产党的领导是当前中国人民的最大政治需要。

特别是这次我们党团结带领全国各族人民进行了惊心动魄的抗疫大战，取得抗击新冠肺炎疫情斗争的重大战略成果，使我们党产生了对中国人民的强大凝聚力，也进一步增强了国家的凝聚力。充分发扬民主，也是人民群众当前的重要政治诉求。除了继续发挥好人大代表、政协代表的民主监督角色外，还要有更多可以直接听到人民群众呼声的渠道。干部队伍有良好的形象，也是人民群众的重要诉求。要加强干部队伍的修养，提高干部队伍的素质，让各级干部成为老百姓最亲的人、最信任的人。在新中国成立初期国家的凝聚力强大，离不开以毛泽东为首的一大批革命领袖的个人魅力和影响力。在建设新时代中国特色社会主义伟大实践中，以习近平同志为核心的党中央，人民政治上信得过、能力上运筹帷幄；中国共产党是引领中华民族走向伟大复兴的坚强领导核心，形成了对中国人民的强大凝聚力。

四是通过满足人民美好生活的文化需要，增强国家凝聚力。我国有五千年的文化，又有中国特色社会主义的新时代文化，这是我们强大的文化优势。但是，我们的文化优势并没有充分发挥出来。少数青年盲目崇拜西方文化，否定我们的优秀传统文化，丧失了中华民族的文化自信，国家凝聚力也被削弱。人民需要有文化自信。我们必须大力弘扬中华优秀传统文化，发展中国特色的社会主义文化，创造出实现中华民族伟大复兴要求的时代文化。这种文化应该既包含中华优秀传统文化和新中国成立以来所形成的社会主义文化，同时又吸取现代西方文化的精华，结合建设中国特色社会主义、全面建成小康社会的时代特点，创造出人民群众渴望的新时代中国文化。建设这样的国家文化，才能经得起考验和挑战，增强人民文化自信，才能保持国家凝聚力的可持续性。

五是通过满足人民美好生活的安全需要，增强国家凝聚力。习近平总书记指出，国家安全要"以人民安全为宗旨，以政治安全为根本，以经济安全为基础，以军事、文化、社会安全为保障，以促进国际安全为依托，走出一条中国特色国家安全道路"。人民群众对安全的需求不仅同解放初期相比有了很大的变化，而且同改革开放初期相比也有了很大变化。这些变化既有安全需求种类的变化，又有需求内容和层次的变化。适应人民群众对安全的新需求，我们必须坚持以人民安全为宗旨，既要抓好政治安全、经济安全、军事安全、文化安全、社会安全，又要注重生态安全、土地安全、粮食食品安全，让人民群众有一个幸福、安静、安定、安全的生产、生活、学习、工作环境。增强人民的安全感、幸福感，就是增强国家的凝聚力。

来源：刘学谦. 满足人民美好生活需要是国家凝聚力的源动力 [J]. 人民论坛，2020（28）：24-27.

加强文化凝聚力建设　不断增强国家软实力

当今世界，各国综合实力的竞争，越来越由传统的资源、经济、军事等要素构成的硬实力向以文化、政治、外交等为主的软实力转变。软实力是国家综合国力的重要组成部分，特指一个国家依靠政治制度的吸引力、文化价值的感召力和国民形象的亲和力等释放出来的无形影响力。其中，文化是国家软实力的重要构成要素。

美国哈佛大学教授约瑟夫·奈更将文化软实力作为国家软实力的核心因素，特指一个国家或地区文化的影响力、凝聚力和感召力。许多专家学者更将国家软实力直接命名为文化软实力。那么，是不是所有的文化都是国家软实力，都能构成国家软实力呢？答案是否定的。更为精准的说法应是，具有凝聚力的国家文化才是国家软实力。或者说，只有具有强大凝聚力的国家文化才是国家软实力的重要构成要素。这是因为，只有对人民有凝聚力的文化，才能在人的行为中发挥作用，才能把文化符号变成改造社会的实践力量。因此，增强国家软实力，必须加强国家文化凝聚力建设。

一、加强文化凝聚力建设的必要性

一些腐朽、没落、丧失现代生命力的文化构不成国家软实力。文化凝结着历史，文化连接着未来。中华民族上下五千年，历来以悠久而丰富的文化著称于世。爱国主义、包容博大、不屈不挠、勤劳勇敢、以人为本、时新精神、尊老爱幼、社会担当精神等文化精粹，把中华民族紧密地凝聚在一起，成为维系中华民族生存与发展的内在动力，成为维护祖国统一、民族团结的纽带，值得我们不断地发扬光大。

但是，中国传统文化中也有许多腐朽没落的东西，如几千年封建文化形成的皇权至上、法治精神和平等意识缺乏，封建的落后生产力造成的科学精神匮乏等。由这些理念统领而形成的君臣文化、烈女文化、三纲五常、三从四德、刑不上大夫和各种封建迷信等，造成人与人之间的等级差别、轻视劳动、法治缺失。这些文化代表的只是统治阶级的思想和意志，使广大人民失去了自身的独立性和基本人权，丧失了追求自由、平等、物质及文化需求满足的权利，这些文化是广大人民群众所抵制和痛恨的，根本无法产生统一的文化认同，因此就形不成文化凝聚力，更构不成国家软实力。即便这些腐朽堕落的文化有一定的凝聚力，也只会削弱国家软实力。这种文化的凝聚力越强，对国家软实力的危害越大。

一些不符合时代精神、同人民的根本利益相悖的文化不能成为国家软实力。我们对传统文化采取的是"扬弃"的做法，扬弃就是取其精华、去其糟粕。对文化的界定也是受时代和环境影响的，并不是一成不变的。界定的标准之一就是看这种文化能否引领时代发展，适应时代精神；看这种文化是不是已经过时了，不合时宜了。

比如，中国传统的"多子多福"文化，在特定的历史时期，由于生产力水平低下，确有其存在的合理性，即便在当今社会，许多人也乐此不疲。但在生产力高速发展，自动化、数字化、智能化日益普及的条件下，多子多福的观念已经产生了分化。许多夫妇主动放弃"二胎"，许多年轻人成为"丁克"，这足以说明，多子多福的文化已失去了被广泛认同的基础，形不成凝聚力。再比如，中国传统的中庸文化，讲究的是在为人处世方面的恰到好处，但也蕴含着墨守成规、不做出头鸟等思想，这些在当今创新、发展、竞争的时代已经不合时宜了。这种文化产生的凝聚力不利于生产力的发展，甚至阻碍社会的全面进步，当然不能成为一个国家的软实力。

一些不易被全体人民所接受，缺乏引导力、亲和力和影响力的文化也不能构成国家软实力。没有文化的人类历史是无法想象的，任何个体无法脱离文化，个体总是需要认同某种文化，没有文化的个体是不存在的；同时，任何文化选择又不是轻松随意的，文化凝聚力的产生需要文化资源、文化内容、文化载体、文化产业、文化传播等多方面因素共同作用、形成合力，才能在潜移默化中形成共识和认同。为此，世界大国都高度重视文化的发展，相继提出了文化立国的战略，其目的就是让本国的人民认知、认同自己的文化，并努力以本国的文化影响世界。再者，只有雅俗共赏的文化才能为最广大的人民群众所接受、所认同。如果本国的文化没有引导力、缺乏亲和力、在国际上没有影响力，就很难形成本国文化的凝聚力，更谈不上构成国家软实力。

同国家主流文化、国家核心价值相悖的反向文化，具有同国家离心离德的离散力，不会构成国家软实力。现代社会，文化的多元化，特别是来自不同社会制度国家的文化，相互渗透、相互影响，使社会文化所内含的价值取向表现为多元化。同国家主流文化、核心价值相悖的文化，必然也是同人民群众根本利益相对立的文化，这样的文化有可能被一些眼前利益者所认同，但违背了广大人民群众的文化诉求，故而也不能成为国家的软实力。

那么，什么样的文化才具有凝聚全体国民的作用，能够成为国家软实力的构成要素呢？一方面，文化要成为被全体国民认同的国家文化，才能成为国家软实力。国家文化是在政治认同的基础上，反映一个国家核心价值观的民族文化。它以更广泛意义的血缘关系和更大范围内的共同地点为基础，更加依赖于共同的语言、宗教、历史、价值观以及宪法和主流意识形态所规定的共同奋斗目标和思想背景，它是以家庭认同为基础的，建立在更深层次和更高目标上的关于民族国家一致利益和共同未来的认同。一个国家的国家文化主要包括国家的核心价值体系和文化事业、文化产业。另一方面，国家文化是否具有凝聚力，能否构成国家软实力，关键一点就是能否满足人民不断增长的文化需求，这是文化凝聚力的源泉和动力。正如习近平总书记在文艺工作座谈会上指出的，要把满足人民精神文化需求作为文艺和文艺工作的出发点和落脚点。这不仅是对文艺工作者的希望，也为我国文化事业的发展指明了方向。

二、加强文化凝聚力建设，增强国家软实力的路径

当代中国要加强国家软实力建设，最重要的就是要传承发展、努力创造、大力培育先进的、具有中国特色、能够在世界民族之林具有影响力、感召力和强大凝聚力的国家文化。因此，增强当代中国的文化凝聚力，不断提高国家软实力，必须大力加强以社会主义核心价值观念为统领的民族的、国家的、科学的、时代的、大众的、世界的国家文化建设。

建设反映人民大众需求的、具有民族特点的文化。文化是维系民族生存与发展的纽带，而民族又是国家的基本构成要素，没有民族也就没有民族的国家，民族文化是国家文化的前提和基础。因此，任何国家都不应轻视自己的民族文化资源，都需要从传统民族文化中汲取理想、价值和道德资源，为民族、国家的进一步发展提供目标、动力和凝聚力。民族的复兴，首先体现在文化的复兴上；国家的崛起，必须依靠民族文化的繁荣。

文化是民族认同的前提和基础，也是国家认同的必要条件，没有民族文化的认同，也就没有国家文化的认同，国家文化也就没有了凝聚力。中华文明历经上下五千年，具有悠久历史且从未间断的独特文化传统，是民族之根、民族之魂，是形成国家文化凝聚力的重要构成要素，是民族复兴和国家发展的基本依靠力量。因此，传承和弘扬民族文化，应成为当前和未来文化建设的主题。

建设反映人民大众根本利益的、体现国家核心价值的国家文化。我国有13亿多人口，对外开放是我们的基本国策。文化如果不能形成一个反映国家核心价值观的国家主流文化，就会被多元文化所冲击从而失去对国家文化认同的基础，国家就会丧失凝聚力。具有强大凝聚力的国家文化应是一个国家的主流文化，是一个国家主流意识形态的反映，是国家意志的表达，在诸多文化中位于主导地位，并具有整合和引领作用的文化。主流文化是以该国国家民族的荣辱观、价值观为基础，以国家民族的生存和进步为目的，以国家民族的利益道德为标准的民族精神、时代精神与群众智慧的凝聚和积淀，是实现民族认同、社会认同、国家认同的重要手段和载体。主流文化的核心是主流的文化意识形态，也就是一个国家的核心价值体系，是国家民族要弘扬的价值观和道德理念，这也正是软实力的核心要素，它直接反映着国家的凝聚力和核心竞争力。

建设反映人民大众实现科学发展要求的科学文化。实现社会的科学发展、可持续发展，必须由富有科学精神和科学思想的文化来指导。早在五四新文化运动中，我们就已提出民主科学的口号。作为五四新文化旗帜的科学，并不是单指提倡自然科学的具体研究，而是提倡在文化的传承与发展过程中要有科学精神和科学思想，只有富有科学精神和科学思想的文化才有生命力。

加强富有凝聚力的国家文化建设，首先要增强文化内容的科学性。在传承弘扬传统文化和吸收引进外来文化时坚持以科学为准绳，努力吸收、借鉴先进的、科学的文化为我所用，抛弃那些不科学、伪科学的文化内容。只有这样，形成的国家文化才能经受住实践和历史的检验，才能产生持久而强大的凝聚力。其次，要不断增强文化建设的科学性。在文化建设过程中要坚持科学的方法和手段，把国家文化建设纳入法制化轨道。党的十八届四中全会专题研究了依法治国问题，为我国文化建设明确了新的重点任务，也为文化事业的发展提供了科学的方法和强有力的保证。一方面，要弘扬社会主义法治精神，建设社会主义法治文化，进一步完善文化建设内容。使全社会形成良好的法治意识，才能从根本保证人民群众公平享受文化的权利，才能保证最大限度地满足人民群众的文化需求从而形成强大的凝聚力。另一方面，要用法治手段推动文化发展。全会审议通过的《中共中央关于全面推进依法治国若干重大问题的决定》提出："要建立健全坚持社会主义先进文化前进方向、遵循文化发展规律、有利于激发文化创造活力、保障人民基本文化权益的文化法律制度。制定公共文化服务保障法，促进基本公共文化服务标准化、均等化。"因此，我们要善于运用法律手段，建立健全各种促进国家文化发展的法律法规，以法律保证国家文化的健康良性发展，也只有这样才能进一步增强国家文化的凝聚力，为不断提升我国的软实力打下坚实的基础。

建设反映人民大众当代需求、体现与时俱进的时代文化。要创造符合时代发展要求的国家文化。中国文化有着上下五千年的悠久历史，中华民族文化博大精深、源远流长，是我国文化软实力的首要资源和重要基础。但我们不能坐在中国传统文化的宝库上一劳永逸，只有随着时代的前进，不断地吸收、改造、扬弃和创新，才能使其保持旺盛的生命力。要建立符合时代发展要求的国家文化，既要保持传统文化的主体性，又要兼收并蓄，吸收借鉴世界各民族的文化精髓；既要保持传统文化的延续性，又要推陈出新，创造出属于我们这个时代的崭新的先进文化，不断丰富和拓展中华民族的文化宝库。

我们必须清醒认识存在的问题、差距和不足，抓住历史机遇，坚持以核心价值体系为统领，以文化的复兴促进国家和民族的复兴，大力推动文化内容形式、体制机制、传播手段等方面的创新，努力创造出具有中国特色、能够在世界民族之林具有影响力与感召力的先进文化，只有这样，才能不断增强中华文化的竞争力，提升国家软实力。

建设人民大众喜闻乐见、体现引导启迪性的大众文化。文化建设要面向大众，不断增强国家文化的吸引力、亲和力和影响力。文化力量在于吸引、精神感召，潜移默化、润物无声、引人入胜，具有极强的渗透力和超越性，体现的是一个国家、一个民族的文化价值观念、社会制度、发展模式等对国民和国际社会的影响力和感召力。一个国家的文化只有富有吸引力、亲和力和影响力才能被全体国民和世界各国人民所接受，国家文化才能真正构成国家的软实力。为此，要创造面向大众的，富有吸引力、亲和力的国家文化。文化软实力的核心是文化魅力，正如习近平总书记在文艺工作者座谈会上讲话指出的那样，"好的文艺作品就应该像蓝天上的阳光、春季里的清风一样，能够启迪思想、温润心灵、陶冶人生，能够扫除颓废萎靡之风……做到春风化雨、润物无声"。

建设既被国人所喜爱又被世人所欣赏的能够走向世界的文化。文化是民族的，也是世界的。文化是综合国力的重要构成因素，作为一种软实力、一种精神的力量，文化直接关系一个国家的国际影响力、国际竞争力和国际地位。在国际竞争中，软实力中的文化要素指的是一国的文化内容对他国形成吸引力，使得他国自愿效仿、学习、追随，从而对他国的国家、国民产生影响。

当今世界，文化在综合国力竞争中的地位和作用更加凸显。众所周知的美国的薯片、大片和芯片的"三片文化"分别涉及生活、娱乐、科技等方面，薯片控制了我们的胃，大片控制了我们的视觉娱乐，芯片则控制了我们的创造性和文化安全性。

1992 年，美国总统老布什在《美国复兴日程》中说："我们的政治和经济联系由于美国文化对全世界的吸引力而得到补充。这是一种新的我们可以利用的'软力量'。"

在世界范围内各种思想文化交流交融交锋更加频繁的背景下，谁占据了文化发展制高点，谁拥有了强大的文化软实力，谁就能够在激烈的国际竞争中赢得主动。作为发展中国家，我国在经济、军事、科技方面崛起的同时，在文化方面却没有跟上。一手强一手弱的局面，使中国文化正备受西方文化冲击，甚至带来中国文化的失语现象。中华民族要延续自己的文化传统、自立于世界民族之林，国家文化的建设必须要面向世界，研究和制定"走出去"的国家文化战略，积极向海外、向西方强力介绍中国文化，让更多人认识、了解和欣赏中国文化，不断提升中国文化的国际影响力。只有中国文化在世界上占据较高地位，有着广泛的影响力，才会有效提升国家软实力。

来源：何新生，荣婧. 加强文化凝聚力建设　不断增强国家软实力 [J]. 人民论坛，2015（8）：166-168.

中国文化软实力在匈牙利传播研究

一、研究背景

随着"一带一路"建设的推进，中国与中东欧国家开展了许多务实合作。2018年中国与中东欧高层双向交流访问达 150 余起，涉及经贸、能源、基础设施及地方发展、农业、环保、科教、旅游、人文等各领域；进出口总额增至 822.3 亿美元，同比增长 21%。其中，匈牙利作为中国在中东欧地区的第三大贸易合作伙伴，2018 年双边贸易额达到 108.8 亿美元，同比增长 7.5%。双方发展成果显著，如塞匈铁路项目的推进、"熊猫债券"的发行、匈牙利的中国国际进口博览会主宾国身份以及高校间合作等。匈牙利作为欧盟成员国，是连接中欧的走廊。丰富中匈两国关系的研究成果，包括文化领域的研究成果，将利于充分发挥匈牙利在欧洲的辐射作用，助力"一带一路"倡议和"17+1"规划的纵深发展。

"软实力"是"一种通过吸引而非强迫或收买的手段来达己所愿的能力"。中国文化软实力，以中国优秀的传统文化为文化资源，以语言文字、文学艺术和风俗习惯为文化载体形式，通过民间交流、教育、传媒和经济往来等多种途径进行传播。匈牙利民族具有东方印记，与中国具有深厚的历史渊源。因此，双方民族文化具有相似之处。对中国文化软实力在匈牙利的传播进行研究，可以全面了解匈牙利人对中国文化的总体认知情况；明确中国文化（语言文字、文学艺术和风俗习惯三大文化载体）在匈牙利的传播效果；探索中国文化软实力在匈牙利乃至中东欧国家的传播路径，进而提升中国文化软实力的国际影响力。

二、调查研究

（一）对象与方法

采用问卷调查法，于 2019 年 10 月对访问华北理工大学的由匈牙利佩奇大学、佩奇市及周边城市中小学院长和校长组成的教育代表团成员，部分参加华北理工大学中医孔子学院夏令营的匈牙利师生及其他与华北理工大学有交流互访关系的匈牙利友人进行调查。当然，为了更深入地探索中国文化软实力在匈牙利传播的路径，研究将逐步扩大中国文化软实力传播受众的样本量。

问卷包括单项选择题和不定项选择题共 50 个，分为中国印象、语言文字、文学艺术和风俗习惯四个部分（见图 1）。运用 Excel 2010 和 SPASS 软件对原始数据进行统计描述和相关分析。发放问卷 80 份，回收 80 份有效问卷，问卷有效率 100%。受访者性别、年龄和学历信息如表 1 所示。

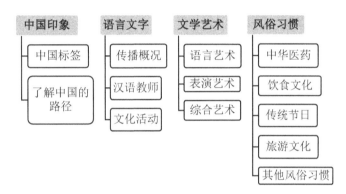

图 1　调查内容

表 1　调查对象性别、年龄、学历所占比例

性别		年龄			学历		
男	女	30～45	45～60	60 及以上	本科	硕士	博士及以上
25%	75%	25%	37.5%	37.5%	12.5%	75%	12.5%

（二）结果与分析

1. 中国印象

中国印象即对中国的整体认知。包括中国标签和了解中国的路径，以此调查中国文化软实力在匈牙利传播的整体效果和主要路径。

（1）中国标签

匈牙利受访者均表示喜欢中国。提到中国，最先想到的中国标签有"世界工厂""华为手机""中餐""中国建筑""友好""中国高铁""中国人""大""文化""中华医药""长城""功夫"和"独生子女政策"，如图 2 所示。排名前三的分别是"世界工厂"（87.5%）、"中餐"（37.5%）、"华为手机"（37.5%）。

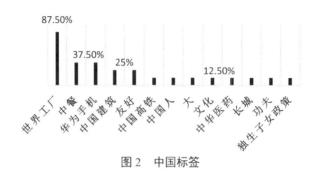

图 2　中国标签

（2）了解中国的路径

如图 3 所示，受访者了解中国的路径主要是媒体（76.25%），其次是孔子学院（73.75%）、学校（28.75%）、人际关系（亲人同事朋友，20%）和到访中国（13.75%）。

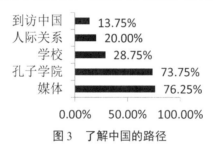

图 3　了解中国的路径

2. 语言文字

（1）传播概况

匈牙利政府部门支持民众学习汉语，截至 2019 年 11 月匈牙利拥有 5 个孔子学院。1）27.5% 的受访者接受过汉语学习，并以工作需要为主要学习动机，其中多为初级汉语水平；2）有 15% 的受访者表示身边有很多人学习汉语；3）汉语培训机构（孔子学院）是汉语主要的习得路径，网站电台、手机 App 和私人汉语教师并不是匈牙利人学习汉语的方式；4）汉语培训机构较集中的城市按集中程度依次为佩奇、布达佩斯、德布勒森和塞格德；5）88.75% 的受访者认为学习汉语非常难，没有人认为汉语简单；6）87.5% 的受访者表示匈牙利中小学开设了汉语课程；7）《HSK 标准教程》（75% 的受访者表示使用此教材，编写者为中国人）与《匈牙利汉语课本》是匈牙利汉语学习者使用较多的教材。

（2）汉语教师

调查显示，匈牙利汉语教师教育背景均为汉语国际教育专业的中国教师。如表 2 所示，汉语教师的语言水平普遍得到认可，文化知识渊博（62.5%）并严肃认真（35%）；受访者中 16.7% 的汉语学习者表示其汉语教师在讲授汉语过程中并未涉及中国文化内容。

表 2　对汉语教师的评价

给予汉语教师的评价	百分比
语言水平高	100%
严肃认真	35%
文化知识渊博	62.5%
热情开朗	0.5%

（3）文化活动

受访者均参加过文化交流活动（见图 4），文化交流年活动传播效果最佳（75%），其后依次是聚会（62.5%）和摄影展（62.5%）、书画展（37.5%）、论坛（25%）。汉语交流活动如书法大赛、汉语桥比赛和 HSK 考试（汉语水平考试）的传播效果不佳，合计参与率仅 5%，75% 的受访者表示参加过涉及汉语的文化活动主要是 Celebrations（庆祝活动）和会议，其次是讲座和论坛（25%），且均未参加过演讲比赛。

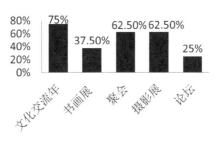

图 4　文化活动

3. 文学艺术

（1）语言艺术

1）受访者均不了解中国书法；2）孔子是最为熟知的中国著名历史人物（88.75%），均不了解秦始皇、隋文帝杨坚和司马迁；3）中国作家的调查显示，老舍最被大家熟知（87.5%），16.25% 的受访者对中国作家一无所知；4）《诗经》在匈牙利得到广泛传播（98.75%），四大名著中 13.75% 的受访者了解《红楼梦》、16.25% 的受访者了解《西游记》。此外，18.75% 的受访者表示了解刘欣慈的系列长篇小说《三体》（见图 5）。

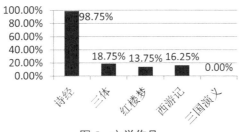

图 5　文学作品

（2）表演艺术

1）仅有 13.75% 的受访者表示喜欢中国音乐，而京剧却被所有受访者了解；2）62.5% 的受访者表示喜欢中国民族舞，其次是古典舞（25%）。另有 12.5% 的受访者将中国汉族传统民俗文化活动舞龙舞狮视为一种舞蹈，表达喜欢。87.5% 的受访者表示在匈牙利设有中国舞蹈课程，能够在匈牙利学习中国舞蹈。

（3）综合艺术

受访者中 62.5% 没有喜欢的中国电影，被受访者所知的有《北京遇上西雅图之不二情书》（25%）、《卧虎藏龙》（12.5%）。中国画受到 15% 受访者的青睐。

4. 风俗习惯

（1）中华医药

中华医药在匈牙利有广泛的认知，匈牙利受访者普遍认可中医疗效。中匈两国政府在 2014 年签署了《中医药领域合作意向书》，匈牙利是首个出台"中医立法实施细则"的西方国家，有专业的教育机构培养专门的中医人才，如赛梅维什大学专门开设中医课程，前四年在匈牙利进行学习，第五年在中国实习。12.5% 的受访者表示匈牙利设有中医药专门医院。

（2）饮食文化

中餐在匈牙利作为中国标签的排名仅次于世界工厂。比较受欢迎的中餐依次是饺子（87.5%）、元宵（62.5%）、川菜和粽子（50%）、月饼（21.25%）、宫保鸡丁（12.5%）。

（3）传统节日

受访者均熟知春节和端午节，次之元宵节（76.25%）和中秋节（63.75%）。可见，传统节日在匈牙利得到良好的传播，这与传统节日活动的开展息息相关，如开展品汤圆、包粽子等活动。

（4）旅游文化

长城、故宫、兵马俑和敦煌莫高窟同为世界文化遗产，但仅有 13.75% 的受访者了解敦煌莫高窟，所有受访者熟悉长城、故宫和兵马俑。被受访者了解的著名旅游景点依次为长城（100%）、长江（77.5%）、千岛湖（53.75%）、乐山大佛（26.25%）、四川九寨沟珍珠滩瀑布（11.25%）。长城与长江均为中华民族文明的代表，了解的受众远多于其他旅游景点。

（5）其他风俗习惯

调查显示，所有受访者均了解茶文化、中国功夫、太极拳、舞龙舞狮和民族服饰，其次是中国剪纸（73.75%）、园艺艺术（26.25%），部分匈牙利人喜欢在喝茶的时候放糖；受访者认为功夫名人的代表人物是李小龙和成龙，半数受访者了解李连杰，且受访者均表示其所在城市设有专门的中国武术学校。

（三）讨论

基于调查研究结果，以拉斯韦尔"5W 传播模式"为视角，从中国文化软实力的传播主体、传播内容、传播渠道 3 个方面，对中国文化软实力的匈牙利传播进行经验探索，研究发现：

1. 传播主体

第一，"友好"和"中国人"被列为中国标签，体现出在文化软实力传播过程中中国人（包括华人华侨）的重要作用。

第二，汉语教师多展现为严肃认真的形象，热情开朗等中国人的性格特征和情怀在中国文化软实力的国际传播中不容忽视；汉语教师应加强中国文化在汉语课堂的输出，并积极思考降低汉语学习难度的教学方法。

2. 传播内容

第一，"中餐""华为手机""中国建筑"和"中国人"被列为中国标签，均贴近日常生活。可见，与日常生活关系密切的文化内容更能达到理想的传播效果。

第二，"中华医药"作为中国标签之一，认知度排在"世界工厂""华为手机""中餐"之后，应加大对"中华医药"国际传播的力度。

第三，具有代表性的中华传统文化，如茶文化、中国功夫、太极拳、民族服饰等传播效果显著，但园艺艺术、剪纸、篆刻等其他文化内容传播效果有待提升，所以应扩大传播内容。

3. 传播渠道

第一，"世界工厂"作为中国在外的首选标签，在匈牙利也不例外，突出了经济路径在中国文化软实力国际传播渠道中的突出地位。

第二，传播渠道除孔子学院以外，新闻广播媒体和互联网络、网站电台、手机App 和私人汉语教师等媒体传播渠道不容忽视。

第三，文化交流年活动传播效果显著。可结合传播对象文化差异特征，丰富文化活动的主题和形式，以此加强活动路径的传播效果，激发受众对中国文化的兴趣，如书法大赛、汉语大赛、传统节日庆祝、中餐品尝、餐饮文化交流、书画摄影展、论坛等活动。

第四，匈牙利中小学开设汉语课程的经验可以为中国文化软实力的国际传播提供借鉴。

三、传播策略及建议

通过对中国文化软实力在匈牙利传播的调查研究，在对调查结果进行分析的基础上，建议从经济交流、科技进步、新媒体时代背景、中华医药抗击疫情、扩大传播内容、多元传播主体 6 个方面，探索中国文化软实力在匈牙利的传播策略，进而为中国文化软实力在匈牙利、中东欧地区乃至国际范围的传播提供参考。

（一）发挥经济交流的带动作用

经济基础决定上层建筑，中国经济实力决定中国文化软实力的传播。随着经济全球化和"一带一路"倡议的纵深发展，中国经济发展成就显著。经济实力越强，中国文化软实力的国际传播效果越好。即经济是中国文化软实力国际传播的高效路径，应搭载经济的"顺风车"，推动中国文化软实力的国际传播。

2019 年中国企业海外并购总额 686 亿美元，并购数量 591 宗。中国企业"走出去"必将带动中国文化软实力"走出去"。跨国企业可以通过技术输出、社会责任、管理体系、效益本地化、用人本地化、文化本地化、文化交流、人才培养、员工培训、价值观念融合、民族精神感染、民族工业的国家角色担当、品牌形象塑造、智库建设等策略，推动中国文化软实力的传播。如河钢集团塞尔维亚有限公司作为中国的"金色名片"，以"一带一路"倡议为背景，采取员工培训、"三个本土化"、文化交流发展认同、兼容并包等跨文化管理措施，促进中国文化软实力在塞尔维亚的传播。中匈两国在经济领域的合作越来越充分，如中远海运陆运快线平台公司收购匈牙利比克铁路场站 15% 的股权等。同样应充分利用经济交流平台，积极探索经济往来对文化软实力传播的路径。

（二）把握科技进步的发展契机

罗兰贝格全球监事会副主席大中华区 CEO Denis Depoux 在《中国企业在欧发展报告（2019）》中指出："随着许多中国企业科学技术实力的提高，越来越多的中国企业不再仅追求财务业绩增长，而是更关乎自身创新与技术，筑高价值产出。"中国文化软实力的传播应以加强科技交流为契机，以创新能力的提升为载体，着力打造中国新标签，提升中国文化软实力的国际传播效果。

随着全球价值链不断深化，作为第二大经济体的中国，"正在摆脱'世界工厂'的标签"，在全球制造业价值链中的地位稳步提升。"中国制造"正在转变为拥有高价值知识产权的"中国创造"。通过提升科技创新能力，"以专利为基础的先进技术、以商标为基础的优秀品牌等"成为中国新标签，所凝结的高价值知识产权无疑是中国文化软实力的重要组成部分，推动中国文化软实力的国际传播。例如，在智能手机行业华为公司成为全球高端智能手机主要生产商的同时，"华为手机"成为中国标签，在中国标签调查中占比排名第二位（图2）；"中国高铁""中国建筑"也进入了受众视野，提升了中国文化软实力的国际影响力。

（三）适应新媒体发展的时代背景

新媒体即"以数字技术为基础，以网络为载体进行信息传播的媒介"。随着互联网络信息技术的迅猛发展，网络终端设备层出不穷，新媒体传承和传播文化的作用日益突出。在中国文化软实力国际传播过程中，必须充分利用新媒体以适应时代的发展需要，加强虚拟传播路径的开发利用。

一是打造中国文化软实力易于新媒体传播的形式。结合目标受众的文化底蕴和素养，推送有针对性的链接或文章，配合图片、音视频，以增强吸引力；设计针对各行业专业领域的中国文化内容，如针对建筑专业的中国建筑文化内容。

二是开发中国文化软实力的新媒体传播平台。包括不同语言的汉语词典软件、微博、微信公众号、手机报、汉语学习App、网站、电台、私人教师（Tutor、Teams）等；设计适用于不同学习主体的汉语学习平台，应工作需要而学习汉语的情景设置学习课堂、不同汉语基础的网上课堂等。

（四）提升中华医药抗击疫情的效用

当前，新冠疫情（COVID-19）席卷全球，213个国家和地区存在确诊病例。至2020年6月累计确诊病例数突破800万，而且仍呈递增趋势，给人类生命健康和世界经济社会发展造成严重威胁。纵观世界，中国有效抑制了疫情的国内蔓延，并在救治方案方面积累了宝贵的经验。中医在国内诊疗参与率超过90%，古方今用，通过汤剂、颗粒、针灸、冥想、香薰、推拿、功法（八段锦）、中药注射等手段，并创新性地采用"中药漫灌""三法三方"的诊疗方案，救死扶伤。实践证明，中华医药在抗击疫情上具有显著疗效。

在全世界没有所谓的"特效药"的情况下，中医药随着中国医疗专家顾问团，出现在每个受援助的国家，连花清瘟胶囊成为每位留学生健康包的标配。已有国家将中华医药写入本国的抗疫指南，欧美部分国家开始使用中药进行救治。中华医药引起了世界医学卫生界的注意，正在逐步得到认可并发挥作用、走向世界。应以此为契机，规避文化差异、体制约束、法律限制（匈牙利已确定首个"中医立法实施细则"），加强官方沟通、民间协会科研院所的交流，校际间联合培养中医专门人才，开设专门的中医医院，中医从业者积极贡献、多措共举、形成合力，推动中华医药的国际传播。

（五）扩大传播内容的覆盖面

在尊重并结合文化差异的基础上丰富中国文化软实力传播内容，讲好中国故事，立体全面地展示中华民族的文化魅力。

1.甄选具有时代价值的中华传统文化内容

甄选体现"人类命运共同体"理念,体现"天下为公,选贤与能,讲信修睦",体现"海纳百川、有容乃大"等中华民族精神的中国历史知识,历史人物,作家作品,中国书法,京剧、越剧、黄梅戏等戏曲,民族舞、古典舞,舞龙舞狮,世界文化遗产及其他民间艺术文化内容。

2.加强贴近日常生活文化内容的传播

贴近生活的内容利于传播,应加强与生活密切相关的文化内容的传播。"好莱坞"是典型的电影国际传播案例,可以通过中国电视剧《大丈夫》《丝绸之路》栏目在匈牙利的播出推动综合艺术的传播;以中国的茶文化为基础,迎合受众的口味,促进茶文化的传播;通过园艺艺术交流传播中国的园艺文化;传播民族服饰文化;增加中国舞蹈、中国戏曲、杂技、书法和武术等艺术内容的演出,如中国大型原创民族舞蹈《粉墨春秋》等在匈牙利上演,充分反映了中华民族自强不息的品格。

3.结合传播对象的差异选择传播内容

不同文化基因与文化思维受众的文化需求具有多样性,甚至不同民族、学历、职业、阶层等的对象文化需求都不相同。如文学作品(典籍)译介方面,《诗经》被广泛接受,然而受访者对四大名著之一的《三国演义》一无所知;舞蹈方面,基于匈牙利民族传统,两国舞蹈领域交流广泛;中国与匈牙利饮食文化具有相似之处,易于中餐的传播;符合受众精神文化需求的旅游景点更易于受众接受。因此,要结合受众的差异化特征传播文化内容,如针对年轻人选取具有中国文化特色的虚拟游戏、中国特色音乐等。

(六)激发多元传播主体的积极性

1.加大政府间交流

党的十九大报告强调,要"展现真实、立体、全面的中国,提高国家文化软实力"。习近平总书记指出"提高国家文化软实力,关系'两个一百年'奋斗目标和中华民族伟大复兴中国梦的实现";"文化是一个国家、一个民族的灵魂。文化兴国运兴,文化强民族强。没有高度的文化自信,没有文化的繁荣兴盛,就没有中华民族伟大复兴。"中国政府持续致力于提升中国文化软实力,多方打造传播平台。以中国文化软实力在匈牙利传播来看,在中国政府的积极建设下,2019年12月27日开通了重庆直飞匈牙利布达佩斯航线,中匈合作建设匈塞铁路,《光阴的故事——万里为邻》开播,"上海之帆'一带一路'经贸巡展",官方双向友好访问,开展研讨会,湖北文化和匈牙利国家博物馆联合举办"2018荆楚文化欧洲行·长江边的非遗故事"文化展演,举办"一带一路"5周年研讨会，等等。官方交流和合作可以为中国文化软实力传播营造良好的氛围，为官方和非官方文化交流提供平台，应加强官方渠道建设，丰富渠道形式，制定利于中国文化软实力国际传播的政策。

2. 加强民间交往合作

一是加强校际间合作。学校作为学习的重要场所，从启蒙教育到高等教育，再到职业教育，都是汉语传播和中国文化软实力对外传播最有效的路径。以匈牙利为例，2019年11月15日德布勒森大学孔子学院正式揭牌，这是在匈牙利成立的第5个孔子学院，是由天津外国语大学与德布勒森大学合作共建的，其他4所分别是罗兰大学孔子学院、塞格德大学中医孔子学院、米什科尔茨大学孔子学院、佩奇大学孔子学院。高校共建致力于科技交流、文化互通，是中国文化软实力传播的有效途径。目前以高校共建交流合作形式建成孔子学院550所，遍布162个国家地区、1172个中小学孔子课堂。自2004年开始，数千万外国学员通过孔子学院学习汉语，了解中国先进的科技成果，是中国文化软实力国际传播的重要平台。

二是职业教育扩充中外合作领域，如"汉语+职业教育"模式。新华社评论员指出"各国对单纯的中文和中国文化的学习需求正逐渐向基于中文的职业技术、技能教育转变"。如"汉语+技能""汉语+高铁""汉语+空乘"等合作形式，能够推动中国文化软实力的国际传播。

三是中国人（包括华人华侨）的文化责任感。人际关系（亲朋同事好友）是影响中国文化软实力传播的重要因素，是了解中国文化的重要媒介，塑造良好的中国形象源于良好的中国人的形象。作为传播中国文化个体的每个中国人，有责任和义务肩负起中国文化软实力传播的重任，在国际交往中注意个人形象、规范个人行为。

来源：何新生，田苗，宋土顺. 中国文化软实力在匈牙利传播研究 [J]. 华北理工大学学报（社会科学版），2020（4）：143-149.

加强积极职业道德教育
可以增强大学生群体凝聚力

　　大学生群体是一个社会、一个国家宝贵的人才资源，是实现中华民族伟大复兴的重要力量，其群体凝聚力的强弱直接影响着学生个体的全面发展、高校教育目标的实现与和谐社会的建设。在大学期间，加强对大学生群体的职业道德教育，是不断提升大学生群体凝聚力的有效途径之一。通过行之有效的职业道德教育，大学生群体成员在情感上融合，在思想和行动上一致，从而发挥整体的功能，为成长成才打下坚实的基础。

一、大学生群体凝聚力现状

　　凝聚力的原意是物质内部分子间的相互吸引力，又叫内聚力。美国社会心理学家费斯廷格认为，群体凝聚力是"使群体成员留在群体内施加影响的全部力量的总和"。笔者认为，凝聚力是群体对其成员吸引的向心力，即群体成员愿意为群体出力的一种倾向。大学生的群体凝聚力，是大学生群体共同意志和行为的结果与表现，是一种促进大学生在群体活动中团结互助，自觉维护整个群体生存和发展的力量。大学生群体由来自不同文化、环境和背景的青年人组成，他们性格迥异，兴趣多样，朝气蓬勃，思想活跃，创新能力强。大学生独立个体在向社会化角色转化时，有着强烈的被集体认同的需求，他们希望获得来自群体的肯定。然而，由于我国基础教育阶段实施应试教育的现状，在中学阶段学生的群体凝聚力往往被教师及班集体所忽略，造成个人的自信心不足、集体归属感缺失和人际关系紧张等问题。另外，大学阶段的管理比较自由，加上同学之间地域文化不同、家庭背景不同，部分大学生常常陷入深深的孤独感中，从而脱离集体活动，很少与人交往，造成集体意识薄弱、团队协作能力差、缺乏沟通能力等现象。此外，大学生个人面临学习困难、人际交往、就业等问题所带来的心理压力时，往往也容易削弱大学生的群体凝聚力。由此可见，当前大学生群体的凝聚力强度还不高，应通过各种方式，进一步提升大学生的群体凝聚力。

二、大学生群体凝聚力的重要性

①有助于大学生心理健康及各种能力的发展。一方面，大学生群体凝聚力有助于大学生心理的健康发展。大学生群体凝聚力可以使大学生获得情感归属，减少在校生活和学习的孤独感，使大学生融入群体，获得自信心和责任意识，促进大学生心理的健康发展。另一方面，大学生群体凝聚力有助于大学生各种能力的培养。注重增强大学生的群体凝聚力，重视学生的需求，可以调动学生的积极性和主动性，使大学生既能自觉自愿地学好专业知识，又能积极参加校内外的各种集体活动，锻炼自己的认知能力和实践能力，提高自己在人际沟通、团队合作等方面的能力。

②有助于教育目标的实现。建设有凝聚力的大学生群体是高校实现教育目标的重要途径。加强大学生群体凝聚力建设，有助于大学生树立正确的世界观、人生观和价值观，有助于大学生之间相互促进、相互鼓励和共同进步，有助于形成良好的班风、学风和校风。具有凝聚力的群体还能够通过沟通、交流解决大学生在成长道路上的困难。在当前社会竞争日益激烈的情况下，大学生不可避免地遇到生活、学习等方面的困难，一些学生由于不能正确对待和处理这些压力，就会对身心造成伤害。有凝聚力的群体可以使他们获得心灵上的慰藉，消除心理压力，促进他们健康成长。此外，形成导向正确、富有凝聚力的大学生群体还有助于学生个人借助群体的力量实现自己的人生理想。对学校而言，增强大学生群体的凝聚力便于学校与学生的沟通、协调，有利于提高学校管理服务的实效性，有利于学校人才培养方案的不断完善和教育教学方法的不断改进。

③有助于构建社会主义和谐社会。一般而言，社会和谐程度取决于社会群体之间的和谐以及各群体内部的和谐。大学生群体是社会群体的重要组成部分，也是未来社会建设的中坚力量，其凝聚力对社会主义和谐社会的建设有着深远的影响。大学生群体在思想上一致，情感上融洽，行动上协作，实现整个群体的和谐发展，将有利于社会的和谐进步和稳定发展。要把大学生培养成为高素质的建设者和接班人，就必须不断增强大学生的群体凝聚力。

三、加强积极职业道德教育是提升大学生群体凝聚力的有效途径

①通过积极职业态度教育强化群体目标。加强大学生积极职业道德教育的首要内容就是以爱岗敬业、艰苦奋斗为核心的职业态度教育。职业态度教育就是要培养大学生爱岗敬业、踏实肯干、积极进取的职业态度和工作作风。形成群体凝聚力的基础是群体目标，它对群体凝聚力的质和量都有着重要影响，明确能广泛被群体成员所接受的群体目标会使群体具有较强的凝聚力。例如，通过职业态度教育可以帮助大学生树立正确的职业观念，理性制定职业规划，有助于强化就业这一大学生群体目标。

②通过积极职业道德规范教育和谐人际关系。群体凝聚力取决于群体成员间人际关系的好坏，和谐的人际关系会使群体更加具有吸引力，使群体凝聚力增强；紧张的人际关系会使群体成员感受到来自群体的人际压力，产生消极情绪，从而削弱群体的吸引力，使群体凝聚力下降。积极职业道德规范教育注重培养大学生诚实做事、不说大话空话、注重承诺、守时守信的职业品质，以及良好的团队精神和协作意识，这些都为群体成员间构建和谐的人际关系奠定了基础。良好的人际关系可以激发群体成员对群体工作强烈的义务感和责任感，使群体成员保持一致、诚实守信、通力合作，从而具有高度的群体凝聚力。大学生走出校园参加相关的职业活动，接受以诚实守信、团结合作为核心的基本职业道德规范教育，有利于他们在今后的工作中规范自己的职业行为，自觉与他人形成良好的人际关系，减少不必要的冲突和矛盾，降低社会生活中的风险因素。

③通过积极职业操守教育提高管理绩效。加强以遵纪守法、知荣明耻为核心的积极职业操守教育，有利于管理机制的有效运行，有利于管理绩效的提高，从而增强群体凝聚力。遵纪守法、知荣明耻是公民的基本道德规范，也是大学生职业道德中的重要组成部分。加强大学生职业道德教育，就要不断增强他们的法律意识，提高他们的道德判断能力和自律能力，使大学生规范自己的行为，努力践行社会主义核心价值观，牢固筑起职业道德的防线，有效防范职业犯罪。培养遵纪守法、忠于职守的大学生成员，有利于保障群体组织的有效运行，组织成员的组织纪律性和忠于职守、依法办事的自觉性保障了群体管理系统的高效运行，使个体的工作效率提高，从而使整个组织的管理绩效得到提升。较高的管理绩效反过来又会激发群体成员工作的热情，强化他们的主人翁意识，增强群体凝聚力。

④通过积极职业责任教育增强责任感。积极职业责任教育的核心是服务大众、奉献社会。对大学生进行职业责任教育，有利于培养大学生的责任意识，增强大学生的责任感。职业责任教育是社会主义职业道德的核心内容，也是大学生事业成功

的基本前提。当代大学生中独生子女占大多数，因而更加有必要对他们进行理想信念和奉献精神的教育，使他们明确自己应该承担的社会责任和职业责任。职业责任教育有利于加强大学生的责任意识，使其履行职业义务、规范职业活动，主动承担起相应的社会责任。大学生群体成员责任感的增加可以使群体成员感受到公平，有利于营造公平的竞争环境，促进群体成员在良性竞争中实现更好的合作，在团体合作中提升群体的凝聚力。大学生个体责任感的增加可以促进群体责任感的增加，使个体获得在群体中的荣誉感和自豪感，这种荣誉感像磁石一样吸引着群体成员，从而增强群体成员的凝聚力。

四、加强积极职业道德教育，增强大学生群体凝聚力

①加强社会主义核心价值观教育，不断提高学生群体的凝聚力。职业道德教育不应只是用人单位的责任，而应在大学生在校学习阶段就结合专业特点和用人单位需求提前开展。加强大学生职业道德教育，使学生树立正确的世界观、人生观和价值观，是增强大学生群体凝聚力的基础。只有坚持辩证唯物主义观点，在马克思主义的世界观、人生观和价值观的正确指引下，对大学生群体进行社会主义核心价值观教育，才能引导学生做一个有理想、有道德、有高尚情操的人，一个社会进步发展所需要的人。大学生群体只有拥有了共同的价值观和共同的奋斗目标，才能具有高度的内在统一性，才能保持行动上的一致性，从而表现出较高的群体凝聚力。因此，高校应提高对职业道德教育重要性的认识，确立职业道德教育在教育教学中的应有地位，使职业道德教育进教材、进课堂、进头脑，不断提高职业道德教育工作的实效性，培养符合时代要求、团结奋进、全面发展的建设型人才。

②营造良好的职业道德氛围。建设以社会主义、爱国主义和集体主义为核心的校园文化，营造良好的校园氛围，有利于对大学生进行职业道德教育，增强大学生的群体凝聚力。首先，要在课程设置中注重职业道德教育，营造良好的职业道德氛围。在进行职业道德教育时不仅要注重显性教育，也要注重隐性教育，在校园文化建设中融入职业道德教育的内容，通过社团活动、就业指导、心理咨询和社会实践等活动，使职业道德观念内化为大学生的自觉意识并自觉践行。其次，在集体活动中进行职业道德教育。校园中各种社团、组织应积极开展文明班集体、文明宿舍的创建评比活动，广泛开展以礼仪、礼节、礼貌为主要内容的"三礼"教育实践活动。一方面，通过团体评比等形式提高大学生的群体意识和责任心；另一方面，通过对学生行为举止的规范，不断提高学生自身的道德修养。最后，要积极借助现代化教

育手段，不断创新教育形式和途径。将校园广播、院报学报、学生自办刊物等传统手段与学校学院微博、微信平台、QQ 群等现代化传播手段结合起来，通过多种形式积极宣传职业道德教育，营造良好的职业道德教育氛围。

③教管结合提高大学生职业道德认知。第一，要采取激励措施，发挥群体内部的榜样作用，教育引导大学生提高自身道德素质。要广泛开展优秀团员、优秀团干部、优秀学生干部、优秀青年志愿者、十佳青年、三好学生等一系列评选活动，树立优秀典范，以先进人物、先进事迹引领广大学生；开展优秀毕业生讲座，请有亲身经历和工作经验的优秀毕业生对在校生进行职业道德教育，使职业道德教育更加切合实际，提高大学生对职业道德的认知。第二，要强化制度管理，用外在的制度来管理和约束人，同时要对大学生的道德素质给予实事求是的评价。要严格学籍管理制度和学生违纪处分条例，把职业道德教育与法制教育、公德教育结合起来，抑制大学生的不良行为，强化大学生的职业道德认知。将职业道德教育的成绩纳入量化管理和各项考评之中，通过表扬先进、批评落后巩固职业道德教育的效果。在学校管理上，要建立专门负责职业道德教育工作的相关部门或工作小组，以保证职业道德教育有计划、有目的、有实效，并长期稳定地进行下去。部门或小组的成员应该具有良好的政治思想素养和较高的职业道德声望，并且善于教育管理，具有较好的沟通协调能力。

④加强社会实践教育，强化职业道德行为。通过实践形式对大学生进行职业道德教育不仅可以实现职业道德教育的目的，还可以培养大学生各方面的能力，提升大学生的群体凝聚力。人的智力、能力的提高与思想道德素质的提高是相互促进的，在实践中对大学生进行职业道德教育可以发掘大学生各方面的潜力，锻炼各方面的能力，帮助大学生实现学习、就业的目标，增加其喜悦感、荣誉感、自豪感和归属感，从而提升大学生群体的凝聚力。高校应不断加强大学生的社会实践，使大学生将职业道德的要求内化为自身的道德需要。组织学生参加社会实践活动，不仅可以检验大学生已有的职业道德认知是否正确，还可以促进大学生从道德认知向道德行为转化。鼓励学生参加勤工俭学，使其树立自强不息、艰苦奋斗的意识，培养大学生的责任感和使命感，从而提升大学生的群体凝聚力。让大学生顶岗实习，在实习实训中养成良好的职业道德习惯，适应真实的职业环境，可以使学生进一步了解社会，提高大学生的沟通协调能力、创新能力、合作能力及职业技能，在工作实践中养成良好的职业道德习惯。

来源：何新生，尹如海，张丽丽 . 加强积极职业道德教育可以增强大学生群体凝聚力 [J]. 教育与职业，2016（1）：52-54.

建设经济强国必须高度重视知识和技术积累

　　纵观世界经济强国建设发展的历史，总结西方国家发生金融危机的深刻教训，我国要在实现 30 年经济强劲增长的基础上，继续保持可持续发展，建设经济强国，除了扩大内需、激活市场投资拉动经济增长外，必须由单纯重视资本积累向高度重视知识和技术积累转变。

　　我国实行改革开放以后，实现了连续 40 多年的经济增长，虽然我国仍然属于发展中国家，但经济实力大大增强，经济总量已经超过日本，成为世界第二大经济大国。我国的工业化水平也由初期开始向中后期转变。随着这样的转变，工业化初期靠资本积累扩大规模促进增长的方式，也转化为工业化中后期主要靠知识和技术积累所形成的竞争优势效益保持增长的方式。这种转变的必然性就在于我国在工业化的初期，是重点解决产品不丰富条件下的量的不足，因而是资本积累的状况决定着经济的增长；在工业化的中后期，是重点解决产品丰富需求多样化条件下的质的不足，因而是知识和技术的积累状况决定着经济的增长。这种转变的结果，必然是谁掌握了更多知识和技术的积累，谁就掌握了更多的增长主动权。这种转变并不为我们国家所独有，它反映的是世界上所有国家推进工业化的规律。在我国已经进入依靠知识和技术积累实现经济增长的新阶段，必须抛弃只重视资本积累、不重视知识和技术积累的传统思维和发展模式，树立知识和技术引领发展的新思维，学会运用知识和技术创新促进经济社会发展的新模式，只有这样才能掌握推进我国工业化发展的主动权。

　　战胜金融危机、建设经济强国客观上要求加快知识和技术的积累。经济危机是资本主义制度的必然产物，因此无论是传统资本主义还是现代资本主义，发生各类内容的经济危机并不足为怪。问题是经济危机之后，经过一段时间又能实现新的经济发展。这除了他们进行一些不触及制度本质的改革外，最重要的还是深厚的知识和技术积累发挥了作用。资本主义世界的每次经济危机，都使财富资本遭到巨大破坏，但知识和技术资本却保留了下来。一旦人类需求的永恒性使市场出现好转，它们又会进入稳定和发展的新阶段。这次西方国家金融危机持续的时间长，并且仍在发酵，在一定程度上是虚拟经济破坏了实体经济的知识和技术积累，致使经济恢复缺乏有力的支撑。虽然由此断言西方资本主义国家会从此走向衰落为时尚早，但是实体经济所需的知识和技术积累得有一个经济结构重构的过程，这不是一朝一夕能完成的，这至少说明了西方经济复苏的艰巨性和长期性。吸取教训，克服金融危机影响，我国必须在发挥制度优势的同时，加快知识和技术积累的步伐。

一个国家和民族的复兴，同样也离不开知识和技术的积累。日本和德国都是第二次世界大战的战败国，物质财富遭到了毁灭性的破坏，但是它们靠国家凝聚力，依托知识和技术的积累，很快又成为世界经济强国。一个国家通过资本积累可以很快又成为世界经济强国，但如果只有资本积累或停留在资本积累阶段，这个国家不可能永远是世界经济强国。现在我们是经济大国，但还不是经济强国。我们要实现中华民族的伟大复兴，实现由经济大国到经济强国的转变，必须实现从单纯重视资本积累向高度重视知识和技术积累转变。只有知识和技术积累也走在世界前面，才可能建成世界强国。

高度重视知识和技术积累，必须高度重视教育。各级各类学校是人类知识和技术积累及传承的平台。只有高度重视教育、知识和技术积累才有基础性保障。重视教育首先必须转变观念。许多地方重视教育往往停留在文件上和口头上，原因是教育不能生产 GDP 和增加财政收入，在以"经济增长的数量和财政增收的多少论英雄"的地方，轻视教育的现象尤其严重。解决教育优先的问题，关键还是树立教育既是强国之基，也是强省、强市、强县之基的观念，充分认识世界上的强国首先强在教育，弱国也是弱在教育。我们要强国，必须首先强教育，教育是国家兴亡、民族复兴的基石。只有这样的认识高度，才能把重视教育由被迫变成自觉。其次必须重视对提升教育质量的投入。近年来从中央到地方对教育的投入不断加大，这是客观事实。但是教育投入仍停留在学校规模和硬件建设上，而如何通过投入提升学校的教育教学质量，增强学生的社会责任感、创新精神、实践能力却做得不够。漂亮的教学楼不等于能产生优秀的人才。优秀人才的产生，需要投入加强学校的内涵建设，需要极大地提升教育教学质量，需要培养优秀的教师队伍，需要懂得教育规律而不是行政化的管理者，这方面我们还有较大差距。再次，必须全面加强不同层次和不同类别的教育。人类传承的知识和技术是多方面的。不能从急功近利的角度只重视实用技术教育，忽视基础理论教育。在一些地方这个问题还很突出。实用技术和知识是我们今天和明天经济发展的保证，而基础理论知识决定着我们的后天和长期发展。我们可以根据各地教育类型的差别有重点地加强薄弱环节，但不能厚此薄彼，不能忘记全方位推进教育现代化，才能保证我国发展的可持续性。最后，必须实行开放教育。这不是一个新话题，但却仍然是在许多地方做得不够、不好的问题。知识技术的积累与传承，很大程度上是在开放的过程中实现的。雨果在他的"笑面人"中曾这样形容中国的落后，他说在中国，一旦有一项新的发明和技术，马上就把它封在坛子里，而在欧洲，一旦有了一项新的发明和技术马上变成时髦。不开放、封闭式的教育不仅会禁锢学生的思维，还会僵化学生的知识，不能及时吸收先进的技术和知识为学生所学所用，不能使先进的知识和技术得到普及，从而转化为生产力。笔者认为仅从知识和技术积累的角度说，我们的教育必须实现三方面开放，一是对社会开放，实现知识和技术在校内与校外的互动；二是对同类学校的开放，互相学习，取长补短；三是对国外的开放，吸收人类创造的古今中外文明成果为我所用，才能培养掌握世界先进知识和技术的一流人才。

高度重视知识和技术积累，必须高度重视创新和人才。创新和人才与知识技术积累有着正相关关系，不重视创新和人才的国家，不可能重视知识和技术积累；而不重视知识和技术积累的国家，同样也不会重视创新和人才。对一个城市、一个地区来说都是如此。实事求是地说，我国经济能够实现连续多年的增长，创新是发挥了重要的作用的。正是有了前所未有的创新发展，才形成了我国特有的知识和技术积累优势。但是我们必须清醒地认识到，我们的科技创新在许多方面都处于较低层次，站在世界先进技术发展基础上的创新成果并不多，这决定着我国知识和技术积累的层次和质量。我们必须重视创新，必须重视具有国际领先水平的创新，必须重视能够改变我国的产业结构、提升我国产业水平的重大创新。这样的创新，才能缩小我国同西方先进国家的差距。对人才的重视也是知识和技术积累的特征。人才是知识和技术的载体，人才的层次和水平越高，对知识和技术的承载力和转化力越强。值得注意的是，随着经济的发展、市场规则的泛化，一些地方对人才的重视正在随着官本位、资本位、商本位的盛行而淡化，许多人才在新的"知识无用论"潮流中显得无所作为，这不能不说是国家之痛、民族之悲哀。相比之下，美国等西方国家尽管遇到了经济危机，但在培养后备优秀人才方面却毫不吝啬。据《中国科学发展报告2012》分析，美国高等教育的人均投资是其他工业化国家的两倍，全球排名前20位和前40位的大学，美国均占75%，全球排名前100名的大学，美国占58%。美国还通过人才移民战略、招收并挽留外国留学生战略、双重国籍战略等广揽世界特别是发展中国家的人才，使美国成为世界上公认的人才大国和人才强国。美国知名智库兰德公司于2008年进行的调查认为，美国最大的竞争优势仍然存在，其动力来自为美国工作的全球最优秀人才。集聚人才，就是积累知识和技术，一个国家拥有人才，就拥有可持续发展的未来。

高度重视知识和技术积累，当前更应该加大引进国外先进技术的力度。特别是要抓住国际金融危机以来出现的新机遇，通过企业并购、技术合作，建立海外研发机构，到国外著名大学购买科技成果等形式，加速我国的科技创新和技术进步。韩国在经济振兴的过程中，就曾采取大量引进国外先进技术为我所用的战略。据有关资料介绍，20世纪60年代至70年代，韩国分别从美国、日本、德国、英国和意大利引进大量先进技术，到1987年间，其生产效率已经比美国高出1.5倍，比英国高2.6倍，仅略低于日本。对此，德国经济学家霍普曼指出，韩国人由于充分利用了先进工业国家的资金和技术，充分利用了"后发展国家"的效应，使自己的工业化速度比发达国家所经历的时间整整快了3～4倍。我国改革开放所取得的巨大成就，也是我国利用国外的资金和先进技术，发挥我们制度的优越性所取得的。在新的历史机遇面前，我们必须通过对外开放，在加大自主创新的同时，加快引进国外先进技术，来支撑我们的工业化和现代化建设。

来源：刘学谦. 建设经济强国必须高度重视知识和技术积累 [J]. 科学中国人，2013（2）：25-27.

新时代建设良好营商环境的着力点

新时代全球经济环境、贸易方式发生重大变化，国内环境资源约束加强、区域竞争加剧，土地、税收等传统招商优惠政策对企业的边际吸引力递减，营商环境正成为一个国家或地区经济环境软实力和竞争力的重要体现。全面、客观、科学地理解营商环境，充分认识营商环境的重要性，把握我国营商环境发展变迁的阶段及阶段特征，找准下一步优化营商环境的着力点，是建设新时代良好营商环境的内在逻辑与应有之义。

一、营商环境的认知与重要意义

（一）认知

世界银行 2001 年正式提出了营商环境的概念，之前被广泛称为投资环境。2002年世界银行正式启动《营商环境报告》项目，建立评价指标体系对全球各经济体以及地方城市的营商环境进行客观评估，并于 2003 年发布首份《营商环境报告》。

从狭义上看，营商环境衡量企业在其生命全周期中，开办、生产、经营、融资、纳税、贸易、破产退出等各环节的效率与便利程度。世界银行《2020 年营商环境报告》中，采用"开办企业、办理施工许可证、获得电力、登记财产、获得信贷、保护中小投资者、纳税、跨境贸易、执行合同和办理破产"10 个指标衡量一国或地区的营商环境。

从广义上看，营商环境是影响企业活动的经济要素、政治要素、法律要素、环境要素、社会要素等各项因素的一个集合体，表现为一个国家或地区的竞争力和吸引力。营商环境优化是一项涉及经济、政治、社会等众多领域改革的系统工程，同时包含硬环境和软环境建设两方面内容，其中，软环境建设在营商环境优化中发挥主导性作用。我国"十三五"规划纲要中提出，营商环境包括四个维度：公平竞争的市场环境、高效廉洁的政务环境、公正透明的法律政策环境和开放包容的人文环境。我国 2018 年初步构建了高于世行标准的中国营商环境评价体系，包括 3 个维度、23 个一级指标。三个维度包括：①企业全生命周期。主要关注企业从开办到破产、注销，也包括施工许可办理、纳税、信贷等事项；②城市投资吸引力。主要包括企业信心、知识产权保护、信用监管等；③城市高质量发展水平。包括空气质量、交通环境等。

可见，我国对营商环境的理解更为广泛，对其评价也更加全面。如加强城市的基础设施建设、提高城市公共服务能力、打造优良的人文环境和生态环境、加强知识产权保护等，也都是构成优化营商环境的内容。

（二）重要意义

营商环境是企业生存和发展的基础。在国际格局发生新变化和经济发展进入新常态的新时代背景下，营商环境对区域经济发展的重要性已达成共识、引起重视。党的十九大报告指出，要"全面实施市场准入负面清单制度，清理废除妨碍统一市场和公平竞争的各种规定和做法，支持民营企业发展，激发各类市场主体活力"；2018 年国务院首次常务会议的首个议题，是部署进一步优化营商环境；2019 年政府工作报告 5 次提及营商环境；我国正逐步在全国范围开展营商环境评价，构建中国特色指标体系；多个省市纷纷出台一系列的优化营商环境政策，上海、广东、成都更是将 2019 首个重要行动锁定在营商环境上；等等。我国对营商环境的认识、对营商环境重要性的认识越来越深刻，出台的政策、措施越来越有针对性，越来越精细，"干货"越来越多。

1. 良好的营商环境是一个地区或城市的竞争力

习近平总书记指出"过去，中国吸引外资主要靠优惠政策，现在要更多靠改善投资环境"。这一论断不仅适合于国家间的竞争，也适合于地区、城市间的竞争。在数字技术、信息网络、交通网络发达，以及政策趋同、规划统筹的背景下，资源的可获得性、市场的就近性、贸易的便利性、政策的优惠等因素已不再是企业投资布局的主要考虑因素。营商环境正成为一个地区或城市的名片，在很大程度上影响企业的投资决策。好的营商环境，一方面，从审批时间、办事成本等方面大幅度降低新进入企业的行政壁垒，吸引更多的外地企业或创新创业型新企业在该地区投资发展，集聚项目、资金、技术、人才等各类生产要素，形成地区发展动力；另一方面，从服务企业、"亲、清"的政商关系上留住企业，激励企业开展产品研发、市场拓展等生产性经营活动，释放企业发展活力。而不好的营商环境，将耗费企业大量精力用于审批、办证、维护政商关系等，"办事难"导致企业投资意愿下降。世界银行《2012 年年营商环境报告》显示，良好的营商治理环境使开办企业需要的时间减少 10

天，就会使投资率增长 0.3%，GDP 增长率增加 0.36%。由此可见，营商环境的好坏影响与决定着国家或城市的发展潜力与发展速度、发展质量。以东北为例，虽然近年来东北地区的营商环境有很大改善，但"投资不过山海关"一定程度上解释了不好的营商环境在东北振兴中的负面作用。

2. 优化营商环境是全面深化改革的一个突破口

习近平总书记在深入推进东北振兴座谈会上的讲话中，提出"以优化营商环境为基础，全面深化改革"，这就点明了优化营商环境在全面深化改革中的基础性、突出性地位。优化营商环境是政治体制改革的有力抓手与推手，是推进经济体制改革、发挥市场在资源配置中决定性作用的助推器。全国营商环境评价排名，或是营商环境对区域经济的推动作用，都会形成激励机制，倒逼政府自我革命，通过简政放权、深化行政审批制度改革、商事制度改革、"放管服"改革、建设服务型政府等，建立"有能、有为、有效、有爱的有限政府"。良好营商环境的逐步建立过程也是政治体制改革、经济体制改革不断推进的过程。

3. 良好的营商环境是高质量发展的重要保证

进入新时代，我国经济已转向高质量发展阶段，高质量发展必须要有良好的营商环境做保障。首先，高质量发展需要公平竞争的市场环境。这就要求市场和政府各司其职，减少政府对市场、企业的干预，构建服务型政府，构建"亲、清"政商关系。而这正是良好营商环境的应有之义。其次，高质量发展是创新驱动的发展。良好的营商环境是创新创业活动开展的基础，是培育企业家精神和民营企业的土壤，而民营企业和企业家是开展创新活动的主体。再次，实现高质量发展要求推进产业转型升级，优化产业结构。目前，我们大量传统产业产能过剩与现代性服务业、先进制造业供给不足并存，一方面，大量新兴企业、新的业态、新的商业模式要成长发展，需要良好的营商环境提供高效、便利的市场准入条件；另一方面，产能过剩的僵尸企业要退出市场，也要有合理、可执行的破产与退出机制。一进一出保持市场的活力与创造力，需要良好的营商环境作保障。同时，良好的营商环境有利于发展第三产业，调整产业结构。数据显示，一国营商环境排名提升 1%，可以使该国服务业占 GDP 比重提升 0.236 个百分点。

二、我国营商环境的变迁与新时代特征

虽然营商环境概念 2001 年才正式提出，但营商环境作为政府、市场、企业三者组成的生态系统，随着商业行为的产生而形成。不同的资源配置方式、不同的经济

发展阶段、不同的制度背景下，政府、市场、企业三者的角色地位不同、关系网络不同、行为方式不同，形成具有不同特征的营商环境。改革开放40年是计划经济体制向社会主义市场经济体制的转轨期。这一时期，随着经济体制的转变，我国的营商环境取得了巨大改善，表现出明显的变迁轨迹。

（一）变迁三阶段

第一个阶段：关系型营商环境。改革开放初期，我国实行计划经济同市场调节相结合的经济运行机制，大政府、小市场，强调以计划经济为主、市场调节为辅。因此可称之为"关系型营商环境"，其突出特点是"人治"，即政府在资源配置中发挥主导作用，企业与市场处于被支配地位，从企业进入市场登记、施工许可、用电至企业生产营业，各种审批手续繁琐且极不规范。各部门公务人员掌握审批的主动权，缺乏部门间的协调，"推绕拖"现象突出；审批项目的多少、审批时间的长短由审批人随意决定，形成"有关系好办事、没关系处处受阻"的局面，企业负责人的大部分时间和精力用于和政府部门打交道，缺乏企业家精神。需要指出的是，关系型营商环境是由我国经济发展的特殊阶段所决定的，在产品市场供不应求的情况下、在改革处于摸索的过程中，其存在有其合理性。

第二个阶段：政策型营商环境。在这个阶段企业投资与发展更看重"政策红利"：我国吸引外商投资主要靠各种优惠政策，国内企业投资决策也主要考虑哪个城市优惠政策多、政策力度大，向政策要市场、靠政策求发展。以GDP论英雄的考核制度是政策型营商环境形成的根源。政策型营商环境一方面对地方政府竞争形成有效激励，推动地方经济高速发展；另一方面一届政府一届政策，新官不理旧账，上届政府承诺的优惠条件，换届之后后任政府并不认可，导致许多曾经被政府承诺过的优惠政策，甚至写入到合同中也难以兑现。涉及更多的法律问题也因为政府的换届而面临着执行难的状况。这些事例在全国许多地区和城市都屡见不鲜。政策型营商环境同关系型营商环境一样，政府对市场的干扰过多，仍然是不规范的营商环境。

第三个阶段：效率型营商环境。这一阶段，企业投资更多考虑的是政府服务能力，高效便利的营商环境对企业更有吸引力。同时，互联网技术的快速发展也为高效率营商环境的建立提供了保证。十八大以来，我国立足于发挥市场配置资源决定作用和更好发挥政府作用，不断推进商事制度改革、"放管服"改革等，我国营商环境呈现明显的"高效率、便利性"的特征。截至2018年，国务院部门行政审批事项削减44%，非行政许可审批彻底终结，中央政府层面核准的企业投资项目减少90%，行政审批中介服务事项压减74%，职业资格许可和认定大幅减少。中央政府定价项目缩减80%，地方政府定价项目缩减50%以上。全面改革工商登记、注册资本等商事制度，企业开办时间缩短三分之一以上……企业办事更加便利，营商环境持续改善，市场活力明显增强。世界银行对此给予高度认可，认为"中国在 2018 年实施的改革数量居东亚太平洋地区之首，相关领域改革'令人惊叹的快速且有效'"。

（二）新时代特征

我国营商环境在效率、便利方面取得突破性进展，但营商环境是企业生存发展的系统性生态环境，当前我国营商环境与市场主体的期待差距还较大，还不能适应新时代高质量发展的要求。新时代要推进"高效率营商环境"向"制度营商环境"的转变，制度营商环境建设应该是"高效化、公平化、法治化、透明化、预期化"的不可分割的"五化一体"建设，缺一不可。

（1）高效化。高效率是建设良好营商环境的基本要求，是市场主体对营商环境感受最为直接、明显的特征。世行营商环境评价也主要集中在对高效率、便利性的评价上。我国持续推进简政放权、放管结合、优化服务等改革，实现营商环境由"关系—政策—效率"的转变，市场活力和社会创造力明显增强。政府服务"没有最好只有更好"，效率"没有最高只有更高"。为适应新时代要求，还需进一步深化"放管服"改革，充分利用"互联网＋政务"，在关键领域与环节，简化、规范行政审批事项、流程，增强政府服务企业的主动性、积极性。

（2）公平化。公平是市场竞争机制发挥作用的基本要求，也是建设良好营商环境的基础。新时代背景下，促进民营企业的发展尤其需要公平的市场环境。营商环境的公平性要求对各种所有制企业一视同仁，包括：市场准入要公平、产权保护要公平、要素获取要公平、税收公平、融资公平、市场监管公平、政府采购公平等方面。建设公平的营商环境要推进选择性政策向功能性、竞争性政策转型，加快建立竞争中立制度。

（3）法治化。习近平总书记指出"法治是最好的营商环境"。法治是良好营商环境制度建设的根本，公平竞争市场机制的发挥、高效廉洁的政府执行力都需有完善的法治制度保驾护航。法治化是营商环境的高级标准，是在改革中不断发展形成的。改革开放以来，市场主体发展经过无序发展、恶性竞争、向政策要市场的发展，逐步走向市场化、规范化，大浪淘沙留下的都是具有一定创新能力、竞争能力的企业，同时新时代人民群众的高质量需求增强，这就必然要求加强营商环境的法治化建设，依法加大对守法企业的产权保护、对不法企业的严惩，保证公平的可执行，保证政策的公开透明，保证政策的连续与可预期。加快营商环境的法治化建设就抓住了优化营商环境的牛鼻子。

（4）透明化。公开透明的营商环境一方面可以保证市场主体参与营商环境的建设，企业对政府行为监督、第三方机构对营商环境进行评估，防止政府部门营商环境建设自说自话；另一方面公开透明的营商环境才能保证公平竞争。政务公开、信息公开提高企业办事效率的同时，也避免了暗箱操作，大大降低腐败和寻租的空间。

（5）预期化。从国际投资看，建设可预期性的营商环境主要就是减少外商投资企业的政治风险，在逆全球化思潮涌动的今天，企业商业投资行为不会受到国家政治关系波动的影响，有利于增强外资投资信心，进一步加大开放力度。从国内看，建设可预期性的营商环境就是建立诚信政府——重视规则、信守承诺。这就有效防止了政策朝令夕改、新官不理旧账，增强企业投资信心，有利于保护企业家精神和商业创新行为。

新时代"制度营商环境"的五个特征是不可分割的一个整体，任何一个特征的不完善都会影响其他四个特征发挥作用。只有五个特征共同发力，才能保证营商环境不断优化，不断满足新时代市场主体的需求。

三、新时代优化营商环境的着力点

随着"放管服"改革、商事制度改革的不断推进，我国的营商环境建设取得突破性进展。根据世行报告，我国营商环境排名由 2017 年的第 78 位上升至 2018 年的第 46 位，2019 年升至第 31 位，连续两年入列全球优化营商环境改善幅度最大的十大经济体。但世行营商环境样本只覆盖了北京和上海两个城市，而北京和上海的营商环境基本代表全国最高水平。因此，需清醒认识到我国营商环境建设仍存在不少问题。找好发力点，实现营商环境的大改善，才能满足新时代对营商环境提出的新要求。

（一）突破口是建设健康洁净的政治生态

营商环境问题本质上是政治生态问题，是一个地方政治生态的外在表现。政治生态决定营商环境，营商环境反映政治生态，离开政治生态谈优化营商环境只能是一道无解题目。不健康的政治生态，政府公务人员乱作为、不廉洁、不自律、不诚信，导致宝贵的企业家资源只可能被配置到寻租领域，阻碍市场竞争发挥作用；或公务人员以"法无授权不可为"为借口，不作为、不担当、庸政、懒政，导致政府办事效率低、企业办事成本高，尤其阻碍创新性商业模式企业的发展，降低企业投资积极性。这些不作为与乱作为都显著提高了企业进入与发展的行政壁垒和行政成本，造成低效率、办事难的营商环境。十八大以来，党中央深入推进全面从严治党，净化和修复政治生态的效果已经初步显现，良好的政治生态正为经济健康可持续发展注入正能量。特别是习近平总书记提出"亲、清"的新型政商关系，给处于新时代、变革期的市场主体释放了正能量与积极信号，"法无禁止即可为"的负面清单制度有利于营造宽松、包容的创新创业环境，让干部真干事、敢干事、干实事，让企业家安心经营、专心做事，为经济发展注入新活力。但我国政治生态建设才刚刚起步，仍任重道远。因此，不能只就营商环境谈优化，必须放在政治生态建设的语境下，治标先治本，进一步强化"四个意识"，强力推进经济领域反腐工作，推进党风政风监督工作，建设健康洁净的政治生态。

（二）关键是处理好政府与市场的关系

改革开放 40 年，是我国营商环境不断优化的过程，也是不断摸索、调整政府与市场关系的过程。高效、公平、法治、透明、预期五位一体营商环境的建立离不开正确处理政府与市场关系、合理界定政府和市场的界限。目前，我国营商环境建设中仍存在政府干预市场的越位行为，以及政府维护市场秩序和提供公共服务的缺位现象。习近平总书记指出"要素配置更要通过市场，同时要更好发挥政府作用。政府不是退出、不作为，而是政府和市场各就其位。"我国东部沿海发达城市已经在如何处理好政府与市场关系方面探索出了不少好的做法和经验，例如政府对企业不干预，做到"无需不扰、不叫不到；随叫随到、服务周到"。通过"放管服"改革，建立高效、法治、让市场主体满意的服务型政府，是发达地区营造良好营商环境的关键一招。因此，要继续推动"放管服"改革不断向纵深发展，满足新时代对"放管服"改革、营商环境提出的新要求。针对"放管服"改革进程中出现的被动性、碎片化、只注重数量速度改革、缺乏信息统筹等问题，探索推进服务主动化、整体化，更重视改革质量效益和企业感受，建立统一互认的诚信、金融等共享平台等改革措施，更好发挥政府"守夜人"作用和市场配置资源的决定性作用。

（三）加快长效机制建设

良好营商环境的建设不是根据地方领导的意愿一时兴起、一蹴而就的，也不是一成不变、一劳永逸的，而是要根据时代要求、企业需要长久持续发力。建设新时代"五位一体"的良好营商环境，需加快形成法治化、信息化、市场化的长效机制。长效机制可保证营商环境建设的常态化、持续化、稳固化。世界银行评估营商环境的一个基本理念是，领导更替频繁，做法也会因人而变，只有规则相对稳定，因而才是可靠的。因此，良好营商环境建设需要更多采取法律手段，用法律和制度这种稳固、不以人的意志为转移、可预期的规则取代受权利人偏好影响的制度，减少行政机构的自由裁量空间。优化营商环境长效机制包括但不限于：建立营商环境改革局组织机构，完善组织领导机制；建立企业参与营商环境政策制定的工作机制、全国范围内推广营商环境评价机制、加强人大立法，将已有的改革成果通过法律法规的形式固定下来等。

（四）多部门合作共建营商环境

企业从开办进入市场到生产、销售，或发展壮大或退出市场的全生命周期需要与发改委、工商局、工信局、安监局、税务局、环保局、消防、公安、人社局等多个职能部门打交道，因此，良好营商环境的建立需要多部门合作、协调减少行政审批手续、缩短行政审批时间、提高审批效率。营商环境建设存在"木桶效应"，任何一职能部门的不配合与推诿都会形成营商环境建设的"肠梗阻"，阻碍下一环节的进行，给企业造成不好体验，影响该地区的营商环境建设。借助于信息技术的飞速发展，"互联网＋政务服务"在各地实践取得了良好效果。互联网为营商环境建设提供了技术保证，更重要的是各职能部门观念的转变，由过去的管理企业向今后服务企业的思维转变，不干扰企业的正常生产和经营，在企业遇到困难和困惑时，及时为企业提供帮助、答疑解惑。只有各部门思想解放、观念转变，形成合力，上下协调打通营商环境建设的每一环节，形成多部门合建营商环境的合力，才能满足企业的需求，激发企业创造力与活力。

（五）以企业需求为导向

虽然优化营商环境的主体是政府，但优化的效果、营商环境的好坏，企业的感受最为直接，要由企业来评判。因此，优化营商环境不是做表面文章、出台政策，或让某类指标排名上升，关键目的是提高市场主体在企业生命周期中的满足度与获得感。不同企业、不同投资者对营商环境的诉求不一样，要以企业需求为导向，提供更精准、个性化、特色化的服务。例如，工业企业可能对获得土地和开工许可有特别的要求、科技型中小企业对信贷和产权保护有更高要求、外贸企业更多考虑通关手续的便利性等。同样，经济发展水平和市场化程度不同的地区，优化营商环境的重点也不相同。例如，东北地区市场主体的痛点为"办证难""手续烦冗"等，则需政府继续推进"放管服"改革，打造更高效、便利的营商环境；而广东商事改革制度实行 6 年来，市场主体的难点和痛点从"办照难""办证难""退出难"转变为"市场竞争激烈"和"成本高"，这就需要政府在公平竞争、减税减费方面发力继续优化营商环境。新时代，市场主体更加多样，其需求也更加多元，这就要求政府在服务市场主体时必须坚持问题导向，制定出台体现地区差异化、特色化的政策措施，聚焦企业反映集中的办事环节痛点、难点、堵点，精准发力，解决实际困难和诉求。

（六）分类指导破解区域不平衡

区域协调发展是新时代高质量发展的必然要求。如同经济社会发展，营商环境也存在区域不平衡。区域发展与营商环境一方面可以形成正循环，两者相互促进；另一方面两者也可能形成恶性循环，相互掣肘。近年来，营商环境与区域发展的辩证关系表现尤为明显，营商环境的好坏正成为区域发展分化加剧的重要原因。例如，近年来发展迅速的杭州、成都、无锡、佛山、深圳等地，无不高度重视良好营商环境的打造。因此，要实现区域协调发展，除制定有差异的区域政策外，更要重视营商环境的区域平衡发展，没有好的营商环境，制定再多的倾斜性区域政策也难以落地，企业也难以享受到。实现全国营商环境的平衡发展，一方面，要加大力度改善东北地区营商环境、持续优化中西部地区营商环境、促使东部沿海地区对标国际营商环境标准。中西部和东北地区学习沿海发达地区优化营商环境的做法，从体制和观念入手，破除"官本位"思想，通过以"放管服"改革为核心的一揽子行政改革组合拳，减少政府寻租、干预市场等行为，打造服务型政府，提高政府服务效率与便利，降低企业非生产性成本；东部沿海地区、自贸区要对标新加坡、中国香港等营商环境排名靠前的国家或地区，不断在打造公平的市场环境、完备的法治环境、优秀的人文环境上下功夫，在全国营商环境建设中发挥先试先行的带动作用。另一方面，要制定差异化、特色化的营商环境评价体系。我国地域辽阔，区域发展差异明显。不同的经济发展水平、不同的工业化阶段，有不同的产业结构与市场主体。企业对政府服务的需求不同，政府营商环境优化的重点、难点也会有所偏重。因此，在国家发改委会同其他部门构建的体现中国特色的、全国层面的营商环境评价指标体系基础上，还需构建体现区域差异、地方特色的评价体系。根据我国经济区域通常划分为东部、中部、西部和东北四大地区，可探索构建体现四大地区经济社会发展水平的区域性营商环境评价指标，以保证营商环境评价的可比性，更好发挥营商环境评价的监督与激励功能。

来源：李赞，刘学谦 . 新时代建设良好营商环境的着力点 [J]. 智库理论与实践，2019，4（6）：78-84.

新冠肺炎疫情对我国平台经济的影响分析

一、引言

2020 年年初新冠肺炎疫情给快速行进的经济社会按下了慢速播放键。疫情在全世界范围内的大规模暴发，给世界经济发展带来了高度不确定性，研究机构和团队对疫情对经济冲击程度尚未达成共识。疫情防控期间，以平台经济为主要代表形式的数字经济作用被激发和显现出来，在满足人们生活需求、恢复生产、降低疫情传播、保障社会安定等方面，成为抵御疫情冲击的重要力量。学者普遍认为疫情给中国数字化进程按下快进键，数字技术、数字化转型、平台型企业、数字经济等被认为将迎来新一轮暴发期。全球经济危机暴发风险下，平台经济能否独善其身，成为带领经济走出衰退的新动能？需从以下角度分析。

首先，历史经验借鉴。2003 年"非典"期间，更多生产者、消费者认识并使用网上交易，推动了如 Alibaba、京东等电子商务交易平台的创立与发展。2020 年新冠肺炎疫情短期内也刺激了部分平台企业的发展。如在线医疗问诊量增速达十倍以上；远程办公需求环比上涨 663%。据此是否可以判定"非典"疫情是推动淘宝、京东等电商平台快速发展的决定性因素？是否可以推测新冠肺炎将推动平台经济进入新一轮暴发期？远程办公平台、生鲜电商平台、在线教育、在线医疗等平台交易规模扩大是突发性昙花一现，还是由其内在发展规律、影响因素所决定？这是分析疫情对平台经济影响要考虑的第一个问题。

其次，宏观环境分析。平台经济是一种新型经济组织方式和生态系统，受生产者、消费者、产业链、物流供应链等多方影响。新冠肺炎疫情可能通过改变居民消费行为、观念，影响生产商供应产品的时效与成本、商品流通与运输速度等多种途径影响平台经济发展，对其影响是复杂的。因此，既要考虑疫情对宏观经济、产业链、供应链、微观企业主体的影响，也要考虑平台经济自身的发展规律特点，以及不同的平台经济类型、服务内容、运行模式等。这是分析疫情对平台经济影响要考虑的第二个问题。

最后，经济和技术发展阶段分析。我国由传统的工业经济时代迈入了平台经济时代。我国平台企业的规模、数量、渗透率、国际影响力等，较 2003 年有了极大的提高。2016 年，我国平台经济已经占据了 GDP 的 10.5%。因此，应基于我国处于数字化、信息化、智能化、网络化的第四次工业革命方兴未艾的时代背景，充分考虑大数据、云计算、人工智能、5G、物联网等科技创新可能给经济社会带来的变革。这是分析疫情对平台经济的长期影响要考虑的第三个问题。

基于此，文章结构安排如下：第二节，平台经济的内涵、分类及影响因素；第三节，"非典"疫情对平台经济发展的客观分析；第四节，新冠肺炎疫情对平台经济的影响，包括平台经济在疫情期间的作用、疫情对平台经济的影响机制、长期与短期影响、新冠与"非典"对平台经济影响比较；第五节，疫情后推动平台经济健康发展的建议。

二、平台经济的内涵、分类及影响因素

（一）平台经济的内涵与分类

1. 平台经济的内涵

平台经济以双边市场为载体，双边市场以"平台"为核心，通过实现两种或多种类型顾客之间的博弈获取利润。对于双边市场，Rochet 和 Tirole（2006）定义为：如果通过提高向一边的收费，同时同等程度地降低向另一边的收费，平台可以改变交易量，则称这一市场是双边市场。平台经济具有层次性、零成本复制性、协作共赢、交叉网络外部性、快速成长性等主要特征。随着新一轮技术革命和产业变革不断深入，平台企业加速与传统产业融合，市场影响力不断扩大，平台经济成为我国新的经济增长点。国内学者对平台经济的研究也随之增多。目前国内比较认可国务院发展研究中心产业部课题组关于平台经济的界定，即以智能技术为支撑，以数据化的数字平台为基石，聚合数量众多且零散的资源，连接具有相互依赖的多方，促进彼此互动与交易，形成健壮的、多样化的数字平台生态系统，这些有着内在联系与互动的数字平台生态系统的集合与整体构成平台经济。平台经济包含四个从低到高的层面：数字平台、数字平台企业、数字平台生态系统和平台经济。其中，平台是引擎，平台企业是主体，平台生态系统是载体，平台生态系统的集合与整体构成平台经济。根据定义可得，平台经济主要由供给方、需求方、平台（平台运营商）、平台支撑体系等四大类主体组成。

数字经济时代，平台是经济发展的基础架构，平台企业成为经济增长的新动能，平台经济成为经济增长、提供新就业机会的基本经济模式。数据显示，2018 年，全球 TOP10 上市企业中平台企业市值比重已由 2008 年的 8.2% 上升至 77%，规模达到 4.08 万亿美元，较 2008 年规模增长了 22.5 倍。根据《日经亚洲评论》发布的全球公司市值榜单看，截至 2019 年 12 月 20 日，我国平台型企业拿下了前十名中的七个席位（见表 1）。

表 1　全球公司市值排名前十（截至 2019.12.20）

排名	公司	领域	市值
1	Saudi Aramco	Oil	1.89 万亿美元
2	Apple	Electronics	1.24 万亿美元
3	Microsoft	Software	1.2 万亿美元
4	Alphabet	Internet/software/services	9310 亿美元
5	Amazon	E-commerce	8860 亿美元
6	Facebook	Internet/software/services	5880 亿美元
7	Alibaba	E-commerce	5700 亿美元
8	Berkshire Hathaway	Conglomerate	5540 亿美元
9	Tencent	Internet/software/services	4590 亿美元
10	JP Morgan	Banking	4300 亿美元

2. 平台经济的分类

平台经济主要依靠平台运行，是以平台型企业为主导，横向由搜索、购物零售向社交、教育、旅游、医疗、餐饮、住宿、交通运输等服务行业（见表 2），以及工业制造等更多未知领域扩展，纵向整合价值链、产业链、金融链、供应链等构建平台生态，形成的一种新型经济组织形态。根据服务对象可分为：面向消费者的平台和面向产业的平台两大类；根据交易种类可分为商品类交易平台、服务类交易平台、互联网金融平台；基于网络效应的平台可分为四种类型，即交易型平台（淘宝、Uber 等）、创新型平台（微软、英特尔等）、复合型平台（谷歌、亚马逊等）和投资型平台（软银、Naspers 等）。目前我国平台经济发展以电商平台为支撑，涵盖商品零售、生活服务、产业供应链等领域。根据国家统计局《新产业新业态新商业模式统计分类（2018）》（见表 3），我国平台经济以互联网生产服务平台、互联网生活服务平台为主，科技创新平台、公共服务平台等发展较弱。而新冠肺炎疫情让消费者、生产者、组织者对平台经济的认识进一步加强，更多经济主体将参与到平台经济中，推动平台经济由交易平台向创新平台、复合平台扩展，由消费领域的交易与流通向生产领域的组织与管理扩展，加速平台经济的发展。

表 2　平台经济范围

类别	平台企业
电商类（B2B、B2C、C2C……）	敦煌网、亚马逊、微商
搜索类（引擎、推送）	百度、今日头条、360 搜索
共享类（闲置、房产）	闲鱼、小猪短租、Airbnb
技术支持类（云计算、数据中心、运营）	阿里云、AWS
约车类（拼车、打车、租车）	滴滴打车、Uber
物流类（物流平台）	菜鸟、传化、卡行天下、货车帮
文娱类（网游、电影、音乐、文学）	优酷、时光网
工具类（浏览、翻译、统计、下载）	UC、有道、友盟
社交类（社交、直播、微博）	微信、斗鱼、知乎
门户类（综合、生活、个人）	新浪、58 同城、佳缘
服务类（健康、体育、咨询、旅行、教育、法律、招聘）	春雨医生、途牛、百动、智联招聘
互联网金融类（支付、P2P、基金、众筹）	余额宝、人人贷、众筹网、陆金所、支付宝

来源：阿里研究院 德勤研究《平台经济协同治理三大议题》

表 3　互联网平台分类

互联网生产服务平台	指专门为生产服务提供第三方服务平台的互联网活动，包括互联网大宗商品交易平台、互联网货物运输平台等
互联网生活服务平台	指专门为居民生活服务提供第三方服务平台的互联网活动，包括互联网销售平台、互联网医疗服务平台、互联网养老服务平台、互联网教育培训平台、互联网家政服务平台、互联网约车服务平台、互联网旅游出行服务平台、互联网体育健身服务平台等
互联网科技创新平台	指专门为科技创新、创业等提供第三方服务平台的互联网活动，包括网络众创平台、网络众包平台、网络众扶平台、技术创新网络平台、技术交易网络平台、科技成果网络推广平台、知识产权交易平台
互联网公共服务平台	指专门为公共服务提供第三方服务平台的互联网活动
其他互联网平台	指专门为工业生产、农业生产等提供第三方服务平台的互联网活动

来源：国家统计局《新产业新业态新商业模式统计分类（2018）》

（二）平台经济发展的影响因素

中国的互联网平台经济经历了从效仿到自主创新、从落后到领先的快速发展历程。在这个过程中，国内通信基础设施的完备、智能手机的普及、互联网接入用户的庞大规模为互联网平台经济的发展提供了必要的条件，在用户规模经济主导的网络平台产业中，国内的用户规模成为支撑中国平台企业发展的关键要素。吕本富（2018）提出互联网平台特性的九宫格："技术驱动"：云计算（Cloud）、移动终端（Mobile）、技术表达（App）；关键环节：数字化（Digitalization）、连接

（Connection）、精准匹配（Match）；"人的需求"：社交化（Social）、赋能（Enabler）、生态（Ecosystem）。从需求侧与供给侧两端看，线上交易与消费习惯、消费升级与产业升级、数字技术的发展与应用、物流运输的高效与智慧化是推动平台经济发展的关键四因素。这四方面也是分析新冠肺炎疫情对平台经济影响机制的切入点。

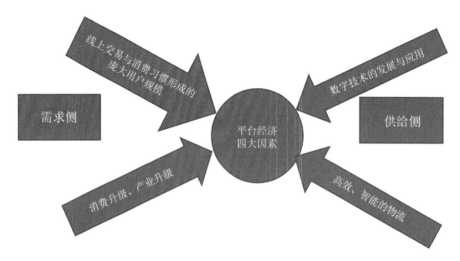

图 1　需求侧与供给侧影响平台经济的四大因素

1. 用户规模

线上交易与消费习惯形成的庞大用户规模是平台经济发展的需求侧基础性因素。平台经济的一个突出特征就是网络外部性，表现为平台上卖方越多，对买方的吸引力越大；同样，卖方在考虑是否使用这个平台的时候，平台上买方越多，对卖方的吸引力也越大。从平台经济发展历程看，最初的互联网媒体平台，如搜狐、雅虎等，只提供浏览新闻、咨询的功能，平台消费方被动接受讯息，平台发展的外部交叉网络性特征并不明显。"非典"时期，人们被迫居家，通过电商平台进行交易与消费。交易与消费行为具有一定的黏性，电商平台的需求端初步形成了较为稳定的消费群体，用户层基本形成。

"非典"后，直接面向终端消费者的电商平台开始崛起，推动平台经济进入大众视野。数据显示，2007 年我国上网用户总数 21000 万，互联网普及率 16%，网购用户规模 4641 万人，网购渗透率 22.1%；截至 2020 年 6 月，我国网民规模达到 93984 万人，互联网普及率 67.0%；网购用户规模 74939 万人，网购渗透率 79.7%。正是庞大的网民数量、网购用户规模支撑了平台经济的快速发展，如图 2、图 3 所示。

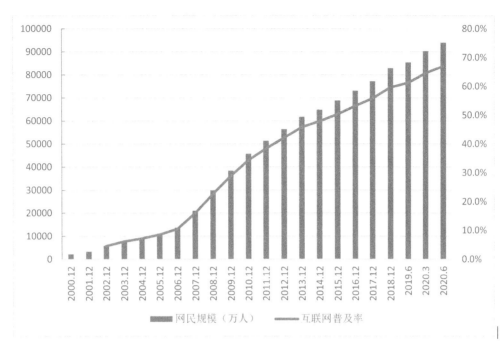

图2　2000.12—2020.6 我国网民规模（万人）和互联网普及率

来源：根据CNNIC《中国互联网络发展状况统计报告》（2000.12—2020.6）数据整理绘制

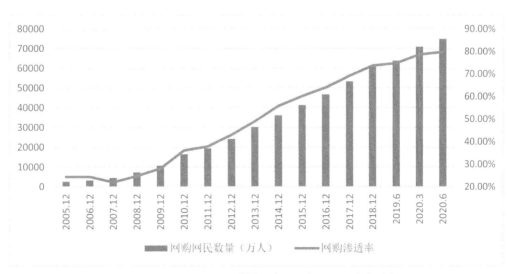

图3　2005.12—2020.6 我国网购网民数量及网购渗透率

来源：根据CNNIC《中国互联网络发展状况统计报告》《中国网络购物市场研究报告》数据整理绘制

2. 消费升级和产业升级

消费升级、产业升级是平台经济发展的需求侧动力因素。消费升级首先表现为收入增加，消费支出能力增强。随着收入的增加，居民有能力购买和使用电脑、手机、平板等终端设备，以及网络服务、通信服务等，这触发网络用户规模攀升，并驱使消费从线下转线上。其次表现为消费结构的升级：由生存型向享受型、发展型消费升级；由从众型向个性化、定制化消费升级；由物质型消费向服务型消费升级；由低端产品消费向高端品质产品消费升级。平台型企业服务内容不断推陈出新，从零售领域向文娱、社交、教育、医疗、共享等领域扩展；线上线下融合发展，服务效能不断提升，以满足消费结构升级，这成为平台经济快速发展最重要的需求侧因素。如图4～图6所示。

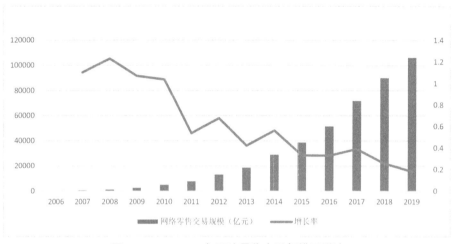

图4　2006—2019年网络零售交易规模及增速

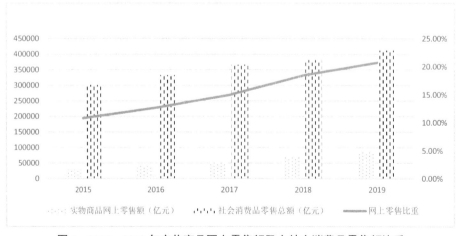

图5　2015—2019年实物商品网上零售额及占社会消费品零售额比重

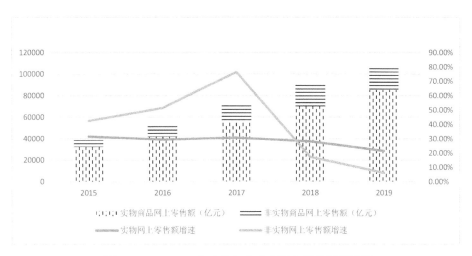

图6　2015—2019年实物与非实物网上零售额及增速

来源：图4～6根据国家统计局数据整理绘制

同时，平台经济的发展也进一步引领消费升级的趋势。支撑平台经济发展的大数据技术、信息通信技术、数字化技术等使得个性化、差异化、体验式、场景式、全天不间断式、互动性消费得以现实，且成为消费新方式和增长点。消费升级与平台经济两者形成相互促进的正循环，平台经济助力消费成为经济增长的第一驱动力，消费助推平台经济成为经济增长的新引擎。

对产业升级而言，平台经济发展模式正成为整合全球经济、行业资源的新兴方式。其中生产性互联网平台是传统产业数字化转型的基石。生产性互联网平台可有效整合企业运营数据、上下游资源、设备运行信息等，将为企业研发设计、生产制造、供应链管理、营销服务和组织变革带来革命性影响。我国产业转型升级压力较大，互联网新技术新应用推动制造业转型升级已取得一定成效，可以预见，未来将有一批跨行业、跨领域的工业互联网平台、企业级工业互联网平台、工业 App、创新服务平台涌现出来，推动互联网新技术新应用从消费环节向制造环节拓展、从提高交易效率向提高生产效率延伸、从推动制造资源的局部优化向全局优化演进。

3. 数字技术

数字技术的快速发展和应用是平台经济发展的供给侧决定性因素。没有数字技术的发展与应用，平台经济就失去了发展活力。这些技术包括但不限于计算技术、通信网络技术、信息处理技术、电子支付技术、网络安全技术，以及物联网、人工智能、5G、虚拟现实、区块链技术等。其一，计算技术遵循摩尔定律，即每 1 美元所能买到的电脑性能，将每隔 18 ～ 24 个月翻一倍以上。计算技术的发展使得 PC、手机、Pad 等由奢侈品成为必需品。其二，现代通信网络技术遵循吉尔德定律，即每 6 个月通信系统承载信息能力（总带宽）翻一倍。带宽增长促使通信成本下降，互联网更快、更全球化，成为互联网和移动网络快速增长的重要催化剂。其三，信息处理技术即将文字、图像、声音、影像进行数字化，由此产生了涉及生活、娱乐、教育、文化、服务等的多项数字内容产品。其四，电子支付技术让平台交易等便捷、高效；网络安全技术则保证了平台交易的可靠性，打消交易顾虑。其五，物联网、人工智能、5G、虚拟现实、区块链技术等新一代信息技术的颠覆性创新，是平台经济发展的重要支撑，给平台经济发展创造了无限想象空间、创造了更多新的平台经济商机。

数字技术对平台经济发展的驱动作用显而易见：截至 2020 年 6 月，我国手机网民规模为 9.32 亿，网民中使用手机上网的比例为 99.2%；网络购物用户规模达 7.49 亿；网络视频用户规模达 8.17 亿；网络支付用户规模达 8.05 亿；在线教育用户规模达 3.81 亿，占网民整体的 40.5%；在线医疗用户规模达 2.76 亿，占网民整体的 29.4%；远程办公用户规模达 1.99 亿，占网民整体的 21.2%。

4. 物流供应链

无论是传统工业经济还是新兴的平台经济，物流供应都是影响经济发展的关键一环。传统工业经济时期，"要想富先修路"反映了物流在经济中的基础性地位。平台经济时期，虽然信息技术和数字技术打破了服务的空间限制，为虚拟的数字化服务贸易、数字内容贸易等发展提供跨区域发展的空间，但实物商品类贸易仍是目前平台经济发展作用的主要领域。同时，在平台经济时期，物流除满足传统的货物运输外，更重要的是反映了平台企业的物流供应链管理模式。如在疫情隔离、快递业务未恢复期间，国内三大电商平台——京东、淘宝、拼多多相比，京东物流供应链模式更具有优势；生鲜电商的竞争也取决于物流供应链管理模式的优劣。对商品贸易而言，平台经济节约了消费者搜寻商品的时间成本，拓宽了生产厂商的销售渠道，降低了仓储和销售费用，提升了商品贸易量。除数字内容产品类平台外，如音乐、视频、电子书、数据平台企业等，绝大多数平台型企业为满足供需双方的有效对接，都需要高效智能的物流供应管理。如美团、饿了么等，虽属于生活服务类平台，但其本质仍是解决生产者或服务者与消费者之间的信息不对称，提高商品或服务的匹配度，其价值的实现仍有赖于物流供应。即使是视频、社交类平台，其发展的直播带货、社交带货（微商）等，仍离不开物流供应管理。

从平台经济的发展历程和未来发展趋势分析，物流业是平台经济发展的配套产业，是实物贸易类平台经济供需双方实现有效对接的最后一公里。平台经济由消费互联网平台向产业互联网平台和工业互联网平台转型，高效智能的物流配送服务是平台经济发展的重要供应链环节，也是促进平台经济发展的重要因素之一。电商类平台是平台经济中率先崛起并仍在发挥主导作用的平台模式。物流配送是实现电商类平台供需双方有效对接、提高平台服务效率和满意度的关键环节。2009 年网络购物市场研究报告显示，物流问题是造成用户不满意的原因之一，有 21.2% 的用户不满意是因为送货时间太长，15.7% 的用户认为快递人员服务态度不好，10.8% 的用户认为运费过高。从而得出物流是目前用户满意度提升的主要方向之一。2015 年网络购物市场研究报告显示，网购用户决策时对快递配送速度、快递公司信誉、快递费用高低的关注度分别为 47.3%、43.3%、43.2%。因此，无论是自营物流模式（京东）还是第三方经营模式（淘宝），较高的快递服务品质已经成为网络购物中的标准配置。我国基础设施的完善以及交通工具、交通方式的改进，都促进了物流系统的完善、功能的多样化，提高了物流的配送绩效，使得网上消费变得相对便捷。

据《中国智能快件箱发展现状及趋势报告》数据显示，截至 2015 年 4 月，50 座城市共安装智能快件箱 31156 组，格口约 118.56 万个；智能快件箱派送快件超过 1.13 亿件。自 2014 年起，我国快递业务量已连续 5 年稳居世界第一，超过美、日、欧等发达经济体总和。2019 年，全国快递服务企业业务量累计完成 635.2 亿件，同比增长 25.3%；业务收入累计完成 7497.8 亿元，同比增长 24.2%，如图 7、图 8 所示。与此同时，2018 年快递服务有效申诉率首次降到百万分之二以下，有效申诉率连续 6 年持续改善。高效、快捷、智能的物流配送服务作为交易实现枢纽，在电商类平台经济发展中发挥了重要作用。

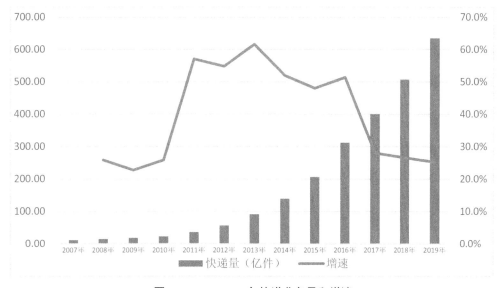

图 7　2007—2019 年快递业务量和增速

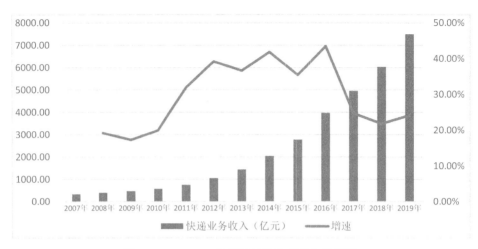

图 8 2007—2019 年我国快递业务收入及增速

来源：图 7、图 8 根据国家统计局数据整理绘制

三、"非典"时期对平台经济发展的客观分析

（一）"非典"疫情驱动更多用户触"网"

2003 年"非典"时期，我国互联网发展处于起步阶段，互联网行业发展刚刚经历了近两年的"冰期"。数据显示，2002 年年底，我国上网计算机总数 2083 万，上网用户总数 5910 万，53.1 % 的用户上网最主要的目的是获取信息；经常访问购物网站的占 18.4%，有时访问的占 44.5%，33.8% 的用户在最近 1 年内通过购物网站购买过商品或服务。"非典"时期，互联网行业被寄予众望，以特有的信息沟通优势走在了风口浪尖之上。

根据"非典"时期的新闻报道，人们改变了传统"典型"的生活、休闲方式，转而选择"网上行"：网络游戏、网络购物、网上办公、网上学英语、在线培训、网上旅游、"非接触"会议、网上银行等网上生活得到越来越多人的青睐。"非典"时期，易趣、卓越等网站的日成交量增长近 50%；而类似于国美电器这样的大商场，每天网上的交易额甚至达到近 30 万元，而过去这一数字为 15 万元左右。新浪"网络商城"日均页面浏览量上涨 20%，"网络游戏"日均页面浏览量也上涨近 20%。"非典"疫情进一步促进了互联网产业和传统产业的结合。杭州中国化工网每天访问量增长了 40%，达到 35 万人次，每天贸易信息 2500 多条，增幅为 25%，业务量也比 2002 年同期增长了 50% ～ 60%。阿里巴巴网站 2002 年每天的商业机会平均是 300 条，"非典"疫情开始后，商业机会迅速增加到了 9000 条，6 月份更是达到了 15000 多条。

阿里巴巴的前 CEO 卫哲曾经评论："没有遇到'非典'，可能阿里巴巴就没了，'非典'给阿里巴巴做了最大的推广，当时是每个人被迫都必须要用互联网的。"与 2002 年相比，2003 年年底，上网计算机数达到 3089 万、网民数达到 7950 万。经常访问购物网站的用户占 16.5%，有时访问的占 44.3%，40.7% 的用户在最近 1 年内通过购物网站购买过商品或服务。

（二）受互联网技术、用户规模、消费能力等因素影响，非典对平台经济的影响有限

2003 年，我国规模较大、较有影响力的互联网平台是以 Yahoo、新浪、搜狐为代表的互联网媒体平台。其中平台是绝对的主导者，信息的传播是单向的，用户只是通过浏览来被动地接收信息，由于与传统媒体模式非常相似，不能构成真正意义上双边市场互动的平台经济。电子商务平台作为平台经济最初、最主要的模式，在"非典"时期，被寄予厚望、给予重任，有人甚至提出电子商务时代会因为"非典"疫情的威胁而提前到来。但由于电商平台的交叉网络性、创新性，只有在用户规模、消费能力、数字技术发展达到一定程度后，才有可能实现快速发展。

从影响平台经济的四大因素出发分析，"非典"时期，我国网络用户规模和网络消费能力尚未形成，数字技术发展落后、应用场景有限，无论是需求侧还是供给侧都不能有效支撑平台经济发展。根据美国新墨西哥大学教授罗杰斯的创新扩散理论，新事物的发展通常呈现 S 形，当普及率在 10%～20% 之间时，扩散过程会加快，直至达到一定数量之后才会慢下来。从互联网普及率、用户规模、网购渗透率等方面看，2006 年我国互联网普及率 10.5%，2007 年增至 16%，用户规模增长 53.28%，启动了我国平台经济快速发展的按钮。因此，2003—2006 年是平台经济发展的积累阶段，2007 年之后平台经济正式进入暴发期，其交易规模、服务领域不断扩大。因此，"非典"并未成为平台经济发展的风口，只是加速了消费电商平台的发展进程。

四、新冠肺炎疫情对平台经济的影响

（一）平台经济在疫情防控中的作用

新冠肺炎疫情对供给侧与需求侧同时产生负面冲击。平台经济的无边界、非接触、全天候等特点，以及平台企业先天性创新基因下灵活多变的运营模式，将线下商品和服务消费转至线上，部分对冲了由于居家隔离导致的生产与消费停滞，缓解了市场主体居家隔离的焦虑，稳定了市场信心。

一是保证消费者的生存性需求。国家统计局数据显示，2020 年 1—2 月份，实物商品网上零售额 11233 亿元，增长 3.0%，占社会消费品零售总额的比重为 21.5%；在实物商品网上零售额中，吃类和用类商品分别增长 26.4% 和 7.5%。因此，平台经济有效保证了消费者的日常生活必需品和快消品的需求，居民的正常生活并未被打乱或中断。二是线下商品和服务转线上，丰富了居民的享受型、发展型需求。据拼多多平台统计，疫情期间，除了医疗、消毒用品需求大幅上升外，数码产品、儿童玩具、棋牌娱乐、健身器材等类目的商品销量也出现大幅上涨。同时，视频平台、社交平台、在线教育、在线医疗等在疫情期间的新增用户、App 新注册用户、访问人数等均有大幅提高。平台经济保证了疫情期间的消费者的多样化、品质化的精神文化需求。三是从供给侧看，一方面传统服务产业积极融入平台经济，探索平台化转型；淘宝数据显示，2 月以来，厂家直接上淘宝直播卖货的数量同比增长 50%，以服饰、美妆、家居 3 个行业线下门店直播最为活跃。抖音通过 10 亿直播流量扶持、小店入驻绿色通道等帮扶企业实现云端零售。另一方面是平台经济作用下的"停产不停工"，在线视频、远程办公等模式，有助于恢复市场主体信心。四是各种创新平台、公共服务平台上线运行，保证了疫情数据的公开透明，监管及时有效。同时各地推出了政商平台、健康码、微信小程序、App 应用等，通过大数据监管人员流动信息，确保疫情防控与复工复产两不误。

同时也需警醒，疫情期间用户规模的大幅上升也暴露了平台经济发展的技术短板和供给缺口。钉钉等远程办公平台、在线教育直播平台的卡顿、瘫痪等现象，表明从在线生产模式看，亟须迈过基础设施关；从在线消费模式看，亟须迈过有效供给关；从在线服务模式看，亟须迈过数据互通关。数字技术和供给能力也是疫情后影响平台经济中长期发展的核心因素，将在下文具体分析。

（二）疫情影响平台经济的路径机制

从影响平台经济发展的需求侧和供给侧四大因素看，此次疫情对平台经济的影响途径是全方面的：一是下沉市场用户规模增加，这是需求侧的有利冲击。二是线下消费转线上消费，生产侧市场主体加快数字化、平台化转型，这属于需求侧的有利冲击；但还需防范，受疫情影响，中小企业破产风险加大、失业率增加，居民收入减少，消费能力下降，线上消费也不可避免减少，这是需求侧的不利冲击。三是国家加快新基建步伐，促进工业互联网发展，数字技术应用的基础设施和场景不断趋向完善，各类创新平台、公共服务平台、生产性互联网平台等将迎来快速发展，这是供给侧的有利冲击。四是交通运输管制导致的物流配送不畅，这从供给侧给零售电商类平台企业、跨境电商等造成短期不利冲击。如图 9 所示。

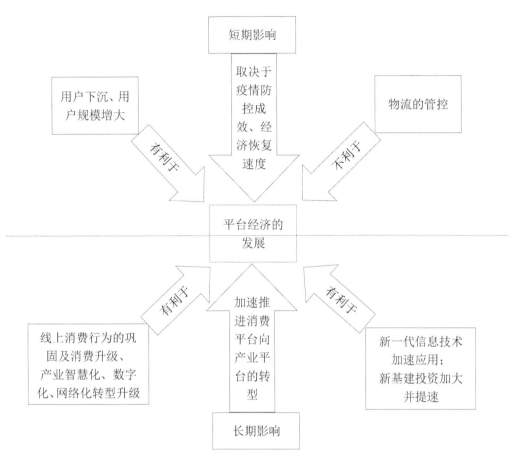

图 9　新冠肺炎疫情对平台经济的影响

1. 通过用户规模影响平台经济

用户规模是短期影响平台经济的最主要因素。疫情期间，人们居家隔离，线下消费与服务转至线上，各类应用的用户规模大幅上升。数据显示，爱奇艺、芒果 TV 和腾讯视频会员数量分别环比增长了 1079%、708% 和 319%；在线医疗问诊量增速达 10 倍以上；远程办公需求环比上涨 663%，2020 年 1—2 月，远程办公企业规模超过 1800 万家，远程办公人员超过 3 亿人。Quest Mobile《2020 中国移动互联网"战疫"专题报告》显示，中国生鲜电商整体日活用户从平日的不到 800 万，到春节期间突破 1000 万，节后再次突破 1200 万。以节后 DAU（Daily Active User，日活跃用户数量）用户计算，相对于平日，增幅高达 60%。春节假期之后，由于远程办公、学习的需求上升，人均使用时长进一步增加了 30 分钟飙涨至 7.3 小时（2019 年春节 5.6 小时、2020 年平日 6.1 小时、2020 年春节 6.8 小时）。

虽疫情期间用户规模上升带有一定的短期性、被动性，但从各类互联网平台的普及率分析，我国消费互联网平台仍有很大的发展空间。截至 2020 年 6 月，我国城镇地区互联网普及率为 76.4%，农村地区互联网普及率为 52.3%，城乡地区互联网普及率差异为 24.1%；我国农村网民占整体网民的 30.4%，城镇网民占比达 69.6%。截至 2020 年 6 月，我国互联网普及率达到 67%，尚有近 30% 未普及互联网。如图 10 所示，网上外卖、网约车、在线教育、互联网理财、在线医疗等线上服务交易类的网民渗透率低于 50%。此次疫情一方面加速了平台企业的市场下沉，非网民以及更多的农村居民开始上网，使得用户规模增加；另一方面加速了市场主体对各类线上服务的认识与使用，上网时长增加。疫情从上述两方面极大缩短了生活服务类平台的推广时间与成本，如疫情为在线教育行业节省了将近 2400 亿元的促销费用。平台企业依托其高创新性，不断提高服务质量、创新运营模式，以更好满足消费者的服务需求。因此，互联网平台可进一步解除服务业"劳动对劳动者的捆绑"限制与服务的不可贸易性，服务类交易依托平台可释放的潜力有较大空间。

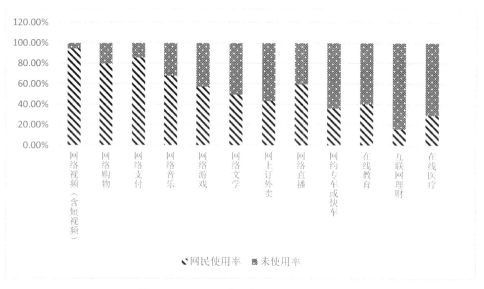

图 10　2020.6 互联网应用的网民使用率

来源：根据 CNNIC 第 46 次《中国互联网络发展状况统计报告》数据整理绘制

2. 通过消费升级和产业升级影响平台经济

消费升级和产业升级是一个长期动态的过程。两者对平台经济的影响属于中长期影响。收入可持续增长是居民消费增长和消费结构升级的内在动因。疫情虽短期对消费市场冲击明显，如 2020 年 1—2 月份，社会消费品零售总额同比下降 20.5%。但疫情不会改变我国经济向好发展和居民可支配收入稳定增长的中长期趋势。随着疫情防控取得阶段性胜利，各地复工复产有序推进，截至 3 月 13 日，全国除湖北外，规模以上工业企业平均开工率超过 95%，企业人员平均复岗率约为 80%；中小企业开工率已达到 60% 左右。国家出台一系列财政、货币、税收等政策帮助企业渡过难关。因此，从中长期发展趋势看，我国居民消费增长潜力和优化空间巨大。特别是我国乡村市场前景广阔，随着乡村基础设施建设完善、营商环境改善、农村居民购买力提高以及线上销售渠道向农村地区下沉，乡村市场消费潜力正在逐步释放。

我国城乡居民消费总体上表现出消费升级特征，居民消费需求的变化，必将会进一步推动产业结构转型升级。平台经济作为产业转型升级的一种重要手段，平台的模块化分工机制降低了分工的协作成本，提高了制造企业的技术能力，促进制造业的工艺流程升级；平台的开放式创新机制降低了产品研发成本、缩短了研发周期，提升了制造业的创新能力，促进产品升级；平台的市场竞争倒逼制造企业研发创新，为细分市场的小规模企业提供发展机会，促进产业链的功能升级；平台的信任合作机制强化平台企业的合作关系，降低合作成本，使平台网络更具延展性，提升了平台网络的外向关联能力，从整体上促进制造业的转型升级。因此，以平台经济助推产业升级的过程也是互联网与产业的深度融合，产业平台化、数字化的过程，推动平台经济由 B2B、B2C、C2C、OTO 等商业流通交易类平台向产业链、价值链、创新链为一体的产业内创新平台、服务平台的转型，进而提高工业的全要素生产率。疫情后大力发展的工业互联网核心产业包括工业互联网网络、工业互联网平台与工业软件、工业互联网安全、工业互联自动化、工业数字化装备五大产业。产业升级与平台经济深度融合、互动发展的工业互联网平台将成为平台经济新的动力源。

3. 通过数字技术影响平台经济

前沿技术的产业化往往要经历曲折的历程，而且产业的发展壮大以及使通用目的技术在其他产业中发挥巨大威力，还需要互补技术、产品与产业的协同演进作为支撑。由平台生态构建的平台经济需要计算技术、通信技术、数字化技术、区块链技术、网络技术等协同支撑。随着大数据、人工智能、5G、物联网、云计算等新一代信息技术的产业化，平台经济的作用范围和应用场景将不断丰富。德勤研究院预计，到 2030 年，平台经济将为中国创造税源规模 77 万亿～ 110 万亿元。新一代信息技术在疫情防控期间发挥了重要作用。同时也暴露出平台企业由于技术支撑不足而不能满足消费需求的短板。从在线生产模式看，一方面，各类在线平台、工业 App、智能工具等还不能满足企业全业务在线运营的需求；另一方面各类平台与企业业务的适配度较低，对接企业生产需求不够精准，在一定程度上造成用户体验较差。从在线教育、远程办公来看，由于带宽、底层软件架构以及物理资源服务器、云服务器等技术支撑不足，崩溃、宕机、卡顿频繁出现，用户体验差。

疫情后，我国将加快新型基础设施建设，加快发展工业互联网，推动经济社会的数字化转型。同时，线上服务平台企业也将更重视平台技术的发展，提高用户体验满意度。因此，疫情加速了数字技术的发展与产业化、工程化，为平台经济的中长期稳健发展打下坚实的技术基础。

4.通过物流等配套服务影响平台经济

短期看，物流供应链对平台经济的影响时效主要是疫情防控期，既有不利因素也有利好因素。一方面，疫情期间，交通管制物流受限，物流配送时效慢，影响平台企业的经营业绩。2020年1—2月，全国快递服务企业业务量累计完成65.5亿件，同比下降10.1%；业务收入累计完成864.9亿元，同比下降8.7%。另一方面，疫情期间，平台型企业的非接触性配送保证了防控期间消费者的生活物资供应，增加了平台企业的用户数量。国家统计局数据显示，2020年1—2月份，全国网上零售额13712亿元，同比下降3.0%。其中，实物商品网上零售额11233亿元，增长3.0%，占社会消费品零售总额的比重为21.5%；在实物商品网上零售额中，吃类和用类商品分别增长26.4%和7.5%，穿类商品下降18.1%。随着复工复产的有序开展，交通物流恢复。至2020年3月中旬，快递行业复工人员近300万人，复工率达92.5%，日处理邮件快件量稳定在1.6亿件以上，复产率超过80%。随着疫情在国外的大范围暴发，物流对跨境电商平台的影响更大。

从中长期看，疫情通过物流供应链从两方面影响平台经济。一方面是促使平台企业在供应链建设中将线上线下全生态业务作为发展重点。例如，疫情防控期间，京东依托其强大的物流技术、智能配送机器人，以及遍布全国的物流仓储与运输网络，在全国各地即使是疫情最严重的武汉地区也能够继续配送货物。另一方面，疫情将推动物流行业向数字化、无人化、智能化、无接触化转型，催生新模式、新市场、新业务、新生态合作机遇。疫情后，物流企业数字化转型和平台型企业全供应链建设将有助于提升平台经济物流供应的效率与精度，提高市场主体对平台交易的满意度，有利于平台经济的发展。

（三）疫情对平台经济发展的短期与长期影响

1.短期影响

从平台经济需求侧和供给侧的影响因素分析，消费和产业升级能力、数字技术发展及应用能力需积累过程，因此，短期内新冠肺炎疫情主要通过用户规模、供应方的供给能力和物流配送能力影响平台经济。由于平台经济包括不同类型、不同的服务内容以及不同的配送模式，因此，新冠肺炎疫情对平台经济的影响不可一概而论，对不同类型、不同运营模式的平台企业产生的影响也不同，可谓几家欢乐几家愁。根据公开报道，在线旅游、滴滴打车等平台企业遭受重创，而生鲜电商平台、在线教育、在线医疗、数字内容平台等用户规模和时长都有大幅上涨，有望迎来暴发期。但整体看，受疫情对宏观经济、消费、投资、产业链、供应链的影响，疫情对平台经济发展的负面影响较大。如表4所示，受疫情影响，2020年1—2月网上零售额累计增长为-3%，实物商品网上零售额虽实现正增长，但累计增长速度为3%，较2019年平均20%的增速有较大回落。

表4　2019.2—2020.2 网上（实物商品）零售额及增长率

时间	网上零售额累计值（亿元）	累计增长（%）	实物商品网上零售额累计值（亿元）	累计增长（%）
2019.1—2	13982.8	13.6	10901	19.5
2019.1—3	22378.7	15.3	17772	21
2019.1—4	30439.3	17.8	23933.2	22.2
2019.1—5	38641.3	17.8	30414.5	21.7
2019.1—6	48160.6	17.8	38164.9	21.6
2019.1—7	55972.5	16.8	44233.3	20.9
2019.1—8	64393	16.8	50745.5	20.8
2019.1—9	73237	16.8	57776.9	20.5
2019.1—10	82307.1	16.4	65172.3	19.8
2019.1—11	94957.8	16.6	76032.3	19.7
2019.1—12	106324.2	16.5	85239.5	19.5
2020.1—2	13712	-3	11233.2	3

来源：国家统计局

2. 长期影响

Roson（2004）指出，平台的存在是广泛的，它们在现代经济系统中具有越来越大的重要性，成为引领新经济时代的重要经济体。从长期来看，平台经济是数字经济时代主要商业模式和组织形态的总趋势不会改变，疫情加速了这一发展趋势的进程。在平台经济用户规模趋于饱和的拐点，新冠肺炎疫情为平台经济的发展带来了机遇。一是用户下沉、服务转线上为互联网生活性平台发展创造了新的突破口；二是推动工业互联网平台、创新平台、政务平台、公共服务平台等互联网生产性平台的发展，特别是疫情后5G、IP6、云计算、大数据、人工智能、区块链等新一代信息技术的加速布局，为互联网生产性平台提供了技术支撑和保障。产业数字化、平台化转型将成为平台经济未来发展的新的增长点。虽然长期看疫情有助于宏观平台经济的发展，但对于微观平台型企业而言，疫情催化"马太效应"，加速了行业的洗牌，各类细分服务平台的头部企业市场份额快速拓展，促进巨头企业崛起。

（四）新冠肺炎疫情与"非典"对平台经济的影响比较

由于新冠肺炎疫情和"非典"疫情自身特点不同、暴发时我国所处的经济发展阶段不同，因此两者对平台经济的影响也存在差异。

首先，新型冠状病毒的传染性更强、潜伏期更长，叠加疫情暴发在春运时期，国内受感染人数是"非典"的 10 倍起，国际上 100 多个国家暴发，成为全球性流行病。疫情防控力度较"非典"时期更严，全球产业链、供应链的稳定受到冲击，对国内经济影响范围更广、更深、更大。

其次，2020 年新冠肺炎疫情暴发时期，我国处于经济下行通道。2014—2019 年 GDP 增长率为：7.3%、6.91%、6.74%、6.76%、6.57%、6.1%。而"非典"时期，我国经济正处于加速增长阶段，"非典"没有改变当时中国经济上行的趋势。2001—2007 年中国实际 GDP 分别增长 8.34%、9.13%、10.04%、10.11%、11.4%、12.72%、14.23%，逐年加快。

再次，新冠肺炎疫情期间，我国经济结构中第三产业消费占比更高，而疫情对旅游、住宿、餐饮、娱乐等服务业影响较大。2003 年我国三次产业结构比例为 12.4 ：45.6 ：42，2019 年三次产业结构比重为 7.1 ：39 ：53.9，第三产业比重提高了 11.9 个百分点。与此相应是居民消费能力的大幅上升。2019 年我国人均 GDP 突破 1 万美元，全国居民人均可支配收入 30733 元，居民消费水平由 2003 年的 4542 元增长至 2019 年的 21559 元。2019 年最终消费支出、资本形成总额和净出口的经济贡献率分别为 57.8%、31.2% 和 11%，消费贡献率高于 2003 年 22.4 个百分点，资本形成总额贡献率低于 2003 年 38.8 个百分点。

最后，数字技术发展水平不同，这也是疫情是否能推动平台经济暴发的决定性因素。2003 年左右我国处于 2G 发展阶段，上网方式主要是拨号上网和专线上网，仅 2% 左右用户使用移动终端上网。网民及网络活动等主要集中在北京、上海、广州等少数发达地区中的少数精英人士。2020 年我国进入 5G 商用时代，新一轮工业革命正逐渐由导入期转入拓展期。以新一代信息技术和人工智能为代表的新的通用目的技术和使能技术，在市场应用的过程中不断迭代并趋于成熟，加速推进车联网、智能制造、远程医疗等一批先导产业的涌现，有利于支撑平台经济由消费领域向生产领域的扩展。

经过 17 年的发展，平台经济、平台型企业在国家经济发展中的地位与作用有了极大的提升。为满足消费升级、匹配产业升级，平台型企业不断创新出新的商业模式、新的运营方式、新的组织方式等。特别是随着新一代信息技术的不断成熟和应用场景的增强，与"非典"疫情相比，新冠肺炎疫情期间市场主体对平台经济的需求更强；疫情后数字技术对平台经济发展的支撑能力也更强。

五、疫情后平台经济健康快速发展的建议

新冠肺炎疫情在全球大范围暴发，部分欧美国家在疫情初期防控措施不当，叠加石油价格的大幅下跌，加剧了市场主体对全球宏观经济预期的担心。在疫苗出现之前，还可能面临周期性的疫情暴发和社交隔离，为全球经济发展增加了更多不确定性。新冠肺炎疫情期间，互联网医疗、在线教育、在线办公、公共服务、数字内容、生活服务消费等平台企业促使居民将线下消费转入线上，保障了疫情期间居民的基本物质精神和文化生活。平台经济的亮眼表现，让市场主体对其更多期待。疫情后期，在全球经济有可能陷入衰退风险的不确定性下，平台经济在生产、分配、交换、消费链条中，具有的省时、低成本、高效率、无接触的特征，使得数字化、平台化转型成为企业的必然选择和趋势。

与此同时，2018 年中央经济工作会议公报中提出"加快 5G 商用步伐，加强人工智能、工业互联网、物联网等新型基础设施建设"。3 月 4 日，中共中央政治局常务委员会会议中明确提及要加快 5G、数据中心等新型基础设施建设进度。5G、特高压 / 电力物联网、云计算 / 数据中心、工业互联网、车联网、超高清、物联网等新基建是平台经济发展的重要基石和技术支撑。新基建必将推动平台经济成为经济发展的新引擎。

（1）加快推动新一代信息技术的研发及应用，加快对当前最前沿的科技进行攻关研发。新一代信息技术是一种通用技术，应用范围广，影响程度深，世界各国都在加大科研投入，比拼速度，抢占技术的主导权和话语权。信息技术及其互补性技术是推动平台经济实现长期可持续发展的关键。因此，应加大对平台龙头企业的科研技术支持，加速平台经济的升级发展，并将其逐步提升为国家重要经济支柱产业。加强基础性研究，将高校科研力量与阿里、腾讯、百度、京东、华为等公司的科研相对接，推动高校与科技公司联合成立重点实验室等。加强跨界合作，推动新一代信息技术的场景应用。鼓励中国通讯业的国企（中国移动、中国联通、中国电信）与阿里、腾讯、华为等进行深度合作，提升信息通讯的效率，更好地为平台经济和中国工业 4.0 提供信息传输技术支撑。加强前沿性技术研究。只有加速推动新的技术突破，才能更好地提升平台经济的服务效率。比如区块技术，美国和欧洲、日本都在如火如荼地进行研发应用；量子计算技术可以极大地提升算力水平，为将来的云计算提供技术支撑。

（2）采取更宽松、灵活的金融政策支持平台企业发展。平台型企业大多数属于轻资产企业，由于平台经济网络外部性、虚拟性的特点，以及运行模式、盈利模式，其发展前期资金需求量大，需长期投入，短期难见回报，融资能力和渠道受限。如前文所述，国内66家电商上市公司中，只有19家在A股上市，近50%在美股上市。疫情后，国内各领域对平台经济的认识不断深化，并积极推动线下向线上的转型。远程办公、在线教育、在线医疗等更多消费和生产应用场景类平台企业将进一步加速发展。同时，平台经济向传统产业渗透，运用信息化技术可实现消费与产品的精准对接，满足个性化的消费需求。因此，基于构建国内循环体系背景，适应国内消费升级和产业升级的需求，对于平台企业，特别是产业互联网平台型企业，国家可考虑给予更宽松灵活的金融监管，比如贷款资金支持，通过新技术专项研发贷款、知识产权贷款、上市融资等方式，充分发挥金融对平台经济的服务与支撑功能。

（3）加强促进平台经济规范健康发展的规则和制度建设。一是加强信息安全监管。信息安全要始终伴随技术的研发。平台经济的发展，极大地加速了整个经济的运转效率，但伴随其而来的信息安全问题也就尤显重要。目前平台经济广泛发展已经极大地覆盖了人们的隐私数据，比如银行账户信息密码、消费习惯及偏好等内容，如果没有信息安全作保证，可能带来极大的安全问题。二是以包容审慎态度监管新兴互联网平台及其竞争行为。平台经济是一种新兴商务模式，监管规则仍处于探索阶段。特别是后疫情时期，信息化与工业化深度融合，基于产业发展和应用场景的工业互联网平台将迎来快速发展。因此，应积极推动建立协同监管治理机制，创新监管治理技术和手段，分类推进精准监管、公正监管，避免简单或片面套用传统的、成熟的针对网络型基础设施的监管框架对新兴互联网平台进行直接干预，防止干扰市场机制正常运行、损害市场动态效率。

来源：李赞，张其仔. 新冠肺炎疫情对我国平台经济发展的影响分析[J]. 产业经济评论，2020（6）：32-52.

全球数字贸易市场的特征与演进分析

　　随着互联网基础设施的扩建、网络通信服务的完善、信息技术的飞速发展、数据处理能力的增强，可数字化的商品、服务种类与范围不断扩充，同时得益于不断推陈出新的各种新型互联网商业模式，数字贸易的性质、产品和行为主体也随之不断变化和扩大，数字贸易将是未来主要的贸易方式。数字贸易标的和范围不断扩大的过程就是数字贸易市场不断扩大演化的过程，不同贸易性质和产品形成不同的数字贸易类型，具有不同的贸易市场特点和市场运行方式。

　　数据的爆发式增长、信息通信技术的发展，改变了传统的贸易方式，新的贸易方式——数字贸易市场的规模、范围不断扩大。文章首先分析了数据对国际贸易的影响。一方面，数据改变了贸易方式、贸易对象，影响了全球价值链与分工；另一方面，数据的虚拟性、隐私性、扩散性等特点，也对现有的国际贸易规则与监管提出挑战。现有文献主要集中在数字贸易的起源、概念、特点以及国际主要数字贸易国家的贸易规则、贸易政策等方面。对数字贸易市场的演变、结构、特征分析仍存在一定不足。文章在分析数据对国际贸易影响的基础上，纵向从数字贸易市场的发展演进动因、演进趋势，数字贸易市场主体特点、客体特点以及市场规则特点等方面进行分析。数字贸易从贸易的数字化向数字化贸易发展，由依托数字的商品贸易向数字化的服务贸易以及数据贸易发展。数字贸易影响全球价值链的形成，改变了企业组织与分工方式，中小企业、发展中国家更多地融入数字贸易，但同时也要警惕"数字鸿沟"的形成。中国数字经济发展良好，数字贸易所依托的基础设施、技术、人才等要素等发展迅猛，在数字贸易市场大有空间。特别是要加强数字贸易理论研究、数字贸易市场趋势分析，明确数字贸易规则攻防策略，积极参与国际规则制定，探索打造符合我国利益的数字贸易规则体系，维护我国利益。

　　数字贸易本质上是一种贸易方式，是在数字经济时代，贸易方式、贸易对象、贸易主体、贸易范围等方面对传统货物和服务贸易的部分替代、补充、延伸和扩展。数字贸易极大扩展了可贸易商品的种类和范围、吸引了更多的中小企业和个人等贸易主体参与，改变了贸易转移交付方式、缩短了贸易时间、提高了贸易效率。特别是随着数字化技术的发展，可以将服务转化为数据、视频、图片等可传输的信息流，解决了服务提供者与服务功能不能分离的限制，极大地促进了全球服务贸易的发展。《2018 年世界贸易报告》预计，受数字化技术的驱动，全球服务贸易占比将由目前的 21% 增至 2030 年的 25%。

一、数据在国际贸易中的应用与发展

（一）数据改变贸易方式，数字贸易是未来全球贸易的主要形式

OECD 指出，全球贸易经历了"以最终产品交易为主的传统贸易""全球分工不断深入背景下，以中间产品和服务交易为主的全球价值链贸易"，进入了"数字经济快速发展背景下，以数字化产品、服务、技术交易为主的数字贸易阶段"。依托计算机技术、现代通信网络技术、信息处理技术发展起来的数字贸易，所具有的数字性、虚拟性、平台性、高效性、便捷性，推动数字贸易不断向传统贸易领域替代、延伸、融合，由此影响整个全球价值链在空间上的再配置以及由此引起的贸易利益再分配，以数字产品、跨境信息和数据流动为核心的数字贸易规则将成为 21 世纪的主要贸易规则。

数字贸易是数字技术驱动的结果。数字技术对全球价值链的影响是颠覆性的，数字产品通过新生、替代和嵌入三种手段从三方面影响了国际贸易的格局。首先，数字贸易直接推动国际贸易的发展。在全球商品流动趋缓、跨境资本流动下滑的趋势下，全球化因跨境数据流的飙升而进入全新发展阶段。波士顿咨询集团研究报告显示，2016 年互联网对全球经济的影响达到 4.2 万亿美元，这个数字已经达到全球第五大经济体 GDP 的规模。还有研究表明，互联网对发达经济体 GDP 增长的贡献率达到 5% ～ 9% 左右，对发展中国家 GDP 增长的贡献率达到 15% ～ 25% 左右。其次，数字技术带来贸易结构的变化。数字技术解决了"劳动者对劳动的捆绑"，促进服务贸易便利性，催生新的服务业态。数据显示，全球服务贸易中有一半以上已经实现数字化，超过 12% 的跨境实物贸易通过数字化平台实现。受数字化技术的驱动，全球服务贸易占比将由目前的 21% 增至 2030 年的 25%。同时，由于互联网中小企业和个人用户的快速增长，B2C、C2C 已经成为增长最迅速的商业模式，促使以大企业和政府为出发点制定国际贸易规则向以个人和中小企业数据为基础制定国际贸易新规则转变。再次，数字技术对全球价值链影响的不确定性会直接导致国际贸易利益的重新分配。一方面，数字技术降低通信、运输、物流、匹配和验证的成本，增强全

球价值链贸易；另一方面，随着 3D 打印技术的发展，全球价值链可能主要基于跨境交换数字传输的设计、蓝图和软件，而不是跨境交换物质产品，贸易对道路、港口、机场或铁路的依赖将越来越少，这将抵消高收入国家在数字密集部分和任务中的一些竞争优势。世贸组织预计，贸易成本下降对中小微企业和发展中国家尤其有利。发展中国家贸易占比将由 2015 年的 46% 增至 2030 年的 57%。

　　数字贸易是一个开放的系统，其内涵、标的、范围、统计目前国际还无统一标准，但不同角度可以反映出数字贸易发展的强劲势头，以及数字贸易成为未来贸易方式的趋势。一是数字贸易的细分领域发展迅速。①数据。数字贸易的核心与趋势是"数据流动"。国际数据公司（IDC）数据显示，2015 年全球数据总量为 8.61ZB，目前全球数据每年以 40% 左右的速度增长，预计到 2020 年，全球大数据储量将达到 44ZB（相当于 44 亿个 1TB 硬盘）。②云计算。MarketLine 估计，全球云计算行业收入在 2012 年至 2016 年之间以年均 34.3% 的速度增长，从 276 亿美元上升至 893 亿美元。且这一趋势预计将持续下去："财富"全球 50 强企业中有 96% 已经公开宣布采用云计划。③数字内容。美国国际贸易委员会 2017 年发布的《全球数字贸易的市场机遇与主要贸易限制》中的数据显示，全球数字内容市场 2016 年实现总收入 895 亿美元。二是数字贸易对传统贸易的取代。麻省理工学院媒体实验室创始人兼名誉主席尼古拉斯·尼葛洛庞帝预测，世界将不可避免地走向任何东西都可以数字化的未来。最容易数字化的音乐、视频、书籍等正取代传统的贸易形式。2017 年德国电子书的市场份额增速为 17%，2015 年数字音乐占欧盟唱片业收入的 26%。采用数据倒推方法也显示，可数字化商品（如书籍、新闻报刊或记录媒体等）其相应实物商品的跨境交易额从 2000 年占全球贸易的 2.7% 下降至 2016 年的 0.8%。同时，3D 打印技术的出现可以将数字化的范围扩大到新的产品类别。根据荷兰国际银行（2017）的预测，如果继续保持当前对 3D 打印（投资年均增长 29%）和对传统资本品（投资年均增长 9.7%）的投资差异，那么到 2060 年 3D 打印产品将占当年所有制造产品的一半，世界制成品贸易总量的 19% 将消失。三是数字贸易推动服务贸易的发展。数字技术在交通、旅游、住宿等传统服务行业的应用，解决了服务提供者与服务功能不能分离的限制，在线翻译、远程教育、网络法律咨询、财务咨询服务、远程医疗、远程手术服务等多种服务贸易得以快速发展。数据显示，全球服务贸易中有一半以上已经实现数字化，超过 12% 的跨境实物贸易通过数字化平台实现。

（二）数字贸易呼吁新的贸易规则，数字贸易规则将成为 21 世纪最核心的贸易规则

　　基于数字技术对世界贸易格局的颠覆性影响，以及数字贸易成为未来国际贸易主要方式的必然趋势，数字贸易规则的制定成为国际贸易新规则的重要组成部分，可以认为 21 世纪贸易规则的核心就是数字贸易规则。

首先是缺乏世界性的国际认可的数字贸易监管规则。世贸组织成立于互联网刚刚兴起的 20 世纪 90 年代中期，并未建立起具有前瞻性的专门的数字贸易政策条款。数字贸易其主要依托互联网体现出的自由化和开放性等特点，与传统世界贸易组织框架下货物贸易与服务贸易规则之间都产生了不适和冲突。尽管世贸组织现有贸易协定对数字贸易有涉及，但现有的数字贸易政策制度体系并不完整，缺少全面、统一的数字贸易框架，不能对各国和地区数字贸易发展进行有效指导，对有效化解数字贸易障碍和壁垒、推进数字贸易市场开放、促进数字贸易持续健康发展等各方面均存有不足。其次，区域性数字贸易规则仍处于不断的博弈中。发达国家之间、发达国家与发展中国家之间，由于数字贸易体量、标的、方式等的不同，对数字贸易治理、监管的利益诉求可能存在严重分歧，即使在双边或多边协定中也难以达成共识。如美国与欧盟在数字产业竞争力、文化传统、民族心理等方面存在显著差异；美国的数字贸易以"数据流动"为主，而我国的数字贸易以"货物流动"为主，等等。这些不同导致国家之间对于数字贸易发展的三个核心议题——"跨境数据自由流动""数据存储本地化"和"个人隐私保护"不能达成共识，仍不存在可复制、推广的双边或多边数字贸易协定。

数据显示，2018 年，我国数字经济同比增长 20.9%，显著高于同期 GDP 的增速。数字经济规模达到 31.3 万亿元，居全球第二位，占 GDP 的比重首次超过三分之一。数字技术与传统产业深度融合，产业数字化规模接近 25 万亿元，对数字经济增长的贡献接近九成。数字经济已成为带动我国经济增长的核心动力。截至 2018 年年底，我国网民规模已经达到 8.29 亿，规模居全球之首，互联网普及率为 59.6%，成为最大的互联网市场。尽管具有庞大的数字经济和贸易体量，但由于在全球数字贸易规则构建和治理上的建树颇少，我国在数字贸易理论和规则上缺乏主动权和话语权。美国国际贸易委员会在《全球数字贸易的市场机遇与主要贸易限制》中指责我国是数字贸易壁垒最高的国家，欧洲国际政治经济中心发布的《数字贸易限制指数》报告中认为我国的贸易限制指数最高，即开放度最低。能力与权力的不匹配是造成这一被动局面的主要原因，制约着我国数字贸易做大做强。我国急需积极探索国内数字产品贸易、数字服务贸易、数字技术贸易的监管规则，平衡好网络安全、个人隐私和数字贸易发展的关系，更高水平上与国际规则接轨。我国有能力、有条件抓住以数字技术为代表的第四次工业革命机遇，实现我国由全球红利享受者向制造者的转变，提高我国的国际影响力。

二、数字贸易市场特征

数字贸易是数字经济发展到一定阶段的产物。数字贸易市场依托数字贸易的产生而产生，随着贸易标的种类的增加、贸易范围的扩大、贸易主体的多元、贸易模式的多样而不断发展和完善。基于数字技术发展的数字贸易市场具有不同于传统贸易市场的特点。

（一）数字贸易市场主体特点

1. 平台企业在数字贸易市场中占主导作用，发挥重要作用

平台在传统市场中早已存在，例如，百货商场、超市等作为平台将消费者与生产者联系在一起，但传统的平台为实体平台，需具备较为完善的场地、设备等，连接用户的成本高，而且受制于空间、时间的限制，平台的规模、服务人群、服务时间均有限。而依托信息通信技术形成的数字贸易市场中的平台，具有虚拟性和开放性，能够使其用户以较低的成本连接，所构成的"无形"网络打破时空限制、人群规模限制，显著降低交易成本，提高交易效率与频率。埃森哲 2016 年的报告显示，超过 50% 的跨境服务贸易和超过 12% 的实物贸易均通过数字化平台完成。2017 年，OECD 与 IMF 列举的数字贸易的 16 种类型中有 9 种是通过数字贸易平台实现的。平台已成为数字贸易发展的基本载体。

网络效应是平台的基本特征，平台用户越多，越能吸引更多的潜在用户，打破了传统经济学规模效应递减的规律。因此，平台企业更看重的是用户数量和流量增长，而非从短期经营中获得利润。基于平台企业的网络效应，平台企业越来越多地采用数字产品间的融合发展，向产业互联网迈进，打造互联网生态系统。平台企业创立时间短，生命力旺盛，发展势头强劲，已成为数字贸易市场的引领者、核心参与者。按照 2017 年 7 月 31 日收盘价计算，全球十大平台企业的市值已经超过十大跨国公司的市值，这些跨国公司的平均创设时间高达 129 年，而平台企业的平均创设时间为 22 年。

2. 数字贸易市场进入壁垒低，主体多元化发展

首先是更多的中小企业参与到数字贸易市场中。在工业经济时代，跨国公司遵从链式组织方式和流程。在这种全球价值链关系中，跨国大公司与小微企业间的主从关系明显，大公司处于价值链的顶端，起支配作用，赚取全球化的大部分利益。小企业处于价值链的低端，为跨国大公司提供配套服务，处于被支配地位，仅得到少量资源和利益。在数字贸易市场，受益于大量平台企业的存在，大大降低了中小企业拓展市场的成本，各个主体间平等参与贸易，受益主体更加多元化，且中小微

企业是最大的受益者。其次，企业开始向小型化、专业化转变。数字经济时代，企业外部交易成本比内部交易成本下降更快，因此，更多大企业将非核心业务外包，从事专业化生产。同时，小企业也更加机动、灵活，更能适应和满足用户个性化的定制需求，对瞬息万变的市场需求做出迅速反应。再次，平台上出现更多的产品和服务的供给者为个人的情况，即 C2C。在共享平台上，更多的个人卖家与个人买家基于自身闲置资源余缺情况以及共享消费、绿色消费理念自发进行交易。基于所拥有资源的不同和需求的变化，供给者和需求者之间界限模糊，身份可以相互转换。个人之间的交易范围从最初的小件闲置物品拓展至汽车、住宿等多个领域。随着微观主体数量不断增加、共享范围不断扩大，共享经济规模也快速扩大。国家信息中心发表的《中国共享经济发展年度报告（2019）》显示，2018 年我国共享经济市场交易额为 29420 亿元，比上年增长 41.6%；平台员工数为 598 万，比上年增长 7.5%；共享经济参与者人数约 7.6 亿人，其中提供服务者人数约 7500 万人，同比增长 7.1%。

（二）数字贸易市场客体的特点

1. 虚拟性

数字贸易市场客体的虚拟性表现在以下三个方面：一是贸易客体本身的虚拟化。传统的国际贸易以货物和商品贸易为主，产品具有有形的物质形态，产品的使用价值依附于产品存在。物质形态的产品具有消耗性和破坏性，产品的使用价值和价值不断消耗而难以存在。而数字贸易市场交易客体主要为数字化的商品和服务、数字信息产品等，为无形产品，具有可复制性、可变性、不可破坏性等特点，产品的使用价值并不因交易而由卖方转移到买方。二是贸易客体生产的虚拟化。传统的贸易产品的生产需要厂房、设施等大量固定的投资。数字贸易市场中，无形的、数字化的产品生产主要不是依靠固定资本投入，而是依靠无形资本，特别是人力资本、技术的投入，其生产成本很高，但能够以几乎为零的成本进行复制。三是贸易客体交易的虚拟化。数字贸易市场是无形的，贸易产品交易、传输、支付都是在虚拟化的互联网平台上进行，整个贸易过程都是虚拟的。

2. 知识产权密集性

数字贸易市场客体多为知识产权密集型的产品和服务，具有高知识、高技术、高互动、高创新的特征。数字贸易市场客体的知识密集性也体现在对高技术工人的需求剧增和低技能工人就业前景黯淡上。联合国贸发会议文件（2017）指出，2010—2014 年间，美国电子商务公司的雇员人数从 13 万剧增至 21 万。此外，预计到 2019 年，全球网络安全工作岗位空缺将达到 150 万个。同时，预测印度尼西亚和菲律宾超过 85% 的零售工人因自动化而失去工作的风险很高，对柬埔寨和越南纺织、服装和鞋类行业工人来说，前景也很黯淡。

3. 个性化与多元化

随着云计算、3D 等新技术的不断涌现，消费者有了更为广阔的商品和服务选择空间和余地，消费者更注重个性化的体验。据麦肯锡的一份调研报告，在 20 世纪 70 年代之前，市场需求预测准确率超过 90%，然而新千年前后，市场预测准确率仅有 40%～60%。数字贸易能够满足消费者多元性、及时性、便捷性、低成本、个性化的需求，这也是数字贸易市场不断扩大的重要原因。

（三）数字贸易市场规则的特点

1. 数字贸易市场监管规则仍处于不确定的变化中

数字贸易作为新兴的贸易方式发展快速，但其市场监管仍处于摸索阶段，具有一定的模糊性和不确定性。原因有二：一是 WTO 规则下数字贸易规则缺失使得当前全球数字贸易市场监管无国际通用依据。例如 WTO 尚未达成明确永久的电子传输免征关税协议、尚未对电子数字产品究竟是属于服务还是货物进行定性、尚未明晰界定数字贸易服务模式及分类等。这种全球性、普惠性的数字贸易规则的缺失，将会是全球数字贸易市场完善面临的最大挑战。二是美国和欧盟作为全球数字贸易中两个重要的参与者、核心引领者，在数字产业竞争力、文化传统、民族心理等方面存在显著差异，在治理方面的利益诉求存在严重分歧，导致两者对于数字贸易发展的三个核心议题——"跨境数据自由流动""数据存储本地化"和"个人隐私保护"不能达成共识。数字贸易市场监管规则的确定将是多国政府利益不断博弈的结果，将随着数字贸易在经济发展中发挥越来越重要的作用而逐步完善。

2. 数字贸易市场监管壁垒不断加剧

由于各国在数字贸易方面存在着国际竞争力的差异，在数字贸易规则制定中的目标取向不同，体现为适用范围、个人信息保护的程度和跨境数据传输的限制程度等方面存在巨大差异。不同的利益分配格局，导致各国对数字贸易实施监管的意愿不同。由此，数字贸易壁垒抬头。2017 年 8 月，美国国际贸易委员会在《全球数字贸易的市场机遇与主要贸易限制》中指出，数据保护及隐私（包括数据本地化）、网络安全、知识产权、内容审查、市场准入及投资限制等六方面限制全球数字贸易发展。同时，人们对互联网的依赖增强也导致人们对数据隐私保护力度的担忧。目前，全球范围内针对数字贸易市场监管和数据隐私的保护规则是分散化的，具有明显的区域性特征。各国在数字贸易监管理念和模式上的显著差异，直接导致监管规则成为国际数字贸易领域中不可调和的分歧，甚至壁垒摩擦。加强国际间合作，制定普适的数字贸易规则，以期在国家安全、政府监管与企业创新之间寻求平衡，对数字贸易市场的不断发展完善有重要意义。

三、数字贸易市场的演进

随着数字技术的更迭、数字产品的丰富、数字经济的发展，数字贸易不再单纯地以工农业、生活日用品等简单交易为主，而是在我们生活中无孔不入，打车、吃饭、购物，人们的日常活动几乎都已成为数字贸易的一部分，数字贸易市场不断扩大，已由简单的数字贸易市场逐渐扩大到复杂的数字贸易市场。

（一）数字贸易市场的演进动因

1. 数字技术快速发展与迅速普及是数字贸易市场形成与演进的原动力

数字贸易市场的形成与演进依托不断发展的数字技术。数字技术得益于计算、通信和信息处理领域的三股强大技术力量的发展，这些技术力量结合在一起，一并推动数字技术迅速发展。没有数字技术就无法形成数字产品，而这是数字贸易交易的最主要标的之一；没有数字技术就无法实现商品与服务的网络订购与交付，而这是数字贸易的主要形式；没有数字技术就无法形成大量信息与数据，数据成为重要的生产要素，而这正是数字贸易市场外延不断扩大的根本推力和数字贸易推动产业升级的落脚点。

通过摩尔定律、吉尔德定律和几乎所有内容的数字化奠定的技术基础得以实现的数字创新——3D打印、物联网、人工智能和区块链等将进一步对数字贸易市场产生深刻影响，加速市场演进。

2. 经济全球化大趋势为数字贸易市场演进提供良好的外部环境

世界贸易发展历程表明：技术进步是增加国际贸易和经济一体化的关键因素，但它并不能保证经济和贸易的增长，政策和政治背景同样重要。虽然逆全球化抬头，但和平与发展仍是当今国际社会的主题，"经济全球化是不可逆转的历史大势，其发展是不依人的意志为转移的，历史大势必将浩荡前行"。联合国、世界贸易组织、国际货币基金组织、亚太经合组织、"一带一路"国际合作高峰论坛等，涌现出越来越多的全球性或区域性组织机构，这些机构在管理、协调、发展国际贸易进程方面发挥着重要作用；同时，全球产业链、价值链已让世界成为一个整体，各国经济、金融、市场、产业之间相互影响，如若遭遇危机，任何一个国家都不能独善其身；经济全球化、自由贸易已深入人心，基本成为国际社会的共识，成为绝大多数国家的选择。

（二）数字贸易市场的演进趋势

趋势一：数据将成为数字贸易市场最主要的贸易标的

2017年5月初，英国《经济学人》封面文章《世界上最宝贵的资源》指出，"对本世纪来说，数据就像上个世纪的石油一样是增长和变革的动力。数据的流动创造新的基础设施、新商业、新垄断、新政治，以及更关键的新经济"。进入数字经济时代，数据将作为关键投入要素成为科技创新和经济发展的重要驱动力。根据国际数据公司（IDC）提供的数据，2015 年全球数据总量为 8.61ZB，目前全球数据每年以40% 左右的速度增长，预计到 2020 年，全球大数据储量将达到 44ZB（相当于 44 亿个 1TB 硬盘）。除了数据在量上的爆发外，更重要的是数据在质量上的提高，即有意义的、高质量的数据。未来物联网技术将实现万物互联，产生海量数据，云计算、人工智能等数据存储、处理、计算、分析技术的发展，将海量、碎片化的数据进行清洗、挖掘和分析处理，得到的有质量的数据可以帮助企业、政府等实现精细化管理、生产、营销等。

趋势二：数字技术行业应用增强，产业互联网成为数字贸易市场的重要内容

数字贸易的发展将推动消费互联网向产业互联网转型，实现制造业智能化。美国 2017《数字贸易的主要障碍》中列举了诸多事实：物联网已经将超过 50 亿台的设备连接起来，汽车、冰箱、飞机甚至整幢建筑物都在不断地生成数据并将其发送到国内外的处理中心。制造业产生的大量数据被广泛应用于研发、生产、运营、服务等价值链各环节，从而降低生产成本并提高生产效率。如著名建筑机械企业三一重工通过打造 ECC 客户服务平台、VR 技术控制的新型挖掘机、CRM（客户关系管理）项目等不断把数字化推入产业深处，其智能化程度极高的工厂被《华尔街日报》认为是中国工业未来的蓝图。可以预见，数字贸易将成为重塑传统价值链、促进产业转型升级的重要驱动力。

趋势三：服务贸易将取代货物贸易成为数字贸易市场的重要内容

《2018 年世界贸易报告》指出数字技术的广泛采用改变了货物、服务和知识产权等不同类别贸易的构成。全球服务贸易占比将由目前的 21% 增至 2030 年的 25%，而1995 年这一比例为 18%。研究发现，在出口和进口方面，更高的互联网普及率和使用率都与服务贸易水平的提高有关。一方面，技术进步放松地理限制、空间距离限制、语言和文化限制，降低贸易成本，使越来越多的服务能够以数字形式跨国界供应，解决了服务业"劳动者和劳动的捆绑"问题。Blinder and Krueger 通过观察业务流程外包现象估计，2008 年美国所有就业岗位中，有 25% 可能由海外人士提供。金融、保险和信息服务行业的工业，以及技术和专业服务，都可以远程提供。另一方面，3D 打印技术的出现可以将数字化的范围扩大到新的产品类别。根据荷兰国际银行（2017）的预测，如果继续保持当前对 3D 打印（投资年均增长 29%）和对传统资本品（投资年均增长 9.7%）的投资差异，那么到 2060 年 3D 打印产品将占当年所有制造产品的一半，世界制成品贸易总量的 19% 将消失。而与 3D 相关的服务，如安装、维修、设计、软件和教育等服务会增加。随之，知识产权贸易将在数字贸易中发挥关键作用，成为推动或阻碍数字贸易市场发展的关键因素。

趋势四：数字贸易市场范围由国内向国际发展，更多的发展中国家进入贸易市场

目前的统计数据并未按来源对数字贸易进行分类，因此，无法单独识别国内和跨境贸易，但企业层面的财务数据提供了数字贸易市场由国内走向国际的迹象。例如，亚马逊近三分之一（32%）的净销售额来自国际；Alphabet/ 谷歌最大的客户是美国（47%）和英国（9%），其余来自世界其他地区（44%）（SEC，2017a）；Netflix 在 190 个国家和地区拥有 9000 万流媒体用户，每天提供 1.25 亿小时的电视节目和电影，其国际流媒体收入从 2010 年的 400 万美元增加到 2017 年的 50 多亿美元；Spotify 在线音乐公司的广告支持活跃用户在日本、越南和泰国等亚洲市场强劲增长，其每月活跃用户及付费用户中有 60% 位于欧洲之外。发展中国家也出现了一批有市场竞争力的数字公司，如中国的大型电子商务公司阿里巴巴、阿根廷电子商务和支付平台 Mercado Libre、尼日利亚金融科技创业公司 Space Pointe 推出的具有多种支付选项的移动应用程序 Pointe Pay 等等。特别是"一带一路"倡议提出以来，跨境电商、网上丝绸之路、数字基础设施等领域交流和合作渐深，新进展不断涌现。例如，2015 年启动的中国—土耳其"数字丝绸之路"跨境电子商务综合服务平台项目共培训土耳其当地中小企业主和大学生近 2500 人，实现 2.2 万余家中国中小企业和近 1000 家土耳其中小企业成功上线开店，交易额超过 10 亿美元。据世贸组织估计，发展中国家贸易占比将由 2015 年的 46% 增至 2030 年的 57%。

四、结论

数字贸易是数字技术驱动的结果。数字技术对全球价值链的影响是颠覆性的，数字产品通过新生、替代和嵌入三种手段影响了国际贸易的格局。数字贸易的开放性推动数字贸易市场由"货物流动"向"数据流动""信息流动"转变。数字贸易市场的多元、动态发展，导致数字贸易监管规则与 WTO 框架下货物贸易和服务贸易规则之间都产生了不适和冲突。核心问题是数字贸易的属性问题。表现为：数字产品适用于货物贸易规则（GATT）还是服务贸易规则（GATS）难以统一；数字服务产品难以归类，归类不同，法律上的适应性就不同；多边数字贸易规则体系是在原有构架体系上进一步深化，还是建立新的多边贸易规则体系等问题都尚未达成一致意见。我国要加强数字贸易理论研究、数字贸易市场趋势分析，明确数字贸易规则攻防策略，积极参与国际规则制定，探索打造符合我国利益的数字贸易规则体系，维护我国利益。

来源：李赞，刘学谦.全球数字贸易市场的特征与演进分析 [J]. 发展研究，2020（3）：15-22.

中石油海外业务管控风险分析

中国石油开展海外业务已经有十多年的历史，从起步的学习摸索阶段到逐步的稳定发展阶段。目前中国石油海外业务已经积累一定资源，进入了规模化发展的多元化增长阶段，但其海外业务中还存在着不少问题，如资金、技术经验、经营经验不足，管理不到位等方面。从体制机制上看，其母子公司纵向管控存在交叉、甲乙方横向关系没有做好统筹优化、内部过度竞争损害集团整体利益并缺乏战略整合与组织设计，这些将导致中石油海外业务发展过程中管控风险日趋突出。因此，我们应进一步梳理中国石油海外业务中所面临的各类管控风险，从而为海外业务管理体制机制的改革奠定基础。

一、海外业务与本土业务平衡风险

中国石油的国际化进程中，随着海外业务成长和不断扩大，使其面临内部与外部两种问题，内部问题主要集中在企业战略目标与管控体系的不匹配导致国内业务与国外业务发展不平衡问题上。在进行管控模式调整过程中其管理机制和机构设置的调整需要有一个不断演变的过程，而本土的管理机制和机构设置可能不适应海外业务要求，可能形成一定风险。

国际化进程中海外业务所处行业环境和自身条件与本部业务不同，所以要求海外企业的管控模式要根据外部环境的变化而变化，伴随着外界因素和内部条件的变化而不断调整，也就是说集团公司对海外公司的管控应根据外部环境进行权变，要结合公司的战略设计管控机制，与企业整体战略及海外公司业务战略进行整合，最终找到"最适合"的模式。但是，在外部环境变化迅速的今天，其海外公司在执行经营计划的过程中，内外环境的差异性可能随时发生改变。

首先，当环境差异性提高时，海外公司即使付出很大的努力也可能依然无法完成预定经营目标。而当环境差异性缩小时，海外公司则可以很轻松地完成预定经营目标。

其次，各海外公司所面临的外部环境的复杂程度有一定差异。有的海外公司外部环境复杂性较高，母公司难以及时地把握环境的细节问题，而有些外部环境较为简单同质的海外公司，母公司则可以对其进行更多管控。

最后，有些海外企业内部单位的集中或分散程度也会变化。随着海外公司经营规模发展，业务范围不断扩大，需要在不同的地理区域开拓业务，海外公司内部单位变得更加分散，外部环境复杂性增加，此时母公司降低对海外公司的管控程度，就应赋予其更多自主权。

因此，母公司对海外公司的管控机制不是一成不变的，而是要随着整个公司的战略目标，根据外部环境及公司规模的变化进行调整，甚至应同等对待海外业务和本土业务。依据各国跨国公司发展历程，随着跨国公司的发展和战略的演变，要适时地调整管理体制，使其尽量与企业发展战略和内外部环境变化相匹配、相适应，海外业务发展到一定程度应做好海外业务和本土业务的衔接。如衔接不当，可能会出现如下五种平衡问题：

海外业务发展步伐与管理体制改革进度平衡问题。集团在跨国发展进程中，国内业务比重逐步降低，国际业务逐步提升，如今提升至三分之一，但其发展速度相对于顶层设计目标与母公司的整体战略部署仍有一定差距，海外业务相关的制度建设相对落后，与国内管理制度的协调也存在一定问题，从而使其面临一定风险。

跨国经营机制与国际竞争环境协调问题。集团作为石油行业中的一个国有大型企业，它在进行海外业务拓展的过程中，将国内企业的管理模式在国外进行自然的延伸，可能导致海外业务中各项管理制度水土不服，使得海外企业不适应国际市场运行规律，影响其对国际市场做出快速反应，不易适应国际竞争环境。

驾驭国际政治等非商业因素的问题。世界上有潜力的石油天然气行业大项目和有增长潜力的油气资源区多被西方大石油公司所垄断，因此，海外业务可能会被油气资源国、海外竞争对手及一些国际大财团所排斥，很难排除这些政治性和非商业性因素的干扰。

国内政策与国际化经营的平衡问题。随着海外油气勘探开发活动日趋活跃，以往行之有效的跨国经营的管理制度和政策体系难以适应国际化经营的要求，其政策调整相对落后于国际化进程，从而可能会导致国内母公司对海外子公司的相关业务管理缺乏有效的支持和控制，削弱海外公司对国外当地市场的变化适应能力，可能导致跨国经营业绩发展缓慢、经营效益和效率低于预期值的现象；组织结构的滞后性更替还有可能导致海外公司缺乏作为独立利益主体自主经营的内在动力机制，使其形式上面向国际市场，实际中按国内现行体制进行管理，影响对市场反应的灵敏度。

国内外制度环境差异可能引发一系列问题。制度环境上的差异可能造成母子公司主体产生区域间的陌生感和认同的缺乏；母子公司管理层间的代理问题；可能引起跨区域进入风险，增加跨区域经营成本；影响母公司的战略选择和在该区域设置子公司后的绩效；可能导致海外业务公司内部资源转移存在障碍。总体上来说，制度环境上的差异会约束子公司从海外业务公司系统内部有效获取资源或企业母公司有效进行资源投入的程度，抑制子公司对内的主动积极性。

二、管理层次和管理幅度协调风险

中国石油的海外业务是在纵向管理的基础上，分别由不同层级的部门或公司进行管理，形成了海外业务的多级式的管理模式，可能引起海外业务板块在其管理幅度中的两难选择，削弱母公司对海外子公司管控的有效性，影响企业整体战略意图的实施，影响对子公司的管控能力的大小，影响海外业务运营效率，从而导致海外业务的管理层次和管理幅度的冲突和风险。

管理层次多可能造成管理幅度权限难以划分的问题。根据管理学中的权变理论，要求管理者要根据组织的具体条件及其面临的外部环境，采用相应的组织结构、领导方式和管理方法，灵活地处理各项具体管理业务，确定其管理权限或管理幅度。一方面，海外业务公司主要通过集团内部建立的内部治理机制对相关子公司进行运营指导和决策指挥。另一方面，海外业务公司的管理分散于集团公司与股份公司，集团公司对海外业务公司的控制权相对较弱，管控能力比较分散，海外业务中的组织结构、领导方式和管理方法不够明确，决策主体具有多元化多层次的特点，主要包括集团公司、股份公司、中油勘探开发公司、中国石油天然气勘探开发公司、中国石油国际投资公司等决策主体，可能导致管理幅度选择的两难性，影响企业经验决策和个人决策的主导地位选择，影响海外公司在进行决策战略选择时的准确性。

在工程技术服务领域海外业务公司存在着过度竞争问题。海外业务公司与石油行业中的其他企业均从事与石油、天然气有关的工程技术服务业务，包括：原油和天然气的勘探、开发、生产与销售，原油和石油产品的炼制、运输、储存和销售，基本石油化工产品、衍生化工产品和其他化工产品的生产和销售，天然气、原油和成品油的运输及天然气的销售。因此，各业务之间的过度竞争就会导致管理权限的下放，放权容易引起海外公司决策目标偏离母公司的风险，削弱母公司对海外公司的管控能力，影响母公司决策的实施效果。若不放权容易造成管理上的低效率，影响其经营管理积极性。因此，应在效率、利益上平衡管理权限的管控度，处理好管理幅度与管理层级之间的矛盾。

区域及管理层级的协调问题可能导致扁平化管理难以实现。中国石油集团公司的基本架构由总部职能部门、控股公司、全资公司、参股公司及直属企事业单位（包括油气田企业、炼化企业、专业公司、科研及事业单位等）组成，按照"一级法人、两级行政、三级业务"管理的模式，实行一级法人集中决策，业务专业化管理，资本性支出集中统一管理，财务运行实行"一个全面、三个集中"的管理体制，并初步建立了以业绩考核为基础的激励约束机制。海外业务主要延续了"两级行政、三级业务"的管理模式。随着企业内外部环境的变化以及企业自身的发展，中国石油海外业务现行的管理体制和运行机制会出现一些协调问题。主要表现在：决策层即最高管理层与中下层的执行单位之间存在多级管理层次，信息传输路线长、环节多，可能引起信息不对称，各层级之间信息传递失真；海外业务板块在管理方面多方博弈，各项事务办理（包括财政、人事、业务等）过程中相互牵制，职责划分重叠、职能交叉或缺失，权责分配不合理，可能导致运行效率低下。

三、控制权纵向配置风险

控制权的纵向配置是指在企业管理模式中权力下放即集权与分权的问题。中石油集团的经营管理权配置分为两个主要的层次——总部与经营机构（下属企业）和董事会与经理层。

总部-经营机构的集权分权问题。在管理模式中集权便于管理，实行这种管理体制有利于整个集团人财物的统一分配和调度，可以最大限度地集中各种力量搞好集团的重点项目；能够更好地确保各项方针政策在子公司的贯彻执行；可以增加集团整体竞争能力；有利于提高集团的决策能力和决策速度；有助于培养集团职工的集体主义和全局观。但是过度集权不利于调动子公司在经营管理方面的积极性和主动性；容易形成下级人员一切都听上级安排的现象，影响职工责任感的发挥；造成集团管理机制呆板，条条框框过多影响经营活动的有效性；导致权力欲望的过度膨胀、决策失误。在管理模式中分权可以充分调动企业下层组织在经营管理方面的积极性和主动性；有利于企业的重大问题决策；有利于专业化生产。但是这种体制容易产生分散主义和本位主义，企业的人才、物资和设备调配困难，不能集中优势资源，甚至影响企业长远目标的实现。

由于中国石油集团海外业务中控参股公司的地理分布、集团成员企业的生产技术特点、集团的总体规模与管理水平等条件的不同，可能导致海外业务中的业务部门出现集权与分权的协调问题。不断强化集权是企业集团公司风险管控的一个整体趋势，但过于强调集权，总部权利越来越大，可能导致经营机构丧失积极性，同时集权可能造成总部体制的膨胀，降低信息的传导，降低工作效率，因此要保持集权和分权的尺度，做好总部－经营机构经营权的纵向配置。

董事会－经理层的权力分配问题。中国石油海外业务部门的直接委托人是母公司的董事会，但董事会在本质上仍然是受人委托，它受托于母公司的股东，因此这就形成了由母公司到海外业务部门的多层级管理，可能产生国家和政府之间，政府和集团公司、参股企业和集团公司之间，集团公司、股份有限公司和境外子公司、子公司之间，子公司与子公司之间的信息不对称问题。

全球范围内的各个资本市场、产品市场、劳动力市场等外部市场在不同地区之间的相互分割和发展水平不同，致使通过外部市场反映境外企业实际经营业绩的功能受到限制，董事会可能无法实现通过统一标准的外部市场对境外企业进行监督，很难形成有效的海外业务管控传导机制。

中国石油海外业务存在一个超长的委托代理管理，除了链条的最下一级——境外国资企业经理人外，代理人和委托人均具有多重的委托代理关系。在这样一个复杂的委托代理关系系统中，其境外企业的经理人作为境外资产的控制者，会寻求个人利益的最大化。因此，海外业务很容易引发董事会－经理层之间的权力配置问题。

四、资产流失风险

石油行业的海外业务中由于其所处地域范围的特点，在采购、销售、资产处置等环节可能存在资产流失风险。由于中国石油海外业务的特点，其经营活动中必然存在着各种交易风险，从其管控角度来看，中国石油海外业务中的交易风险主要指其与集团外企业的交易风险。

境外企业交易监管难，容易造成资产流失。中国石油海外业务主要通过对外投融资开拓海外市场，但其在海外油气开发、并购重组、国有资产处置等过程中，尤其是油田承包、配额划拨、物资采购、工程招标等环节中容易导致国有资产流失。

中国石油海外业务交易由于受原油价格变动的影响，如供求因素、国际地缘政治、经济数据的公布以及人们的预期等，可能出现虚假交易、定价虚高或虚低等问题。在海外业务现存的对外投融资方式下，其产业链中上游的油气勘探开采和中游油气炼制与大宗化工产品生产已处于成熟期，不容易再提供高额收益，而其产业链下游的精细化工和新材料领域以及与石化行业所配套的技术设备服务领域会吸引大量资本，但由于其财务管理中存在的资金管理不足，资产重化，总资产周转率、勘探开发成本、销售及管理费用占营业收入比例、人均利润等指标过低的问题，加之资产规模逐年扩大与投资回报率走低形成对比，可能也会导致海外业务中的虚假交易及定价虚高或虚低的问题。另外，随着国际勘探开发市场竞争日趋激烈，各国的外国投资法、石油法、合同法等法律法规和行政规定都对外国公司的收益有所限制，跨国勘探开发合同条款偏向东道国一方，可能影响海外业务跨国运营的资本，影响其定价策略。

国内的集中采购难以有效应用到国外业务中。中国石油集团主要采用集中采购模式，集团总部和所属企业都设立采购管理部门，总部采购管理部门主要负责采购归口管理和大宗通用重要物资的集中采购，所属企业的采购管理部门主要实施对其他物资的集中采购。企业的采购管理部门向集团采购管理部门和企业领导双向报告工作。但将国内的集中采购应用到国外业务中存在一些问题：第一，从组织机构上看，海外业务中集中采购的各级归口管理部门及各部门的职责权限不是很明确，可能导致各级管理部门的利益格局难平衡，阻碍海外业务部门发挥其管理积极性。第二，由于海外业务的特点经常会造成国内外部门的信息不对称，例如：授权集中采购的海外企业所得到的物资采购需求（来源于各生产经营企业上报的物资需求计划），常常会因为对集团年投资及生产经营计划信息的非充分掌握，从而可能导致物资集中采购处于被动状态，形成简单的执行单位。第三，采购计划的不确定性和不完整性可能导致物资集中采购海外企业在同一年度内对同一产品进行反复采购，不能达到物资集中采购的规模效益。

国外审计部门对海外企业监管可能形成交易风险。由于各国会计准则的差异，因此，中国石油海外企业要与外部审计师一起确定海外企业所使用的会计准则，从而就有可能导致交易风险。第一，审计部门对各种政府主体以及金融市场之间的关系有一定的影响作用，并且负责评估外部的重组、收购和兼并等活动的涉及金额。第二，海外业务主要采用产品分成合同和服务合同，采用标准成本体系和作业成本管理，并通过国外审计部分进行成本认定，确定我国海外企业的分成比例。第三，海外业务要确保经营活动遵循当地的税务法规，要合理建立税务记录以及在公司面临税务审计时集团公司利益不受损失，因此，为达到上述目的，海外业务中要对各企业提供税务咨询，主要集中在转让定价和关联交易方面，分析各国之间税负的差异，通过议定内部转移的价格，合理降低企业税负。由于海外企业对国外税务法规方面的规定并不了解，所以税务部门在具体执行时也面临着一些困难，使海外企业在进行税务筹划时带有不确定性。

来源：薛晓光，张丽丽.中石油海外业务管控风险分析 [J].现代管理科学，2017（3）：48-50.

中国国家创新体系的发展现状与完善

中国国家创新体系发展趋势与经济新常态、供给侧改革与现阶段参与国家竞争的方向一致，才能保持中国经济社会健康稳定和谐发展的总体方向基本不变，在各国国家创新体系构建的实践过程中政府的作用会随着时间的延长而逐渐减少，直至消失。而中国在创新过程中政府的作用依旧存在，这与中国实际的国情有直接的关系，因此，本文全面把握中国构建国家创新体系的过程，探索政府在不同时间段的实际作用。中国的创新行为有一个从不自觉走向自觉的过程，在建设国家创新体系的过程中，更要正确地把握国家创新体系的历史及现状。

一、中国国家创新体系的现状

各项政策、规划的提出和完善均推进了"创新型国家"的建设步伐，中国国家创新体系的建设在 2016 年取得了显著成果，逐步推进了国家创新体系的完善，其现有基础具体表现在以下几个方面：

（一）创新投入稳步增长

研发投入稳步增长。根据《2016 年全国科技经费投入公报》中的有关数据显示，该年度研发经费投入高达 1.5 万亿元，与以往相比，它保持了 10.6% 的较快增长速度，与同期 GDP 相比高出了 3.9 个百分点。研发经费从 2005 年的 2450 亿增长到 2016 年的 1.5 万亿元，十年间上升了 6.4 倍。与此同时，中国加快推进创新驱动发展战略，积极完善对应的政府政策体系，充分调动了各类人群的创新积极性，从而促进了研发投入的快速增长。从数据中就可以看出，企业、研究机构及大学研发经费投入出现了直线上涨的趋势，具体到实际的数值，我们可以看出 2016 年中国各类企业进行研发的经费投入高达 12144 亿元，相比于 2015 年来说，该数值增长约 11.6%，贡献率高达 83.8%，已经成为全社会研发投入的主要力量。除此之外，国家创新体系的其他两个创新主体——研究机构、大学也同样出现了研发经费直线上升的情况，2016

年两者的研发经费支出高达 2260.2 亿元、1072.2 亿元，增长较为迅猛，与 2015 年的实际研发经费支出相比增长高达 5.8%、7.4%，增长幅度超过了 2.8%、6.4%。

（二）科技人才队伍不断壮大

2015 年中国科技人才队伍稳定增长，达到 7915 万人，与 2014 年相比，增长了 5.4%。R&D 人员总量 375.9 万人年，R&D 研究人员 161.9 万人年，居世界首位。每万名就业人员中研发人员达 48.5 人年 / 万人。国际上保持科技人员规模优势，其中大学本科及以上学历的科技人员 3421 万人，与 2014 年相比，增长 7.6%。依据世界经济合作与发展组织中各成员国的官方统计数据显示，中国从事技术研发工作的人员数量已经有了直线的上升，在全球全部科研工作人员中也是占比非常大的一个科研队伍，占比也有了明显的上升，2009—2015 年，该比例已经由 18.8% 上升到 22.6%，美国的比重则从 20.5% 下降到 18.9%。

（三）中国科技创新能力持续增强，与国际先进水平的差距逐渐缩小

2015 年，中国发表国内科技论文 56.95 万篇，与 2014 年相比，下降了 2.7%。在机构分布上，高等院校发表论文占 67.3%。发表 SCI 论文 29.68 万篇，占世界总量的 16.3%，与 2014 年相比，提升了 1.4 个百分点，连续第 7 年排在世界第 2 位。中国 SCI 论文总引次数的增长速度高于其他国家，但篇均被引次数较世界平均水平存在差距。中国研究人员通过国际合作产生的论文数为 7.5 万篇，与 2014 年相比，增长 15.1%，占论文总数的 25.4%；其中中国人作为第一作者的国际合著论文共 52006 篇，占全部国际合著论文的 69.1%。

国内专利申请结构进一步优化。2015 年，中国专利申请量 279.9 万件，其中发明专利申请量 110.2 万件，与 2014 年相比，增长了 18.7%，占中国专利申请总量的 1/3 以上，2015 年达 39.4%。实用新型专利申请 112.8 万件，与 2014 年相比，增长了 29.8%。外观设计专利申请 56.5 万件，与 2014 年基本持平。中国 PCT 国际专利申请量达 3.0 万件，与 2014 年相比，增长了 16.8%，国际排名第 3。2014 年我国三方专利拥有量为 2582 件，与 2013 年相比，增长 17.9%，国际排名第 5，较上年提升 1 个位次。

（四）产政学研用创新网络正在逐渐形成

中介服务能力不断增强。中国已经拥有企业孵化器、创新驿站等中介服务机构 8 万多个。技术服务和技术咨询平台的数量日趋增加，为推进产政学研用之间的四方合作及科技成果产业化发挥了重要作用。国家基础设施逐步完善。电信业全年新增移动电话交换机容量达到 218384 万户，互联网普及率达 53.2%。总之，中国的国家创新体系发展经历了 1978 年至今的创新体系不断探索的过程，中国经历了国家科研体系萌芽阶段、国家科研体系形成阶段、国家科研体系与国家创新体系交替阶段和

最终的国家创新体系形成阶段。

二、中国国家创新体系中存在的问题

中国正在实施的创新驱动发展战略，正是政府敏锐把握和积极应对创新模式转变、提升政府各项职能的关键时期，因此，面对美国的《国家创新发展战略》、欧盟的《开放式创新 3.0》及德国的工业 4.0 时代的到来，我们应该优化中国国家创新体系，使其更加适应中国社会经济的发展相状、适合中国的国情，因此，我们必须要研究现行国家创新体系中政府作用存在的问题。

（一）整体创新能力不高

近几年，科技创新受到高度重视，各级政府均积极推动国家出台科技创新政策中的创新驱动措施，根据各地市具体情况制定创新发展的各项政策与战略，2016 年研发投入、专利申请数已然位居世界第一。然而，整体创新能力不高，科技成果质量较低，且多与社会经济需求脱节。从中国国家创新体系现状的分析中可以看出，中国研发投入虽然排名世界第二，但研发强度、基础研究占比、研发效率与发达国家相比还有较大差距，需要进一步提升；企业创新、引进、消化吸收再创新能力较弱，科研成果转化机制不顺畅，中国科研创新成果中能够实现较大社会价值的成果相对较少。

（二）政府政策缺乏战略布局，导致无效衔接

由于历史遗留的创新问题较多，在中国经历了 1978 年至今的创新体系不断探索的过程，经历了国家科研体系萌芽阶段、国家科研体系形成阶段、国家科研体系与国家创新体系交替阶段和最终的国家创新体系形成阶段，但是，每一个阶段政府对应的创新政策导向都有一定的差异，因此对应的创新政策分成了第一代、第二代和第三代的创新政策，尤其在各代创新政策的交汇点会存在两代政策的衔接问题，因为政府缺乏统一的战略布局，从而导致在各代政策衔接过程中存在二代政策否定一代政策、三代政策否定二代政策的现象。这些均是由一定时代特点和体制机制方面的影响因素所造成的，我们要进行各代政策的有效衔接，就必须进行政府政策的战略化布局。

（三）中介机构等服务体系不完善

中介机构在创新活动中起到上传下达的作用，它将创新过程中用到的各类创新资源与需要资源的各类创新主体进行有效连接，从而实现创新体系的整体供需平衡状态。除此之外，中介机构有利于科技成果转化和中小企业技术能力的提升。但中国现有的中介机构等服务体系不能满足企业协同创新的需要，主要存在以下问题：

政府引导的中介机构职能过于行政化；中介服务能力相对较小，创新资源衔接功能差；中介服务机构的保障体系不健全，缺乏相应的创新融资服务体系；中介机构的改革中引导力度不够等。

（四）国家创新体系的外部环境不理想

有利于协同创新开展的政策与法律环境尚未形成。协同创新各要素中的人事管理制度、住房制度及社会保障体系等均不能实现与创新活动需求的有效衔接，除此之外，人力资本也在进行着大规模、快速的流动。中国的创新体制缺乏完善的风险投资机制，从而限制创新项目的及时转化。创新类风险投资项目和基金相对较少，政府疏于对技术信息的汇集与扩散会导致企业寻求项目难，公共信息渠道不畅通。

三、完善中国国家创新体系的对策

世界上创新型国家都有一个符合本国国情的国家创新体系，建设符合中国国情的国家创新体系已经迫在眉睫。因此，新时期应对国际竞争必须要注重国家创新体系的优化，只有通过优化国际创新体系才可以提升国家创新能力，通过制定第三代的科技政策推进国家创新体系的优化，经济参与国际创新领域的竞争，注重创新型政府的构建，才能逐步完善中国国家创新体系。

（一）注重国家创新体系构建的战略规划，科学合理制定政策法规

明确国家创新驱动发展战略导向，积极引导创新主体发挥自身特点和优势，合理推进创新驱动社会经济可持续发展。国家创新体系是围绕创新活动的创新链条开展的制度设计，是一种制度安排。科技创新从一个理念到商业价值的应用，包括了科学研究开发过程及其产业化过程，包括了从事科学研究开发和产业化过程中涉及的各类机构及其参与的各类成员，因此，必须由国家进行统筹规划，尽早制定适应中国的国家创新驱动发展战略，并优化国家创新体系为国家创新生态系统，使其成为中国实施创新驱动发展战略的有力支撑。

加大知识产权的宣传力度。通过互联网等新兴媒体加大知识产权宣传，增强全民知识产权保护意识；加强企业有关知识产权的引导和扶持，鼓励相关部门积极为相关企业服务；利用中介服务组织提升保护工作力度；重点培养知识产权相关人才，通过高等院校设置知识产权相关专业或第二学位等方式，鼓励学生学习知识产权知识，鼓励交叉科学的发展，确保相关人力资源的储备工作；加大惩罚力度，既要速度快，又要力度强，并逐步减少维权成本。

出台以用户为中心的创新政策。根据本文的实际研究内容，创新网络生态系统主

要为企业—大学、科研机构—政府—用户四螺旋的市场结构和市场需求。因此，政府应该从用户的实际需要出发来进行创新战略和创新方向的制定进而影响创新政策。

（二）科学定位产政学研用，形成充满活力的创新运行机制

中国在国家创新体系构建中最大的优势就是社会主义制度，它的最大优点就是可以快速集中各种资源，这将成为我们进行国家创新体系构建的重要法宝。

企业是国家创新体系中最重要的种群之一，是提供创新资源、维系创新网络生态系统的关键种群，要积极引导企业培育创新网络生态系统。强化企业种群间及与其他种群的链带关系，调整创新种群的整合模式，鼓励开放式协同创新，从"大而散"的技术创新系统，转向"大而强"的开放式协同创新网络生态系统。调动全球各类创新主体的积极性，调配全部创新资源和生产要素，构建能够抵御国际竞争的国家创新体系。

构建创新型政府。以优化国家创新体系为目标，逐步推进政府各项管理工作的稳定发展，创新政府行政管理的实施模式，提升政府行政管理水平。加强政府工作人员对创新政策理念的学习，有效推进创新文化在政府各项工作中的渗透。有效利用创新文化推进政府内部的创新生态网络化的管理体制建设，应用于政府公开服务平台，更好地为人民服务。

加大政府研发投入规模，优化研发投入结构。仅靠企业、高校和科研机构对协同创新的投入难以提高创新能力，因此，需要政府加大财政投入规模，加快创新步伐，提高创新水平。政府应该积极配合社会、市场对创新资源的配置，合理引导创新经费应用于创新知识资源、技术和创新服务中，发挥财政投入的最大效用。政府要积极推进研发投入结构的优化及改善，逐步增强研发投入水平及其应用范畴。

积极规划资本市场。中国开展各种创新活动所需要的投资主要来自金融系统，例如国有四个银行，银行贷款成本较高，难以满足创新主体对资本的需求，只有资本市场才能够满足创新投资的要求。因此，政府财政政策要着重解决创新风险分担和高新技术企业融资问题，建立完善风险投资机制：利用国有资产启动风险投资；发展风险投资公司；加大股票市场对风险投资的促进作用。

（三）结合经济发展需求，破解创新发展科技攻关难题

是否能够破解科技领域的重要难题直接影响着一个国家创新能力的高低，因此，我们必须要根据社会经济发展的需要进行攻坚克难的工作。这就需要我们积极推进产业创新活动，培养国家重点产业及重点领域的创新产业集群。政府应积极推进创新产业和创新型企业的集聚，形成类似硅谷或波士顿 128 号公路地区等具有较大影响力的创新产业园区，使其在全国起到先锋模范带头作用。每个创新产业集聚区都有

自己的特点，政府应出台各项优惠政策支持该创新产业园区做大做强。立足已有产业基础及优势，发挥本身资源优势，把创新要素深入应用到重点创新产业中，扩大创新产业规模，并通过创新产业带动周边地区和相关企业领域互补发展，形成创新产业集群。政府应制定相应高新技术标准及相关知识产权保护制度，促进高新技术企业发展。

搭建产业创新资源共享平台以促进产政学研用开放式协同创新。通过搭建产业创新生态系统资源共享平台，实现资源整合、信息交流、创新资源共享，促进生态系统的快速成长。高等院校及科研机构负责基础创新资源的研究与传播，培养创新所需人才及具有创新精神的企业家；企业通过平台资源整合，迅速实现产业化，快速满足用户需求。企业、高等院校、科研机构、用户各负其责，提升生态系统创新能力，共同促进产业创新生态系统的协同演进。

（四）适度选择政府政策工具，优化创新创业环境

政府的政策工具的选择必须以市场机制调节为基本原则，加快市场化进程的改革是完善国家创新体系中政府作用的重要内容。充分发挥政府与市场在推动创新中的互补作用，政府干预国家创新体系的构建主要是以构建相应的内外部环境为主要的导向，短期内对优化国家创新体系的实际策略进行干预，长期内应该放任市场进行自由调节。

创新政策的制定要按照其作用效果滞后期做好科学筹划，选择有针对性的政府政策工具，达到预想效果。因此，在制定相应政策时，按照如下方案进行会优化国家创新体系：以公共政策制定为基础，财政政策的制定与前期公共政策制定相反，与近期税收政策制定相反，而与远期的税收政策制定趋势相同。

调节税收政策推动开放式协同创新。税收是国家财政收入的主要来源，它可以通过影响实际财政收入影响政府补贴、优惠等支持创新活动的政策力度，进而对国家创新体系的优化进行影响。政府可以通过税收优惠政策激励其自愿参与开放式协同创新，企业的创新主体地位不会受到影响。主要可以对需要较高研发投入的项目、新技术开发新产品、产政学研合作等给予税收优惠，健全企业开放式协同创新投资账目，达到税收优惠促进创新的实际效果。制定税收优惠政策时内外资一视同仁，实行国民待遇，体现供应原则。

来源：薛晓光，张亚莉，高秀春.中国国家创新体系的发展现状与完善 [J]. 现代管理科学，2018（9）：58-60.

国家创新体系中政府作用动态评价模型研究

引言

国家创新体系作为一个动态开放协同的创新生态网络系统，既促进一国社会经济持续发展，又推动国内产业结构升级，形成国际竞争优势，实现国家经济跨越式发展。要有效整合国内创新资源，激活创新型企业，发展高新技术产业，促进科技成果市场化，加快传统产业改造和推进供给侧改革、制度与机制创新，就需要政府利用各类政府政策工具，制定法规政策，规范创新环境，引导和激励各创新主体相互作用、相互影响，从财政、税收、投融资等方面营造良好的制度环境。

早年经济学、管理学领域对于国家创新体系中政府作用的研究中，大部分只关注于国家创新体系中政府作用的理论研究述评和跨国的静态比较，因此，本文主要是利用高级宏观经济学理论、制度经济学理论、计量经济学理论等建立国家创新体系中政府作用动态作用模型，对政府作用大小、时效性等进行定量分析。本文首先结合以往研究利用因子分析法寻找政府作用中影响国家创新体系的主因子，随后运用面板数据对国家创新体系政府作用中的各政府政策工具对创新体系的影响进行定量分析，并通过面板自回归模型分析国家创新体系中政府作用的动态演化进程。

一、模型构建方法

（一）模型构建

根据国家创新体系中政府作用的理论分析，选择适当的经济计量模型来进行政府作用动态评价模型构建的基本理论。本文主要选用 20 世纪 80 年代 Sims 所提出的向量自回归模型。自回归模型中，通过变量设定，将要研究的全部变量放在一个系统中进行统一设定即可，不用关心这些变量之间是不是有相互的连带关系，因此，比较适用于要研究的国家创新体系中政府作用的定量研究，由于政府作用的元素会很多，因此，本文就选用这种不用区分内外生变量的自回归模型，通过这个模型，还可以对各政府作用变量间的互相影响进行定量分析。模型选定后，要选择相关的数值，也就是传统意义上所说的数据的性质。按照计量经济学中所列的数据分成了时间序列、截面数据和面板数据，这三类主要的数据都有各自的特征，时间序列主要可以考察一个特定研究个体在不同阶段的政府作用；截面数据主要可以研究同一个时间间隔里多个国家的政府作用；面板数据可以综合这两种数据的全部优点，它可以用来研究多个国家多个时点的政府作用，因此，本文主要选用面板数据来进行模型构建。将所采用的模型和所需数据结合在一起即为本文最终的基本模型框架，那就是面板向量自回归模型即 PVAR，并选择政府作用理论章节中所提到的政策工具来定量研究国家创新体系中的政府作用，根据相关研究拟定模型如下：

$$NIS_{it+1} = \mu_{it} + \alpha_{it}Gov_{it} + \beta_{it}\sum X_{it} + \varepsilon_{it}$$

上面的等式中，等式左边为被解释变量，用 NIS 这个英文字母进行表示，右边分别是用 GOV、X 进行表示的变量。英文字母 GOV 代表了政府作用中的政策工具，这是本文研究的重点，把它设定为主要的解释变量；X 代表了影响国家创新体系的其他因素，这个不是本文的研究重点，把它设定为控制变量；i 主要代表本文选择的样本国家数量；t 代表样本选取的时间范围；μ 为截距常数向量，ε 为残差扰动向量。由于当年的各项因素不能决定当年的被解释变量 NIS，因此在这里 NIS 取滞后一年的变量，也就是说 NIS 是由上年的相关因素影响的。

（二）基本假设

模型构建之前要将其基本的假设条件进行限定。本文所选用的面板向量自回归模型就是在假设条件下对模型中的变量的关系进行实证分析。因为该模型是将所有变量看作一个整体来进行研究，它主要是研究个体之间的互相作用，而不注重个体对整体的贡献率。因此，本文希望通过向量自回归模型摒弃掉经济计量模型中经常摆脱不掉的内生性问题，所以，选择这样的模型就可以通过面板数据来对各政府政策工具与国家创新能力间、政策工具和国家创新能力各变量间的相互内生性，也就是这些变量之间的相互效应进行动态演绎，在分析其动态作用效应前，对需要验证的命题进行假设：

1. 国家创新体系的进化

早期对于国家创新体系的研究大都以国家创新体系的绩效来评价一国创新体系的好坏。实践过程中我们发现，国家创新体系没有好与坏的区分，只有适合不适合本国国情的区分，一国国家创新体系适应了该国经济社会发展需求，必然会提升该国的国家创新能力，如果它不能适应该国国情，那么该国的国家创新能力肯定不会有所变化，相反，可能会引起或导致该国国家创新能力的下降，因此，本文中主要以国际创新能力的高低来衡量国家创新体系是否符合实际发展需求。那么我们所假定的进化就是指通过构建的国家创新体系越来越适应本国的国情、越来越符合实际的社会经济生活需要的过程，在该过程中会影响国家创新能力的逐步提升。

2. 政府政策工具的优化

制度经济学对政府政策在促进经济发展过程中的积极作用给予了充分肯定，因此，各阶段的政府政策一直受到各国政府（尤其是发达国家）的高度重视。根据创新理论框架可知国家创新体系中政府作用主要表现在政府政策工具，即财政政策、税收政策和公共政策具有的时效性的动态影响，即当政府适当调整财政政策工具的调整力度或者实际的调整方向时，它会以不同的影响力度影响到税收政策和公共政策的变化，三者更加满足政府对国家创新体系构建过程中的整体调整方向；当政府适当调整税收政策工具的调整力度或者实际的调整方向时，它会以不同的影响力度影响到财政政策和公共政策的变化，三者更加满足政府对国家创新体系构建过程中的整体调整方向；当政府适当调整公共政策工具的调整力度或者实际的调整方向时，它会以不同的影响力度影响到税收政策和财政政策的变化，三者更加满足政府对国家创新体系构建过程中的整体调整方向；三者间的这种螺旋式的影响和互动作用，推动了国家创新体系中政府政策工具的优化，使其更加适应社会经济生活及其创新的整体需求。

3. 国家创新体系和政府政策工具的协同创新

本文主要是基于以下的假设开展实证研究的，即假设国家创新体系与政府政策工具两者相互作用进而推进国家创新能力螺旋式上升，两者之间的相互作用主要表现在国家创新体系的不断优化可以改善政府政策工具使用的范畴及其调控力度，相反，政府政策工具的调整可以改善国家创新体系与实际社会经济生活的适应情况，进而更加符合一国的实际国情，从而提升国家创新能力。它们之间的这种螺旋式的动态互动作用主要表现在如下几个方面：

（1）国家创新体系的优化促进了国家创新能力的提升

构建一个适合于本国的国家创新体系最主要的目的就是在经济全球化的当下，能够促进本国的国家创新能力的优化和提高，积极参与到激烈的国际竞争中。所以，本文把国家创新体系的优良好坏与该国的国家创新能力直接进行对应，也就是说一国国家创新体系适应本国国情，那么其国家创新能力就比较高；一国国家创新体系不适应本国国情，那么其国家创新能力就比较低。

（2）国家创新能力的变化影响了政府政策工具选择

当本国的国家创新体系越发适合、适应本国国情时，就会促进国家创新能力的提高，必将会创造出新技术、新产品，并引领世界的发展，创造出的新技术、新产品必定会对本国国内的各种产业形成积极影响，这些新技术、新产品也会推进技术创新领域所需资源的整合和优化，从而影响政府对下一步创新活动开展所需相应政策进行新的调整，也就影响了政府政策工具的选择。

（3）政府政策工具的选择促进了国家创新体系的优化

国家通过调节政府直接投资、税收、公共政策、创新资源产权保护等政策工具的实施力度，促进国家创新体系中创新部门的生产和技术转化的效率，增加创新资源的产出；另外，作为政府政策工具衡量指标之一，生产和技术转化的效率的改善会影响到整个国家创新能力的提高，就会推进国家创新体系的优化。

本文选用自回归模型对各政府作用变量间的互相影响进行定量分析，选用面板数据来进行模型构建。将所采用的模型和所需数据结合在一起就是本文最终的基本模型框架——面板向量自回归模型即 PVAR，并选择常见政府政策工具（财政政策、税收政策、公共政策）来定量研究国家创新体系中政府作用，本文的实证研究流程如图 1 所示：

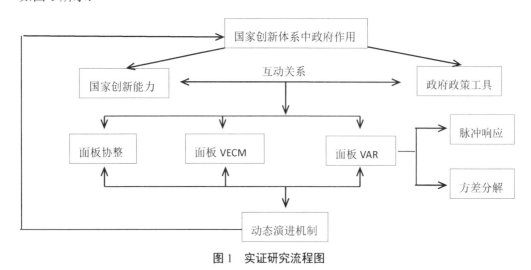

图 1　实证研究流程图

二、指标与样本描述

本文按照创新理论中政府作用所涉及的基本内容进行样本和变量的选择。

（一）样本国家

本文选择了《世界创新资源产权组织》发布的国家创新指数排名前 20 的美国、日本、韩国、英国、法国、德国、意大利、新西兰、西班牙 9 个 OECD 国家及中国，将其 1993—2015 年的面板数据作为测评样本，详情可见表 1。

表 1　样本国家

Country	Country code
United States	USA
Germany	GER
Japan	JPN
Korea，Rep.	KOR
China	CHN
United Kingdom	GBR
France	FRA
Italy	ITA
New Zealand	NZL
Spain	ESP

（二）变量选取及数据来源

本文参考 WIPO、OECD、中国科学院、全球创新指数报告（2016）等关于创新的有关报告中相关测评指标，结合前两章对于政府政策工具的影响分析，拟选取 20 个相关指标作为国家创新体系中政府作用测评变量（见表 2）。

表 2　指标及其含义汇总表

指标	指标含义（单位）	指标	指标含义（单位）
X_1	研发支出（%）	X_{11}	科技论文（篇）
X_2	国家专利数（个）	X_{12}	商标申请合计（个）
X_3	教育经费支出（%）	X_{13}	一般政府支出（占 GDP 的百分比）（%）
X_4	企业所得税支出（%）	X_{14}	居民消费率（%）
X_5	公共服务支出（%）	X_{15}	研发人员（人）
X_6	人均国内生产总值（元）	X_{16}	高技术产品出口比重（%）
X_7	安全的互联网服务器（每百万人）	X_{17}	金融部门国内信贷占国内生产总值比重（%）
X_8	移动电话普及率（部 / 千人）	X_{18}	高等教育毛入学率（%）
X_9	中央政府财政收入比重（%）	X_{19}	开办企业所需天数（天）
X_{10}	对外直接投资（亿元）	X_{20}	新注册企业密度（%）

鉴于现有研究方法的局限性，撇除主观因素的影响，本文采取因子分析法对上述国家创新体系中政府作用的指标进行降维，选取 2010 年 10 个样本国家的这 20 个指标进行因子分析，分析得出 7 个公因子对其他指标均有线性表示作用，因此，在接下来的建模中结合专家问卷调查和最终的因子分析结果，拟采用技术产出（专利拥有量）作为 NIS 被解释变量，衡量国家创新能力高低。创新投入（研发支出）、政府直接投资政策（教育经费支出）、税收政策（企业所得税支出）、公共政策（公共服务支出）作为 GOV 的解释变量，来衡量政府政策工具效果。此外，将经济发展水

平（人均 GDP）、基础设施建设（网络数量）作为控制变量纳入模型。由于各国政治体制存在差异，可能对国家创新体系的评价有重要影响，因此，增加一个虚拟变量，取值 1 表示为资本主义国家，取值 0 表示为社会主义国家，进而对国家创新体系中政府作用的动态评价进行分析。

根据面板数据的实际要求，本文主要选取具有同一种统计基础的数据来源作为模型构建的基础数据，因此，本文主要选择了统一来源于世界银行、经济合作与发展组织、世界创新资源产权组织、联合国科教文卫组织等国际性组织的大部分统计数据。但是，由于个别国家的数据并没有在以上的数据库中进行罗列，所以，存在个别数据来源于对应国家的官方统计网站及对应国家年鉴的情况（见表 3）。

表 3   各变量指标的数据来源

变量名称	指标名称	指标定义	数据来源
创新投入	研发支出（rdgdp）	政府研发支出占 GDP 的比分比	经济合作与发展组织 联合国科教文卫组织
技术产出	国际专利数（patent）	由美国商标专利局授予的专利数量	世界银行
财政政策	教育经费支出（geogdp）	政府教育经费支出 /GDP	经济合作与发展组织
税收政策	企业所得税支出（tax）	企业所得税 / 全部税收	世界银行
公共政策	公共服务支出（pse）	政府公共服务支出 /GDP	经济合作与发展组织
发展水平	人均 GDP（gdpc）	人均 GDP，2005 年不变价	世界银行
基础设施	网络数量（infra）	每百万人互联网服务器数量	经济合作与发展组织

三、实证分析

为了直观检验国家创新体系中政府作用的动态关系，本文通过原始数据标准化的折线图来进行体现，如图 2 所示。可以看出本文所研究的各个变量间可能存在着一定的动态关系。因此，本文将采取面板协整检验对国家创新体系中政府作用的均衡关系进行检验和分析，主要采用面板 VECM 模型来对短期内国家创新体系中政府作用进行调整，采用面板向量自回归对各变量间的互动作用进行分析。

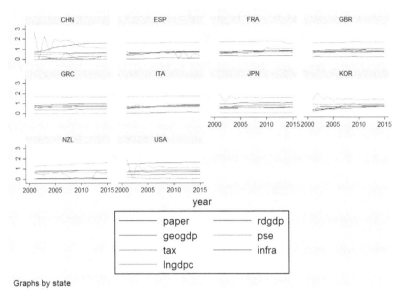

图 2 指标标准化数据时间序列折线图

（一）面板协整检验

根据面板向量自回归的实际计量流程，本文首先要进行的就是协整检验，检查这些变量之间是否存在共同的演进趋势，首先要进行面板单位根检验，存在同阶单整后再进行协整检验即可。

1.面板单位根检验

根据面板单位根检验的主要的统计量，本文主要选择了五种常用的进行单位根检验的计量方法进行检验，其结果如表 4 所示。

表 4 变量水平值的面板单位根检验

	LLC	Harris–Tzavalis	Breitung	IPS	Fisher–ADF
科学产出	−7.1682***	0.9527	5.7529	−1.4960	13.8039
	（0.0000）	（0.9894）	（1.0000）	（0.4934）	（0.8403）
创新投入	−1.5895*	0.9850***	3.7954	−0.8336	12.5789
	（0.0560）	（0.0000）	（0.9999）	（0.9902）	（0.8947）
财政政策	−0.5898	0.3514***	−1.8211**	−3.3340***	13.3515
	（0.2777）	（0.0000）	（0.0343）	（0.0028）	（0.8618）
税收政策	53.4684*	0.4458***	−3.1683***	−2.5412***	12.9917
	（0.0543）	（0.0000）	（0.0008）	（0.0020）	（0.8777）
公共政策	−7.3141***	−0.1326***	−0.3892	−12.1624***	99.0558***
	（0.0000）	（0.0000）	（0.3486）	（0.0000）	（0.0000）
发展水平	−3.8578***	0.9830	2.5454	−0.5081	12.9409
	（0.0001）	（0.9975）	（0.9945）	（1.0000）	（0.8799）
基础设施	−3.0510**	0.8480	1.1513	−1.3257	20.5996
	（0.0011）	（0.7199）	（0.8752）	（0.8452）	（0.4210）

从上表中可以看出在这五大统计量检验的过程中，模型中的各个变量都接受了存在面板单位根的原假设，因此，不能直接进行面板的协整检验，而是需要通过一定的方法将各个变量进行一定的处理之后再进行协整分析，根据已有的调整单位根的主要方法，本文选择了比较容易实现并且处理比较简单的差分方法进行面板单位根的处理，若差分后的面板数据能够满足单阶同整状态的话，我们就可以对其差分后的变量进行协整检验。

表5　变量一阶差分值的面板单位根检验

	LLC	Harris-Tzavalis	Breitung	IPS	Fisher-ADF
科学产出	-2.1457***	0.3479***	-4.7495***	-2.5368***	112.2803***
	（0.0059）	（0.0000）	（0.0000）	（0.0011）	（0.0000）
创新投入	-3.2997***	0.0857***	-3.8311***	-3.6580***	58.9185***
	（0.0005）	（0.0000）	（0.0001）	（0.0000）	（0.0000）
财政政策	-1.0492***	-0.3725***	-3.0649***	-9.8113***	68.4962***
	（0.0071）	（0.0000）	（0.0011）	（0.0000）	（0.0000）
税收政策	102.0093***	-0.5499***	-7.3457***	-6.9359***	136.3143***
	（0.0000）	（0.0000）	（0.0000）	（0.0000）	（0.0000）
公共政策	9.3821***	-0.4589***	-1.6781***	-25.2108***	162.1418***
	（0.0000）	（0.0000）	（0.0067）	（0.0000）	（0.0000）
发展水平	-3.5062***	0.3048***	-4.0888***	-2.3483***	42.7862***
	（0.0002）	（0.0000）	（0.0000）	（0.0034）	（0.0022）
基础设施	2.0527***	0.2081***	-2.6710***	-4.3599***	68.6215***
	（0.0000）	（0.0000）	（0.0038）	（0.0000）	（0.0000）

通过该表中的实际数据我们可以看出，进行了一阶差分后的变量间是单阶同整的，因此，通过了单位根的检验过程，说明一阶差分后的变量间有可能会存在协整的关系，它们具有平稳的趋势，因此，接下来我们就要对其实际的平稳状态进行检验。

2. **面板协整检验**

本文主要采用 Pedroni 的协整检验方法。由于本文的样本数量小于100，因此采用 Panel ADF 和 Group ADF 统计量的效果会好一些，因此，本文综合协整主要方法和本文的模型相适应的实际情况，选择了以 Panel ADF、Group ADF 统计量为主，Panel PP 和 Group PP 统计量为辅助的主要检验方法进行协整检验，检验结果如表6所示。

表6　面板协整检验结果

Statistic	Value	Z-value	P-value
Gt	−2.783	−1.048	0.099
Ga	−0.627	4.758	0.005
Pt	−2.776	3.025	0.299
Pa	−0.325	3.317	0.010

　　以面板协整检验结果为准，主要考察的 Panel ADF 和 Group ADF 两个统计量的数据分别为 0.010、0.005，可以看出它们均在 1% 的显著水平上拒绝"没有协整关系"的原始假设，统计量 Group PP 的数值为 0.099，它在 10% 的显著水平上拒绝"没有协整关系"的原假设，统计量 Panel PP 的数值为 0.299，未通过检验，由此可见，在已经选择的四个统计量中有三个已经通过了协整检验，而且本样本为样本数额小于 100 的小样本，也就是说其中的 Ga 和 Pa 统计量为主要参考作用的统计量，两者均通过了协整检验，从而证明了我们之前的假定的存在，即国家创新能力和政府政策工具之间存在协同进化的可能，两者有一定的均衡关系。

（二）面板 VECM 检验

　　根据已经检验通过的国家创新体系中政府作用的各变量间确实存在着长期的均衡关系，那么短期内两者之间是否存在均衡或者当进行短期内的调整后，各变量如何回归到各变量的长期均衡状态，这就需要进行面板的误差修正检验，因此，按照该检验的主要流程，首先要对该面板数据进行面板自回归估计，从而获取要进行误差修正的对应修正项，随后再进行面板的误差修正模型检验。

1.面板自回归估计

　　通过以上的面板协整检验，可以看出之前的假设条件是存在的，即国家创新体系的优化与政府政策工具变量之间存在着双向互动关系，并且这种互相推动的关系是相互稳定的。因此，可以进行接下来的面板自回归估计，具体估计步骤如下：

　　（1）未修正的随机效应与固定效应检验

　　本文利用最小二乘法对所选变量间的双向互动关系进行检验，并比较随机效应检验和固定效应两者之间的优劣，两者的最终检验结果如表7所示。

表7　未修正的随机效应与固定效应回归结果

Index	Fe（patent）	Re（patent）
rdgdp	0.294426***	0.342492***
	（2.71）	（2.99）
geogdp	−0.06338	−0.06515
	（−1.01）	（−0.94）
pse	−0.00077*	−0.00089*
	（−1.85）	（−1.91）

（续表）

Index	Fe（patent）	Re（patent）
tax	−0.00087	−0.00531
	（−0.07）	（−0.37）
infra	−0.11205***	−0.116***
	（−4）	（−3.75）
lngdpc	2.865541***	2.673307***
	（14.36）	（12.44）
_cons	−11.166***	−10.369***
	（−12.62）	（−10.46）

对比固定效应检验和随机效应检验的结果，可以明显看出随机效应估计中的两个变量的系数在 10% 的水平上不显著，因此，本文采用豪斯曼检验（Hausman）对随机效应和固定效应进行对比，从检验结果（见图 3）来看，固定效应相对于随机效应来说，其对应的变量系数的显著性有了明显的提高，所以固定效应检验相对随机效应检验来说是比较优化的，但是，模型构建过程中都会不可避免地存在序列相关、截面相关、行组间异方差等各种各样的问题，从而导致自回归的结果不稳定，需要进一步进行序列相关、截面相关、行组间异方差等相关的检验和修正。

```
                    ——Coefficients——
                 (b)        (B)         (b-B)       sqrt (diag (V_b-v_B))
                 EE         RE          Difference        S.E.
    rdgdp     .2944264    .342492      -.0480656      .0407312
    geogdp    -.063383    -.0651462     .0017632      .0128797
    pse       -.0007732   -.0008928     .0001196      .0000313
    tax       -.0008651   -.0053071     .0044419      .0019928
    infra     -.1120499   -.1160009     .0039509      .0052567
    lngdpc    2.865541    2.673307      .1922345      .0622352
    cons      -11.16602   -10.36904     -.7969756     .0145635

                b= consistent under Ho and Ha; obtained from xtreg
            B= inconsistent under Ha, efficient under Ho; obtained from xtreg
    Test: Ho: difference    in coefficients    not systematic
            chi2 (6) =      (b-B)`[(V_b-V_B)~(-1)](b-B)
                  =         30.04
            Prob>chi2 =     0.0000
    (V_b-V_B is not positive definite)
```

图 3 豪斯曼检验（Hausman）结果

（2）组间异方差、截面相关的检验、组内自相关检验

根据以上数据分析中可能存在的序列相关、截面相关、组间异方差的三种可能性，本文分别利用 Wooldridge、Breusch-Pagan LM 和 Modified Wald 对应的三种检验方法进行检验。

因此得到如表 8 所示的检验结果。

表 8　固定效应模型下非球形扰动项检验

统计量	Modified Wald test	Breusch-Pagan LM	Wooldridge test
Chi2 或 F	79.39	5.356	365.847
P 值	0.0000	0.0000	0.0000

根据以上的检验结果，发现 Wooldridge、Breusch-Pagan LM 和 Modified Wald 三种检验的 P 值均小于 0.01，说明其检验结果拒绝了不存在序列相关、截面相关、组间异方差的可能性，因此该模型存在序列相关、截面相关、组间异方差。从 Breuscm-Pagan LM 检验的残差相关系数矩阵的非对角线元素的数值中可以看出，很多大于 0，很多数值与 1 相近（见图 4），并且 P 值 <0.01，更加证实了存在组间截面相关的问题。

```
Correlation matrix of residuals:
         c1       c2       c3       c4       c5       c6       c7       c8       c9
r1   1.0000
r2   0.3557   1.0000
r3   0.3277   0.9691   1.0000
r4   0.5969   0.4576   0.4526   1.0000
r5   0.4590   0.9208   0.9486   0.4224   1.0000
r6   0.5051   0.9531   0.9629   0.5408   0.9312   1.0000
r7   0.0236  -0.0503   0.1164  -0.2346   0.0910   0.1453   1.0000
r8  -0.4731   0.1332   0.0988   0.0986   0.0716  -0.0232  -0.5831   1.0000
r9   0.5166  -0.4299  -0.3990   0.3718  -0.3638  -0.2219   0.2235  -0.6170   1.0000
Pesaran's test of cross sectional independence =     5.356,   Pr = 0.0000
Average absolute value of the off-diagonal elements =0.419
```

图 4　Breuscm-Pagan LM 检验结果

（3）广义最小二乘法估计

根据以上的检验结果，可以得知直接进行面板自回归估计会直接影响最终的回归结果，因此，本文选用广义最小二乘法对模型进行重新估计，最终结果如表 9 所示。

表 9　广义最小二乘法（FGLS）估计结果

Index	Fe（patent）	AR1（patent）	PSAR1（patent）
rdgdp	0.294426***	0.2122775***	0.1905508***
	（2.71）	（8.21）	（11.49）
geogdp	−0.06338	0.1219289***	−0.0089617
	（−1.01）	（4.84）	（−0.65）
pse	−0.00077*	−0.000758***	0.0002017
	（−1.85）	（−4.32）	（1.15）
tax	−0.00087	−0.1091664***	−0.0215237***
	（−0.07）	（−14.04）	（13.74）
infra	−0.11205***	0.0162379*	0.0098849
	（−4）	（1.72）	（1.34）

经济与社会理论研究与智库服务

（续表）

Index	Fe（patent）	AR1（patent）	PSAR1（patent）
lngdpc	2.865541***	0.0292496	0.1703699***
	（14.36）	（0.32）	（2.66）
_cons	−11.166***	0.315459	−0.4411733*
	（−12.62）	（0.79）	（−1.67）

根据上表的实际回归数据来看，通过修正之后的面板向量的自回归模型系数的显著性均比没有调整之前的系数有了明显的提高。

2. 面板向量误差修正估计

根据以上的检验和回归结果，可以看出国家创新体系的优化与政府政策工具之间存在着双向互动作用，但是这样的互动作用的短期波动变化是什么样子的仍需进行评估，因此，本文利用 Engle 和 Granger（1978）的两步法，构造了向量误差修正模型：

$$\Delta Y_{it} = a_0 + a_1 \Delta Y_{i,t-1} + a_2 \Delta GDPC_{it} + a_3 \Delta HUCAP_{it} + a_4 \Delta INFRA_{it} + a_5 \Delta RDEX_{it}$$
$$+ a_6 \Delta PAPER_{it} + a_7 \Delta OPEN_{it} + a_8 \Delta GDPC_{i,t-1} + a_9 \Delta HUCAP_{i,t-1}$$
$$+ a_{10} \Delta INFRA_{i,t-1} + a_{11} \Delta RDEX_{i,t-1} + a_{12} \Delta PAPER_{i,t-1}$$
$$+ a_{12} \Delta OPEN_{i,t-1} + \delta ect$$

其中，ect 为误差修正项。

估计结果如表 10 所示。

表 10　面板向量误差修正模型估计结果

Inde	drdgdp	dgeogdp	dpse	dtax
a	0.109205***	0.109205***	0.002966**	−0.008306**
	（0.83）	（−2.52）	（5.21）	（−0.44）
Inde	lrdgdp	lgeogdp	lpse	ltax
a	−0.1264575	0.3467908**	−0.0293197**	−0.0972175**
	（−1.81）	（4.51）	（−4.73）	（−4.06）

上表显示，创新投入、财政政策、公共政策、税收政策、基础设施和经济发展水平的差分数值对技术产出即代表国家创新能力的变量的数值差分有很大的推动作用，从上面的数据中就可以明显看出和表明了创新投入、财政政策、公共政策、税收政策、基础设施和经济发展水平等所选择的指标的实际调整情况会影响着一个国家国家创新能力的提高及国家创新体系的优化。对上面的实际数值进行比较，可以发现经济发展水平这个指标对国家创新能力及国家创新体系的构建的互动影响作用最为明显，回归得出的系数也比较大。更值得注意的是误差修正项的系数为负，即 −0.13401，表明了该模型的长期稳定状态受到这个修正机制的调节作用，按照这个

数值来说，其具体的调整力度即为 0.14301，也就是说，如果我们假定的国家创新体系中政府作用的动态评价模型已经处于一个相对稳定的平衡状态，那么当这个模型中的某个因素或指标受到了外在的影响，产生了明显变化，那么该模型就会以 0.134 的调整力度迅速对它的作用现状进行调整，并让该模型调整到其应该处于的实际平衡状态。根据上表中创新投入、财政政策、公共政策、税收政策、基础设施和经济发展水平的差分滞后值的回归系数的显著性来说，创新投入、财政政策、公共政策、税收政策、基础设施和经济发展水平在误差修正模型中均产生影响，对一国国家创新能力的提升和该国国家创新体系的优化均有积极作用。

需要特殊指出的是，模型中税收政策的误差修正系数无论长期还是短期均为一个负数，也就是说，根据实际的回归结果显示税收政策对国家创新能力的提升具有负作用，即税收政策中税负较重时对国家创新能力的提升具有负作用，这有可能是按照国家社会经济发展的不同阶段而表现出的不同于实际的影响作用，如果一个国家正在进行大范围的改革，其对应的社会经济并没有适应该国的实际发展需要，它的实际经济发展处于初级水平，创新的主要方式就是进行技术研发，从而带动企业生产规模、销售额及税费的增加，因此在这个阶段，国家创新能力的提升会比较明显；而随着经济的发展，企业的研发技术已经处于成熟化、标准化的阶段，其企业生产规模趋于稳定，甚至有些模仿者进入同一生产领域，从而导致其销售额、税费呈现下降趋势，相对应地影响到了国家创新能力的逐步减弱，从而出现了税收政策对国家创新能力提升的负作用。

（三）面板向量自回归估计

基于以上进行回归前的全部检验工作，本文主要采用国内外经常用到的向前均值差分法来消除每一个变量的个体效应，随后利用 Love 教授在 2015 年的一篇关于 PVAR 的实际应用案例所包含的具体编译程序来对该模型进行广义矩估计。随后，本文采用滞后三期、通过 monte-carlo 模拟 500 次的最终回归结果。

1. 广义矩估计

广义矩估计的结果如表 11 所示。通过表内的具体 z 的数值可以看出，其数值的比较小，是现有类似估计常见的一种状态，符合国内外该类研究的实际结果。

表 11　面板 VAR 回归结果

	patent		rdgdp		geogdp		pse		tax		infra		lngdpc	
	b-GMM	z-GMM	b-GMM	z-GMM	b-GMM	z-GMM	b-GMM	z-GMM	b-GMM	z-GMM	b-GMM	z-GMM	b-GMM	z-GMM
L1.patent	1.543543	25.66	0.032579	0.64	-0.38649	-2.54	-23.6369	-0.72	0.349414	0.65	0.418918	2.41	0.020087	0.6
L1.rdgdp	-0.9503	-7.36	0.921649	9.12	-0.57604	-2.54	375.3213	6.83	-3.75102	-2.96	2.503662	5.37	0.199	2.64
L1.geogdp	-0.16417	-6.27	-0.16495	-7.1	0.208056	3.35	64.9778	6.14	-0.75016	-2.43	-0.495	-4.66	-0.11759	-6.42
L1.pse	-0.00089	-13.79	-0.00034	-6.13	-0.00058	-4.87	0.535051	6.77	-0.002	-3.68	0.001081	4.71	-0.00013	-3.15
L1.tax	-0.02327	-6.59	-0.0222	-5.83	-0.00251	-0.23	8.943205	5.27	0.36401	5.17	-0.0871	-4.11	-0.01752	-4.56
L1.infra	0.00656	0.43	0.003366	0.23	0.162395	6.59	-4.01517	-0.62	0.064095	0.43	0.425587	5.91	-0.03667	-3.53
L1.lngdpc	-0.06546	-0.33	-0.49027	-2.84	-0.48193	-1.45	56.60965	0.78	0.336557	0.21	0.310681	0.51	1.16196	11.04
L2.patent	-0.7592	-12.4	-0.23302	-4.93	0.29285	1.81	83.2611	2.94	-0.97822	-2.06	-0.78742	-4.36	-0.11746	-3.67
L2.rdgdp	0.9344	6.71	0.153385	1.55	0.700774	2.89	-378.386	-6.56	3.859023	3.11	-2.80976	-5.87	-0.26742	-3.74
L2.geogdp	-0.09413	-4.62	-0.0933	-5.36	0.547327	9.22	36.13006	4.48	-0.66143	-2.57	-0.39108	-5.43	-0.04142	-3.02
L2.pse	-0.00062	-16.03	-0.00028	-6.65	-0.00012	-1.24	0.810566	13.12	-0.00086	-1.93	0.001018	6.23	-0.00014	-6.52
L2.tax	-0.01464	-4.45	-0.01661	-4.56	0.019983	2.87	4.067075	2.71	0.568891	6.98	-0.05362	-3.44	-0.0143	-4.48
L2.infra	0.056728	3.63	0.019575	1.26	-0.125	-4.65	-18.7492	-2.84	0.191862	1.1	0.601588	7.71	0.049409	4.29
L2.lngdpc	0.376589	1.76	1.035475	5.26	0.367992	0.97	-139.109	-1.92	0.857484	0.44	2.687831	3.76	0.231198	1.73
L3.patent	-0.05467	12.34	-0.45682	6.87	0.4678	5.28	106.456	5.69	-2.5646	-4.32	-0.4563	9.24	-0.21568	-9.32
L3.rdgdp	0.58762	5.68	0.04326	4.43	0.5468	2.64	-432.876	6.79	5.8634	6.42	-0.2464	3.76	-0.4682	4.67
L3.geogdp	0.32675	4.32	-0.04234	5.89	0.8642	1.52	28.654	-0.32	-0.5632	4.36	-0.2468	5.04	0.5846	4.53
L3.pse	0.00245	2.56	-0.00012	-8.75	-0.00012	-6.24	1.8945	6.34	0.0012	-0.58	0.00132	2.42	-0.00018	8.42
L3.tax	-0.00035	6.21	-0.01212	6.54	0.0546	6.37	0.6486	2.58	0.636	0.46	-0.02316	-0.56	-0.01264	-9.31
L3.infra	0.08526	26.78	0.02684	2.22	-0.226	-9.82	-20.432	9.02	0.2412	0.64	0.86432	4.32	0.12642	3.42
L3.lngdpc	0.89782	2.58	2.14322	1.56	0.3462	4.61	-39.567	1.48	0.9862	8.63	3.6422	2.86	0.1268	2.89

（1）以技术产出作为依赖变量

根据上表 2、3 列所展示的具体数值得出如下结论：技术产出的滞后 1 期对当期技术产出的影响显著为正，滞后 2 期和 3 期对技术产出的影响为负，说明技术产出本身受到较远年份技术产出的影响，而与本年度的技术产出自身呈现正相关趋势。创新投入、政府政策工具的滞后 1 期对当期技术产出的影响为负，这就表明了当期的技术产出与前期的政府政策工具和创新投入间没有绝对的相关关系，其滞后 2 期、3 期中的创新投入水平和滞后 3 期的财政政策与公共政策均对技术产出有促进作用。当期技术产出受到税收政策滞后 1、2、3 期的影响为负，这就说明了企业所得税的税负与技术产出有明显的负相关关系，根据表中各滞后期的数据，从滞后 1 期的 -0.02327 到滞后 3 期的 -0.00035 可以看出，技术产出与受近期税收政策的影响大于受到的远期税收政策的影响。创新投入的滞后 1 期与当期技术产出负相关，而滞后 2 期和 3 期与当期技术产出正相关。

此外，从上表中也可以看出，两个控制变量：基础设施水平和经济发展水平对技术产出也具备一定的互动作用。具体表现为经济发展水平的滞后 1 期阻碍技术产出，对其影响作用为负，经济发展水平滞后 2 期、3 期推进技术产出，对其作用效果为正。基础设施水平的滞后 1、2、3 期推进对当期技术产出，对其影响为正，进一步验证了现如今大部分学者的理论观点，即创新能力依赖于一国的基础设施的建设水平，进入 21 世纪后，由于信息技术的发展，其更加依赖于一国的网络基础设施建设和居民的网络服务器的拥有数量。

（2）以创新投入为依赖变量

根据上表 4、5 列所展示的具体数值得出如下结论：当期的创新投入与滞后 1、2、3 期的政府政策工具呈现负相关的关系，并且其与近期的相关性大，与远期的相关性相对较小，表明了创新投入主要与前几期政府政策工具的实际选用和已经达到的调控水平之间有很大的关系，严格来说，通过实际的数据就可以看出，技术产出的滞后 1 期会影响到当期创新投入的实际数量，这表明了远期的实际技术产出数量会对近期的国家投入产生明显的影响，从而左右了政府进行政策制定时的创新投入方向。

此外，从上表中还可以看出，两个控制变量：基础设施水平和经济发展水平对创新投入也具备一定的影响。基础设施水平的滞后 3 期均对创新投入的作用效果呈现正相关，说明创新投入与基础设施建设之间存在相互促进的作用。而经济发展水平的滞后 1 期与创新投入呈现负相关，滞后 2、3 期转变为正相关关系，这就说明一国创新投入的多少受到它远期的经济发展水平的影响，也就是说其前 2～3 期经济发展水平高，那么在当期该国的科研经费就会比较充足，从而该国的创新投入就会多一些。

（3）分别以政府政策工具为依赖变量

根据表 11 列所展示的具体数值得出如下结论：财政政策、公共政策和税收政策均在不同程度上受到远期基础设施水平和经济发展水平的影响比较大，受近期基础设施水平和经济发展水平影响相对较小，说明了前期各国的技术设施建设和经济的发展对本期的财政政策、公共政策和税收政策的制定均有一定的影响。与此同时，财政政策、公共政策和税收政策受到技术产出的作用。财政政策和公共政策受到滞后 1 期技术产出的负影响，滞后 2、3 期的正影响；税收政策受到滞后 1 期的正影响，滞后 2、3 期的负影响。说明财政政策、公共政策、税收政策的制定与技术产出之间具有明显的时滞性。各期财政政策、公共政策和税收政策三个政府政策本身也存在有一定影响。财政政策受自身影响明显存在时滞性，其滞后 1 期影响系数为 0.208056、滞后 2 期影响系数为 0.547327、滞后 3 期影响系数为 0.8642。同样，公共政策受自身影响效果也存在明显时滞性，其滞后 1 期影响系数为 0.535051、滞后 2 期影响系数为 0.810566、滞后 3 期影响系数为 1.8945。相反，税收政策受自身的影响效果立竿见影，其滞后 1 期影响系数为 0.36401、滞后 2 期影响系数为 0.568891、滞后 3 期影响系数为 0.636，说明政府的财政政策、公共政策制定时受远期相关政策影响大，财政政策制定时受近期相关政策影响大。上表所列的具体数值说明了政府政策工具受到自身和创新能力、基础设施、发展水平的影响。

此外，财政政策、公共政策和税收政策三个政府政策之间也存在有一定影响。财政政策受前期公共政策的影响为负，而公共政策受前期财政政策影响为正，并且均受近期影响系数较大，说明财政政策的制定与前三期公共政策制定相反，而公共政策的制定与前三期财政政策制定具有共同趋势。财政政策受税收政策影响会由近期的负相关转变为远期的正相关，公共政策对税收政策的影响则呈现出随时间变化逐步减弱的趋势，说明财政政策制定与近期税收政策制定相反，而与远期的税收政策制定趋势相同，税收政策的制定受近期公共政策制定的影响相同。从上表中还可以看出，税收政策受滞后 1、2、3 期财政政策影响为负，受滞后 1、2 期公共政策影响为负，滞后 3 期公共政策影响为正，说明税收政策的制定与近期财政政策、公共政策的制定相反，而其与远期公共政策制定相同。上表所列的具体数值说明了政府政策工具间存在相互推动作用。最终分析结果与上一章博弈分析结果一致。

为了检验面板 VAR 各变量之间的因果关系，依据 Love 教授在 2015 年发表的《Estimation of Panel Vector Autoregression in Stata：a Package of Programs》一文中提及的格兰杰因果检验进行检验，检验结果如图 5 所示。

从图 5 中可以明显看出，国家创新体系中政府作用的各变量间及国家创新能力与政府政策工具间的作用关系，大部分都在对应置信水平中，通过了格兰杰因果检验。

Panel VAR-Granger causality Wald test
Ho:Excluded variable does not Granger-cauac Equation variable
Ha:Excluded variable Grangr-cauaea Equation variable

Equation\Excluded	Chi2	dr	prob>chi2
Patent			
rdgdp	2.112	1	0.146
geogdp	19.096	1	0.00
pse	0.077	1	0.782
tax	63.070	1	0.000
infra	7.681	1	0.006
lngdpc	113.102	1	0.000
ALL	202.872	6	0.000
rdgdp			
patent	5.867	1	0.015
geogdp	4.236	1	0.040
pse	0.029	1	0.865
tax	8.595	1	0.003
infra	0.859	1	0.354
lngdpc	5.607	1	0.018
ALL	79.903	6	0.000
geogdp			
patent	0.055	1	0.814
rdgdp	1.420	1	0.233
pse	11.770	1	0.001
tax	74.812	1	0.000
infra	212.242	1	0.000
lngdpc	3.671	1	0.055
ALL	853.040	6	0.000
pse			
patent	29.085	1	0.000
rdgdp	4.801	1	0.028
geogdp	46.463	1	0.000
tax	46.790	1	0.000
infra	128.579	1	0.000
lngdpc	140.952	1	0.000
ALL	1048.582	6	0.000
tax			
patent	17.048	1	0.000
rdgdp	17.261	1	0.000
geogdp	33.474	1	0.000
pse	0.174	1	0.677
infra	20.253	1	0.000
lngdpc	25.003	1	0.000
ALL	226.726	6	0.000
infra			
patent	5.666	1	0.017
rdgdp	2.375	1	0.123
geogdp	23.334	1	0.000
pse	9.529	1	0.002
tax	12.673	1	0.000
lngdpc	0.540	1	0.462
ALL	432.706	6	0.000
lngdpc			
patent	0.036	1	0.849
rdgdp	2.936	1	0.087
geogdp	1.359	1	0.244
pse	10.755	1	0.001
tax	0.035	1	0.851
infra	19.351	1	0.000
ALL	146.540	6	0.000

图 5　格兰杰因果检验结果

　　虽然本文利用上面的格兰杰因果检验结果就可以看到模型中相关变量间的关系，但是在进行相关分析之前，本文对国家创新体系中政府作用动态模型的平稳性要进行检验，从检验结果的特征值（见图 6 和图 7）来看，该模型具有稳定性，从而为下一节的脉冲分析奠定基础。

Eigenvalue stability condition

Eigenvalue		Modulus
Real	Imaginary	
.996296	0	0.996296
.8624798	-0.1369592	0.8732865
.8624798	0.1369592	0.8732865
-0.8136041	0	0.8136041
-0.5304334	0	0.5304334
.4007239	0	0.4007239
.2803924	0	0.2803924

All the eigenvalues lie inside the unit circle.
pVAR satisfies stability condition.

图 6　平稳性检验特征值

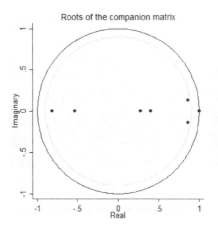

图 7　平稳性检验结果图

2. 脉冲响应

　　根据本文已经进行的实证分析结果可以看出，模型中的各变量间确实存在着协同进化、相互作用的动态推进关系，那么这种推进关系各变量间的相互影响到底多大呢？这就需要我们利用脉冲分析的计量办法对各变量间的相互作用进行定量，因此，本文通过 500 次的 Monte-Carlo 模拟获得了置信区间为 5% 的脉冲响应函数，如图 8 所示。

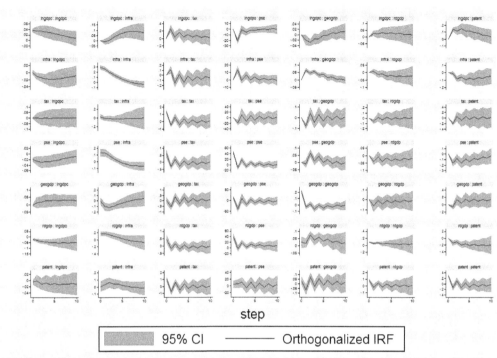

图 8　脉冲响应效果图

图 8 第一列表示了各变量对经济发展水平的脉冲响应函数。从整体图形走势上可以看出，自身冲击对自身的影响逐年下降。基础设施建设、公共政策、研发投入对经济发展水平的冲击效应相同，基础设施、研发投入的影响在第 0 期为 0，公共政策在第 0 期的影响为负，然后经历一段时间的缓慢下降后进入上升阶段，并长期保持上升趋势。税收政策的冲击效果并不明显。财政政策对经济发展水平的冲击效应第 0 期为 0，随后缓慢上升。

第二列为各变量对基础设施的脉冲响应函数。财政政策和发展水平对基础设施的冲击效果第 0 期为 0，在经过第 1 期的短暂下降后，逐年上升。公共政策、研发投入对基础设施的冲击第 0 期均为正，经历第 1 期的平稳影响后，逐渐下降，第 5 期后其冲击效果为负。基础设施受自身冲击影响开始为正，在第 5 期滞后后就转变为负。技术产出对基础设施的影响第 0 期为 0，在经历了第 1、2 期的短暂上升后逐渐下降，从第 5 期开始对基础设施的冲击效果为负。

第三列表示，在给本期各变量一个标准差冲击后税收政策的响应，从整体上看，各变量的冲击对税收政策的影响逐期波动效果比较明显，所不同的是在第 0 期，税收政策、公共政策、研发投入和技术产出一个标准差的冲击对税收政策的脉冲效果第 0

期为正，随后开始逐期波动。

第四列表示，当在本期各变量一个标准差冲击之后公共政策的响应。从整体上看，各变量的冲击对税收政策的影响逐期波动效果比较明显，所不同的是公共政策和研发投入的冲击对公共政策的影响在第 0 期为正，在经历第 1 期急速下降后逐期波动，最终将呈现出趋于 0 的稳定趋势。

第五列中的数据表示经济发展水平的冲击对财政政策的影响会经过一段的下降后再逐渐上升，而基础设施的影响经过短暂上升后逐步下降。研发投入和财政政策自身的冲击效应从长期来看呈现趋于 0 的稳定趋势。

第六列中的数据表示研发投入自身的冲击对自身会经过一个长期的波动变化后趋于 0 的稳定趋势。所不同的是下降后逐渐上升，而基础设施的影响经过短暂上升后逐步下降。研发投入和财政政策自身的冲击效应最终将呈现趋于 0 的稳定趋势。

从第七列可以看出，在本期给各变量一个标准差的冲击后技术产出的响应。经济发展水平当期效应为 0，经过 2 期缓慢上升后逐渐下降。基础设施当期效应也为 0，但是其经过 5 期缓慢下降后逐步上升。税收政策、财政政策、公共政策和研发投入当期效应均为 0，后将会经过一段时间的波动，最终公共政策、税收政策和财政政策对技术产出的影响趋于正值，税收政策的影响稍微弱一些。研发投入的影响经过缓慢下降后迎来逐步上升的趋势，最终这一个标准差的冲击对技术产出的影响将趋于正值。说明研发投入短期内并不会对技术产出发挥推动作用，但长期是具有明显正效应的，也就说明技术产出是需要一定时间的。技术产出当期对自身影响为正，经过 1 期迅速下降后呈现波动趋势，长期来看，其对自身影响趋于 0。

3. 方差分解

将该模型中的变量进行方差分解，从而考察结构性变化对各变量的实际影响效果，主要用其对应的方差贡献率进行评价，因此利用 State13.0 将已经进行脉冲分析的数据进行方差分解，得到表 12 的结果。

表 12　方差分解

		Patent	rdgdp	geogdp	pse	tax	infra	lngdpc
patent	4	0.317493	0.185701	0.053172	0.154919	0.127951	0.025928	0.134837
rdgdp	4	0.232473	0.392606	0.140049	0.067258	0.109457	0.006886	0.051272
geogdp	4	0.112834	0.081563	0.535601	0.04788	0.106635	0.100113	0.015374
pse	4	0.028227	0.245809	0.265812	0.302791	0.066785	0.028824	0.061752
tax	4	0.366692	0.047861	0.078251	0.094169	0.392678	0.005204	0.015146
infra	4	0.017208	0.235571	0.086276	0.113416	0.004141	0.540574	0.002815
lngdpc	4	0.014389	0.35167	0.078714	0.185135	0.001365	0.04552	0.323207
patent	6	0.235783	0.254821	0.081945	0.150235	0.096724	0.043033	0.137459

（续表）

		Patent	rdgdp	geogdp	pse	tax	infra	lngdpc
rdgdp	6	0.206452	0.387201	0.131684	0.0834	0.098963	0.021471	0.070829
geogdp	6	0.123802	0.112478	0.478598	0.057362	0.106928	0.105559	0.015272
pse	6	0.043367	0.247149	0.260985	0.286815	0.076853	0.027988	0.056843
tax	6	0.367666	0.047919	0.085653	0.093347	0.382256	0.007428	0.015732
infra	6	0.019855	0.228297	0.093288	0.105353	0.005874	0.526752	0.020581
lngdpc	6	0.019454	0.40832	0.106156	0.162541	0.001045	0.05562	0.246865
patent	8	0.192856	0.311291	0.103375	0.137911	0.078606	0.05005	0.125913
rdgdp	8	0.187855	0.379876	0.123945	0.096324	0.090906	0.038891	0.082204
geogdp	8	0.128396	0.127891	0.459732	0.057966	0.106982	0.104278	0.014755
pse	8	0.051541	0.251643	0.257216	0.277148	0.080895	0.027187	0.05437
tax	8	0.366931	0.048628	0.089148	0.09305	0.37738	0.008873	0.015989
infra	8	0.019258	0.219374	0.089487	0.111441	0.006569	0.503271	0.0506
lngdpc	8	0.022607	0.454675	0.125999	0.140376	0.000891	0.056615	0.198837
patent	10	0.168286	0.357249	0.119204	0.124533	0.067611	0.05056	0.112558
rdgdp	10	0.174745	0.37636	0.118448	0.104352	0.084958	0.054107	0.087031
geogdp	10	0.1302	0.135225	0.452056	0.057827	0.106951	0.102015	0.015728
pse	10	0.055267	0.257109	0.254958	0.271015	0.082115	0.026562	0.052974
tax	10	0.366094	0.049499	0.090939	0.092819	0.374921	0.009698	0.016031
infra	10	0.018447	0.218696	0.085974	0.122471	0.006383	0.470795	0.077235
lngdpc	10	0.024526	0.492897	0.140446	0.121551	0.000862	0.053025	0.166693

根据表中所列数据得到如下结论：

（1）技术产出受到自身及研发投入、税收政策、公共政策和经济发展水平的短期影响较大，研发投入、税收政策、公共政策和经济发展水平对其影响的方差贡献率在 60% 以上；技术产出受自身影响作用下降，研发投入和财政政策的影响作用增强到高于 30% 和 10%。

（2）研发投入受到技术产出、创新投入、财政政策和税收政策的影响都高于 10%，第 6、8、10 期影响作用大致相同，也就表明了这三期作用的趋同性。

（3）财政政策自身的影响长期内比较稳定，基本为 45% 左右。技术产出、经济发展水平的相互作用比较稳定，技术产出、税收政策和基础设施短期内影响为 10% 以上，长期影响也较为稳定，研发投入、税收政策、经济发展水平对其影响相对较弱。

（4）对于公共政策，除了自身的影响外，创新投入、财政政策对其影响较为显著，二者作用达到了 50% 以上，并且较为稳定。同时，技术产出、税收政策从长期来看影响有所增强，而公共政策、经济发展水平的影响有所减弱，基础设施的影响较为稳定，基本保持在 2.7% 左右。

（5）对于税收政策，除自身之外技术产出的影响最大，在 36.7% 的水平上解释了税收政策的波动，创新投入、公共政策的影响较为稳定，财政政策、基础设施建设和经济发展水平的影响长期来说有所增强，税收政策自身影响长期有所减弱。

（6）对于基础设施建设，除自身外，创新投入的影响最大，尤其在第 4 期高达 24.6%，技术产出、财政政策、公共政策、税收政策的影响存在微小波动，基础设施自身影响呈现下降趋势，第 10 期的影响为 47%，但经济发展水平的影响呈现逐期上升趋势，说明经济发展水平对基础设施的影响短期不明显，但长期影响比较显著。

（7）对于经济发展水平，创新投入对其影响远高于自身的影响，尤其在第 10 期高达 49%。技术产出、创新投入和财政政策对经济发展水平的影响具有显著上升的趋势。公共政策、税收政策、经济发展水平自身的影响呈现下降趋势，而基础设施建设对经济发展水平的影响较为稳定，保持在 5% 左右。

四、结论

基于政府政策工具对国家创新体系的动态影响的博弈模型分析，本文对政府作用大小、时效性等进行定量分析。本文采用经济计量方法建立国家创新体系中政府作用动态作用模型，首先结合以往研究利用因子分析法寻找政府作用中影响国家创新体系的主因子，随后运用面板数据对国家创新体系政府作用中各政府政策工具对创新体系的影响进行定量分析，并通过面板自回归模型分析国家创新体系中政府作用的动态演化进程。

根据国家创新体系中政府作用的理论分析，选择适当的经济计量模型来进行政府作用动态评价模型构建的基本理论。主要选用面板数据来进行模型构建，将所采用的模型和所需数据结合在一起就是本文最终的基本模型框架了，即面板向量自回归模型 PVAR，并选择政府作用理论章节中所提到的政策工具来定量研究国家创新体系中的政府作用。主要采集了 1991—2013 年世界经济合作与发展组织的 9 个国家和中国的一系列指标来衡量国家创新能力和政府政策工具的动态作用。

（一）主要结论

根据本文对选取的主要经济计量方法和对应的样本国家的相关数据进行分析的结果，对国家创新体系中政府作用的实际效果进行了定量分析，分析的结论如下：

结论一：国家创新体系的动态演进

实践过程中我们发现，国家创新体系没有好与坏的区分，只有适合不适合本国国情的区分，一国国家创新体系适合了该国经济社会发展需求，必然会提升该国的国家创新能力，如果它不能适应该国国情，那么该国的国家创新能力肯定不会有所变化，相反，可能会引起或导致该国国家创新能力的下降，因此，本文通过实证研究得到了与实践过程相同的结论，即国家创新体系存在着动态演进的过程，也就是说国家创新体系会随着社会经济生活的需要进行调整和优化，在这个过程中就会影响到国家创新能力的逐步提升。

结论二：政府政策工具的动态作用

根据本章的实证分析过程结果可以看出，政府政策工具中财政政策、税收政策和公共政策间具有时效性的动态影响，即当政府适当调整财政政策工具的调整力度或者实际的调整方向时，它会以不同的影响力度影响到税收政策和公共政策的变化，三者更加满足政府对国家创新体系构建过程中的整体调整方向；当政府适当调整税收政策工具的调整力度或者实际的调整方向时，它会以不同的影响力度影响到财政政策和公共政策的变化，三者更加满足政府对国家创新体系构建过程中的整体调整方向；当政府适当调整公共政策工具的调整力度或者实际的调整方向时，它会以不同的影响力度影响到税收政策和财政政策的变化，三者更加满足政府对国家创新体系构建过程中的整体调整方向；三者间的这种螺旋式的影响和互动作用，推动了国家创新体系中政府政策工具的优化，使其更加适应社会经济生活及其创新的整体需求，即表明了政府政策工具中的财政政策、税收政策和公共政策间具有动态互动关系。

结论三：国家创新体系和政府政策工具的协同进化演变

面板 VAR 估计结果显示，从整体上看，政府政策工具和国家创新能力的各变量之间存在着双向的动态关系，这是对命题三的支持。国家创新体系与政府政策工具两者相互作用推进国家创新能力螺旋式上升，两者之间的相互作用主要表现在国家创新体系不断地优化可以改善政府政策工具使用的范畴及其调控力度，相反，政府政策工具的调整可以改善国家创新体系与实际社会经济生活的适应情况，使其更加符合一国的实际国情，从而提升国家创新能力。它们之间的这种螺旋式的动态互动作用主要表现在如下几个方面：

（1）国家创新体系的优化促进了国家创新能力的提升

构建一个适应于本国的国家创新体系最主要的目的就是在经济全球化的当下，能够促进本国的国家创新能力的优化和提高，从而积极参与到激烈的国际竞争中。因此，国家创新体系的优良好坏与该国的国家创新能力直接进行对应，也就是说一国国家创新体系适应本国国情，那么其国家创新能力就比较高，一国国家创新体系不适应本国国情，那么其国家创新能力就比较低。

（2）国家创新能力的变化影响了政府政策工具选择

当本国的国家创新体系越发适合、适应本国国情时，就会促进国家创新能力的提高，会创造出新技术、新产品，并引领世界的发展，创造出的新技术、新产品对本国国内的各种产业形成积极影响，这些新技术、新产品推进技术创新领域所需资源的整合和优化，从而影响政府对下一步创新活动开展所需相应政策进行了新的调整，也就影响政府政策工具的选择。

（3）政府政策工具的选择促进了国家创新体系的优化

国家通过调节政府直接投资、税收、公共政策等政策工具的实施力度，促进国家创新体系中创新部门的生产和技术转化的效率，增加创新资源的产出；另外，作为政府政策工具衡量指标之一，生产和技术转化的效率的改善就会影响到整个国家创新能力的提高，就会推进国家创新体系的优化。

（二）相关建议

根据以上研究结论，我们可以看出中国在进行创新型国家建设，推动跨越中等收入陷阱、促进供给侧结构性改革，有力支撑"中国制造2025"的过程中可以通过以下几个方面的调整达到预期目标：

1. 科学选择政府政策工具，促进国家创新体系优化

从本章实证分析中可以看出当期的技术产出不依赖于前期的政府政策工具和创新投入水平，而依赖于其滞后2期、3期中的创新投入水平和滞后3期的财政政策和公共政策，可以看出短期内政府政策工具对国家创新能力的提升作用较为缓慢，长期作用效果存在比较明显的正效应。企业所得税的税负与技术产出呈明显的负相关关系，技术产出与受近期税收政策的影响大于受到的远期税收政策的影响。创新投入的滞后1期与当期技术产出负相关，而滞后2期和3期与当期技术产出成正相关。因此，应在进行创新政策制定前，按照其作用效果滞后期做好科学筹划，选择有针对性的政府政策工具，达到预想效果。

2. 依据作用效果，科学选择政府政策的制定时间方案

从本章实证分析中可以看出财政政策、公共政策和税收政策均在不同程度上受到远期基础设施水平和经济发展水平的影响比较大，受近期基础设施水平和经济发展水平影响相对较小，说明了前期各国的技术设施建设和经济的发展对本期的财政政策、公共政策和税收政策的制定有影响。与此同时，财政政策、公共政策和税收政策受到技术产出的作用，但有明显的时滞性。政府的财政政策、公共政策制定受远期相关政策影响大，财政政策制定时受近期相关政策影响大。因此，我们在制定相应政策时，按照如下方案进行会优化国家创新体系：以公共政策制定为基础，财政政策的制定与前三期公共政策制定相反，与近期税收政策制定相反，而于远期的税收政策制定趋势相同。

3. 注重基础设施建设，为国家创新体系构建提供坚实基础

从本章的实证分析中可以看出，基础设施水平和经济发展水平对技术产出有一定的影响。经济发展水平在长期对技术产出的增长具有一定的促进作用，基础设施建设水平的滞后1、2、3期均对当期技术产出的影响为正，进入21世纪后，由于信息技术的发展，其更加依赖于一国的网络基础设施建设和居民的网络服务器的拥有数量。除此之外，基础设施水平对创新投入也有影响。基础设施水平的滞后三期均对创新投入的作用效果呈现正相关，说明创新投入与基础设施建设之间存在相互促进的作用。因此，政府应在国家创新体系构建过程中注重基础设施的建设力度，特别是作为以信息技术为代表的21世纪的国家创新体系的建设，更应注重网络基础设施的建设和居民网络服务器的普及率。

4. 优化政府创新投入结构，提高创新活力

从国家创新体系中政府作用的动态模型评价中我们可以看出，所选择的7个变量中创新投入变量对国家创新体系的构建的推进作用最为明显，它主要通过提高一个国家的实际科学技术产出数量从而提升国家创新能力，一个国家创新能力的提高会直接影响到其国内的经济发展水平，经济发展水平的增速又将直接带动该国基础设施建设及各类政府政策的调整，进而优化该国国家创新体系，使其更加适应本国的社会经济发展。

来源：薛晓光，王宏伟，李忠伟. 国家创新体系中政府作用动态评价模型研究 [J]. 技术经济与管理研究，2019（2）：25-34.

产业集群演进与企业成长

一、文献回顾与问题的提出

产业集聚是生产要素对于集聚租金的追逐，集聚租金在国内最早是由梁琦（2004）提出的，认为"由集聚而产生的经济利润就是集聚租金，它表现在生产要素回报和不完全竞争的价格指数上"。臧旭恒和何青松（2007）进一步将集聚租金划分为产业租金、地理租金和组织租金，租金的耗散将导致产业集聚的衰败。他们认为，产业租金是由产业的市场结构决定的，选择进入一个良好的市场结构的产业，生产要素的获利能力就强，预期租金就高；地理租金来自生产要素的空间接近，进而对于空间非自由流动的资源的使用和控制，带来租金；组织租金是由集聚的网络关系形成的租金，类似于 Schmitz（1999）提出的"集体效率"（Collective Efficiency）。

集群得以维持和发展，取决于集聚的离散力和集聚力二者之间的权衡，当集聚力大于离散力的时候，企业会因集聚而获利，集群有利于企业成长；当离散力大于集聚力的时候，作为集聚的微观主体企业又会面临诸多选择，企业该如何继续成长并获利，集群如何才能持续发展呢？ 本文对上述问题进行深入分析。

二、产业集群的演进阶段与企业成长

奥地利经济学家蒂奇（Tichy）等根据弗农的产品生命周期理论从时间维度考察产业集群的演进，指出产业集群也有形成、发展、成熟和衰退的周期。本文为了便于分析产业集群演进与企业成长的互动关系，探讨产业集群的可持续发展问题，把产业集群演进分为集聚力较强阶段和离散力较强阶段两个阶段。

（一）集聚力较强阶段

生产要素对于租金的追逐永不止步，集聚初期所产生的集聚租金往往较高，所以对于产业的集聚通常是一个较快的过程。在集聚初期，由于集聚的外部性非常大，集聚力远远大于离散力，各个企业均能享受到集聚租金而进行原始积累，企业生存和发展较顺畅。市场基本上类似于完全竞争市场，进入壁垒低，创业很容易，企业间模仿频繁，同质化严重。王珺（2002）指出广东的专业镇经济以横向一体化分工联系为主。"一个镇区的横向生产组织方式只是在一个镇区集聚了生产同类产品的企业，而这些企业之间并不一定有产业分工联系。整个区域内都生产或提供基本相同的产品和服务。"这体现了专业镇经济的内部集聚效应，即通过专业化生产、经营，使生产和提供这种产品和服务的外部资源向这里集中。王缉慈（2004）也指出，我国现阶段大多数地方产业集群的发展处于一种低层次"扎堆式"的"小企业群生型"企业网络模式。

随着时间的推移，从企业运营中获得的经验促进了知识的增加，在这一过程中也产生了许多"生产性服务"，但是如果企业无法扩张，就无法利用这些业务。这些服务为扩张提供了一个内部诱因，同时也为扩张提供了新的可能性。按照彭罗斯（1959）的观点，有了"管理服务"，还需要"企业家服务"。这时就会产生两种情况：其一，富有企业家精神的企业很可能会成长为大企业。其二，更多的企业仍旧维持原有规模。因为初始集聚的企业大多是"家族式"企业，企业所有者满足于适当的利润，并不愿意为赚取更多的利润而投入更多的精力或者为了募集资金而削弱自己对企业的控制权。在工资理论中，当工资达到某一点时，工资越高越可能导致劳动力的供给减少，或者至少不再增加。在这一点上，经营者与一般工人本质上是一致的。然而，每个人的"进取心"是不一样的，这里的进取心等同于"企业家精神"，可以把它视为在有获利能力的条件下希望尝试的心理倾向，具体就是投入精力和资源在能获利的行动上。这些人善于积累和利用生产性服务、识别市场机会，愿意为企业获取更多利润而扩张，被彭罗斯称为"帝国制造者"的企业家。这部分企业一旦初次成功，就会形成经济学上称之为"马太效应"的现象，少数企业迅速成长壮大。

除了缺乏"企业家服务"这种原因之外，还有一个重要原因就是小企业成长到一定程度的"裂变"。李永刚（2002）指出小企业的演化路径有两条，一种路径是成长为大中规模企业，更多的是演变成众多小企业构成的专业化企业群落。其演变路径取决于人力资源是否外溢。他根据对浙江义乌、上虞、嵊州等地近百家新办小企业的实际调查，发现85%的新办小企业的投资经营者都曾在同类型小企业工作后"跳槽"。由于进入壁垒低，积累了相关知识，预期收益的增加，更有"打工不如开店"的心理诱惑，新企业的诞生便自然而然了。小企业"裂变"使原企业积累起来的发展动能从企业壳体内部外逸耗散，形成了企业成长的限制性障碍。

所以，在这个阶段，少数富有企业家精神的企业抓住机会迅速成长起来，相关企业越聚越多，集聚力大于分散力，集群较稳定发展。

（二）离散力较强阶段

关于集聚的分散力和风险，众多学者作出了大量的研究。早在 1890 年，马歇尔就指出当集群内企业超过一定限度时，土地、资本和劳动力价格就会上涨，从而制约集群内企业的进一步发展，集群开始衰落。Pouder 和 St. John（1996）认为，当集群中企业把它们的竞争范围仅仅局限在集群内时，就使得集群产生竞争性盲点。马库森（Markusen，1996）在研究集群的成功与风险二者之间的关系时指出，区域集群越成功，越倾向于发展成为一个封闭系统，随之僵化，对外界失去反应能力，如同吴晓波（2003）称之为的"自粘性"风险，即集群借以产生优势的自身特性，同时也是削弱集群应对外部环境变化的能力，是最终导致集群走向衰退的根本性风险。波特（M. E. Porter，2000）指出集群面临着外部威胁和内部冲击，外部威胁包括技术中断、顾客需求的转移等。集群内部风险危机源于自身内部的僵化，进而减少生产力和创造力。另外，集群中企业之间的机会主义行为和搭便车现象也会给集群的生存和发展带来很大风险。外部环境的变化和过度集聚导致集聚租金的耗散，分散力大于集聚力，这时产业集聚如何维持或者将向什么方向发展？

集群本身是分工的产物。斯密最早提出了"分工理论"，指出分工有利于提高生产率，但受市场广狭的限制。阿林·杨格利用"迂回生产"概念，对斯密的"分工受制于市场范围的限制"的思想进行了拓展，阐述了市场规模是分工内生的而不是给定的外生约束，形成了著名的杨格定理"分工一般的取决于分工"。回到现实生活中来，现在全球经济危机，经济萎缩，市场缩小，对于企业集群来说是一种挑战，原有的分工程度在弱化，企业重走一体化战略也是一种理性选择。因为企业内分工转化为企业间分工需要有一个稳定的市场规模，忽大忽小的市场规模只能让企业固守一体化，因为生产能力的暂时闲置或不足不会影响企业决策，这是由供给需求规律决定的。另外，技术进步决定了企业内分工转化为企业间分工，若技术进步不能满足该产品单独生产的要求，则这种转化就无法实现。

通过对广东省阳江、新会和新兴的多家不锈钢刀具、厨具企业的考察发现，越是成功的企业在生产和技术方面对产业集群的依赖程度越低，往往呈现"大而全"的结构。用"自主率"和"内部配套率"来衡量企业的"大而全"，结果发现：企业越大，自主率越高；企业越大，内部配套率越高。这与施蒂格勒（George J. Stigler，1989）的观点是背道而驰的，施蒂格勒分析区域化对工厂规模的影响，认为企业集群加强了企业间的信息流动和相互信任，进而使得上下游企业间的交易合约变得容易。

　　所以出现上述刀具、厨具集群大企业内部配套率较高现象，很大程度上是中小企业没有跟上大企业的发展要求导致的。按照企业的核心能力理论，企业应该将非核心业务外包，而将企业的资源集中在自己最擅长最有优势的环节上。大企业没有选择外包只有一种可能，就是自身生产比外包获得的最终利润会更高。从理论上说，后向合并或称之为后向一体化，只有在它能降低成本时才会发生，因为后向合并的决策意味着企业不再像其他企业一样购进原材料或工序，而后者是计入现有产品的生产成本的。伊迪斯·彭罗斯（Edith T. Penrose，1959）把后相合并给企业带来的成本节约分为两类：与企业组织生产已有产品的效率有关的节约；与支付给原料供应商的价格有关的节约。在第一种情形中，由于原材料和半成品必须满足规定的型号、质量和数量保证、时间合适等，因此，企业面临着为了获取供应而产生的各种问题。表现在：当企业所需的投入品必须在质量和设计上与规定严格一致时，当快速增长的行业中不同层次的企业扩张不同步时，当企业的不同阶段之间有紧密的联系时，当供应商因为垄断进行压榨时或者供需出现大幅波动而导致供给不足时。作为成本节省通常很难衡量，还有一种原因就是，为了充分利用企业的生产性服务，企业相对过剩的生产性服务用于生产中间投入品可能比用于其他投资所带来的收益更大。

　　组织管理学家格雷纳（Greiner）把企业组织的变化分为"演变"和"变革"两种形式。"演变"是企业长期的稳定成长，而"变革"则是指企业环境发生动荡时的激进变化。他认为，企业成长到一定阶段，就会遇到某种危机，但如果克服这种危机障碍，企业就会进入一个新的发展阶段。哈佛大学著名史学家钱德勒（Alfred D. Chandler）通过对欧美国家成功企业的成长历程的研究，成为企业的成长路径是"数量扩大—地区扩大—相关多元化—非相关多元化"。这一思想体现在1990年的《规模和范围》一书中，即企业的成长路径是先实现规模经济再实现范围经济的过程。在当今经济形势下，集群中的大企业变得越来越重要，大企业通常是生产率较高的企业，这一点毋庸置疑。大企业的重要性具体表现在：

1. 有利于集群的维持

　　当外部环境发生重大变化时，比如全球经济危机，尤其是对于外向型出口导向的产业集群，大企业的作用就更加明显，当全球经济萎缩，外部订单明显减少，马歇尔式工业区就会面临衰落的危险，但是如果集聚中有实力强大的企业存在，则集群得以维持的可能性大大增强。一方面大企业可能通过自己的品牌和渠道销售产品，另一方面凭借自身的声誉和影响就会承接较大订单，然后将非核心业务外包攫取经济利润，小企业转而为其配套，获得正常利润而免于倒闭，渡过难关。

　　从生产率角度讲，在新经济地理模型中，集聚力由前后向联系组成，离散力是区位竞争，也叫市场拥挤。高生产率企业相比低生产率企业能强化集聚力、弱化离散力。因为高生产率企业有较低的边际成本，它们倾向于销售更多，因此前后向关联经营对于较大市场最有效率企业有更大的吸引力，但也弱化了大市场的区域竞争程度。

2. 集群升级的推动者

从创新角度讲，在集群内中小企业众多，由于空间上彼此临近，模仿变得非常容易，每个企业都想"搭便车"而不愿从事创新活动，除非有很好的知识产权保护制度。那么，大企业为使集群具有竞争力就必须进行创新，虽然在集群内大企业处于垄断地位，可以获取经济利润，但是从更大的范围来看，走出集群，大企业依然面临非常严峻的竞争，不创新就会死亡。也许创新天生就是大企业的事情，因为大企业比小企业存在更大的创新优势。除前面讨论过的之外，还有一点就是信息优势，Alchian（1972）认为通过讨论企业和环境的关系能够理解不确定性条件下企业的行为。公司的环境包括：全部的代理人、信息和公司运营市场中的组织竞争与合作。把环境分为可采纳（adoptive）的环境和可适应（adaptive）的环境。在可采纳的环境中，所有的企业或多或少的一致，谁也不具有信息优势。在任何给定的时期内，任何单一企业创新成功的可能性是等同的。在可适应环境中，由于自身规模的原因，大企业通常会收集并且分析市场的重要信息，拥有信息进而形成比较优势。在不确定的环境下，收集和吸收信息增加了市场领导企业的领导地位和能力，即在给定的时期内，企业的规模增加了个别企业成功创新的可能性。在这种环境下，企业都试图转变不确定性为可衡量的风险，大企业通过信息优势战胜不确定性，小企业通过模仿战胜不确定性。Gordon 和 McCann（2005）论述了对于企业成长来说，没有模仿市场领导者的企业创新成功的数量远远少于模仿者。张杰、刘东（2006）提出在集群中核心企业的带领下，与之相配套的外包、下包多层小企业体系应进行与主企业相适应的技术创新与产业升级过程，以便在快速变化的市场条件下获取灵活、动态、柔性的适应能力与生存能力。杜龙政、刘友金（2007）指出企业集团整合产业集聚区存在内部和外部的优势功能模块，模块集中化以提高创新能力；众多模块围绕一个中心，按照一定规则联系，协同创新，就促成了集群式创新。

从多元化角度讲，企业要想更完全、更充分地利用现有资源，通常可以选择两条途径：一是扩大生产规模，二是搞多元化经营。多样化具有战略扩张和分散风险双重作用。张其仔（2008）在分析中国目前制造业升级问题时指出，产业升级路径是由比较优势演化路径决定的，他研究发现，中国自 2006 年始，比较优势演化开始面临突变压力，出现了局部性"断档"，所以按照传统的线性升级就会面临瓶颈。他指出，产业间升级可能会比产业内升级更容易，所以在大企业发展过程中适度同心多元化，是维持集聚的重要条件。一旦原有产品出现需求变化而萎缩时，多元化发展可以降低由此带来的风险，配套企业随之转换便实现了产业升级。当大企业的多元化继续发展时，单一产品的专业化集聚就会演变成多样化集聚，如此累积循环，服务产业因制造业的发展而呈现集聚态势，逐渐地城市形成了。

从生产率角度讲，在马库森称之为卫星平台式的产业集群中，James R. Markusen 和 Anthony J. Venables（1999）指出由于跨国公司企业的进驻，带来了两种效应："竞争效应"和"关联效应"。Melitz（2003，2005），Richard E. Baldwin 和 Toshihiro Okubo（2006）论证了效率最高的企业选择 FDI，效率较高的企业选择贸易或本国销售，效率低的企业在本国销售或者退出。据此推定 FDI 企业的效率比较高，当 FDI 企业进驻到本地产业中时，必然迫使本地竞争企业提高效率，低效率的企业被淘汰，从而在总体上提高了集群的生产率。

所以，当产业集群的离散力大于集聚力时，产业集群的可持续发展受到挑战，企业的成长更可能出现一体化和兼并重组现象，成长速度又会加快，反过来，大企业的出现能够帮助集群渡过难关，实现持续发展。

三、结论

综上，可以得出如下几个结论：一是在企业集群中，企业仅仅靠集群的外部规模经济，而不充分挖掘内部经济，缺乏企业家精神的企业，在外部经济环境恶化时，关停就在所难免，这样的集群也往往面临衰落的危险。二是产业集群是企业成长的适宜环境，集群内企业有比集群外企业更多的优势，充分利用这一优势的企业很快成长为大企业，具有大企业的集群相对来说其可持续发展的可能性越大，因此集群要么自己培养大企业，要么就吸引集群外大企业进驻。三是每一次环境变化对于集群来说都是一次升级机会，无论大小企业都应该认清自己的核心竞争力，充分发挥优势，寻找自己的生存空间，这是集群永不衰竭的源泉。比如燕市金属抛光企业，除充分利用规模经济外，努力拓展范围经济，这里的范围经济就是 Van Assche（2004）提出的中间产品范围经济，此时的定制成本内生化，完全由中间品企业自己承担。除满足定制中间品外，发展标准化作业，其专用性资产投资成本就可以由下游生产环节与之共同承担，增加自己在产品链上的谈判力。日本燕市金属制品产业集群就是历经 3 个多世纪，依靠企业的不断创新一直发展到现在的，"只有夕阳产业，没有夕阳技术"，这为日本企业"技术力至上"的发展哲学寻求到了当下最准确的注解。

当然，在集群中一些共同使用的基础性技术的研发对于中小企业来说确实存在困难，需要政府投入来进行支持。以上这些问题对我国的产业集群，尤其是传统的劳动密集型产业集群的发展具有重要的借鉴意义。

来源：张公鬶.产业集群演进与企业成长 [J]. 华北理工大学学报（社会科学版），2019，19（4）：48-52.

"资源诅咒"传导机制及其文化审视

一、引言

我国有 118 座资源型城市，这些城市已经或正在面临资源枯竭引发的一系列问题，对资源型城市（区域）问题及其转型的研究已成为发展经济学、区域经济学研究的热点，但国内的相关研究主要集中于资源经济现象、问题与转型路径、趋势研究，以及某些资源型城市（区域）的成长、衰退、转型以及转型的国外经验借鉴。对制约资源型城市可持续发展的深层次文化现象却鲜有涉及，而我国资源型城市的形成与发展伴随着经济社会的转型，特殊的制度背景形成的制度文化以及与此相关的具有"路径依赖"和"路径锁定"的精神文化势必会对资源型城市的可持续发展产生重要影响，仅有的文献多局限于文化现象本身的描述及部分因素解读，文化对于资源型城市可持续发展的影响有待于国内外学者的更多关注和研究。

"资源诅咒"假说提出伊始，便引起学者们的广泛关注与争论，多数学者通过实证研究支持了该假说的成立。我国自然资源相对丰裕的中西部地区经济发展落后于资源相对缺乏的东部地区，"资源诅咒"假说成立与否已经无须论证，而分析其传导机制成为非常具有现实意义的研究内容，只有找到自然资源开发活动影响区域经济增长的作用途径，才能制定出有针对性的政策措施来避免或削弱资源诅咒效应，实现区域经济的可持续发展。本文利用 40 个地级资源型城市 2000—2009 年的面板数据，对"资源诅咒"传导机制进行再检验，探讨其发生作用的根源，从而为资源型区域转型和可持续发展提供借鉴参考。

二、模型设定与数据样本选择

"资源诅咒"的传导源于自然资源依赖所形成的制度文化和精神文化，其传导机制涉及制造业的挤出效应、人力资本的挤出效应、企业家精神、技术创新能力、对外开放程度、政府干预程度等。各类传导机制可以通过其相应的各个代表性变量与自然资源依赖度变量之间的关系反映出来，传导机制的各项指标作为被解释变量，表示为 Z。

自然资源的丰裕度本身作为一种优质的生产资源是利于当地经济发展的，但是过度依赖自然资源发展当地经济的，就会陷入这种资源的比较优势陷阱。正是这种资源依赖形成了独特的制度文化和精神文化，并且二者的关系会形成累计循环和互相强化，进而对区域经济的产业结构、就业结构、技术创新能力、发展速度和发展方向产生重要影响。以往对"资源诅咒"假说提出质疑的学者很大程度上源于衡量指标的选择上，自然资源依赖度与自然资源丰裕度二者有着本质的区别，自然资源依赖度体现了资源的开发与使用对当地社会经济的现实影响，而自然资源的丰裕度只是客观描述自然资源的丰富程度。因而本文选择自然资源依赖度作为主要解释变量，并以采掘业的就业比重作为衡量指标，表示为 RD，预期其系数符号为负。

借鉴国内外学者做法，本文建立如下面板数据基本回归模型：

$$Z_{it} = \beta_0 + \beta_1 \ln Y_{i,t-1} + \beta_2 RD_{it} + \beta_3 DT + \beta_4 DG + \beta_5 DK + \varepsilon_{it} \qquad (1)$$

其中，i 表示第 i 资源型城市，t 表示年份；被解释变量 Z 包括物质资本投资、人力资本水平、技术创新能力、对外开放度、制造业投入和制度质量等；$\ln Y_{i,t-1}$ 表示滞后一期人均 GDP 的自然对数；RD 表示资源产业依赖度；DT、DG、DK 分别为时期虚拟变量、地理虚拟变量和资源枯竭度虚拟变量；$\beta_0 \sim \beta_5$ 为待估参数，ε 为随机扰动项。

表 1　变量定性描述

	符号	定义	指标说明	单位
被解释变量	FAI	物质资本投资	全社会固定资产投资占 GDP 比重	百分比
	HC	人力资本水平	中高等院校在校生人数占人口比重	百分比
	INNO	技术创新能力	从事科技活动人数占人口比重	百分比
	FDI	对外开放程度	实际使用外资占 GDP 比重	百分比
	MANU	制造业投入	制造业从业人数占全部从业人数比重	百分比
	GI	政府干预程度	扣除科教支出的财政支出占 GDP 比重	百分比
	GEDU	政府教育支出	财政教育支出占 GDP 的比重	百分比
	GSI	政府科技支出	财政科技支出占 GDP 的比重	百分比
	CUL	文化建设程度	每百人拥有公共图书量	册、件 / 百人
解释变量	RD	资源产业依赖度	采掘业从业人数占全部从业人数比重	百分比
基本控制标量	lnY	人均 GDP 的自然对数		元 / 人
	DT	时期虚拟变量	2000—2007 年为 1，其余为 0	—
	DG	地理虚拟变量	沿海省份的城市取值 1，其余为 0	—
	DK	资源枯竭度虚拟变量	资源枯竭城市取值为 1，其余为 0	—

在上述变量中，$\ln Y_{i,\ t-1}$、DT、DG、DK 这 4 个变量为本文实证中所考虑的基本控制变量。其中 $\ln Y_{i,\ t-1}$ 的引入，既可以满足新古典增长理论中的条件收敛假说，同时又可以控制截面单位初始经济状态的差异，削弱经济发展惯性对分析结果产生的干扰。众所周知，2008—2009 年，全球金融危机对于资源型城市的冲击较大，尤其是煤炭、钢铁、水泥等资源型城市，因此，本文控制这种宏观外部环境的冲击而引入时期虚拟变量 DT，2008—2009 年时取值为 0，其他年份取值为 1；同时，考虑到不同的区位因素对经济增长产生的影响，本文引入地理虚拟变量 DG，对东部沿海省份的资源型城市取值为 1，其余为 0；考虑到资源型城市的枯竭程度，2007 年和 2009 年我国先后分别公布了 6 个资源型枯竭的地级城市，考虑其实际影响引入枯竭城市虚拟变量 DK，并分别提前两年进行控制，即资源枯竭城市取值为 1，其余为 0。

在现有研究中，徐康宁、王剑，邵帅、齐中英，丁菊红、邓可斌等分别从 29 个省级层面、西部 11 个省份层面、21 个省会城市及直辖市、27 个地级煤炭城市层面进行了实证考察，为避免重复研究和更为综合全面，本文以国家发改委 2010 年发布的资源型城市名单为依据，选择 47 座地市级资源型城市中的 40 个城市为研究对象，剔除了数据不全的煤炭城市鄂尔多斯和森工城市。40 个样本城市包括 5 个石油城市、3 个黑色冶金城市、4 个有色冶金城市和 28 个煤炭城市，这些城市在发展路径和体质特征方面具有较高的相似性，将其放在一起考察，易于控制不同截面单位之间的差异，便于得到较为准确的实证结果。本文考察的时间范围为 2000—2009 年，面板数据包括了 40 个截面单位和 10 年的时间序列，每个指标的样本观测值为 400 个。数据主要来源于历年的《中国城市统计年鉴》和《中国区域经济统计年鉴》。

三、实证分析结果及讨论

（一）实证结果

面板数据模型形式有混合最小二乘法（Pool OLS）、变截距固定效应（FE）和变截距随机效应（RE）3 种。本文先对数据进行 F 检验、BP 拉格朗日乘数检验和 Hausman 检验以进行模型筛选，运用固定效应和随机效应模型时，使用了异方差稳健的标准误进行估计。由表 2 报告的结果可知，在各潜在传导因素变量中，资源产业依赖度显著正相关于技术创新投入、政府的科技投入和文化建设投入，显著水平均为 1%，而与物质资本投资、制造业投入、政府干预程度、对外开放水平显著负相关，与人力资本水平和政府的教育投入也在一定程度上表现出负相关。由此可见，资源产业依赖在一定程度上抑制了资源型城市的物质资本积累，政府对经济发展的干预程度降低，对外开放程度降低，对制造业产生了显著的挤出效应，同时降低了教育投入和人力资本水平。因此，长期依赖自然资源而形成的制度文化导致的经济发展路径依赖、对外封闭，财富分配的两极分化导致的物质资本积累不足是引发资源诅咒效应的主要传导途径。下面对传导机制进行逐一分析。

表 2　传导机制实证分析结果

解释变量	解释变量								
	FAI	HC	MAI	GI	FDI	INNO	GEDU	GSI	CUL
$\ln Y$	−1.465	0.1554	−1.096a	0.3765	−0.072	−0.0245	0.399	0.0083	−3.898a
	(−1.13)	(1.32)	(−3.37)	(1.08)	(−1.01)	(−1.48)	(0.45)	(0.25)	(−3.45)
RD	−0.227b	−0.0128	−0.077b	−0.069b	−0.0192a	0.0048a	−0.0334	0.0082a	0.9469a
	(−2.20)	(−1.09)	(−2.38)	(−2.24)	(−2.66)	(3.49)	(−0.46)	(2.73)	(3.60)
DT	dropped	−2.343a	0.2308	dropped	dropped	dropped	dropped	−0.492a	dropped
		(−10.34)	(0.37)					(−3.9)	
DG	−1.794	−0.483b	0.3566	−0.5381	0.2642b	0.1358	−0.955	0.0743	6.272b
	(−1.28)	(−2.46)	(0.66)	(−0.92)	(2.47)	(1.46)	(−0.44)	(1.48)	(2.62)
DK	7.23b	−0.831c	0.4161	0.4817	0.0637	−0.0405	−5.648a	−0.066	2.098
	(2.45)	(−3.05)	(0.55)	(0.50)	(0.34)	(−1.15)	(−3.13)	(−0.93)	(0.60)
常数项	56.92a	7.943a	15.21a	5.465c	1.714b	0.314b	14.798c	0.8056b	56.27a
	(4.46)	(6.63)	(4.61)	(1.67)	(2.44)	(2.0)	1.95	(2.28)	(4.94)
R2（adj_, or within）	0.1155	0.2669	0.0286	0.0157	0.0326	0.0382	0.0164	0.0272	0.1171
模型设定	FE	FGLS	RE	FE	FE	FE	FE	RE	FE
观测值	390	390	390	390	390	390	390	390	390

注：括号内的数字为 t 值或 z 值，并且计算时使用了异方差稳健的标准误。a、b、c 分别表示变量在 1%、5% 和 10% 的显著水平上显著。

（二）结果讨论

（1）物质资本。吉尔芬森和邹戈（Gylfason & Zoega）等人通过跨国层面的实证研究发现，丰富的自然资源会降低储蓄与投资的需求，并最终挤出货币资本，与本文的研究结论相一致。而我国一些学者针对我国省级、区域层面的实证研究结论相反。他们认为，自然资源开发可以通过带动物质资本投入而促进经济增长，并从我国财政转移支付和信贷投资向东北、西部地区倾斜以及资源型行业投资周期长、资金需求大两个角度进行解释。而本文认为第一个角度与现实状况不符，原因在于资源型城市在省内均属于较富裕城市，从财政转移支付的目的是缩小地区差距上讲，向资源型城市倾斜在解释上站不住脚；另外，资源型行业具有固定资产投资比重高、使用寿命长的特点，再加上企业所有者的资源依赖性，而不愿意进行过多投入，所以说资源型行业带动资本流入的说法也不充分。2007 年，本文选择的 40 个地级资源型城市的全社会固定资产投入平均为 255.42 亿元，而其他地级和地级以上非资源型城市的平均值为 393.86 亿元，是资源型城市的 1.54 倍。制度文化造成的对外资的吸引以及对制造业的挤出，不利于物质资本投资的增加，这两方面将在后面详述。

我们认为，资源型城市的物质资本积累不足，源于制度和消费文化。首先，自然资源的国有产权属性，使得资源型产业的很大一部分利润被国家拿走，地方发展资金不足。其次，资源型城市的财富分配畸形，两极分化严重，少数富者非理性地奢侈消费，导致大量货币资本外流，本能物质资本积累不足。再次，资源型城市多数处于山区、内陆地区，用于交通、取暖等支出高，另外少数富者拉高了平均物价水平，导致生活成本高，人居消费支出高，不利于资本积累。张新颖指出石油资源型城市人均消费支出高于全国平均水平 2000 ~ 3000 元。资源型城市城镇居民的收入基尼系数远远高于全国平均水平，以资源型城市唐山为例，2005 年为 0.3711，到 2009 年则变为 0.4063，而胡志军等测算的全国城镇居民收入基尼系数在 2005 年为 0.3400，2008 年为 0.3402。由此看来，资源型城市的贫富差距远大于非资源型城市，并且已经超过了国际相关组织划定的 0.40 的"警戒线"，已经跨入收入差距较大阶段。这种差距一方面源于我国的税费制度，中国现行的资源税费主要是资源补偿费和资源税。矿产资源补偿费平均费率（占销售额的比例）为 1.18%，而国外一般为 2% ~ 8%，资源型企业的税费较低导致了资源采掘的暴利，加剧了资源型经济与非资源型经济从业人员之间的贫富差距。另一方面源于分税制的财政管理体制，1993 年以前注册的国有全资企业税后利润不上缴，因此许多资源型企业的利润归企业支配，企业可以将一部分截流的收益通过增加和提高从业人员的各种福利来提高从业人员的实际收入，进而形成资源型经济从业人员与非资源型经济从业人员间的贫富差距。财富积累的"马太效应"加剧了贫富差距，进而又形成和巩固了"富而娇"和"贫而固守"的消极文化。

（2）制造业发展。资源型城市的"去工业化"问题是一个普遍现象，在资源红利的驱使下，生产要素向回报率较高的资源产业部门流动，使得制造业的发展空间和发展条件显著受损。2000 年本文选取的 40 个地级资源型城市的采掘业和制造业的从业人数分别为 230.3 万和 276.47 万人，2005 年分别为 230.92 万和 209.22 万人，到了 2009 年则变为 242.2 万和 201.26 万人，在这一期间，采掘业的从业人数一直上升，而制造业的从业人数一直在下降，并且从 2003 年开始，采掘业的从业人数就超过了制造业的从业人数，以上数据显示出资源型城市的制造业确实一直在萎缩。制造业的发展是一个地区乃至一个国家经济可持续发展的保障，制造业行业中多数属于垄断竞争和完全市场竞争的市场结构，以及行业本身的"干中学"效应，有利于创新型企业家的培养，有利于技术和管理实用型人才的培育，有利于企业创新和员工的再就业。

资源型城市对制造业的挤出，根本上源于资源寻租、权力寻租的制度文化以及衍生出来的创新文化的丧失。正如前面所分析的，资源部门的高要素回报率本身对制造业就存在资本和人才的挤出，寻租的路径依赖以及寻租的"示范效应"，使得生产性企业家精神丧失，造成制造业领域缺乏具有战略眼光的企业家，最终具有良好成长潜力的行业也难以正常发展。另外，政府部门出于财政收入以及基于 GDP 的政绩考核，使得不同层级不同部门的一些官员对资源型产业有天生的偏好，自然资源的过度开发和粗放式开发几乎没有任何约束，资源型产业比制造业拥有相对更好的发展环境和发展空间。因此，在资源型城市，无论是政府还是企业都存在对制造业挤出的倾向。

（3）对外开放度。资源型城市的对外开放度在 1% 的显著水平上与资源依赖之间呈现出负相关，即资源依赖越强，对外开放程度越低，但是沿海省份的资源型城市在 5% 的显著水平上高于非沿海省份的开放程度。在地级市层面上对外开放程度更多地表现为外商直接投资和外部人才的吸引上。2009 年，本文选择的 40 个地级资源型城市当年实际使用外资 58.27 亿美元，平均每个城市 1.46 亿美元，其中乌海、金昌、广元、白银、克拉玛依五个城市实际利用外资为 0，而我国地级及地级以上城市共实际利用外资 900.33 亿美元，平均每个城市为 3.14 亿美元，资源型城市的外资利用水平仅为全国平均水平的 46.5%。从人才吸引角度看，以 GDP 排名紧挨着的 3 个地级市烟台、唐山和东莞为例，2010 年东莞的户籍人口 173 万人，外来人口超过 650 万人，唐山户籍人口 735 万人，外来人口 24 万人，烟台户籍人口 325 万人，外来人口 380 万人，仅从外来人口数量上我们可以看出资源型城市的外来人口非常低，远低于非资源型城市；再从人口基本素质上看，2010 年东莞每 10 万人具有大学以上文化程度（含大专以上）人数为 7103 人，烟台为 9929 人，唐山为 5000 人左右。

我们认为，资源型城市对外开放程度低存在客观和主观两个方面的原因。在客观上，资源型城市产业结构单一，科技进步水平低，制造业发展滞后，资源型产业本身缺乏对于高层次人才和 FDI 的需求；另一方面，资源型城市多数位于内陆和偏远山区，自然条件和区位条件较差，吸引 FDI 的硬环境较差。同时，长期粗放的资源开采方式造成一系列生态环境问题表现突出，2004 年全国十大空气污染城市是临汾、阳泉、大同、金昌、宜宾、株洲、重庆、焦作、长治、攀枝花，其中有 6 个是资源型城市，生态环境恶化同样不利于资金和人才的吸引。在主观上，地方政府各级管理部门对于资源产业的依赖惯性产生了对外招商引资的不够重视，一方面招商引资难度较大，同时外资的引进短期内对财政收入没有多大贡献，在某种程度上还会削弱财政收入，因此，会表现出对招商引资的不积极，这样自然 FDI 的投资软环境就跟不上。另一方面，政府部门对于人才的吸引也不重视，甚至排斥，他们认为外来人才会打破这种现有的利益格局，所以既得利益者主观上反对和排斥外来人员。资源型企业对资源的依赖远远超过对技术和人才的依赖，缺乏对人才重要性的充分认识，同时出于对剩余控制权和剩余索取权的占有同样缺乏引进人才和资金的热情。

（4）政府的经济干预程度。在不同发展阶段地方政府干预经济发展的程度有所不同，干预方式和手段各异，以此来纠正市场机制在资源配置过程中的不足和失灵。本文的回归结果显示资源依赖程度与政府对经济的干预程度显著负相关，资源枯竭城市在一定程度上强化了这一负相关关系。我们认为，资源型城市的政府经济干预程度不是像邵帅和杨莉莉所说的干预力度过大，而是缺乏合理的经济干预。资源型城市的国有经济比重较大，长期受计划经济体制的影响，发展的路径依赖效应明显，缺乏观念更新。资源型城市中对于资源开采权的授予机制，导致企业家与政府之间的寻租行为普遍存在，并且形成一种稳定的合作关系，寻租和腐败扭曲资源的合理配置，降低资源的配置效率。政府对资源的依赖，降低了政府的投资热情和招商引资的积极程度，国有企业的"企业办社会"现象在一定程度上降低了政府的社会保障支出。而资源枯竭城市为保持经济的持续增长，转方式、调结构的紧迫感更为强烈，因此其干预经济发展的力度相应就会更大，比如招商引资、培育新的项目和产业等。因此，资源越近枯竭，政府对于经济的发展干预力度越大。

（5）人力资本水平和政府的教育投入。回归结果显示人力资本水平和政府的教育投入与资源依赖程度呈现出一定程度的负相关，表明资源型城市存在人力资本挤出效应，政府对资源的过度依赖缺乏对教育的重视程度。时间虚拟变量、地理虚拟变量和资源枯竭虚拟变量的符号均显著为负，这表明经济危机对于资源型城市影响更大，尤其表现在人力资本投资和教育投入上；沿海省份的资源型城市对于人力资本挤出效应更显著；资源枯竭城市比一般资源型城市人力资本和教育投入更低。资源型城市阜新市教育事业支出占财政支出比例在 2006 年为 11.8%，2010 年下降为 11.5%。同样，铜川、大庆在 2010 年教育事业费占财政支出的比例分别为 14.59% 和 13.40%，远低于全国的平均水平（16.3%）。2005 年，煤炭大省山西的城镇单位专业技术人员占就业人数的比重为 26.6%，低于全国 28.1% 的平均水平，并且人才流失状况比较严重，从 1998 年到 2002 年，山西省引进高级专业人才 247 人，但同期流出 1011 人。据辽宁省人才中心 2004 年的一项调查显示，人才供给量与需求量之比为 2.1：1，但近一半供给量涌入大连，沈阳、鞍山和营口也分别吸引了大量人才涌入，而盘锦、阜新等资源型城市人才需求大于供给。这些数据表明,即使是沿海省份的资源型城市,人力资本积累同样存在挤出效应,使之沦为中心城市的外围。

人力资本水平,一方面源于城市本身的积累,另一方面来自外部人才引进。资源型城市政府对教育投入重视程度不够,造成自身的人力资本积累不足;另外,人才待遇差,人才不能得到合理的投资报酬,使得本地居民对于教育投入的产出不满而不愿投入,人才流失和引进困难成为必然。这些均归咎于前面所讨论的人力资源开发与管理的主观认识偏见,以及政府与企业长期依赖自然资源而产生的资源依赖和发展路径依赖,进而造成地方经济的发展不可持续。

(6)技术创新与政府的科技投入。回归结果显示资源依赖程度与技术创新投入和政府的科技投入显著正相关,这个结果与现实中反映的资源型城市技术创新状况不一致。其原因有两个,其一,碍于数据的难于获取,衡量技术创新状况,以实际R&D 投入和授权专利数等指标反映更为合适,而本文用科研和技术服务人员占人口的比重来衡量科技投入,科研和技术服务人员组成中包含了地质勘查人员,所以在一定程度上具有正相关性就不足为奇;其二,从前面的结果分析可知,资源依赖度与政府的经济干预程度、政府的教育投入显著负相关,那么与科研投入就必然是显著正相关了。张复明和景普秋认为资源产业部门本身是缺乏技术进步的部门,对创新的需求能力较弱,具体表现为创新机构的缺乏,企业技术投入强度不足。资源部门的高回报率吸引创新者和企业家从事初级产品生产,挤出了加工制造业部门,从而挤出企业家行为和技术创新活动。现实中,资源型城市科技投入不足普遍存在,山西省 80% 的大中型企业没有建立起自己的技术创新机构,已经建立的也有一半以上不能正常运行。2010 年,唐山市规模以上工业企业 1568 家,有科技活动企业 80 家,企业办科技机构 74 个,其中,采矿业企业 360 家,有科技活动企业 4 家,企业办科技机构 7 个。李贤功、李新春研究显示,在地级煤炭城市中,仅有 2 个城市的 R&D 支出占 GDP 比重超过了全国平均水平(1%),R&D 支出比重在 0.5 ~ 1% 之间的仅占 20%,其他煤炭城市均在 0.5% 以下,占 72%。2009 年,全国平均教育支出占财政支出比重为 3.597%,而本文选中的 40 个资源型城市平均仅为 0.916%,其中最高的焦作市仅为 2.257%,还远低于全国平均水平。所有这些数据表明,资源型城市的技术创新投入和技术创新能力远低于非资源型城市,采掘业的技术创新投入远低于制造业,资源型城市采掘业本身的技术创新需求不足,同时又存在对制造业的挤出。因此,资源型城市的技术创新能力差,资源依赖对技术创新存在挤出。

(7)政府的文化建设。文化建设投入是提高人们精神文化素质的重要载体,反映文化建设的指标很多,如文化馆、群艺馆、公共图书馆、有线电视用户、数字电视用户。其中有反映知识文化素质的，也有反映娱乐文化消费的。本文选取的反映文化素质的指标为每百人拥有公共图书数量，一方面反映出政府公共文化建设的供给程度，另一方面反映出居民的文化知识的需求，回归结果显示资源依赖程度与每百人公共图书拥有量之间呈现出显著的正相关关系，看似与预想状况不一致，实际上，这反映出近年来资源型城市在文化建设（公共图书馆建设）硬指标上投入较大，另外也与资源型城市人口增长较慢有关。2009 年，我国地级以上城市每百人拥有公共图书数量为 48.45 件（册），而本文选取的 40 个资源型城市平均为 31.13 件（册），其中，只有 9 个城市超过了全国的平均值。2006 年至 2010 年期间，以唐山、大同、阜新、铜川、大庆 5 个资源型城市为例，文化馆、群艺馆、公共图书馆在数量上均没有增多，仅在图书藏量上略有增加。在文化娱乐消费上，以有线数字电视为例，唐山在 2006 年数字电视仅有 1.99 万户，到 2010 年增长到 53.87 万户，在大庆 2006 年为 10 万户，到 2010 年为 26.14 万户。以上数字显示，资源型城市的文化娱乐支出远远超过了文化知识方面的支出。现实情况一方面反映了知识文化市场的有效需求不足，全社会没有认识到文化知识的重要性，文化产业发展滞后；另一方面，从供给的角度看，同样反映出政府文化建设的不积极，财政投入力度明显不足，进而导致城市的人文精神难以提升。

四、结论与启示

本文剖析资源型城市发展中的文化之殇，并利用 40 个地级资源型城市 2000—2009 年的相关数据对"资源诅咒"的传导机制进行了实证检验，研究发现基于制度文化影响下的资本积累不足、人力资本挤出、制造业挤出、技术创新的挤出，以及基于精神文化影响下的人力资本开发的主观障碍、消费非理性、创新精神缺乏等传导机制促使资源型城市呈现文化堕距、陷入资源优势陷阱，进而制约城市的可持续发展。本文认为资源型城市发展中的文化之殇是制约资源型城市可持续发展的痼疾。根治文化之殇关键在于：

（1）加快制度改革与创新。国家层面出台支持资源型城市资本积累的相关政策，将行政垄断性的资源开发模式转向依靠市场主导的资源开发模式，鼓励外资、民营企业和其他形式资本参与进来，减少寻租行为，政府将主要精力放在基础设施建设、基本公共服务和环境管制之上。政府对于资源型企业不应过分保护，而应将其置于激烈的市场竞争环境中去，政府通过宏观调控改变企业家创业活动的报酬结构，这样既能重新焕发出生产性创业精神，从而改变资源型企业的"单一化"发展模式，使具有"干中学"效应的制造业得以健康发展。制造业的发展在某种程度上能够缓解社会贫富差距的扩大，进而使得全社会成员的基本文化素质得以提高。走出资源优势陷阱关键是建立反锁定机制，引入新变量，改变原来增长路径。

（2）强化人力资源的开发与管理。调整改变政府干部队伍的知识结构、年龄结构，加强交流，使干部队伍知识结构多样化、年龄结构年轻化、具有开阔的世界眼光，增强执政过程中的廉政自觉和发展自信。鼓励和支持资源型城市开办大学和各类职业技术学院，这是提高本地人力资源水平的捷径。强化人力资本的开发理念，要给予知识和人才合理的报酬，尊重要素向高回报率地方流动是市场规律，吸引人才、留住人才、人尽其用。政府要持续增加教育和科技投入，从中小学抓起，从孩子抓起，注重基本文化素质的培养和提高，强化文化立市、文化强市的发展理念，将全民文化素质提高作为城市发展的重要保障和措施，使资源型城市实现由文化之殇到文化强市的历史性转变。

（3）正确认识文化与经济发展之间的关系。文化绝非是与政治、经济相独立的，它们之间已经彼此渗透、水乳交融了，文化渗透到经济领域，提升了经济价值，这种软实力逐渐变成了硬实力，在综合国力和竞争力中的地位和作用越来越大；文化有优秀的先进文化，同样有腐朽落后的糟粕文化，先进文化促进经济发展，糟粕文化成为发展的桎梏。资源型城市的可持续发展已经超出了经济发展的范畴，加强文化建设已迫在眉睫。先进的制度文化协调经济发展主体之间、主客体之间的关系，并形成特有的积极的社会精神文化，这种精神文化反作用于制度文化，二者相互促进，共同推动社会经济发展。

来源：刘学谦，张公嵬，陈翔."资源诅咒"的传导机制及其文化审视 [J]. 城市问题，2013（1）：2-8.

第 二 篇

智 库 服 务

怎样写一篇好的决策调研报告

很高兴和大家交流如何写一篇好的决策调研报告。

根据我的体会要写出一篇好的决策调研报告，并不是一件容易的事情。特别是我们写惯了学术论文的老师们，难度可能更大些。主要是既要有高度概括的，反映时代思想理论前沿的精准浓缩表达，又要深入实际，透过现象看本质，形成不被形式主义忽悠的科学分析，还要提出操作性很强的解决问题、推动发展的建议。这显然和我们写论文不是一个路子。

党中央高度重视充分发挥智库的作用，许多大学都建起了智库机构。而各级智库的主要职能是通过提供决策调研报告，发挥决策的参谋作用。因此作为一个合格的智库专家，能够写好决策调研报告，是称职合格的基本要求。

一、决策调研报告的重要性

决策调研报告的重要性可以用三个影响来概括，并且一个影响讲一件事，便于大家记住。

一是可以影响国家的前途和命运。

大家都知道，我国 20 世纪 80 年代初实行的农村土地联产承包责任制是一个伟大的创举，成功解决了中国人的吃饭问题。这里边就有决策调研报告的功劳。安徽省人民政府参事郭崇毅，当年三次上书党中央实行土地承包责任制，影响中央决定在全国农村推行土地联产承包责任制。郭崇毅被称为参事的楷模。

二是可以影响国家大政方针的全面落实。

1997 年，我国进行第二轮土地家庭联产承包，并且提出第二轮承包是在第一轮承包的基础上延包。什么是延包呢，就是在第一轮确定的承包基数，第二轮承包时不变。结果在山区就发生了"大树和小树"的故事。

三是可以影响人民美好生活目标的实现。

大家知道，随着国家财富的增加和科技的不断进步，人民美好生活对医保的要求越来越高，因此医保也要与时俱进。现在，大家都能感受得到，我国治病救人的医疗药物入保范围扩大了，在有些发达地区，常见病和多发病的预防也纳入了医保。这项关系民生的重大决策实施前，国家的多位智库专家都深入人民群众中听取意见，形成了多份可行性分析报告，最后党中央国务院才作出决定。

二、决策调研报告的基本特点

特点，是事物之间相区别的标志，也是不同文体之间相区别的标志。决策调研报告不同于学术论文，也不同于一般大理论文章，它有几个明显的特点。

（一）针对性特点

一般的决策调研报告，一定是针对现实什么问题写的，或经济问题，或社会问题，或教育问题等。特别是省级以下智库所写的问题与建议类报告，现实针对性应该更强。有时某一个时期，在某项工作中出现了问题，工作无法推进，或效果不好。调研人员深入实际，了解情况，分析问题产生的原因，形成报告，提出解决问题的办法。

（二）时效性特点

一般决策调研报告都有时限要求，因为决策调研报告就是为各级领导决策服务的。领导决策的时限性决定了决策调研报告必须有时效性。比如，关于脱贫的基础调研报告，至少应该在贫困地区没有实现脱贫之前形成，脱贫工作结束了，可以写总结报告，写决策建议报告就没有意义了。有时这种时效性可以精确到几个月、几个月甚至几天。某项重要会议之前、某项重大决策之前，都要深入基层调研，形成决策参考报告。过了这个时间段，再好的报告也没有意义了。

（三）可操作性特点

决策报告是为各级领导决策服务的，所以必须具备可操作性。换句话说，就是提出的建议一定要能落地。在这里我想强调的是，可操作性从网上是粘不来的，得开动脑筋，在有一定的知识和实践经验积累的基础上，对事物进行认真的外在表现、深层本质和发展趋势的分析研究，然后提出建议。这里再强调一点，可操作性的实践性，不是主观意志的操作性。这里的操作性必须以实施部门认可和执行能力为基础。这是两个问题，首先是实施部门的认可问题。实施部门不认可，再好的建议也发挥不了作用。其次是执行能力问题。如果建议实施的条件超出了实施者的执行能力，同样难落地。当然对有没有操作性，还有客观和主观认识能力之分，这里不展开说。

（四）客观公正性特点

这是一个非常重要的特点。决策调研报告的建议一旦被采纳，建议就变成了政府行为，有的还要转化为政策，直接影响社会利益的分配和价值取向。如果决策调研报告的观点不公正客观，成了少数利益集团的代言，一旦被领导采纳，会损害社会大多数人的利益。所以，各类决策调研报告的客观公正性是重要特点，也是基本要求。

三、怎样选择一个好的决策调研报告题目

一个好的决策报告题目很重要。各级领导的行政工作都很忙，要让领导关注，拿出时间看你的报告，必须选好题目。对于一个成熟的智库专家来说，选准了题目，就大体上成功了一半。中国古玩界有一个说法："一眼真，一眼假"，就是一眼看上去，就能分出真假。我们也有一个说法叫"一眼亮"。如果题目做不到"一眼亮"，领导就放一边去了，不用说批示，看都不想看。

当然，吸引领导眼球是一个方面，但从写作的角度，做好题目文章，也是在提炼决策报告的灵魂。

所以，选好报告的题目非常重要。从我个人的实践体会说，选一个好题目得千锤百炼，并不过分。有时一个好题目，反复推敲定下来了，但在调研的过程中发现要说的问题分量不够，还要调整题目换角度。

调研题目的来源主要有以下几个方面：

（一）和领导要题目

这是成功率最高的决策调研报告。因为是领导交办的题目，所以按照领导的要求完成任务，一般能够得到领导的重视和批示。但是我们这些老调研工作者对领导交办的题目有另外的看法，就会压力非常大。特别是遇到水平高、见识广的领导，不挨几次狠批，很难完成领导满意的研究报告。

当然，作为一般的智库机构是很难从省市领导那里要到题目的，但是我们可以和能够拿到领导交办题目的智库单位进行合作。省里的几个重要智库，基本上都是年初给省领导出题目，想办法让领导认可。领导有想法，也可以单独出题目。完成报告后，谁确定的题目报给谁。这是批示转化率最高的一种办法。

（二）在政策文件中发现题目

政策文件是国家和省市一个时期的重点工作。决策调研是为领导决策服务，我们的调研题目从上级文件中产生方向是对的，但是凡是从文件中产生的题目，都有

特定角度的限制。例如，政策文件中已写明某项工作任务及完成时限、给予政策支持等，如果我们再选这样的题目，论证这项工作的必要性和可行性就没有意义了。但是如何从各级文件政策中选题目呢，我个人有三点体会。

第一，总结典型（正反）做法类的题目可以选。国家和地方政府通过政策文件推进各项事业的过程中，由于各地的情况总会有差异，有的地方快一些，有的地方慢一些。这样，落实得又快又好的地方，就有一些经验可总结，避免后来者走弯路。同时，在落实各级党委政策文件的过程中，也会遇到一些想不到，或情况特殊所引发的各种问题。我们各级智库通过调研发现问题，总结经验教训破解难题，就成为决策调研的重要内容。对这类调研报告，各级领导都比较重视。在我写的被领导批示的调研报告中，这类决策调研报告占到了三分之一左右。

第二，各种政策文件落实难提出的题目可以选。由于形势的发展变化，或各地情况的特殊性，或各部门协调不够，出现政策、文件难以落实的情况是比较常见的。这为我们决策调研提供了选题机会。有时主管部门的调研也经常搞，但很难听到来自一线反映问题的声音。我们抓住政策文件落实难的难点和痛点，形成有说服力的研究报告，也容易引起领导的高度重视。今年我们给国务院报的关于体育产业政策落实方面问题的报告，得到了领导的重视和批示，就属于这方面的报告。

第三，落实各级党委政府政策文件需要创新思路类的题目可以选。创新的工作思路往往能够为领导提供一个推动工作的新视角，也容易引起领导的高度重视。如今年我研究体育产业文件所形成的"高新技术的发展对体育产业的影响"，就提出了完全不同于传统的发展思路，从高技术发展对社会生活的全面渗透的新角度，分析体育产业发展的新趋势，各方面反映都很好，中科院战略咨询院领导予以了高度重视。

（三）在深入基层调查研究中发现好题目

好的研究报告题目，都不是坐在办公室里想出来的，往往是在调研过程中逐步形成的。一开始调研前，只是有一个大致的方向，真正定下题目，还是在深入调研之后。

一是可以把调研中发现的具有全局性的新问题作为决策调研的题目；

二是可以把调研中发现的好典型作为决策调研的题目；

三是可以把调研中发现的新事物作为决策调研的题目；

四是可以把调研中发现的基层工作新思路作为决策调研的题目。

（四）在与同行相互学习交流，特别是思路碰撞中产生好的题目

同行之间占有的信息与资料具有同质同向的相关性。在大家开会讨论和学术交流中，可以就相同的问题产生共鸣。而在共鸣中容易产生思想的火花，一些好题目应运而生。

一是讨论中具有实践基础的创新思路可以转化为决策调研的题目；

二是讨论中具有未来方向性的思路可以作为决策调研题目的储备；

三是讨论中具有丰富的创新思想可以作为决策调研题目。

当然，选题的方法和途径绝不止上述四种。但无论选题从哪里来，必须做到四个贴近：一是贴近党和政府的工作思路；二是贴近实际工作的需要；三是贴近时代发展的趋势；四是贴近人民美好生活的诉求。

四、决策调研报告如何谋篇布局

决策调研报告的谋篇布局，可以分为两大类：一类是总结学习经验的决策调研报告；另一类是针对问题的决策调研报告。对于前者主要就是四部分，一是基本情况、主要成就和影响力；二是主要经验、主要做法；三是对我们工作的启示；四是针对典型经验，提出我们的工作建议。总结典型经验的调研报告，大多由主管党政部门主导撰写。这里不多讲。

针对问题的决策调研报告相对各级智库是用得比较多的一种。这类决策调研报告的谋篇布局大体可以用"二、三、四、五"概括。

"二"，就是调研报告只有两部分构成。一部分是某项工作存在什么问题，另一部分是提出怎么办的建议。这也可以称作是简化版的调研报告。前提是各级领导对这项工作非常熟悉，没有必要进行背景、重要性等方面的论述。去年，我曾写过一篇给省主要领导的关于我省"全创改"的报告，就是两部分，一部分是存在的问题，另一部分是怎么办的建议，得到了省主要领导、主管领导的高度重视，最后在落实的过程中，效果也非常好，所反映的大部分问题得到了纠正。领导之所以高度重视，我觉得有三条，一是问题非常重要；二是所提问题准确、可靠；三是建议可行。

"三"，就是决策调研报告由三部分组成。第一部分是该方面工作的基本情况，包括工作推进取得的进展和主要成就；第二部分是这项工作推进过程中遇到的问题；第三部分就是针对这项工作提出的建议。这种决策调研报告的谋篇布局最常见，也是各级智库，特别是各级参事智库机构使用最多的报告形式。

这里需要注意的是，成绩、问题、建议必须紧密关联，"三点成一线"，不能相互脱节。常见的问题是，前边讲了成绩，后边讲问题的时候方法又成了问题；再就是讲成绩很辉煌，谈问题时又说问题很严重，前后矛盾。还有就是建议一定要围绕着解决提出的问题写，不能问题是问题、建议是建议。

"四"，就是决策调研报告主要由四部分构成。第一部分是工作的基本情况和主要成绩；第二部分是工作中遇到或存在的主要问题；第三部分是对存在的问题有一个详细的原因分析；第四部分是对存在问题如何解决的建议。

不是所有的建议报告都有必要进行问题原因的分析，但有些报告又必须有对原因的分析。主要是前期工作党和政府高度重视，推进力度较大的情况下，仍发现了问题，而且还是比较严重的问题，这就不能简单地把问题列出来，必须有形成问题的原因分析。否则，对问题的解决不容易找到有效的办法。前年，我们曾写过一篇关于山区扶贫的调研报告，在提出问题的基础上就专门增加了问题分析部分，引起了省委主要领导的高度重视和批示。

"五"，就是决策调研报告大体分为五个部分。第一部分是工作的基本情况和主要成绩；第二部分是工作中遇到或存在的主要问题；第三部分是工作中存在问题的原因分析；第四部分提出解决问题的工作建议；第五部分是对解决办法的专家论证结论。涉及重大问题、重大决策，绝不能把个人意见建议简单地变成决策，必须进行多方面的论证，为各级领导尽可能提供科学和稳妥的解决方案。所以凡涉及重大决策，对报告建议进行专家或更多人员参与的可行性论证是非常必要的。过去许多技术工程都有可行论证。现在社会科学和社会行为决策也要有可行性论证。实际上社会发展决策失误的危害，往往比一项技术工程失败带来的损失更大。

当然，除了调研报告的四种形式外，还有一种报告形式，就是提出纯工作建议，并没有调研的过程。这种建议大体就是三部分：一是为什么（重要意义）；二是怎么办（途径和办法）；三是需要政府做什么、支持什么。这三个问题论证清楚了也是一篇很好的建议报告。

五、如何提出好的决策调研报告建议

在这之前，许多老师都说，建议难写，特别是针对当下党和政府工作的建议，更难写。其实不单是老师，即使是各级政策研究部门的老研究人员，提出合理、科学的建议也是一件不容易的事。

在这里，我也只能谈点不成熟的体会，仅供参考。

任何一项决策调研报告，在提出建议之前，必须要集中认真学习党和政府已下发的相关文件，要充分了解该工作在实践中的推进情况。在充分了解上级政策和实际工作情况的基础上，要坚持"三个不要再提"，一是上级文件中已写清楚的建议不要再提；二是已经开展的工作建议不要再提；三是已经解决的问题建议不要再提。大家可能觉得这些不要再提是必然的，但在实际中却非常常见。原因是信息不对称造成的。我们的许多软课题中，常有这种错误。提出以上三方面的建议，不仅是无效劳动，而且表明智库水平落后于实际，会让领导和决策机关失去信任。我体会，一个好的决策调研报告，应该从以下四个方面提出建议。

（一）针对存在问题提出措施建议

在报告中提出的问题，在建议部分要提出解决这些问题的办法。但是办法从哪里来？这大概是大家最关心的问题。根据我的体会，可以从以下方面提出解决问题的办法。

一是向党和政府的方针政策要办法。认真学习、用好党和政府的政策，就包含解决问题的办法。有时文件虽然规定的是方向，但可以从方向上寻求解决问题的有效办法。有时我们冥思苦想没有办法，但通过认真学文件、学总书记的相关论述，就很快有了建议思路。比如改革中遇到的难题，感到前有法律后有规定，怎么写建议都是违法违规。但是后来我们学了总书记的一段话，意思是突破改革的难题可以取得依法依规的授权。我们许多试验区之所以大胆闯大胆试验，就在于他们取得了国家立法部门的授权，这使我们想到破解改革难题，建立试验区取得授权是最好的办法。

今年上半年在调研国家体育产业时，就遇到文件政策落实难问题，实际上就是缺乏对相关体育产业突破发展的授权。我们在给国家的建议中，明确写上了，要建体育产业改革试验区，解决体育产业改革发展遇到的难题。最近国家下发的相关文件中，已经明确提出了建立体育产业改革发展试验区的政策许可。

二是向先进地区（含国外）的经验要办法。我们在实践中遇到的问题，往往我国的先进发达地区也遇到过。他们的解决办法，也可以成为解决我们相同问题的办法。当然不能简单地照抄照搬，还要从我省的实际出发，去掉那些并不符合我省特点的地方。有些工业化进程中遇到的难题的解决办法，也可以吸收国外发达国家的办法。不同国家的工业化，虽然存在基础和国情的差别，但过程大致相同，遇到的问题和矛盾大体相同，学习他们的做法和经验，有利于让我们减少损失，缩短解决矛盾的过程。

三是向实践第一线的基层干部群众学习解决问题的办法。实践出真知。在实践第一线的干部群众最有破解难题的发言权和建议权。认真听取他们的建议，往往就能找到破解难题的办法。

（二）针对缺什么补什么提出办法建议

我们在调研的过程中经常发现，有些工作遇到的问题，就是缺程序、缺要件造成的，所以把所缺的补上就是我们的建议。

在写决策调研报告时，常遇到的是这几点问题。一是缺政策支持。我们就需要把它们需要国家什么样的政策支持写进建议。二是缺办法推进。我们就需要把办法写进建议中去。三是缺协调细则。我们就要提出需上级不同部门协调、出台实施细则的建议。四是缺法律依据。如果是涉及国家大事，我们也可以建议国家制定相关法律。

（三）针对未来发展提出的对策建议

在调研中常遇到这样的提问："下一步怎么办？请专家支支招。"其实这也是我们在报告建议中要写清的问题。

由于具体问题要具体分析，这里不可能有一个适用于所有事业未来发展的对策建议，所以这里只能给大家提供一个找未来建议的方向。

一是从国家未来发展的规划中找建议。国家的五年规划涵盖国家发展的方方面面，省的五年规划涵盖全省发展的方方面面。因此国家和省市规划总能给我们提供一些发展建议的思路。

二是根据国家对产业升级社会事业的发展要求提出建议。随着经济社会的发展、中华民族伟大复兴的推进，党和政府总会对经济社会的发展提出新的要求，这就是我们提出建议的重要依据。

三是根据科学技术和互联网、大数据、智能化发展提出建议。新技术对经济社会生活的渗透是全方面的。我们可以根据高新技术和信息智能化对工业社会生产生活的渗透提出一些发展前瞻性的建议。

四是根据社会主义市场经济的发展趋势提出建议。按照市场在资源配置中的决定性作用，寻找经济发展中难点和痛点的破解点，这个破解点就是我们很好的建议。

当然，未来建议的来源有许多方面，这里只是提供一些常用常见的建议选择方向，仅供大家参考。

（四）针对如何做好工作提出政策性建议

提出政策性建议，这是一件非常严肃的事情。有的报告要求必须提出政策性建议，但也不能乱提。因此，提出政策性建议时，必须要做到三点：一是政策性建议的依据是什么？不能提没有依据的政策建议。二是政策制定部门必须认同，不认同的政策建议难以转化为政策。三是必须能落地。不能落地的政策建议等于没建议。

最后，我想用"5个忌"来结束这次"如何写好一篇决策调研报告"的发言：

一忌给领导上课；二忌主观认为最好；三忌重复文件要求；四忌照搬外地经验；五忌"皮太厚、馅太小"。

以上就是我在从事决策调研过程中形成的几点体会，不妥之处请大家批评。

作者：刘学谦；来源：河北科技大学讲课稿

关于在雄安新区率先建设国家首个
高端健康家居产业示范园的建议

实现家居促进人的健康化是满足新时代人民美好生活诉求的重要体现，是推动健康中国进程的一项重要内容。特别是新冠肺炎疫情暴发以来，人民对健康家居有迫切需求，健康家居已经成为必然趋势，健康家居产业也必然有"井喷式"发展潜力。当前大部分家居产品开始重视无害化、绿色化、智能化，但是与家居产品促进健康化还有较大距离。我们感到，雄安新区作为贯彻落实新发展理念的创新发展示范区，应当发挥创新、示范、引领作用，在雄安新区率先建设国家首个高端健康家居产业示范园，为建成绿色生态宜居新城区、创新驱动发展引领区，不断提高城市人居环境水平进行探索实践，特提出如下建议，供领导参考。

一、雄安新区建设高端健康家居产业示范园具有重要的现实意义

传统的家居行业包括门窗、窗帘、地板等十大类，高端健康家居产业还应增加家用电器和家庭医养健康两类。健康家居是比无害、绿色家居更高的家居生态化层次，是以家居产品促进人的健康为基础标准，还原自然、面向未来，实现家居健康化、生态化的系统工程。比如，现在家庭装修涂料、油漆的使用标准是无害及甲醛不超标等，健康家居的标准不仅是无害，而且要形成有利于人的健康的富氧等生态环境；又如，空调不仅能够调节冷暖，还要有改善室内空气质量的功能等。据有关专家统计，人的一生中超过一半时间是在家中度过的。因此，家居环境健康状况直接关系到人的生活质量和人的寿命。近年来，我们高度重视大环境中各种污染要素的治理和山水林田湖草沙绿色生态建设，但却忽视了家居小环境健康化、生态化治理及提升；当前在我国家居市场虽然也出现了一些功能性促进环境健康的新产品，但总体上功能比较单一，品种少，不具体、不规范、不系统，市场生命周期短，推

广价值低，尚未形成宜居、健康、可持续、可促进人类健康的全面家庭健康生态环境系统。因此，我们认为应系统、深入地开展健康家居研发，大力发展健康家居产业。一方面是落实习近平新时代中国特色社会主义思想的重要举措，也是推动落实《"健康中国 2030"规划纲要》《健康中国行动（2019—2030 年）》《中华人民共和国国民经济和社会发展第十四个五年规划和 2035 年远景目标纲要》的具体体现；另一方面能补齐人民美好生活对家居环境新诉求的短板。

雄安新区建设高端健康家居产业示范园，能够快速形成创新驱动引领示范，推动家居产业向系统化、标准化、生态化的方向转型升级，既可以培育雄安新兴产业的增长点，又可以增强创新发展的辐射带动功能。借助京津冀协同发展以及雄安新区创新高地优势，发展健康家居产业可以构建跨区域创新网络，推动区域间共同设计创新议题、互联互通创新要素、联合组织技术攻关，使健康家居产业形成创新链与产业链相互融通的新兴产业。

二、雄安新区建设高端健康家居产业示范园的架构与路径

（1）开展健康家居关键核心技术研发与应用技术的集成转化。组建产学研新型研发机构，结合我国实际，以引进健康家居产业领军企业为创新主体，以如何通过家居产品功能促进人的健康为重点开展攻关，着力突破一批关键核心技术，引导企业开发适合我国不同地区环境特点的健康家居产品，形成适合不同地区、不同环境特点的健康家居组合系统。

（2）分级推进健康家居产品的实验示范进程。未来健康家居产品，从低到高应当形成四个标准，即健康家居 1.0（基本健康家居）：该层级是指环境友好健康家居，是健康家居的入门级，主要发展无害、绿色基础上的家居产品原材料和装饰装修材料等有利于促进人的健康的产品。健康家居 2.0（主体健康家居）：该层级是指在环境友好的基础上，进一步提升环境感官舒适度。这一层级是健康家居的良好级，指在保证室内入室和出室材料环境友好的前提下，进一步实现电磁辐射的无害化及室内温度、压力、湿度、流速等参数的自主调节，实现个性化、自主化环境感官舒适健康。该层级主要发展智慧家居产业，具体包括健康可穿戴设备、健康监测设备、智能监护设备、智能床、健康电器等。健康家居 3.0（愉悦健康家居）：该层级指在环境友好、环境感官舒适的基础上，进一步提升心理感官舒适度。这一层级是健康家居的优化级，指在物质材料环境友好和体表感官舒适的基础上，增加多维感知功能，可使人进入沉浸式体验，可使人主被动接受健康疗愈。该层级主要发展疗愈家

居产业，具体发展人工智能家居，可满足家居作业、情感陪护、娱乐休闲、老年人无障碍辅助、残疾人辅助、家庭医养健康等需求。健康家居4.0（系统健康家居）：该层级是健康家居的最高级。这一层级不是前三个层级的简单代内叠加，而是代际升级。具体是所有物质均采用可降解生物质基材质，家中所接触到的一切都是健康的，一切科技手段均服务于健康，每个环节都是健康的，个人与家居环境已经融为一体，属于新一代健康家居系统。该层级是全面数字化、智能化、系统化的健康家居高端产业。

（3）开展健康家居雄安标准制定。在研究示范基础上，形成雄安健康家居模式，逐步制定并完善涵盖行标、团标、国标、地标等各类健康家居标准的雄安标准，从而真正实现所有进家的各类产品从无害化到能够促进人的健康转变，形成家居的健康、绿色、自然化环境。

（4）开展健康家居雄安品牌建设。在该行业的雄安标准之下，制定以品牌核心价值为中心的品牌识别系统，然后以品牌识别系统统领和整合企业的一切价值活动，同时优选高效的品牌化战略与品牌架构，通过营销，加强内部管理、质量管理树立品牌，不断地推进品牌资产的增值，最大限度地合理利用品牌资产。

三、几点建议

（1）制定雄安新区健康家居产业发展专项规划。河北省内尚未有健康家居产业发展规划，建议发挥雄安新区的创新、试点、示范作用，制定雄安健康家居产业发展专项规划，将产业发展和地区基础建设统筹考虑，鼓励新产品研发、产业升级，推动健康家居产业快速发展。

（2）制定健康家居产业支持发展政策。针对健康家居产业特点，利用雄安新区先行先试的政策优势，归纳整理或出台新的支持发展政策。将健康家居产业企业、人才、团队纳入各项支持政策当中，面向全国吸引数家创新型健康家居企业，面向世界吸引大型跨国企业将总部落户在雄安，尽快形成辐射京津冀及全国的健康家居产业创新高地和示范效应。

（3）建立雄安健康家居研发中心。充分发挥雄安新区作为国家重点战略区域优势，鼓励健康家居生产企业与雄安相关科研院所合作，在雄安新区建立研发中心（可以考虑设在安新县），针对产业发展中的前沿技术进行研发和联合攻关，引领健康家居创新发展方向。

（4）在雄安新区周边形成产业聚集区。根据市场需求，在雄安新区周边，围绕健康家居产业化需求，分阶段重点推进健康家居 1.0、健康家居 2.0、健康家居 3.0、健康家居 4.0 产品，通过积极吸纳整合项目、资金、人才、技术等各类要素资源，形成一批适用性强、推广价值高的雄安健康家居产品。从金融、土地、政策、营商环境等方面支持企业发展，尽快形成产业聚集区。

作者：刘学谦，杨敬坡

关于筹建军民融合混合所有制
职业技术大学的建议

为深入贯彻落实《军民融合发展战略纲要》部署要求，近期省政府参事室就在我省筹建首家军民融合混合所有制职业技术大学的可行性问题组成课题组，进行了广泛的调研和充分的研讨论证，听取了省委军民融合办、省教育厅、省发展改革委、省财政厅等部门的意见，在广泛吸收先进省份和我省混合所有制办学经验的基础上，谋划了办学的方向、目标、基本架构，进行了可行性分析，提出了相关建议，仅供省领导决策参考。

一、筹建首家军民融合混合所有制职业技术大学的可行性分析

在我省筹建首家军民融合混合所有制职业技术大学的目的在于，统筹运用军地教育资源和社会资本，加大依托国民教育培养军民融合人才力度，以高质量就业创业为目的，以市场为导向，以教育培训为载体，建设军事、军工服务保障体系和优质兵源培养供给基地，实现军民融合人才培养的科学化、专业化、规范化、系统化、社会化，立足河北，辐射全国，打造新时代军民融合人才培养培训的全国样本，为实现富国强军贡献力量。

一是党中央高度重视。近日，习近平总书记对职业教育工作作出重要指示，强调在全面建设社会主义现代化国家新征程中，职业教育前途广阔、大有可为。李克强总理指出，职业教育是培养技术技能人才、促进就业创业创新、推动中国制造和服务上水平的重要基础。孙春兰副总理在 4 月 12 日召开的全国职业教育大会上讲话时强调，要健全多元办学格局，细化产教融合、校企合作政策，探索符合职业教育特点的评价办法。以习近平同志为核心的党中央对职业教育重视的程度之高前所未有，推动职业教育改革发展的力度之大前所未有，创建军民融合混合所有制职业技

术大学就是把习近平总书记对职业教育"大有可为"的殷切期盼转化为"大有作为"的积极探索和生动实践。

二是国家政策支持。2018年，党中央、国务院、中央军委印发《军民融合战略纲要》，把"军地人才双向培养交流使用"作为八大战略任务之一，提出要统筹运用军地教育资源，以优化军事人才培养体系为重点，以推动军地人才交流共享为途径，加大军地人才联合培养力度。2019年，国务院印发《国家职业教育改革实施方案》，明确提出"经过5～10年左右时间，职业教育基本完成由政府举办为主向政府统筹管理、社会多元办学的格局转变"的建设目标，这为职业院校混合所有制办学提供了有力指导。2020年，教育部等九部门印发《职业教育提质培优行动计划（2020—2023年）》，提出实施职业教育创新发展高地建设行动，布局建设5个左右国家职业教育改革省域试点和10个左右市域试点，在学校设置、重点项目建设等方面加大政策供给，支持试点省份探索新时代区域职业教育改革发展新模式。因此，创建军民融合混合所有制职业技术大学恰逢其时。

三是具有可参考借鉴的试点经验。山东、新疆和我省积极开展改革试点，探索职业院校混合所有制改革的实现路径和实现形式，为全国职业教育体制机制改革提供了范例，初步形成了基本做法和经验。实践证明，混合所有制办学是地方政府整合资源、大规模兴办职业教育等公益事业的有益探索，有利于吸引大量社会资本进入职业教育领域，有利于职业院校深化教育教学改革和提升治理能力。

四是我省转型发展的需要。"十四五"时期，军民融合发展、京津冀协同发展、雄安新区建设等重大国家战略和国家大事深入实施，国家将持续深化供给侧结构性改革，全面推进治理体系和治理能力现代化，我省在建设创新型河北、加快发展现代产业体系、统筹发展和安全等方面，处于历史性窗口和战略机遇期。军民融合混合所有制职业技术大学以双向培养军民融合基层管理人才、高级技术人才、一线实操人才为目标，定位于产学研用高度结合的新平台，可实现军民融合技术孵化和成果转化，将为我省"十四五"时期建设发展提供人才和技术"双支撑"。

五是目前已具备筹建条件。通过前期对中部战区、联勤保障部队、火箭军、军事科学院等军队单位，中国电子科技集团、中国航发集团、中船重工集团、凌云集团等军工单位的走访调研和对接联系，军队、军工单位对军民融合职业技术型人才需求旺盛，对利用社会资源培育军事、军工人才的做法十分认可，一致表示将对筹建军民融合混合所有制职业技术大学给予大力支持。同时，军民融合混合所有制职业技术大学已进入前期筹备阶段，与中国融通资产管理集团有限公司、河北省公用事业投资公司、河北轻工进出口集团、现代管理大学、石榴集团、河北臻龙集团、伟东云教育集团等资本方达成初步合作意向,拟组建河北长缨科技教育中心、长缨投资基金,同时河北省军民融合发展促进会牵头成立了河北高级应用人才(军地两用人才)专业委员会共同推进大学筹建工作。目前,校本部拟定于廊坊市永清县,占地近 3500 亩,预计投资近百亿元,并以混合所有制或民办形式,在石家庄鹿泉、保定涿州和易县、邯郸馆陶和永年、衡水饶阳、邢台临城、张家口怀来等地谋划建设相关特色职业技术学院,预计投资近 80 亿元;为提升全省教育资源使用效率,在现有高校、职业学院、中职院校的专业基础上,通过优化设计相关专业,重组衡水职业技术学院武邑校区,示范试点优势院校,并开展现役军人、退役军人培训和国防教育活动。同时,在邯郸、石家庄、廊坊等地还将谋划建设十余所未来产业学院。

二、军民融合混合所有制职业技术大学的架构体系

按照《军民融合发展战略纲要》关于"加大军地人才联合培养力度",以及《国务院办公厅关于深化产教融合的若干意见》关于"鼓励企业以独资、合资、合作等方式依法参与举办职业教育、高等教育"的要求,军民融合混合所有制职业技术大学建设应采取政府引导、军地合作、企业联办的方式,围绕探索新时代军民融合人才教育模式,建成一个混合所有制的、产学研用高度融合的大学集团。

(一)组织结构

军民融合混合所有制职业技术大学是在党委领导下实行校长、院长负责制,政企多方参股合作,受学校董事会约束的非营利性大学。学校建立党委领导下的学院党组织和思想政治工作体系,并建立党政联席会议制度,充分发挥学院党组织的政治核心作用,为办学提供政治保证和组织保障,确保学院正确的办学方向、教育公益性及落实立德树人的根本任务。

一是创新法人治理机构。实行管办分离,建立依法办学、权责清晰、自主办学、民主监督、社会参与、制度完善的治理结构和运行体系。校长人选由政府有关部门审核推荐或面向社会招聘,董(理)事会聘任,混合所有制二级学院探索和完善"学校和二级学院理(董)事会双重领导下的院长负责制"管理体系。

二是成立院务委员会。由校党委书记、校长、副校长、内设机构负责人、教职工代表等担任院务委员,讨论并落实学院建设管理及运营发展任务。依托出资企业资源建立二级教学学院、党政办公室及各职能部门组成的内部运营管理服务系统,设立教学指导委员会、教代会、工会等组织。建立由学院党组织、理事会、执行层及其监督层组成的指导、决策、执行、监督彼此分立且相互制衡的新型运行机制,

并在办学实践中逐步完善，确保学院办学活力。

（二）**产权结构**

军民融合混合所有制职业技术大学是由地方政府参股或通过国有资本参股等形式，以央企和民营资本为主体，共同出资举办并实施职业教育的新型组织形式职业院校（机构）。

（1）举办方式。政府出资与国企、社会资本共建混合所有制职业院校，明晰各方办学资产产权比例，签订办学协议书。混合所有制办学改革工作方案应报同级政府和上级教育主管部门研究通过方可实施，各类市场主体与学校合办二级学院等职业教育机构，应明确各方投入的资产价值，签订合作办学协议，报学校党委批准、上级教育主管部门备案。

（2）出资方式。根据教育部试点经验做法，社会资本出资比例可高于50%，公有资本出资比例应不低于10%。无形资产可不进行评估，通过竞争性磋商，采取约定与评估相结合的方式明晰产权。允许公办院校成立全资国有资产运营公司或者直接作为出资主体，使用不高于30%的事业性收入，与社会资本合作共建各类混合所有制职业教育机构。支持国有企业原辖属职业院校进行混合所有制改革，应明晰原有资产，与地方政府、社会资本合作。

（3）资本管理。坚持"配置科学、使用有效、处置规范、监督到位"的原则，依法依规评估资产，明晰产权，促进政府由直接办学向管理教育资本转型。探索动态性产权结构变更机制，畅通产权变更融资发展渠道。健全"归属清晰、权责明确、保护严格、流转顺畅"的现代产权制度，全面增强办学资产管理、使用效能，确保国有资产、社会资本保值增值。

军民融合混合所有制职业技术大学以"不定行政级别、不给财政供养的编制、不再投入建校经费、不增加政府财政负担"为原则办学，既减少政府财政负担，又在政府监管下规范发展，从而搭建一个开放式融合性共享型的职业院校产教融合平台，汇聚"两类资本"，实现政府资本和社会资本股份制合作办学为社会资本进入职业教育领域深度融合提供了一条新路子。

（三）**管理结构**

军民融合混合所有制职业技术大学将充分考虑军旅特色，自觉融入军民深度融合发展大格局，精准对接服务军队装备维修、军需保障、应急管理等领域，打造服务军地的"预备役"基地，建成军民融合发展共同体。

（1）院系专业设置。学校围绕军民融合发展，根据"聚焦需求办学院、围绕产业办专业"的院系群建设原则，按照"成熟一个、审批一个、建设一个"的工作思路，逐步完善军民融合混合所有制职业技术大学特色学院和学科建设。目前，校本部（廊坊市永清县）初期设置智能装备、维修保障、军民融合知识产权、航空旅游、国际安保、军事特需、区块链技术等七个二级学院，同时为加强对外交流合作，由以色列阿格纳项目公司与北华航天工业学院、廊坊市政府等单位合作创建中以合作学院和冀以创新中心，共开设智能设备运行与维护、光电仪器制造与维修、无人机操控与维护、知识产权管理、民航运输服务与管理、民航安全技术管理、安全技术与管理、安全保卫服务等 50 个专业。同时，在石家庄鹿泉、保定涿州和易县、邯郸馆陶和永年、衡水饶阳、邢台临城、张家口怀来等地分别建设生物职业技术学院、国防科技职业技术学院、数字技术学院、河北彭艾中医科技职业学院、军地职业技术学院、香料技术学院、临城职业技术学院、冰雪学院、人工智能学院等特色职业技术学院，开设特色专业近 50 个。

（2）主要功能设置。军民融合混合所有制职业技术大学将实现"一主五辅"六大功能。"一主"，即学历教育。依据国家相关政策，招收现役军官、士兵，退役士兵进行本科、专科学历教育；顺应军官、士官制度改革方向，招收热爱国防事业，具有高中及同等学力的应届毕业生进行学历教育。学历教育依据 1+X 证书制度进行培养（即 1 个毕业证书 + 若干职业技能等级证书）。"五辅"，即职业技术培训、国防教育及军训、户外拓展训练、军民融合成果孵化、配套服务。

三、几点建议

（1）加强组织领导。在省委、省政府的领导下，省级层面由教育、发改、财政、退役军人、人社、民政、编办、科技、工信、总工会、军民融合等部门建立定期会商制度，统筹协调推进军民融合混合所有制职业技术大学筹建工作，各部门密切配合、协同联动，落实分工责任制，协调解决学校筹办工作中的重大问题。深化"放管服"改革，形成政府主导改革、相关部门协同推进、社会资本股份参与、职业院校机制创新的混合所有制办学推进机制。具体建校工作由省军民融合促进会河北高级应用人才（军地两用人才）专业委员会牵头，会同河北省航空产业协会、河北省兵工学会、河北省中小企业促进会发起成立河北产业融合发展联合会，与河北长缨科技教育中心共同推进落实，并在近期拿出详细办学方案。

（2）争取国家试点。紧紧抓住"十四五"谋篇开局战略契机，主动学习借鉴山东、甘肃、江西、江苏"苏锡常都市圈"等地职业教育试点成功经验，在省政府支持下，向国家申请建立首家国家级军民融合混合所有制办学的试点，在办学实践的基础上扎实开展军民融合混合所有制办学理论研究，争取形成可复制、可借鉴、可推广的办学模式，为全国教育体制机制军民融合改革提供范例。

（3）给予政策支持。一是将军民融合混合所有制职业技术大学建设项目列入我省教育"十四五"规划，并积极争取列入国家"十四五"规划。二是给予学校运营资金支持，依据财政部《政府和社会资本合作项目财政管理暂行办法》等相关文件精神，强化项目财政预算管理，将军民融合混合所有制职业院校纳入中期财政规划，参照同级同类公办院校标准，通过财政补贴或政府购买服务等形式，给予一定比例的生均经费支持，不计入政府股份。三是给予土地指标支持，根据学校选址意向，在省、市级层面统筹安排建设用地指标，满足学校建设用地需求。四是在项目立项、政府补贴、政府购买服务、基金奖励、捐资激励、土地划拨、税费减免等方面积极给予扶持。

作者：刘学谦，王福强，徐振川

关于推进唐山钢铁产业高质量发展的建议

唐山是钢铁大市，目前和将来的很长一段时间内，钢铁产业都将是唐山市的支柱产业和主导产业。"双碳"目标背景下，如何推动唐山钢铁产业实现绿色、低碳、智能、高质量发展急需破题。为此，省政府参事室课题组与唐山市钢铁协会组织华北理工大学有关专家，河钢唐钢、津西钢铁等 22 家钢铁企业负责人召开了座谈会。大家围绕唐山钢铁产业的短期环保措施与长期健康高质量发展作了发言，一致表示坚决拥护党中央和省委省政府、唐山市委市政府对钢铁产业的治理意见，同时对如何贯彻好上级的指示精神提出了意见和建议。根据座谈提出的问题、讨论提出的意见建议，我们整理了这份报告，仅供张古江书记参考。

从座谈会反映的问题看，主要包括以下几个方面。

一、环保措施的实施要充分考虑钢铁产业的特点

一是环保措施不能打断钢铁企业内部工艺的有序衔接和系统匹配。钢铁产业内部工艺流程是一个固定、有序的系统。在最终产量明确限定的情况下，所需原料数量和工序衔接时间就基本固定。在限制钢铁总产量的背景下，对烧结、物流等工序如果不定期限制、反复关停相关流程设备，中断某些环节，将会导致钢铁企业生产无法正常循环，资源配置效率降低。二是频繁反复的停限产措施，虽限制了产量，但又会导致污染物排放量和能耗的增加。根据企业介绍，正常运转状态下，两个高炉所需电量 426 千瓦 / 吨；非正常状态下，所需电量 479 千瓦 / 吨，耗电量增加了 53 千瓦 / 吨。同时，一氧化碳和氮氧化合物气体排放增加。由于频繁开停机，生产过程中催化器失效，氮氧化合物排放浓度是正常生产时排放浓度的 4 倍，按今年上半年几次环保限产执行每天停产 11 小时后，开机恢复中排放氮氧化合物的量比正常生产时高出 160 毫克 / 米^{3}左右。

二、环保措施要与国家安全生产法相向而行

钢铁企业停限产期间，各环节安全风险增加，极易造成重大的安全隐患和安全事故。这些安全隐患并非企业人为疏忽和操作不当所致，而是由于部分环保措施与钢铁企业生产设备特点和工艺流程相悖而导致，属不可控风险。据有关企业反映，今年上半年已存在不安全的因素和苗头。例如，要求车间、原料场全封闭，而根据《中华人民共和国安全生产法》要求留有通风口；频繁停限产、开停机造成煤气管道内一氧化碳增多，正压煤气泄漏，极易造成人员中毒及着火、爆炸事故，且对机器设备损伤极大，易导致发生机械事故。如 2019 年 10 月武安兴华钢铁有限公司造成 7 人死亡的火灾事故，就发生在烧结机停产时。

三、环保措施要有连续性和稳定性

座谈中，有些企业反映，今年上半年部分停限产措施无政府红头文件，以口头或信息形式传达，或夜间传达，朝令夕改，让企业无所适从。例如，根据钢铁企业生产特点，停限产措施应 24 小时前做出预警并通知企业，而现实情况却是企业接到临时通知，在预警期内就要求停产，且复产时间不确定，打乱了企业的生产计划。同时，在企业按期或提前达到超低排放标准的情况下，仍需执行频繁停限产政策，多批次不同人员频繁检查，政企互信度低，企业疲于应付，正常经营秩序被打乱。部分企业负责人表示，上半年随意性、不稳定性的环保措施，造成企业营商环境恶化，企业预期走低，投资谨慎。

四、环保措施要统筹处理好环保与民生的关系

环境保护是重要的民生问题，两者理应相互促进，环境改善不能以损害民生为代价。唐山钢铁产业是巨大的"就业容纳器"，直接和间接从业人员达到 60 多万人。习近平总书记强调"民生是最大的政治"，李克强总理特别要求"推进钢铁、煤炭等行业去产能，不能出现大规模失业潮"。但据企业家反映，今年上半年实施的环保措施，严重影响了企业正常生产。虽然上半年钢材市场行情大涨，但与其他地区相比，唐山钢铁企业盈利情况较差，市场竞争力不足，企业不得不采取裁员或降薪的办法。同时，部分钢企所在地 80% 供暖由钢铁企业承担，若继续执行频繁停限产环保措施，将不能正常供应当地取暖，会产生今年冬季最大的民生问题。

与会专家和企业家一致认为中央和地方抓生态环境保护治理是正确的，坚决拥护党中央加大环境治理的决策。钢铁产业是排污大户，实施严格的环境治理是必要的。近年来唐山空气质量明显好转，企业也从中获益。环境治理措施要形成激励企业技术改造、转型升级、绿色发展的倒逼机制，促进钢铁企业实现健康高质量发展。因此特提出如下建议：

一是建立常态化的钢铁产业高质量发展战略研究与评估机构。钢铁产业的环境治理是一项长期的任务。环境治理措施的制定与实施要符合钢铁产业发展特点，用科学的办法加大环境治理的力度，确保治理有方、治理有效，才能确保钢铁产业健康高质量发展。唐山作为钢铁大市应建立随时可以发挥作用、服务常态化的产学研钢铁产业战略研究与技术评估机构。华北理工大学冶金工程是河北省重点支持的世界一流建设学科，特别是在钢铁企业的绿色、可持续发展研究方面处于全国先进行列，校长张福成今年成功入围中国工程院院士增选第二轮评审候选人。唐山市钢协是联系企业和政府的桥梁和纽带。唐山报春钢铁大数据研究院是有着全国钢铁产业发展大数据资源的专门研究机构。最近，三家共建了"环渤海钢铁产业发展战略研究院"。研究院将特邀中国科学院、中国工程院、东北大学、北京科技大学等全国冶金领域权威专家共建研究与咨询平台，形成面向钢铁全产业链的专家库，按照"立足唐山，面向环渤海，辐射全国"的理念，常态化地为钢铁产业发展提供智力服务，破解钢铁产业发展难题，推动河北特别是唐山市由钢铁大市向钢铁强市迈进。因此，建议唐山市委、市政府给予大力支持，使其成为唐山市钢铁产业发展战略研究、常态化环保技术咨询、钢铁绿色产品的评定与展示的第三方专家智库机构。

二是完善环境治理措施制度化和法制化机制。环保措施的出台，一定要符合国家的安全法律法规，这是底线。否则一旦出了安全事故，环保措施的制定者必然要承担重要责任。同时，在经多方论证通过的科学化的环保措施的基础上，要加强制度化和法制化建设，保证措施实施的稳定性、连续性、可预期性，给企业以稳定的发展预期，营造良好的外部营商环境，增强企业技术改造、转型升级的投资积极性。

三是环保部门要和企业齐心协力推进环境治理。企业是财富的创造者，是国家税收的贡献者。企业环保出了问题，不应一关一停了之，而应是管理部门和企业共商办法、共破难题。这方面建议学习江苏的经验，企业遇到了环保问题，环保部门主动和企业一起研究解决问题的办法，一直到问题解决达到环保要求。因此建议，大的环保措施出台前，一定要注意听听技术专家的意见，听听企业的意见，本着促进钢铁产业健康发展的出发点，共商办法，共破难题，使企业执行环保措施由强制被动变自觉自愿。

四是统筹处理好环境治理与民生的关系。民生问题是关系社会稳定、关系党的执政基础的大问题。新冠肺炎疫情后，党中央、国务院更是把保就业放在"六保"任务之首，要求各地各部门千方百计保就业。因此建议在新的限产量、限产能措施出台前，环保部门应与人社部门联合搞一次调研，摸清底数，对下岗职工采取强有力的保障措施，加强职业培训，解决好下岗职工的再就业问题。

五是统筹推进环境治理与钢铁产业绿色发展相互促进。要转变观念，环境治理手段要从行政性、命令式处罚为主向市场化、激励性政策转变，以长期正向激励代替短期行政处罚，形成以正向激励企业绿色技术改造提升和转型发展为主，"奖惩结合"，共同构建唐山钢铁产业高质量发展为主要目标的治理体制机制。

作者：刘学谦，晏希会，何新生，李赞

关于在雄安新区发展数字化、智能化

高端安全应急产业的建议

最近，省政府参事室应急产业高质量发展课题组先后到中国安全应急协会、省工信厅、应急产业联盟、部分应急产业基地调研，又赴江苏省应急管理厅等部门以及溧阳、昆山等地实地考察，认真学习了徐州的经验。特别是在昆山调研期间，详细了解了网进科技和三棱科技两个公司运用数字化、智能化发展安全应急产业、开发出400多种产品的做法，深受启发。当前，我国已进入"互联网+"时代，数字化、智能化已经渗透到社会生产、社会生活的方方面面，发展数字化、智能化安全应急产业已经成为必然趋势。因此，我们认为在雄安新区发展数字化、智能化高端安全应急产业不仅必要，而且恰逢其时。

一、雄安新区发展数字化、智能化高端安全应急产业的必要性与可行性

（一）加快发展数字化、智能化高端安全应急产业，是提高我国防灾、减灾、救灾的抗灾能力的必然选择

用数字化和智能化升级的应急设施、设备、平台，通过对灾害及时感知及大数据分析，可以实现灾害事故科学预测、监测、及时反馈，有效提高风险预见预判能力和灾后反应处理能力，可以更好地应对救灾过程中的多样性和复杂性。在日益复杂多变的各种生产生活环境下，加快发展数字化、智能化高端安全应急产业是提高我国防灾、减灾、救灾的抗灾能力的迫切要求和必然选择。

（二）雄安新区发展数字化、智能化高端安全应急产业，能够补齐河北安全应急产业发展的短板

河北省"十四五"经济和社会发展规划将应急产业列为优先发展的未来高潜产业，并出台了专门的应急产业发展规划以促进应急产业的发展。但是，在对河北应

急产业进行调研时发现，我省应急产业发展虽然具有了一定基础，但仍然存在产业规模小、层次低、结构不合理等问题，尤其是整个产业创新能力较弱，非常缺乏高端产品，难以形成竞争优势，在雄安发展数字化、智能化高端安全应急产业可以引领河北省应急产业快速发展，补齐河北安全应急产业链的短板。

（三）雄安新区发展数字化、智能化高端应急产业，符合国家给予雄安新区的发展定位和规划

雄安新区创新驱动发展引领区的建设目标和高标准生活区的建设要求，对高端安全应急产品及应用有着更高的要求。高端应急产业不仅能够实现产业内的创新，还能把不同高端产业的技术成果嫁接到应急应用中，实现技术的跨领域协同创新，其高端性和创新性完全符合雄安新区的未来定位。

（四）雄安新区发展数字化、智能化高端安全应急产业能够在较短时间内形成创新驱动发展的引领优势

高端安全应急产业可以有效集成智能技术、信息技术、新材料技术、先进制造技术、空天技术、脑科学等先进技术及研发成果，雄安新区通过积极吸纳和集聚京津及国内外创新要素资源，实现安全应急产业在高端核心技术、高附加值等环节的突破，还可以反哺雄安新区其他高端高新产业，形成产业之间的深度融合和联动发展，引领雄安新区高端产业实现集群式发展，迅速形成创新驱动发展的引领优势。

二、雄安新区发展数字化、智能化高端安全应急产业的路径

（一）雄安新区发展数字化、智能化高端安全应急产业的布局

（1）建立雄安新区数字化、智能化高端安全应急产业研发中心。数字化、智能化安全应急产业的核心竞争力在于研发创新，建设高端安全应急产业就必须要重视研发。依托雄安新区现有资源，鼓励领先应急企业与中科院雄安创新研究院等院所合作，在雄安新区设立研发中心，针对产业发展中的前沿技术进行研发和联合攻关，引领全国安全应急产业创新发展方向。

（2）根据企业诉求在雄安新区周边建立实验、示范和生产基地。在雄安新区附近经济开发区、高新区，围绕雄安高端应急技术产业化需求，重点推进安全应急重大关键技术和重大智能装备在安全生产、防灾减灾救灾、应急救援领域的集成转化和推广应用，建立中试基地和生产基地，通过积极吸纳整合项目、资金、人才、技术等各类要素资源，实现高端安全应急产品孵化和成果熟化。通过基地先行先试一批适用性广、推广价值高的先进技术模式，推动形成可推广、可示范的生产模式。

（3）建立雄安新区数字化、智能化高端安全应急产业企业集聚区。充分发挥雄安新区智力优势和品牌效应，建立雄安新区数字化、智能化高端应急产业企业集聚区，大力引进龙头企业，围绕龙头企业布局产业链条，打造公共服务平台，从金融、研发、咨询以及生活等方面支持企业发展，尽快形成产业聚集区。

（二）雄安新区发展数字化、智能化高端安全应急产业的产品方向选择

（1）面向国家重点区域的数字化、智能化灾害监测与预警系统。面向雄安及北京重点区域的灾害监测与预警技术及产品。围绕卫星、无人机、定点灾害监测设备、集成系统平台等方向布局产业。

（2）面向各级政府的数字化、智能化安全应急管理和指挥系统。围绕各级政府部门在应急管理过程中需要多部门、多人员、多品种、多突发的协同指挥和管理需求，重点布局基于一体化通信指挥调度、多主体信息共享、大数据智能分析、集成的应急管理系统平台的设计研发产业。

（3）面向各类企业的安全监测预警及灾害处理系统。面向各类安全监管企业，重点布局各类安全事故的智能化安全监测预警设备、智能危化垃圾的存储与处理设备、消防机器人等灾害处理与救援设备产业。

（4）面向全社会的抢险救灾智能化指挥系统和机器设备。面向社会抢险救灾需求，重点布局智能化指挥调度平台、智能搜救设备、智能伤员抢救设备、转运设备等产业，重点突出搜集设备的无人化、智能化等方向。

（5）面向个人的数字化、智能化安全保护与救援的可穿戴设备。重点研发个人数字化、智能化可穿戴设备的数据采集、处理、信息传递等技术及在整套设备上的功能整合，布局各类用途的智能化防护服、防护头盔、防护装备和逃生工具，用于卫星定位、呼救联络的手持设备等产业。

三、建议

（一）把雄安新区发展数字化、智能化高端安全应急产业的规划纳入河北发展安全应急产业的总体规划

《河北省应急产业发展规划（2020—2025）》中明确提出发展应急产业要坚持创新驱动，高端发展，推动应急产业迈向中高端。建议进一步明确雄安新区在高端安全应急产业中的创新、试点、示范作用，并制定雄安新区安全应急产业专项规划，将产业发展和地区安全统筹考虑，鼓励应急新产品研发、标准制定、产业转化，推动应急产业快速发展。

（二）加大数字化、智能化高端安全应急产业项目的招商力度

以疏解北京非首都功能为重点，面向京津冀区域吸引北京、河北、天津一批技术领先、市场前景广阔的优秀企业，将研发中心设置在雄安新区；面向全国吸引数字化、智能化安全应急产品生产企业，如考虑引进网进科技、三棱智慧物联等优质企业；面向世界吸引大型跨国企业，将区域总部全球研发机构设置在雄安新区。

（三）针对数字化、智能化高端安全应急产业的特点，归纳整理或出台新的支持发展政策

出台支持产业发展政策，利用雄安新区先行先试的政策优势，将高端安全应急企业、人才、团队纳入各项支持政策当中，对于新型高端应急产品，出台认定办法，加快安全监管审批。建立产业发展基金，支持数字化、智能化应急产品研发，尽快在全国形成政策高地和示范效应。

作者：刘学谦，张冬丽，杨彦波

关于加快中日韩循环经济示范基地
发展的政策建议

2015年国家批准在曹妃甸建设中日韩循环经济示范基地。5年来，发展循环经济形成了一定的产业基础，但由于国家一直没有明确支持政策，加上自身开放水平不足，缺少涉外实体支撑，直接影响了循环经济技术的引进、交流、推广和贸易，影响了项目招商和落地。期间，我们也启动过争取国家支持政策的项目，但由于韩国发生了形势变化而停滞。去年RCEP正式签署，世界上人口数量最多、成员结构最多元、发展潜力最大的自贸区诞生，在中日和中韩间建立起了新的自贸伙伴关系，国家批复了6个中日等技术合作示范区，但河北并没有。面对新的形势变化，我们认为启动曹妃甸中日韩循环经济示范基地建设，争取国家和省的支持政策恰逢其时。

经过调研，曹妃甸初步具备了建设好中日韩循环经济示范基地的条件：一是日韩企业在唐山已具有一定的数量规模，截至目前，入驻日资企业已有47家，韩资企业25家，这种外资企业的"现身说法"、以商招商已具备一定力量。二是"将唐山建成东北亚地区经济合作窗口城市"受到国家、省、市领导的高度重视，日、韩在循环经济领域具有技术领先优势，蒙古、俄罗斯在新能源、节能环保领域又具有巨大市场需求，在曹妃甸东北亚地区经济合作引领区发展循环经济，对唐山建设窗口城市以及以循环经济带动东北亚地区经济合作，并沿"一带一路"走出去具有重要意义。三是国家自贸区曹妃甸片区的设立、综合保税区、跨境电子商务综试区和国家级开发区等优势叠加，必将进一步提高唐山的对外开放水平。四是曹妃甸核心区已入驻节能环保设备研发生产项目、新型建筑节能保温材料生产项目、铅酸电池循环利用项目等项目达40多个，在谈意向投资项目20多个，已具备循环经济产业集聚雏形。五是钢铁产业是唐山第一支柱产业，在国内外已形成较大影响力。近几年，大部分企业搬迁至沿海区域，通过搬迁升级形成了沿海精品钢产业带，并带动了上下游产业的快速集聚。建设以钢铁产业为主的国际循环经济示范基地，已有足够的产业基础支撑和市场需求支撑。

为紧紧抓住此次历史机遇，加快曹妃甸中日韩循环经济示范基地发展（以下简称循环经济基地），参考中日地方发展合作示范区和国际经济技术合作与交流的常规做法，建议省发改、科技等有关部门给予大力支持，并向国家申请给予支持发展的政策：

（1）支持循环经济基地设立再生钢铁原料产业园。利用国家放开再生钢铁原料进口的机遇，在曹妃甸设立再生钢铁原料产业园。促进再生钢铁原料的进口，加快国内再生钢铁原料的汇集，通过采购、分类、加工及综合利用，使再生钢铁原料产业在曹妃甸迅速形成规模经济。建议对从事再生钢铁原料产业企业在融资、用地、税收等方面给予政策支持，依据再生钢铁原料等废旧物资收购的特点，允许基地内的收购企业实施"代开票"的税务特殊管理。

（2）支持循环经济基地矿选业和矿粉深加工产业发展。唐山港是全国最大的铁矿石接卸港，年均铁矿石到港量2亿吨以上，占全国铁矿石进口量的20%左右，不同来源国和来源地的矿石品类和品位差异较大，大力支持曹妃甸发展选矿及矿粉深加工（如脱硫、贵重金属提取等）产业，能够提高产品附加值、变废为宝，提高产业和产品竞争力，实现产业的可持续发展。

（3）争取给予循环经济基地废旧汽车、船舶、飞机的回收拆解资质。2020年国家《报废机动车回收管理办法实施细则》的出台，进一步增强了废旧汽车拆解企业的盈利能力，将废旧机车拆解项目与再生钢铁原料产业园相结合，能进一步促进再生钢铁原料产业的专业化、规模化和集约化发展，提高回收利用效率和服务水平。同时，将新能源锂电池回收与曹妃甸铅酸电池循环利用项目相结合，相互促进。

（4）支持循环经济基地建立二手车进出口综合服务中心。唐山市是国家第二批出口二手车试点城市，二手车出口业务涉及二手车的回收、拆解、翻新、零部件再造等多个环节，需要检测、报关、仓储物流、金融信保等配套服务体系。"一带一路"沿线国家对二手车有巨大市场需求，唐山是"一带一路"的重要节点城市，拥有港口优势和中欧国际班列优势，可以有效带动二手车出口业务。曹妃甸职教城能够为汽车拆解、维修、零部件再造提供专业技能人才和外贸商务人才，通过二手车出口业务带动产品和专业技能服务双输出。

（5）建议省发改、科技等职能部门给予循环经济基地引进国内循环经济企业的政策支持。引进循环经济领域的国内高新技术企业、科技型中小企业在企业经营资质、工程承揽资质、从业人员从业资格资质等在有效期内给予直接互认，采取备案制，促进相关企业向曹妃甸集聚。

（6）建议在循环经济基地引进具有推广价值的日韩循环经济技术类项目，在土地、税收等方面允许有较灵活的优惠政策，享受国家高新技术企业优惠所得税率；企业设备进口时，享受我国高新技术设备进口减免税政策。

（7）建议在循环经济基地建立知识产权认证快速通道，对日韩国家进入中日韩循环经济示范基地的专利技术，已经日韩国家专利部门审核批准的，采取备案制，不再重新审定，以加速知识产权成果转化和保护。

（8）建议循环经济基地引进的日韩循环经济项目、技术、设备，放宽外汇使用额度限制，确保日韩企业贷款利率保持在合理水平。同时放宽示范基地各类指标及产能限制，快速达到产业集聚。

（9）建议允许在循环经济基地设立日韩循环经济技术展示交流中心，用于展示和推广日韩循环经济企业的产品、技术、设备、示范项目；举办中日韩循环经济论坛、产品博览会和交易会，促进循环经济企业集聚和产品技术交流。

（10）建议国家和省市区联动，强化资金政策支持。积极推动国家和省、市出台相关政策，解决循环经济基地发展所需资金问题。安排专项资金用于支持中日韩循环经济合作项目实施和国际合作平台建设。

作者：刘学谦，张公魁

学习江苏经验，推动我省安全应急产业
高质量发展的几点建议

为推动河北安全应急产业高质量发展，省政府参事室课题组在摸清我省安全应急产业发展状况的基础上，专程赴江苏考察学习，先后听取了省应急管理厅、工业和信息化厅关于安全应急产业发展情况的介绍，并就有关问题进行深入交流，实地参观了常州市溧阳经济开发区（国家安全应急产业示范基地），学习了徐州国家应急产业示范基地的建设经验，特别是在昆山参观考察了网进科技和三棱物联两家数字化、智能化安全应急产业企业的发展情况。通过考察学习，我们认为江苏省在应急产业创新驱动、基地建设，应急产业、文化、教育、培训一体化建设，工作推进机制高效运转和营商环境打造等方面值得我省学习借鉴。现将调研情况报告如下。

一、江苏省推动安全应急产业发展的经验和做法

（1）依托高校和重点实验室优势资源，推动产学研合作，实现安全应急产业创新驱动高质量发展。一是积极创建安全科技研发创新平台。南京科技大学和南京安元科技公司 2 家单位被批准为国家应急管理部安全生产重点实验室和科技支撑平台（全国仅 12 家）。全省安全应急产业领域已有超过 120 家企业获批省级以上企业技术中心。二是深入推动产学研合作，促进创新链与产业链高效紧密衔接。积极支持高校、研发机构与园区、企业开展合作，累计投入 1.2 亿元财政专项资金，共建 7 个安全科技类协同创新中心，不断强化创新成果在智能安防、危险品检测等领域的转化推广。三是组织开展关键技术攻关和应用示范。围绕重大灾害监测预测预警、应急救援、危险性和灾害评估等关键技术需求，集成各类科技资源，进行关键技术创新和集成应用示范。

（2）以现代信息科技推动产业数字化和智能化升级，实现安全应急产业与信息

技术融合发展。一是依托江苏省电子信息产业的基础，积极培育网进科技、中科物联、恒宝股份、星宇科技等一批优秀信息技术和物联网企业，目前仅物联网产业商会就有 300 多家物联网企业，形成了安全应急产业数字化、智能化发展的有力支撑。二是信息技术企业与安全应急特定场景紧密结合，主动开发新产品、新应用，如网进科技研发的智能交通系统、矿山应急救援系统，三棱物联研发的无人机自动续航设备、危废临时收储设备等，从监测预警、指挥救援系统，到救援装备和安全设施设备的智能化和数字化等领域，安全应急产业与现代信息科技深度融合。三是着力打造智能化应急产业园区，激发示范带动作用。泰州姜堰投资 10 亿元专项扶持资金，已建成 12 万平方米高标准现代化厂房、8 万平方米公共配套设施，着力打造新技术、新产品、新业态、新商业模式的省级智能应急产业园。

（3）以徐州安全应急产业示范基地建设为核心，示范引领全省安全应急产业集聚发展。一是持续支持徐州做大做强安全应急产业集群。全省积极推荐相关企业到徐州合作发展，引导省内研发机构、高等院校、先进企业的技术成果与徐州高新区研发成果进行集成创新，并在全省推广应用。二是支持徐州在产业发展创新政策上先行先试。省应急管理厅与徐州共同研究建立企业增加安全投入的激励约束机制，落实企业安全生产费用提取管理制度，做好安全生产责任保险的试点推广工作等。三是指导地方或与地方共同举办展会、积极组织重点企业参展大型博览会，提升江苏安全应急产业基地在全国的影响力。四是认真梳理总结徐州安全应急产业示范基地的实践成果，复制徐州模式，在全省示范推广，培育国家级应急产业示范基地。

（4）通过应急产业、文化、教育、培训一体化建设，推进全省安全应急产业全面发展。在重点抓产业基地建设的基础上，全面推进应急文化、学科建设和人才培养、应急培训，全省上下形成了良好的安全应急文化和氛围。在应急文化建设方面：一是抓宣讲，提升全民安全意识。全省 13000 多名干部开展"百团进百万企业影响千万人"学习宣讲活动，历时 8 个月，累计宣讲 4 万多场次。二是注重融合求实效，做强做优应急载体平台。与江苏卫视、江苏公共新闻频道、江苏应急广播等主流媒体合作，滚动播放公益宣传片和宣传带。充分发挥微信、微博、抖音、公众号等新媒体作用，精准传播安全应急科普知识。建成及在建安全科普基地、体验场馆近 50 家，面向企业和公众开放。三是统筹协调，构建部门联动、全社会广泛参与的大应急文化建设工作机制。在学科建设和人才培养方面：第一，注重加强安全科学与工程学科建设，率先实施江苏高校品牌专业建设工程，支持中国矿业大学、南京工业大学、常州大学的安全工程等专业入选国家级一流本科专业，每年输送安全专业人才超千人。第二，重点支持青年科技人才开展创新研究，加快安全应急领域领军人才、技术领军人才、青年拔尖人才培养和创新人才培养基地建设。2018 年以来，共立项支持 26 个基础研究计划，由青年人才承担的项目占比 73%。在应急培训方面：印发《全省安全生产管理干部培训暨 2021 年培训实施方案》，依托中国矿业大学、南京工业大学、常熟理工学院、盐城工学院四所高校开展培训，采取"1+6+1"培训体系，计划用 3 年时间，对全省约 1.5 万名干部，分层分类、精准培训一遍。

（5）高效的工作推进机制和良好的营商环境，保障了安全应急产业健康发展。一是建立省工信厅牵头，发改、应急管理、公安、科技等多部门分工协作的安全产业发展工作推进机制。每个季度召开一次部门联席会议，听取部门工作推进情况汇报，提出其他部门配合诉求，部署安排下一阶段重点工作。二是打造良好的营商环境。在政策上，原有的部门法规、政策文件都明确突出了向安全应急产业倾斜。在园区和示范基地建设上，政府出台政策支持在安全应急产业发展创新上先行先试。引导和鼓励企业提高安全投入，对企业安全标准级别提高有灵活的奖励，在企业采购提升本质安全的设施、设备方面，政府给予采购金额 10% 的资金补贴，最高补贴 1500 万元。在服务上，政府将企业作为服务对象而不是约束和管理对象，在企业面临安全生产规范标准、环保标准达标等难题时，政府聘请外部专家为企业解决难题，直到规范达标为止，深受企业欢迎。

对照江苏经验，我省的安全应急产业发展存在着一定差距，主要表现在：一是未能充分利用河北高校和科研院所的创新资源，推动产学研深度合作，创新链和产业链有效衔接不足。二是现代信息科技与产业发展融合度不够，未能有效利用数字化和智能化推动产业的高质量发展。三是安全应急产业基地建设缓慢，缺乏针对性的政策支持和明确的建设思路、举措，基地引领示范带动作用不强。四是在应急文化、教育、培训、人才培养等方面缺乏行之有效的措施，未能形成整体联动、全面推进的工作局面。五是未能建立起部门联动、协调推进的工作机制，政策环境和服务环境虽有改善，但在服务环境上与江苏仍有较大差距。

二、推动我省安全应急产业高质量发展的几点建议

（1）充分利用我省高校资源和中电科 54 所、13 所与中船 718 所等驻冀央企的创新资源，发展高端安全应急产业。一是充分发挥我省河北工业大学、燕山大学、河北科技大学、华北理工大学等工科高校的各自学科优势，积极推动高校、研发机构与我省安全应急产业基地、企业合作，加大资金投入建设产教学研一体化的安全科技协同创新中心。二是充分挖掘和利用中电科 54 所、13 所，中船重工 718 所等驻冀

央企的科技创新资源，积极对接我省应急产业示范基地和企业，促进创新链和产业链的有效衔接，大力推动安全应急产业领域的科技成果转化。三是鼓励和支持我省高校、科研院所和企业共建科技支撑平台和安全生产重点实验室，对我省矿山、冶金、化工等重点行业开展安全关键技术攻关和集成创新应用示范。科研立项向重点行业的安全应急领域倾斜。

（2）大力推动新一代信息技术应用，推进安全应急产业向数字化、智能化融合发展。一是鼓励和扶持一批与安全应急关系紧密的信息科技领域小巨人企业，建设一批数字化车间，开发一批智能装备和智能产品。二是推选一批示范企业、示范园区、示范基地，通过信息技术赋能，形成在交通、医疗健康、城市管理、环境治理、应急救援等特定领域的示范应用场景，在全省推广其产品和经验。三是充分利用我省军工企业在通信和卫星导航、数据传输终端、特种防护等领域的领先技术优势，推动军民融合发展。着力打造张家口北方军民融合山地冰雪装备产业园，重点发展应急通信、通信指挥、工程抢险、应急电源等装备。加快发展石家庄信息产业园等军民融合产业基地，加大灾害监测预警产品研发力度，发展对地遥感观测卫星等监测装备，推进监测预警装备产业化。

（3）借鉴江苏经验，提升我省安全应急产业基地建设水平。进一步落实《河北省应急产业发展规划（2020—2025）》提出的"依托唐山、张家口、保定、石家庄、邢台、秦皇岛、廊坊、邯郸等市高新技术开发区和经济技术园区发展特色应急装备和服务基地"的任务目标，加快提升基地建设水平。一是指导基地或与基地共同举办展会，积极组织河北重点企业参加全国性博览会，扩大基地和企业影响，促进产业集聚。依托京津冀协同发展机制，加快筹办首届京津冀安全应急产业博览会。二是推荐相关企业到基地合作发展，引导京津冀相关研发机构、高等院校、先进企业的技术成果与基地园区企业对接，实施集成创新，并在全省推广应用。三是支持张家口怀安和唐山开平两个国家级应急产业示范基地在产业发展创新政策上先行先试，如先进技术、设备、服务的本地试用，安全投入的激励约束，试点安全生产责任险，资质认定等，并在 6 个省级应急产业基地和 20 个特色产业集群推广。

（4）进一步完善安全应急产业发展所需的功能要素，一体化推进安全应急产业全面发展。大力加强安全应急文化建设、安全学科建设和人才培养、安全培训，助推产业发展。在安全应急文化建设方面，省市县三级领导干部定任务、做宣讲，制定安全宣传"五进"实施方案，细化开展安全宣传进企业、进农村、进社区、进学校、进家庭的标准和措施；充分利用主流媒体和新媒体，创新内容形式，精准传播安全应急科普知识，建设安全科普基地、体验场馆；统筹协调，构建上下联动、部门协调、全社会参与的大应急文化建设工作机制。在学科建设与人才培养方面，鼓励和支持我省高校开设安全工程、应急管理学科专业，财政投入给予倾斜；支持青年科技人才开展创新研究，在省科技计划项目中，向安全应急领域倾斜，提高青年项目比重。在安全培训方面，研究制定《全省安全生产管理干部培训实施方案》，建议对全省县级以上应急管理部门领导干部、安全生产管理普通干部、新入职危化品监管人员和行政执法人员进行专业知识和实务培训，提高履职能力和防范化解重大安全风险能力。

（5）完善制度体系，优化营商环境，保障安全应急产业健康发展。在制度体系建设方面：一是认真贯彻落实已有的各项制度措施，做到有监督、常检查、严考核。二是建立由工信部门牵头，发改、科技、公安、城建等多部门分工协作、上下联动的协同推进工作机制，每个季度召开一次联席会议，各部门汇报工作情况，合作诉求，部署下阶段工作任务。三是充分重视企业联盟、行业协会的沟通桥梁作用，推进安全生产社会化服务，支持社会化服务机构发展。在优化营商环境方面：政策要向安全应急产业倾斜，支持鼓励张家口怀安、唐山开平两个国家级应急产业示范基地进行政策创新。加大力度改善服务环境。第一，各级领导干部上下形成统一认识，提高服务企业的主动性和自觉性。第二，端正服务态度，真心服务，变"等上门"为"走上门"服务，"不说不能办，多讲怎么办"，倡导"共同办"。开展服务试点建设，探索服务标准，总结示范推广。第三，将企业对政府服务评价纳入干部考评体系，建立严格的奖惩机制，对受到企业批评和投诉的人员、对耽误企业发展机遇的人员进行严肃处理。

作者：刘学谦，王余丁，张冬丽，张公魁

学习长三角一体化先进经验，

推动我省深度融入京津冀协同创新的建议

为推动我省深度融入京津冀协同创新，省政府参事室课题组专程赴上海、江苏、安徽等地进行考察学习，就长三角一体化过程中协同创新的经验同相关人员进行了深入交流。通过考察学习，我们认为长三角在一体化过程中，通过政府协同、政策协同、机制协同、人才协同、创新链和产业链协同，推动实现区域一体化协同创新、差异化发展，取得了明显成效。这方面的经验做法值得我省学习借鉴。现将相关经验总结如下。

一、长三角一体化推动协同创新的经验和做法

（1）各级政府协同联动，实现区域创新一盘棋。长三角区域已经形成从上至下、横向互通的协同网络。一是从顶层合作上，设有统一组织机构和常态对接机制。设有"推动长三角一体化发展领导小组"和长三角区域合作办公室，办公室有 15 个下设小组，实施的是每年各地轮值的制度。今年为保持工作连续性，把科技和环保单独拿出来，环保和科技不再轮值，连续三年都在上海。这样加强了协同工作的持续性，每个季度一次联席会议，各地都有对口部门，或者成立专门办公室对接不同省市，各部门平时联系沟通很多。二是加强协同创新顶层设计，不断出台发展规划。2019 年通过实施的《长江三角洲区域一体化发展规划纲要》以及 2020 年制定的《关于支持长三角生态绿色一体化发展示范区高质量发展的若干政策措施》《长三角科技创新共同体建设发展规划》对整个区域的一体化发展和协同创新进行了顶层设计。三是从具体落实上，长三角跨区域合作部门级别下沉，上海各区和三省各市之间承担了区域合作的主体作用。最典型的是长三角 G60 科创走廊示范区。上海松江区与 9 个通过高铁线串联的城市，推动区域协同，产业联动快速布局，实现联动。在组织

方面，成立实体化机构，各地派人常驻 1 年，科技、金融、工信、产业各部门协同办公，固定投入财政预算保障，协同效果显著。商飞集团整个产业在此区域增长 30%，形成了典型经验做法。

（2）政策环境协同，实现创新要素最优配置。一是根据总体规划各地出台各具特色的协同配套政策，培育差异化创新发展重点。长三角各省、各地市都围绕规划落地出台了不同配套政策和实施方案，保证规划落实，同时凸显本地特点。如上海出台吸引高端人才聚集的政策，使上海成为研发高地。其他地区更加注重产业培育，例如：南通出台政策围绕上海科技创新中心成果转化与产业化打造长三角特色产业科技创新基地；嘉兴市出台政策培育和发展现代纺织产业等"五大"先进制造业产业集群；杭州市出台政策加快推动人工智能、虚拟现实、区块链等未来产业发展。二是加快行政变革，打造统一营商环境。长三角区域内各政府尤其注重打造协同合作的营商环境。2018 年，全国首批异地办理证照在 G60 科创走廊 9 个城市（区）诞生。2019 年，上海市青浦区、江苏省苏州市吴江区以及浙江省嘉兴市嘉善县三地市场监管局（行政审批局）达成共识，统一证照跨区域通办，初步实现长三角统一准入、统一审批。三是破除区域障碍，推动创新要素自由流动。科技创新券通用通兑，2021 年发布的《关于开展长三角科技创新券通用通兑试点的通知》规定，创新券可在上海市青浦区、江苏省苏州市吴江区、浙江省嘉善县、安徽省马鞍山市通融通兑，并将在后续视试点情况全域参与。各具特点的政策环境、统一的营商环境，加快了各类要素在区域内的自由流动，创新资源得到有效配置，区域协同创新效果显著。

（3）创新机制协同，推动创新活力释放。一是实施科技创新项目联合攻关。根据《关于沪苏浙共同推进长三角创新体系建设协议》，长三角各省市会发布区域创新共同体指南，针对经济社会发展中的重大关键、共性技术的联合攻关联合实施科技攻关计划，鼓励长三角各地科技创新合作，创新潜力进一步激发。二是搭建平台对接创新供给和需求端。设立长三角一体化专场创新挑战赛，通过比赛搭建平台对接大型企业和小微企业，把大型企业需求释放，由小微企业承担，推动小微企业发展。定期定量收集优质海外科技成果，并通过前期调研、沟通和市场评估进行专业化筛选，结合已有企业创新需求和区域产业升级需求优先组织专场对接。三是推动示范区域创新合作机制。"嘉昆太"协同创新核心圈探索联手建设产业发展"园中园""共建园"，带动形成区域间生产要素、企业主体、产业链条的"合作网络"。

（4）高端人才协同，实现人才共享共用。一是建立人才一体化发展联盟。2019年，浙江嘉兴联合长三角地区 19 个城市成立长三角人才一体化发展城市联盟，提出凝聚人才一体化发展共识等 10 个方面合作内容。二是完善长三角人才一体化发展政策体系。长三角地区以《长江三角洲人才开发一体化共同宣言》为引领，在高层次人才智力共享等 10 个方面进行制度衔接，形成了人才一体化政策。三是大力推行"人才飞地"模式。长三角各地探索在科教资源集中地、高端人才集聚区建立"人才飞地"，就地吸引使用人才，充分发挥人才作用。浙江省温州市与上海市嘉定区合作，在嘉定设立"科技创新（研发）园"，在温州设立"先进制造业深度融合发展示范区（嘉定工业区温州园）"，将上海的科创资源与温州的先进制造业优势有机结合。江苏省盐城市大丰区在上海设立人才工作站，并与 24 所上海高校签订校地合作协议。浙江探索打破行政壁垒，允许国外、省外"人才飞地"引进人才申报省级重点人才计划，支持工作地与用人单位注册登记地分离的人才同等享受工作地公共服务。

（5）创新链和产业链协同，创新更加有效。一是三地高校协同。上海工程技术大学牵头并联合长三角 8 所 G60 沿线高校，发起成立"长三角 G60 科创走廊高水平应用型高校协同创新联盟"，中国计量大学牵头并联合长三角等地高校共同发起成立"长三角高水平行业特色大学联盟"，为协同创新提供智力支持。二是科技资源共享。2019 年长三角科技资源共享平台正式开通，该平台打破区域界限，促进跨区域科技资源共享共用。平台将三省一市的大型仪器共享，科技企业可以跨区域使用科技资源，截至 2020 年，集聚了三省一市 2665 家服务机构，相关科学仪器有 36000 台 / 套，总价值超过 400 亿元。三是创新链与产业链协同。安徽以量子研究为特色，但是量子研究团队在上海很多。上海张江输出很多生物医药成果，在苏州落地，成就了苏州。装备制造研发在上海，落地在江苏。浙江互联网企业，金融、研发、总部也很多在上海，新兴产业展在融合中产生和发展。

二、长三角一体化经验给我们的几点启示和建议

（1）推动跨地区协同政府级别下沉，形成全面协同创新网络。京津冀区域政府协同方式目前有联席会、调研、协议等多种形式，但是更多的是一省两市层面的活动，对比长三角一体化，尤其缺乏设区市与区级层面上的合作，造成合作协同不落地、协同不同步的问题。建议在持续加强顶层设计的基础上，强化我省各地市、县区和京津创新资源集中区的协同合作，推动建立我省地市、县区同京津市辖区、各类高新区之间的协同合作，构建全方位的各级政府之间的协同创新合作体系。

（2）加强跨地区政策协同，促进创新差异化发展格局。长三角协同创新的一条重要经验是，以总体规划为蓝本，各地根据不同创新需求，制定差异化政策，培育差异化创新的重点。建议：一是编制京津冀协同创新的"十四五"专项规划，推动

针对京津冀协同创新差异化发展的顶层设计。京津冀三地至今还没有一个三地共编共认的协同创新规划，应在编制"十四五"规划之际，尽快补齐这块短板。二是我省各地市、各县区都应根据京津冀协同创新的总体要求，出台反映创新需求、促进创新差异化发展的具体落实意见。三是实现京津冀创新政策协同，加强政策互通。我省发布的科技创新券只能覆盖河北企业，无法涵盖京津。建议打破地域限制，加快推进科技创新券通用通兑，可选择省内与京津联系较为密切的城市，先期和京津市辖区联合试点科技创新券跨区域使用，打破政策孤岛，探索京津冀创新资源和资金的共享使用。四是大力提升政务协同服务水平，打造统一的营商环境。大力支持和推广同京津两市建立统一证照跨区域通办，推动京津冀区域实现统一准入、统一审批。

（3）推动优势园区及企业精准对接京津创新资源，提升我省协同创新的能力。河北和北京在创新水平和产业发展阶段上有明显差异，北京创新资源富集，创新成果偏高端，而河北产业大多还处在产业链中低端，难以直接承接北京创新成果。这也造成北京在疏解非首都功能时，很多资源和产业跨过河北，直接转移到南方，河北承接北京产业转移较为困难，承接北京创新成果转化也存在较大差距。为破解难题，提升河北产业创新能力，建议推动河北园区和优势企业精准对接京津创新成果。一是培育高水平京津冀协同创新示范区，承接北京高水平创新成果。可以选择创新资源较为集中、创新水平较高、创新链条较为完整的区域的园区，积极和京津对接，如石保廊区域、沿京津走廊、沿京张高铁、沿京雄高铁等区域，打造各类高水平科创走廊、创新圈、示范区等，积极对接北京成果转化。在这方面，我省虽然也做了一些工作，但和长三角比，力度远远不够。二是推动省内优势企业积极对接京津创新资源。支持河北的优势企业，如河钢、石药等企业和行业内京津高水平高校、科研院所进行对接，共同编制协同创新规划，形成深度协同合作关系。三是支持省内优势企业和京津创新机构建立创新联盟。联盟针对企业科技创新需求展开联合研发，鼓励企业采取技术难题需求发布、京津创新成果转化等方式积极对接京津科研院所、高校。

（4）尽快形成"不求所有、只求所用"的人才使用机制。长三角的"星期日工程师"对长三角地区协同发展起到了重要推动作用。京津冀区域很早也提出利用京津丰富高层次人才资源服务河北产业发展的思路，但是由于河北省的人才政策缺乏足够的吸引力、不够灵活，河北民营经济不发达，需求不够旺盛等原因，未能有效地吸引京津人才为河北服务。建议进一步优化人才吸引和使用政策，创新人才使用形式，形成"不求所有、只求所用"的人才使用机制。一是积极在京津建设河北人才飞地。鼓励我省各地市结合自身产业特色，在京津创新资源密集区域建立"创新飞地"，引导省内企业派驻人员入住飞地，将企业办在京津专家的家门口，解决专家不愿或不方便离京的困难，充分发挥京津专家学者的作用，为我省所用，重点解决河北省产业链和京津创新链差异大、对接难的问题，实现京津创新资源、创新成果的"带土移植"。二是建立京津冀人才柔性流动机制。破除制度壁垒，建立城市间人才柔性流动机制，实现京津冀人才政策无缝对接、人才作用充分发挥、人才流动无碍畅通。三是建立人才一体化发展联盟，支持区域内城市成立人才一体化发展城市联盟，着力推进人才领域更高水平协作开放，助推京津冀更高质量协同发展。

（5）加强创新链和产业链协同，提高我省创新发展的质量。京津区域高水平大学数量多，实力雄厚。一是发挥京津高校的创新引领作用，加强与京津高校合作。可以由省内重点院校或京津高校牵头成立的协同创新联盟，为协同创新提供智力支持，也可以鼓励各地市结合自身重点打造产业和京津冀高校开展深入合作。二是促进数据资源有效共享。加强三地经济社会运行大数据分析和共享，实现科技和产业信息共享。三是加快吸引高新技术企业搬迁和壮大发展。优化京津高新技术企业搬迁政策，进一步发挥产业基础、地域容量、劳动力成本等优势，利用好雄安创新高地＋张家口冬奥科技创新支撑区一南一北两个创新高地，更好承接北京产业转移，为搬迁企业提供应用场景，推动创新成果不断转换应用。四是大力发展科技服务机构，形成良好创新生态。引进与培育相结合，大力发展成果转移转化中介机构、人力资源中介机构、知识产权服务机构等科技服务机构，盘活科技成果，打通供需通道，形成良好创新生态。

作者：刘学谦，王余丁，张冬丽，何新生，杨彦波

关于唐山市发展健康经济的调研与建议

为贯彻落实习近平总书记关于"要更好满足居民健康生活消费需求，以这次疫情应对为契机，进一步培养居民健康生活习惯，引导企业加大对相关产品和服务供给，扩大绿色食品、药品、卫生用品、健身器材的生产销售"的重要指示精神，及对唐山市提出的"三个努力建成"目标要求，近期由省政府参事和有关专家组成课题组，以疫情应对为契机，以健康产业发展促结构转型升级、实现高质量发展为主题，就唐山市健康经济发展现状、存在问题及发展方向进行了调查和专题研究，提出唐山市发展健康经济的相关建议，仅供领导参考。

一、我国进入健康经济发展新时代，唐山市应抢抓机遇占领先机

一是强烈需求拉动健康经济。随着人民群众生活水平的提高、消费观念的转化、人口老龄化趋势、二孩生育政策放开，以及工业化过程中出现的各种环境污染给人类健康造成的困扰，健康问题已成为人民美好生活中最普遍、最基本、最强烈的需求。面对这种需求，健康经济应运而生，健康消费快速发展。2013—2018 年，我国城乡医疗保健消费增速均居八大类消费首位。2018 年居民人均医疗保健消费支出达到 1685元，占总消费支出的 8.49%，同比增长 16.1%，远高于总消费支出 6.2% 的增速。二是市场潜力巨大驱动健康经济。健康产业被称为继 IT 产业之后的全球"财富第五波"。世界范围内，健康产业的产值年增长率约为 25% ～ 30%，是世界 GDP 增长率的近 10倍。发达国家健康产业增加值占 GDP 比重超过 15%，而在我国仅占国民生产总值的4% ～ 5%。《"健康中国 2030"规划纲要》明确提出将健康产业发展成为国民经济支柱性产业的战略目标。到 2030 年，"健康中国"带来的健康产业市场规模将超过 16万亿元，约为 2018 年健康产业市场规模的 2.3 倍。目前，我国大健康产业发展处于初级阶段，存在严重的供给缺口，市场潜力巨大。三是新型肺炎疫情促进发展健康经济。许多企业家和著名经济学家预测，疫情过后新崛起的产业之首是健康产业。他们

认为对健康产品的投资是当前形势下，投资最小、收益最大的经济业态。健康经济的发展将催生包含价值链、企业链、供需链和空间链四个维度组成的大健康产业链。健康产品的提供、健康知识的培训、健康领域的服务为发展城市经济提供了新的增长点。健康经济不仅会形成大批新的产业和行业，同时也会创造一大批新的职业、岗位和就业机会。四是唐山市结构调整需要发展健康经济。健康经济贯穿一、二、三产业，具有覆盖面广、创新度强、新业态多、融合性大、产业链长、附加值高、成长性好、污染性小、就业拉动大等特点，是唐山市转型升级的一个重要选择方向。因此，唐山市要以此为契机，以"十四五"规划为引领，大力引进、支持、培育新兴健康经济市场主体、业态和模式，将健康产业逐步打造成为有唐山特色的支柱产业。

二、唐山市健康经济发展的现状和问题

根据分析研究，我们认为唐山市发展健康经济已初步具备了资本、技术和人才等方面的基础。一是唐山市医疗机构健全，形成了多元办医格局。2018 年年底，全市医疗卫生机构总数达 9346 个，医疗卫生机构床位 48924 张，比上年增加 5502 张。全市每千人口医疗卫生床位 6.16 张，比 2017 年增加 0.22 张。全市卫生人员总数为 69422 人，比上年增加 4223 人。卫生技术人员 52432 人，比上年增加 5010 人。截至 2018 年年底，初步形成了全市医联体建设四种模式，即医疗集团（5 个）、县域医共体（11 个）、专科联盟（10 个）和远程医疗协作网（29 个），县域内就诊率达到 90%。5 大医疗集团吸纳二级以上公立医院 38 所、民营医疗机构 7 所，社区卫生机构 50 个，直接受益人口 120 余万人。二是医疗产业发展初具规模，产业集群发展格局初步形成。截至 2017 年年底，全市有医药制造业法人单位 65 个，固定投资 36 亿元，占制造业固定资产总投资的 1.46%。其中，医药制造业规上企业 8 个，工业总产值 9.01 亿元；开展 R&D 活动的企业数 6 个，研发人员 125 人，研发支出 2024 万元，占其工业总产值的 2.2%，高于唐山市规上制造业企业 0.88% 的平均水平。2017 年，中西药品类限额以上批发和零售业商品零售额 18.86 亿元；限额以上医药及医疗器材批发企业 16 家，批发额 54.86 亿元，零售额 1.51 亿元；限额以上医药及医疗器材专门零售企业 24 家，批发额 1.58 亿元，零售额 18.83 亿元。迁安作为首批健康城市试点，规划建设了迁安（北京）生物医药产业园，重点引进药品、医疗器械、保健品等产业，着力打造国内知名生物医药特色产业基地。乐亭、滦南等也紧紧抓住京津冀协同发展机遇，建设北京生物医药产业园，促进县域经济转型升级。三是健康产业发展所需创新要素初步集聚，创新能力有所增强。围绕生物医药、现代中药、健

康医疗新产品，开展健康制造、健康医疗、食品安全等领域的核心关键技术研发与应用，唐山市组织实施了"呼吸道病原体系列检测试剂的研发和产业化""参芍口服液对冠心病防治的临床与基础研究"等一批重点研发计划项目；加强工程技术研究中心、重点实验室、省级院士工作站等创新平台建设，重点打造了"唐山市生物诊断试剂工程技术研究中心""唐山市老年人专业药品工程技术研究中心"等一批创新平台，不断提高生物医药领域的技术创新能力。截至 2019 年年底，唐山市已有 6 所三级医院设立了 6 个院士工作站；拥有 4 个国家级临床重点专科；31 个省级临床重点专科、26 个省级医学重点（发展）学科；48 个市级临床重点专科，99 个市级医学重点（发展）学科。2019 年，仅市直属 7 所公立医院就公开招聘专业技术人员达 441 名。

四是"健康+"等多种健康经济业态不断涌现，健康服务业有一定发展。借助京津冀一体化契机，积极推进社会力量办医、发展第三方医疗服务，推动社会资本进入医疗康复服务领域。2019 年全市民营医院床位 10540 张，比上年增加 4883 张。总投资 1.24 亿元的第三方医学检验机构河北达润医疗检验所及投资 2000 万元的血液透析中心、投资 2800 万元的爱尔眼科医院等项目均已建成运营。同时，遵化、迁西、玉田等地建设全健康服务链条体系，开发药膳食疗、保健理疗、生态有机食品等健康产品，发展"健康+养老""健康+旅游""健康+体育"等新业态，打造绿色生态医疗健康和老年养护基地、运动康体休闲旅游区。

总体来看，唐山市健康经济的相关产业发展虽有一定基础，但还处在刚刚起步阶段：一是与河北省其他先进市相比，健康产业市场主体少、规模小、产业总量低、占比小，直接制约了唐山健康产业的发展；二是健康产品整体处在产业链低端，附加值低、缺乏核心技术，没有形成在全国有影响力的品牌；三是健康产业集群效应尚未形成，未能有效整合资源、形成全产业链发展；四是人才引进虽有成绩，但和全产业链发展需求相比仍存在较大缺口；五是创新能力较低，没有形成高水平的产学研结合的研发基地、创新平台、孵化中心等，健康产业发展新动能不足。

三、唐山市发展健康经济的对策建议

一是高度重视，形成合力，搞好顶层设计。首先是以制定"十四五"规划为契机，将健康经济发展纳入唐山市"十四五"规划，明确健康产业发展目标、发展重点、发展路径、产业布局和空间布局等内容。其次，由于健康经济构成的产业贯穿一、二、三产业，归口不同部门管理，建议在市卫健委专门成立产业发展处，或在发改委成立大健康产业处，明确主抓单位、责任人等，负责健康产业规划制定、宏观管理、政策执行、项目监督、市场监管、统计评价等职责。同时建立完善大健康产业联席会制度,确保各部门政策落地。

二是根据健康经济划分的六大健康产业,实行区域化的差异布局。健康经济主要由六大健康产业群构成:第一,以医疗服务,药品、器械以及其他耗材产销、应用为主体的医疗产业;第二,以健康理疗、康复调理、生殖护理、美容化妆为主体的非(跨)医疗产业;第三,以保健食品、功能性饮品、健康用品产销为主体的传统保健品产业;第四,以个性化健康检测评估、咨询顾问、体育休闲、中介服务、保障促进和养生文化机构等为主体的健康管理产业;第五,以消杀产品、环保防疫、健康家居、有机农业为主体的新型健康产业。第六,以医药健康产品终端化为核心驱动而崛起的中转流通、专业物流配送为主体的新型健康产业。各县区应根据已有产业发展基础和健康经济的六大产业内容,选择一批发展前景广阔的健康产品和健康服务项目,形成差异化、特色化的健康产业发展布局,建设不同功能区、产业区,实现全市健康经济各县(市)区、各产业间的协同发展。

三是打造健康产业创新、研发、转化及人才培养基地。大力支持华北理工大学"医工融合"工程建设,唐山市各大医院和医疗、医药、健康相关企业协同推进,以"医工理"学科交叉人才培养为引领,加强平台与团队建设、开展关键技术联合攻关,推动应用技术研发、科技成果转化及产业化,初步建成省内外知名的"医工融合"科学研究及成果转化协同创新中心、高水平的"医工融合"人才培养基地。

四是支持医疗器材制造和医药生产企业开发新产品和积极引进国内外知名品牌产品,争取更多、更好的针对疫情防治的专利产品在唐山落地。要把支持医疗器材制造和医药生产企业开发新产品、引进国际国内知名品牌产品以及针对这次疫情防治开发的专利产品,纳入唐山产业转型升级的一项重要内容,给予各方面的优惠政策支持。力争 3 ~ 5 年之内培养发展一批在国内有影响的医疗装备和医药名牌产品,使健康产业逐步发展成为唐山的特色支柱产业。

五是制定特殊人才优惠政策,大力引进发展健康产业的各类人才。要把引进发展健康产业急需人才,作为近期人才引进的重点,给予优惠政策倾斜;加强全科医生培养和制度建设,鼓励医师多点执业;加强医药、医疗设备研发人员,健康咨询、管理、服务人员的全产业链人才培养培训力度,实现人才链、产业链、创新链良性互动发展。

六是将引进健康经济市场主体作为唐山招商引资的重点。继续紧紧抓住北京医疗产业转移的机遇,以承接北京医药生产企业为基础面向国内外拓展,把生物医药园区建成国内有规模、影响力大的健康医疗产业基地;各县区规划的健康产业园,要梳理招商目标企业，按照产业差异化布局，开展有针对性招商，避免重复建设；要紧盯国际国内健康产业龙头企业，力争在唐山设立生产、仓储、销售中心以及分支机构、营业网点等；利用唐山旅游资源、体育资源、医疗资源等，鼓励国内外知名企业联合开发康养项目。

作者：刘学谦，何新生，李赞

关于进一步落实京津企业落户我省企业
资质等互通互认政策的建议

近年来，我省紧紧抓住京津冀协同发展的历史机遇，优化营商环境，积极承接京津产业转移，促进京津企业在我省落地取得明显成效。我省在全国率先出台《河北省高新技术企业跨认定机构管理区域整体迁移资质认定实施细则》，在高新技术企业资质，科技创新券，大型仪器互联互通，从业人员资格、职称，工伤保险，检验检测，税收，医疗，交通等领域都推进了互通互认，有力地促进了京津冀协同发展。但在具体实施过程中暴露出一些新问题，制约了京津企业转移我省的积极性，需要高度关注。

一、文件中"整体迁移"的条件，制约了京津冀企业资质的互通互认

2019 年年底，调研组对唐山市乐亭县建筑支护装备产业发展情况调研时，北京转移过来的企业专门向我们反映了资质不能互认的情况，影响企业转移的积极性和满意度。我们认为该问题很重要，当即查询我省相关政策和省政府领导对此问题的相关讲话，后又咨询省科技厅等部门，了解到能够享受企业资质互通互认的仅限于资格有效期内"整体迁移"的企业。为更全面地了解该情况，我们又调查了解了沧州渤海新区、唐山曹妃甸区京津转移企业的相关情况，发现限于"整体迁移"条件限制，只有较少搬迁企业能够享受资质互通互认政策。截至 2020 年 3 月底，沧州渤海新区承接亿元以上京津转移项目 738 个，其中北京项目 508 个，天津项目 230 个，战略新兴项目 561 个，占比高达 76%；高新项目 155 个，占比 21%。但整体迁移的企业仅有 2% 左右的比例。唐山曹妃甸区承接京津转入企业 115 家，其中北京 102 家，天津 13 家，整体迁移企业 28 家，占比 24.3%，主要领域为新能源、建材、化工及新材料、环保科技。唐山市乐亭县承接京津转入企业 30 家，其中北京 29 家，天津 1 家，高新技术企业 8 家，占比 26.6%。而整体迁移的仅 1 家，占比 3.3%。由于大部分企业没有实现"整体迁移"

的条件，就不能享受资质互认的政策，因此要获得企业的相关资质必须向我省有关部门重新申请。为什么京津企业不愿意"整体迁移"到我省？调研发现主要归结于三个方面：一是转移到我省的企业不愿放弃京津尤其是北京市优势，其中包括研发优势和市场优势或者叫作"北京身份"，更多选择保留总部、研发、市场环节。二是注销整体迁移企业，须开具完税证明，接受税务部门的核查，企业担心有税收漏洞，时间较长，同时也怕麻烦，因此放弃整体迁移。三是迁移过渡期产生的问题，包括原有订单的交付问题、高新技术企业的互认问题、二级钢结构等资质互认问题。以上三个方面是影响京津企业整体迁移至我省的主要原因。

二、我省对京津转移企业的资质认定应实施更为宽松政策的建议

当前在疫情的严重影响下，我省的招商引资面临更多更大的困难。充分利用京津冀协同发展的机遇，通过制定更加优惠的政策，吸引更多的京津企业特别是高新企业到我省落户，既是我省巨大的优势，也是加快提升我省产业层次和创新能力的重大举措。因此建议省有关部门从转移我省企业的实际诉求考虑，在京津冀协同发展的国家战略背景下，进一步放宽京津冀企业资质等互通互认的条件，以此吸引更多的京津企业来我省落户。

（1）京津非整体性迁移到我省的高新技术企业，只要其生产环节全部转移至我省、公司核算资产达 80% 以上、税收按实际向地方缴纳的企业，建议直接承认原有高新技术企业资质，在认证有效期内享受优惠政策，采取备案制。达不到上述条件需要重新认定的，在过渡期内仍享受高新技术企业政策。

（2）京津转移至我省的非高新技术企业，只要其核心资产的 80% 以上转移至我省、税收按实际向地方缴纳的企业，其原有企业的企业经营资质、工程资质等采用同样办法，只备案审核，不再重新申请认定。原有企业的员工从业资格资质，如工程师、建造师、造价师等，只要部分搬迁企业与原有企业是母子公司关系、总分公司关系，员工从业资格资质可以通用互认。达不到上述要求，需重新申请认定的，在过渡期内，仍视同拥有资质资格。我们认为放宽京津冀企业资质互通互认政策，应该属于京津冀协同发展的固有内容，并不影响我省对其他企业的管理规范和秩序，因为迁移企业原有的各种资质也是原当地政府有关部门认定的，只是把这种认定扩大到了河北，也可以认为是我省吸引北京、天津企业来我省落户，实现协同发展的一种更加优惠的政策。

作者：刘学谦，张公觅

关于将智慧无障碍城市建设试点
纳入我省"十四五"规划的建议

2020 年以来，省政府参事、特邀研究员和中科院《中国科学院院刊》专家就我国发展智慧无障碍城市的可行性问题，先后到中国残联和深圳市调研，并对我省无障碍城市建设情况进行了调研和了解。我们认为，我省目前已具备建设智慧无障碍城市试点的基础。因此建议将智慧无障碍城市建设试点纳入我省"十四五"规划。

一、智慧无障碍城市建设将成为我国新型城镇化发展的新趋势

智慧无障碍城市是以更先进、更全面、更综合、更高效、更便捷、更互通、更智能和更安全的理念，利用 5G、人工智能、万物互联等信息技术，为包括身心障碍者在内的市民提供可视、可听、互动式无障碍基础设施和环境。

（1）建设智慧无障碍城市是惠及每一个人的幸福工程。建设中无障碍理念的提出，绝不仅仅只关乎身心障碍群体，而且关乎在城市中生活的每一个个体。每个人在人生当中都会出现一定的身心障碍或失能期，推进智慧无障碍城市建设，关系到人民群众最关心、最直接、最现实的利益问题，是发展成果在更高水平上、更多更公平惠及全体人民，不断保障和改善民生，促进社会公平正义的有效途径，是满足人民群众对美好生活向往的必然要求。

（2）新型基础设施建设为智慧无障碍城市发展提供了有利契机。中央提出的新型基础设施建设是强基础、利长远的战略性、先导性、全局性工程，强调以新产业、新技术、新经济、新业态、新模式引领基础设施建设，逐步从传统领域转向新兴领域，促进新旧基础设施体系互联互通、转型升级，打造现代化的基础设施体系。智慧无障碍城市建设目标与新基建高度契合，两者相互融通、相辅相成。新基建战略的提出，为智慧无障碍城市建设奠定了理念、政策、科技、环境等方面的坚实基础；

同时，将智慧无障碍城市建设纳入新基建范畴，可以丰富新基建的内涵、途径，提升综合效益，有利于从更高、更长远层面贯彻新基建战略思想，有利于更全面、更具体地制定发展规划，有利于更充分、更公平地惠及广大人民群众。

（3）智慧无障碍城市建设将成为我国新型城镇化发展的新趋势。一是随着互联网时代的来临，物联网、云计算、大数据、空间地理信息集成等新一代信息技术迅猛发展，为智慧无障碍城市建设提供了有力的科技支撑。二是无障碍城市建设也已成为社会的共识。2013 年，北京、天津、上海等 12 个城市被国家建设部等部门命名为全国无障碍设施建设示范城市，构建了无障碍城市政策标准体系，形成了理念、制度、器物三维共建无障碍城市的格局。截至 2018 年，全国开展无障碍设施建设的市、县达到 1702 个。三是以无线通信、信息交互、智慧照明、视频监控、交通管理、环境监测、应急求助等信息资源为重要生产要素，推进新一代信息技术与城市现代化深度融合、迭代演进的智慧城市建设稳步推进，为智慧无障碍城市建设打下了坚实的基础。四是一些城市对智慧无障碍城市建设进行了有益探索。2020 年 4 月，深圳市在全国率先提出了建设全时、全链、全网、全方位智慧无障碍城市的目标，让长期和暂时身心障碍者在工作、学习、生活、旅行、康复各个场景"可就地、可指引、可避障、可融合"，并形成了设计规划、法律法规、市民文化、教育培训、产业发展、基础设施、"全景式"互联网＋无障碍、融资共建"八位一体"的发展思路，可为我省建设智慧无障碍城市试点提供具体的目标和路径参考。

二、我省具备建设智慧无障碍城市试点的基础

一是在无障碍城市建设方面我省有较好的经验和基础。我省唐山市 1976 年大地震之后，特别是改革开放以来，在恢复城市建设的过程中，在城市道路、小区街道、商场医院等公共场所都建有无障碍通道，是新中国成立以来最早建设的无障碍城市。2008 年我省出台了《河北省无障碍设施建设使用管理规定》，在全国较早开展了无障碍城市建设，秦皇岛市、廊坊市、邯郸市成为"十一五"全国无障碍建设先进城市。此后又出台了《河北省无障碍环境建设管理办法》等法律法规，全面推进无障碍设施建设，通过加大城市道路、建筑物、居民小区无障碍建设改造力度和信息交流无障碍建设，初步形成了城市无障碍化的基本格局。这是我省建设智慧无障碍城市的重要基础。

二是在智慧城市建设方面我省已经开始试点探索。石家庄市、秦皇岛市、廊坊市、邯郸市、迁安市、北戴河新区为首批国家智慧城市试点。2019 年出台了《关于

加快推进新型智慧城市建设的指导意见》，推动新一代信息技术与我省城市规划、建设、管理、服务和产业发展的全面深度融合，建设一批特色鲜明的新型智慧城市，探索符合河北省情的市、县级智慧城市发展路径，打造具有河北特色、全国先进的智慧城市范例。在智慧城市建设中增加智慧无障碍城市的内容，不仅能提高建设的层次和水平，更能彰显城市的人性化和文明程度。

三、我省建设智慧无障碍试点城市的几点建议

（1）将建设智慧无障碍试点城市纳入我省"十四五"发展规划。建设智慧无障碍城市对发展高质量现代经济、推进公共服务均等化、提升城镇化发展质量、完善基础设施建设等方面具有重要意义。建议加强顶层设计和统筹规划，将智慧无障碍试点城市建设作为"加强新型基本建设"相关篇章的重要内容，纳入河北省"十四五"发展规划，作为扎实推进新型城镇化建设的有力举措。编制"智慧无障碍试点城市建设"专项规划，明确发展目标、思路，制定实施方案、相关标准和相关支持政策，使之成为推动新型城镇化建设的动力源。

（2）将我省建设无障碍城市和智慧城市示范市叠加的市列为智慧无障碍城市试点市。按照"试点先行、示范推广"的原则，可先将石家庄、唐山、秦皇岛、廊坊等部分先行城市列为省级智慧无障碍建设试点城市，积极探索无障碍城市建设过程中的规划设计、法律法规、市民文化、教育培训、产业发展、基础设施、融资共建等方面的经验，形成一条智慧和无障碍完美结合的可复制可推广的新型城市建设的新路子，进而总结经验、逐步推广。

（3）结合新基建，试点市要完善智慧无障碍基础设施建设。将智慧无障碍城市建设纳入新型基础设施建设范畴。以新发展理念为引领，以技术创新为驱动，以信息网络为基础，面向高质量发展需要，依托"互联网＋""数字＋""智能＋"，升级教育、文旅、体育与卫生健康基础设施体系，增强社会基础设施的完整性、储备性和可及性，建设数字转型、智能升级、融合创新等服务的智慧无障碍基础设施体系，提升社会基础设施的数字化、网络化、智能化水平，为全体市民创造工作、生活、学习、医疗、康养、文化旅游的智慧无障碍环境，使发展成果更多更公平地惠及全体人民。

（4）大力发展智能无障碍产业积极研发智能无障碍产品。智慧无障碍产业不能等同于慈善救助产业，它实际上是一项高新技术产业，它的产品服务对象远远超出残障人士，实际满足的是人类更高水平现代化生活的需求。随着包括5G网络、大数

据中心、人工智能在内的"新基建"按下快进键，双重因素叠加，智慧无障碍产品市场正迎来新的发展机遇。因此我省智慧无障碍城市试点市建设要以科技创新、产品创新为先导，把智能无障碍产业作为创新驱动转型的重要抓手，在产业政策、资金投入、项目建设等方面加大支持力度，围绕智能无障碍产品的创新研发、生产制造、园区基地、行业标准、检测认证、投融资以及资金保障等关键领域和环节，推动智能无障碍产业的快速发展。在产品方面要大力推进外骨骼机器人、安行机器人等康辅设备以及无障碍终端设备、智能穿戴、便携装备等智能无障碍产品的研发生产，同时推进无障碍产品制造由低端粗放向智能高端品牌化转型。

作者：刘学谦，何新生，杨柳春

关于推进曹妃甸片区东北亚经济合作引领区建设和高端装备再制造产业制度创新的建议

《中国（河北）自由贸易试验区总体方案》明确赋予曹妃甸片区要建设东北亚经济合作引领区、重点发展高端装备制造等产业的功能定位，这是落实习近平总书记对唐山"三个努力建成"重要指示、推进曹妃甸片区体制机制创新的重要突破口和着力点。为此，省政府参事室组织参事围绕推进曹妃甸片区东北亚经济合作引领区建设和高端装备再制造产业制度创新等两个问题进行了实地调研，并提出建议。

一、推进曹妃甸片区建设东北亚经济合作引领区和发展高端装备再制造产业遇到的问题

（1）建设东北亚经济合作引领区遇到的问题。从调研情况看，曹妃甸片区建设东北亚经济合作引领区具有一定的产业基础，但整体推进完成目标任务还有一定困难。一是缺乏全面推进的规划设计。虽然在省市文件中都提出了方向性的要求，但缺乏总体架构、具体的路径和重点。二是实现制度创新缺少有代表性的主体和抓手。除了和日韩海运业务外，日、韩、朝、俄、蒙的企业较少，难以承担制度创新业务。三是同东北三省和山东沿海城市相比缺乏特色，特别是缺乏体现习近平总书记要求的经济合作窗口的综合性数字化平台，难以发挥窗口的重要作用。四是发挥自身已有的基础优势不够，特别是已建立的中日韩循环经济示范区没有得到充分的利用。

（2）发展高端装备再制造产业遇到的问题。从调研的情况看，曹妃甸片区为了这项任务的完成，做了大量的工作，思路也逐步清晰。但在具体操作中还遇到了两方面的问题：一是缺乏可操作的重点方向。缺乏从本地优势出发的设计规划，需要对重点方向进一步细分再明确。二是缺乏企业主体和平台。虽然曹妃甸片区已与中铁十六局、北京路桥政务公司、河间经济开发区等进行对接，就盾构机等再制造项

目达成了合作意向并签约，但目前片区缺少高端装备再制造龙头企业，产业配套能力差，产业集群效应尚未形成，体制机制创新缺乏平台和载体。

二、几点建议

（1）加快推进东北亚经济合作引领区建设的建议。加快推进东北亚经济合作引领区的建设，要以习近平总书记的重要指示为指导，以国务院确定的自贸试验区目标任务为方向，根据后疫情时期国际经贸的新特点，尽快制定专项规划设计，努力实现同东北三省、山东沿海城市的错位、差异化发展，利用京津冀协同发展、"一带一路"合作特别是北京企业转移的机遇，充分发挥自身的比较优势，加快推进东北亚经济合作引领区的建设。一是充分利用曹妃甸的港口集群优势，加快建设在东北亚具有国际引领性的多式联运中心、国际海运快件监管中心、港口物流枢纽，不断提升智能化、数字化水平，选准方向，不断推出制度创新的引领性、可推广新成果。二是在曹妃甸片区规划建设国内首家东北亚经济合作大数据中心。统揽东北亚地区经济运行情况，为东北亚各国政府、企业提供多元化、个性化、可视化的大数据产品和服务。探索常态化的国际区域经济合作信息交流机制。三是加强对东北亚地区的招商，在片区形成有不同区域代表性的市场主体集群，特别是针对俄罗斯、蒙古、朝鲜工业化进程、国情特点，逐步探索建立形成一套双方认同并适应不同国家合作的体制机制，成熟之后向全国推广，真正发挥东北亚经济合作的引领作用。四是利用自身优势发展具有引领性的钢铁循环经济。充分发挥中日韩循环经济示范基地、中日唐山曹妃甸生态工业园的作用。一方面积极探索发展钢铁全产业链的循环经济，另一方面发展废旧钢铁产品回收再利用的循环经济。建议省商务厅、海关、发改委等部门协助曹妃甸对接国家相应部委，允许曹妃甸片区充分发挥先行先试的政策优势，在风险可控的前提下在曹妃甸片区试点恢复废钢进口，在探索制定国外废钢进口标准、提升废钢冶炼工艺、制定产品质量标准等方面先行先试，推动我国进入世界钢铁可循环发展产业链，提升我国钢铁企业国际市场的话语权。五是由省商务厅、海关等积极争取国家部委对东北亚经济合作引领区体制机制创新的全面支持，形成全省支持曹妃甸东北亚经济合作引领区建设的合力。

（2）加快推进高端装备再制造产业制度创新的建议。一是船舶的高端重装备再制造。充分发挥曹妃甸深水大港的优势，重点引进国内外现代化的修造船项目，设立国际船舶备件供船公共平台和设备翻新中心，发展船舶的高端重装备再制造。二是钢铁装备智能控制设备的再制造。唐山钢铁产业基础雄厚，首钢、唐钢等已与韩国企业开展智能化生产、管理合作。曹妃甸发展智能控制设备的再制造具有前瞻性、领先性、独特性，符合河北省产业转型升级的方向。三是盾构机和钢结构维护维修再制造。持续推进与中铁十六局、北京市政路桥集团的合作，在技术瓶颈突破、质量检测标准、出口服务"一带一路"国家等领域先行先试。四是省商务厅、公安厅、海关等部门支持唐山市申请国家二手车出口试点城市（河北是空白）。在试点基础上，在曹妃甸片区建立出口二手车核心部件再制造基地。在借鉴其他城市二手车出口经验的基础上，探索国外汽车核心零部件进口、简化二手车出口流程、退税政策等机制。五是利用与中国北车同处唐山的区位优势，在高铁智能化检测设备等再制造领域积极开展合作。围绕以上五个方向加大招商力度，尽快形成一批高端装备再制造企业集群，成熟一个发展一个，探索产业发展所需要的体制机制创新。

作者：刘学谦，何新生，李赞

关于推进乡村"互联网+"政商服务的调研建议

我省实现省、市、县三级"互联网+"政务服务互联互通以后,乡村成为有待深入和拓展的最后一公里。最近省政府参事课题组专程到唐山玉田县调研,就该县杨家套镇和北京灼见科技有限公司专门针对乡村开发的"互联网+"政商服务平台——"云村宝"运营情况进行了解。通过和多村的干部、村民座谈,观看实际运行操作演示,认为"云村宝"可以有效改善农村政务环境,提高乡村政务效率,扩大基层民主,扩大村民的知情权、参与权、监督权,增强乡村政权的凝聚力和影响力。通过电子商务、文化、金融等服务的融入,可以更好地满足村民对美好生活需求的方方面面,进而提高农民素质,是乡村发展振兴的重要抓手。

一、乡村"互联网+"政商服务平台的板块内容与特点

乡村"互联网+"政商服务平台——"云村宝",是以各村为不同节点,以智能手机为终端,以政务服务为主,同时为农民提供政务、村务、商务、文化等全方位的便民综合服务,实现基层治理现代化、信息化以及村民生活便捷化的数字化软件。只需一部手机,就可通过移动 App 实现乡村党政组织与村民信息互通。这个软件平台包括"公务、家乡、公告、问答、发现"五大板块。

"公务"板块:专门为村两委干部以上级别政府内部办公使用。设置了公务通知、讨论群、统计,解决目前办公主要依赖"微信群"所不能实现的权限管理、公务留痕、阅读统计等需求。

"家乡"板块:村民可发布体现"生态优、村庄美、产业特、农民富、集体强、乡风好"的正能量内容,满足村民的文化与精神需求。

"公告"板块:乡镇和村干部面向本区域用户发布公告使用,所发布公告以群发消息的方式快速而精准地通知到辖内所有用户。

"问答"板块:村民可以通过这个平台提问涉及个人利益和公益事业方方面面的

问题，村"两委"的回复率和时长纳入考核积分，回复的内容向全网公示，接受全网用户的评价，促进村"两委"干部提高为村民服务的热情和本领，增强在群众中的形象影响力。

"发现"板块：建立了分类信息服务系统，信息涵盖物品交易、包打听、车辆交易、房产土地、顺风车、本地推广、招聘求职等服务，可降低交易成本提高交易效率。

从玉田杨家套镇和迁安赵店子镇对"云村宝"的实际使用情况来看，广大基层干部和村民认可和欢迎这种模式。该平台主要有以下几方面特点：

一是全面性。乡村"互联网+"政商服务平台——"云村宝"，以电子政务为切入点，内容涉及党务、政务、商务、文化等涉及百姓生活的方方面面，群众对美好生活的个性化诉求和多元化诉求都可以在平台上寻求满足。

二是互动性。乡村"互联网+"政商服务平台——"云村宝"，可以满足同一村内村民之间的互动、村民与基层干部的互动、村与村之间的互动，实现信息有效沟通，拉近村民之间的距离，有效改善基层干群关系，形成村与村之间、乡镇与乡镇之间相互学习借鉴经验的机制。这种互动功能还可以有效地加强对外出务工群体、特殊群体的管理与服务，对实现农村稳定有重要意义。

三是精准性。乡村"互联网+"政商服务平台——"云村宝"，可以有效实现基层干部1对1服务群众的精准性，满足群众的个性化需求。每位村民在平台提出的政策疑问或是合理的诉求，都能及时得到村干部的正面、及时回复与解决，提高了乡村管理的效率。同时实现文件通知的精准发送，真正实现了党的政策和上级指示不走样地传达到每一个干部和村民。

四是低成本。乡村"互联网+"政商服务平台——"云村宝"，采取"政府推进、企业运作、市场主导"模式，可实现政府花小钱、解决大问题的目的。从调研情况看，村民只要有智能手机、有正常流量费即可，无任何额外支付。村集体也无须花费任何费用。而乡镇层面则只需每年支付5000元左右的维护运行费。随着商务功能的拓展、运营收益的增加，乡镇一级可以逐步实现免费使用。

五是易监管。从权限看，平台设定四级权限：超级权限为县直各单位的主管领导；一级权限为各乡镇党委书记；二级权限由乡镇指定，负责管理到村级；村级为三级权限。这就保证了对政策信息的把控及信息流通的顺畅。从发布内容上看，平台实行实名注册，村民交流互动的范围大多数限于本村以及本乡镇。在熟人交流社群，村民表达诉求理性、用语文明，更多的是发布赞美家乡，弘扬正能量、主旋律的信息。当然，对不健康的信息，也能即刻清除。

二、推广乡村"互联网+"政商服务平台的价值与意义

第一,乡村"互联网+"政商服务平台是"互联网+"政务服务向乡镇、村的延伸与扩展。乡村大力推广普及"互联网+"政商服务平台模式,可以让广大农民群众直接受益,实现电子政务服务的无缝隙、无死角地从上到下全覆盖。

第二,乡村"互联网+"政商服务平台可以有效提升乡村治理能力。首先,有助于实现农村的精细化治理,为满足农民的个性化、多元化需求提供技术支撑;其次,有助于形成干部群众有效沟通的桥梁,有效减少和化解了信访矛盾;最后,为"让人民监督权力,让权力在阳光下运行"提供了技术支撑与保证,倒逼农村基层干部提高自身业务素质与能力,有效应对互联网时代的民众诉求,更好地服务村民。

第三,乡村"互联网+"政商服务平台可以有效推动乡村基层党组织和政权建设。首先,该平台成为农村权力公开透明运行的新载体。村干部懂得如何行使权力,村民知道村干部拥有哪些权利,村级权力在镇党委政府和村民的直接监督下运行,减少了腐败滋生的风险点。其次,对于打造农村基层服务型党组织、提升基层党员群众的获得感有很好的促进作用,同时通过外出流动党员自拍党员学习心得体会视频进行学习管理,拓展了外出务工的农村流动党员、农村企业党员、非公经济中党员管理新通道。

第四,乡村"互联网+"政商服务平台为村民致富提供更多选择与途径。首先,村民通过乡村"互联网+"政商服务平台,扩大了物品的交易范围,提高了交易的效率与成功率。其次,乡村"互联网+"政商服务平台为在家务农的青壮年在农闲季节寻求工作提供了更多机会。实现了有手艺、有技术的农民在家致富。再次,"互联网+"政商服务平台以村为单位,通过一定的风险识别机制与奖惩机制,有效解决金融机构与村民之间的信息不对称、不畅通问题,实现金融供给精准对接金融需求。手机真正成了农民致富的新农具。

第五,乡村"互联网+"政商服务平台所形成的农村、农民信息数据可为各级政府决策提供依据。通过电子政务商务服务形成的大数据分析,可以更清楚地了解农民群众的难点、痛点、关注点,保证各级政府出台的涉农政策措施更加精准、更有的放矢。

三、关于在我省乡村推广"互联网+"政商服务的建议

一是探索形成信息化助推乡村振兴的"河北模式"。2016年农业部启动了信息进

村入户工程，设立益农信息社以及 12316 三农综合信息服务平台等，虽取得一定成效，但相比之下，乡村"互联网＋"政商服务平台模式具有操作更简单、方便，信息传播更快捷、高效，服务内容更全面、广泛，服务受众更精准等特点。我们完全可以通过"云村宝"平台的推广运用，创造河北经验，探索出一条符合河北实际的新路子。

二是帮助总结提升适时进行试点推广。"互联网＋"政商服务平台在玉田杨家套镇试运行效果好，并初步形成了激励机制与运行模式，但仍有需要总结和完善的地方。建议省有关部门进一步调研，帮助基层总结和完善。在条件成熟时，可在更大范围内试点，然后在全省进行推广。

三是相关部门制定政策给予支持。从调研情况看，"互联网＋"政商服务平台虽然仅需乡镇一级政府每年支付 5000 元左右的后期维护费用，但软件的针对性开发和推广仍然需要较大的投入。建议省、市、县可对前期软件开发和推广成功的乡镇及运营开发商给予一次性奖励，并出台支持发展的相关政策。

作者：刘学谦，李赞

关于对世界文化遗产——清东陵保护管理运行情况的调研及建议

近日，我们对坐落在遵化市的世界文化遗产——清东陵的文物保护管理运行情况进行了调研。通过座谈和走访，并对清东陵文化遗产保护区的 15 座陵寝逐一进行实地考察，一方面感到清东陵的文化遗产保护工作认真落实中央和省领导指示精神，取得了明显成效，另一方面由于体制机制和诸多历史原因导致的遗留问题，到了必须解决、不解决就会出问题的严重地步。

一、基本情况

清东陵是我国现存规模最宏大、体系最完整、建筑最精美的皇家陵寝建筑群。清东陵极具历史价值、文化价值和艺术价值，是中华民族和全人类的宝贵财富，是"人类具有创造性的天才杰作"。2000 年，清东陵列入《世界文化遗产名录》，成为我省拥有的四个世界文化遗产之一；2015 年，被全国旅游资源规划开发质量评定委员会正式批准为国家 5A 级旅游景区，成为唐山市首家也是目前唯一的一家 5A 级景区。

近年来，在上级党委、政府的坚强领导下，清东陵保护区上下一心、团结努力，在积极推进各项文物保护和本体修缮工程建设，夯实法治基础、不断提高素质能力和依法管理水平，大力整治周边环境、还"世界遗产以尊严"，强化体制机制创新、不断提升文化品位、倾力打造 5A 级精品景区等方面开展了大量工作，取得了切实成效。特别是在先后发生两起文物被盗案件后，更是加强学习、提高认识、明确责任、积极整改，强化督查巡查机制、落实"四防"模式、加强安保力量，全面提高了文物保护水平。2017 年 5 月 12 日，时任河北省委书记赵克志到清东陵视察文物安保工作时给予了充分肯定。

随着经济社会高质量发展，对文化遗产保护传承的标准和要求越来越高，当前清东陵文物保护与开发利用存在着体制机制、保护规划、文保项目、部门协调、机构编制、资金投入等方面落实不到位的情况，且这些问题严重程度逐年凸显，清东陵文物保护管理运行举步维艰，面临着较大的困难，需引起各级领导的高度重视。

二、存在问题

一是人员、人才极度短缺。清东陵管委会负责3个乡镇区域152平方千米内的文物保护、项目规划、开发建设等工作。而管委会只有15名行政编制和10名事业编制，且处于缺员运行状态。管委会下辖的文物管理处管辖地域面积82平方千米，其间包括15座陵寝、662个单体建筑。如此巨大的管理地域、如此宽广的管辖范围、如此众多的文保数量，保护内容纷繁复杂，涉及安保、文保、修缮、博物馆、消防、旅游开发等众多工作，人员明显不足。

此外，高学历、高层次的研究人员极度匮乏，文物保护、文物研究及开发利用无从谈起。目前，全管委会只有专职研究人员2人，不能形成团队，更是后继无人，根本无法满足文物保护、修缮、研究、开发、利用的要求。清东陵是研究清代历史、文化、建筑、艺术、风俗、文字等方面的重要的实体、实物宝库，许多文物本体急需大批具有较高文保知识的研究型、技能型人员进行"研究性保护、恢复"。但由于编制缺乏、条件艰苦、待遇低、工资保险不能及时保障以及历史包袱沉重等原因，导致招不来人才、留不住人才的情况。目前清东陵的职工队伍存在着低学历、老龄化现象，知识专业型职工严重匮乏。许多职工因工作负荷大、压力重、待遇低（2018年拖欠3个月工资），怨气较大，安保、文保职工队伍存在不稳定的隐患。

二是经费严重不足。保护区管委会下辖的文管处是全国唯一实行自收自支的副县级事业单位。清东陵文物管理处包括行政管理人员、文物安保及相关工作人员、旅游开发人员工资及文物日常维护费用在内的全部运行保障经费年需支出7000万元左右，都在清东陵旅游收入上缴财政后全额返还的资金中列支。但是清东陵景区每年的综合收入（包含景区门票、观光车以及摊点租赁等收入）大约在3500万元左右，唐山市、遵化市两级政府拨款1300万元，仍有近2200万元的缺口。此外，在申遗、补充、完善、升级、改造等方面产生的历史欠账达2.06亿元，每年仅偿本还息就需1000余万元，包袱非常沉重，入不敷出。

目前，每年都会出现拖欠职工几个月工资保险的情况。其中连续多年欠缴职工保险，金额高达近2000万元无力补缴，导致职工达到退休年龄无法正常退休。以上种种造成清东陵文物管理处各类矛盾问题突出，信访隐患非常大，一定程度上已经威胁到文物安全。

三是文物日常维护、修缮难以保证。目前，清东陵众多文物本体破损严重、年久失修，许多壁画即将消失，个别建筑濒临倒塌，令人心痛。要做到文物不丢、不毁、慢损，日常维护、修缮工作任重道远，且由于文物本体与居民混处的实际，许多保护、修缮工程及文物周边治理涉及群众切身利益，囿于历史、资金、政策、部门协调不力等原因很难妥善解决。唐山市、遵化两级政府每年拨付文物保护事业补助 1300 万元（唐山市 100 万元、遵化市 1200 万元），除去编制人员的人头费外所剩无几，且两级财政没有列支文物日常维修保养专项经费，难以保证文物日常维护、修缮，严重威胁了珍贵文物的安全、延续。同时，由于前任管委会主要领导将 1.06 亿元文物专项资金挪作他用，致使多项工程因缺乏资金推进困难，要彻底化解问题还需要大量资金支持。

四是旅游开发困难重重、旅游收入增长乏力。由于长期资金投入不足，同时受文化属性、景区同质、国家票价限制和优惠政策等客观因素的影响，旅游开发工作困难较大，旅游收入增长乏力。又由于前置审批限制，不能随意开发新型体验性旅游项目，旅游产品品种单一，吸引力不强；引入社会资本政策不明确也进一步造成了投入无源、发展受限。基于上述原因，虽然近年来采取了提高服务质量、丰富旅游产品、加强经营管理等一系列措施保持了接待游客人数逐年递增，但旅游收入增长并不明显。

三、几点建议

我们在调研中深切感到，清东陵管委会的干部职工本着对历史和后人负责的态度，以高度的责任感和使命感，积极开展文物的保护和管理工作，但也确实存在着一些单凭自身力量难以解决的问题。现提出以下四个方面的建议：

（一）提高认识、强化担当

世界文化遗产是全人类的宝贵财富，也是中华民族不可再生的精神文化资源。党的十九大将"加强文物保护利用和文化遗产保护传承"作为坚定文化自信的一个部分写进报告中，使之成为习近平新时代中国特色社会主义思想的组成部分。近期，中办、国办又联合下发了《关于加强文物保护利用改革的若干意见》，对做好新时代文物保护与利用各项工作提出要求。清东陵管委会干部职工要进一步提高对历史遗产在传承历史文化中重要性的认识，全面加强世界文化遗产的文物保护与利用工作。各级干部和政府部门要进一步提升对世界文化遗产保护的责任感、使命感和担当精神，认真贯彻落实《中华人民共和国文物保护法》《中华人民共和国文物保护法实施条例》《世界文化遗产保护管理办法》等法律法规的有关规定，科学制定世界文化遗产保护规划，理顺体制机制，落实责任、强化担当，进一步提升对世界文化遗产保护、研究、传承、开发的关注度、支持度和保障度。要学习故宫博物院研究性保护修复项目的经验。

（二）理顺体制机制

一是要按照省编委《关于调整唐山清东陵管理体制的通知》（冀机编〔2012〕73号）文件精神，按照清东陵保护区是唐山市委、市政府派出机构的性质，进一步理顺管理体制机制，认真落实省政府专题会议（2017年7月18日）精神，强化唐山市、遵化市的主体责任，省有关部门的监管责任，清东陵保护区管委会的直接责任，形成齐抓共管合力。二是在新一轮机构调整中，根据国家有关文件规定，将清东陵管委会下属的事业单位文物管理处列为"公益一类"机构进行管理。将文物保护与旅游开发机构、人员分开，分灶吃饭。文物保护及相关人员纳入全额事业编制；旅游开发人员实行自收自支。三是按照《清东陵保护管理办法（修订）》的相关规定，将《清东陵文物保护规划（大纲）》纳入唐山市、遵化市人民政府的国民经济和社会发展规划、土地利用总体规划和城乡规划。按照世界文化遗产保护的需要和申遗承诺，对依法划定的保护范围和建设控制地带，逐步进行环境综合整治。

（三）多渠道、多措并举解决资金难的问题

一是积极向国家文物局、河北省文物局等主管部门申请专项资金支持。二是积极寻求各类文化、文物保护基金支持。三是根据《中华人民共和国文物保护法》有关规定，将清东陵文物保护与利用事业所需经费（主要是在编人员的工资保险和日常运转支出）纳入唐山市财政预算予以保障。四是请唐山市、遵化市两级政府对管委会多年来的历史欠账及财政赤字问题进行专门研究，拿出切实可行的方案逐步予以解决。五是遵化市政府要进一步加大对清东陵周边地区基础设施完善、旅游环境打造、特色产业扶持等方面的投入力度，强化清东陵景区旅游吸附力，增加旅游收入和带动附加值，提高反哺唐山、遵化两级财政的能力。六是管委会要按照中共中央办公厅、国务院办公厅新印发的《关于加强文物保护利用改革的若干意见》的精神，解放思想、大胆创新，积极引进社会力量依法依规合理利用文物资源，在做好文保、文研工作的基础上，提供多层次的文化产品与服务，不断提高文化创意、文化产业收入，逐步缓解自收自支的资金压力。

（四）全面加强人才队伍建设

一是要制定《清东陵保护区人才建设发展规划》，实质建设清东陵博物馆，不断扩大规模和业务，并以此为平台在入编、工资、福利待遇等方面提供优惠条件，形成引得进、留得住、用得好、有发展的良好局面。广聚考古、文保、历史等方面的高层次人才，努力打造一支热爱文保事业、高学历、懂专业、高素质的研究型人才队伍，不断提升清东陵文物保护及文化研究水平。二是要努力打造一支懂业务、能管理的干部队伍，逐步建立一支懂历史、擅动手的技能型人才队伍。不断加强干部职工的培训力度，摆脱文物保护、研究、开发、利用等方面人才不足的困境，做到研究性保护和修缮，使宝贵的文化资源得以更好地传承延续。三是将清东陵人才引进纳入唐山市人才引进计划，并给予相应的引进政策、支持政策、奖励政策等。

作者：刘学谦，李赶顺，何新生

关于沧州渤海新区强投资上项目
促进高质量发展的调研与建议

　　省委常委会审议通过了《关于加快沧州渤海新区高质量发展的实施方案》后，省政府参事和省发改委的同志组成课题组，到沧州渤海新区进行调研。我们感到渤海新区今年以来在固定资产投资方面，结构优化，大项目、好项目多，初步形成推进高质量发展基础优势。到目前，该区签约落地亿元以上产业项目达到了 870 个，是去年全年签约总量的 1.2 倍。新开工亿元以上产业项目 302 个。目前正谋划推进的总投资 3049 亿元的 423 个亿元以上产业项目中，战略性新兴产业项目超过 50%，生物医药、新材料、新能源、装备制造等项目更是占到 52% 以上，而石化、冶金等传统产业项目仅占 5%。世界 500 强和全国 500 强企业达到 31 家，外资企业 76 家，到位外资 18.8 亿美元。正在推进的外资项目 20 个，总投资 8 亿美元。在中美贸易战等不利因素影响下，取得如此成绩非常不易。

一、渤海新区强投资上项目的主要做法

　　调研组通过和企业家、工作人员座谈及实地考察，认为渤海新区推进固定资产投资促高质量发展的主要做法，就在于认真落实省委省政府对渤海新区实现高质量发展的要求，面对中美贸易战等不利因素影响，坚持融入服务国家重大战略中，找准定位发展自己；坚持全面优化营商环境，在体制机制上大胆创新；坚持从狠抓干部队伍作风建设入手，牢固树立服务至上的理念，形成了管理主体和市场主体聚力同心上项目的良好局面。

　　（1）充分利用三大机遇，形成招商引资的组合优势。一是充分利用京津冀协同发展的机遇，形成对京津招商引资的优势。按照"共建共管共享"模式引进建设的北京生物医药产业园，在国内首开"企业在河北、监管属北京"跨区域管理先河；

按照"企业总部在北京、生产基地在新区"模式引进北汽新能源汽车，达产后将具备 15 万辆新能源汽车产能；按照新区联创、协同创新模式建立天津滨海新区·河北渤海新区协同发展合作示范产业园。截至目前，全区累计承接京津绿色合作项目达到 1009 个，占到沧州市引进项目总数的 61.4%。二是充分利用国家实施"一带一路"倡议的机遇，形成对外开放招商引资的优势。以中国中东欧（沧州）中小企业合作区建设为契机，专门设立了中东欧技术转移孵化中心，成立了 1.5 亿元的中国中东欧（沧州）中小型企业合作产业引导基金，加快打造中东欧科技型中小企业发展的优质平台。现已汇聚了罗马尼亚房车、捷克鲨鱼飞机等一大批中东欧合作项目，与美、法、德、韩等 22 个国家和地区建立合作关系，形成了多国别、多形态、多元化开放格局。三是充分利用成为雄安出海口的机遇，形成集聚临港经济项目的优势。通过加快打造现代化综合服务港、国际贸易港和"一带一路"重要枢纽及雄安新区最便捷出海口，全力推进总投资 321 亿元的集装箱、原油、液化等 15 个码头、28 个泊位建设，加强与天津港、宁波舟山港、朔黄等铁路沿线和内陆港合作，深化与德国杜伊斯堡、荷兰鹿特丹港等友好城市和友好港的战略合作，初步形成汽车及零部件、粮油、冷链物流等"八大交易中心"。

（2）建设全方位的优良服务环境，形成吸引外商乐于投资兴业的优势。一是增强服务意识，打造高效率营商环境。建立"三问决策"，及时了解外商需求；推行"四段式"服务，做到洽谈阶段全程对接、前期阶段全程代办、建设阶段全程服务、投产后跟踪帮扶；开展正风肃纪专项行动，对重点、节点、难点问题，实行周调度、月通报、季点评动态督查，倒计时督导问效。二是及时公开信息，打造透明营商环境。推出"三张清单"：正面清单让客商了解到来渤海新区"干什么"；负面清单让客商了解到来渤海新区"怎么干"；政策清单回答好"怎么支持"的问题。大力推行"阳光工程"，投资者只要合法合规，就能办成事。三是加强制度建设，打造法治营商环境。先后制发《加强公共资源交易监督管理的实施意见》《渤海新区投资项目跟踪审计实施办法》等，通过中介超市、建设领域"八项检查"等举措，严把重点领域风险点。依法治区，严厉打击恶意阻挠、非法阻工、强买强卖等非法行为，让企业安心经营、放心投资、专心创业。四是建设绿色生态城市，打造宜居舒适生活环境。按照"一港双城"思路，全面推进黄骅新城建设，持续开展海绵城市、园林城市等"六城联创"活动，加快体育公园、商场、大学、幼儿园、小学、高级中学等更多城市配套基础设施建设，加快推进一大批重大交通基础设施项目，提高了来渤海新区投资兴业人员和当地人民群众的生活舒适度、满意度、便捷度。一些外地的投资商说，就是看着这里的环境好才来投资的。

（3）适应新时代招商引资的新要求，形成政策、体制、能力新优势。一是制定有吸引力、可操作性强政策。该区出台了《树立新发展理念聚焦高质量发展推动创新驱动示范区建设的若干规定（试行）》等文件；制定了高质量工业项目发展、外资项目发展、科技创新、科技成果转化、"双创"服务平台建设、综合保税区建设、企业上市、金融机构发展、企业总部发展、高层次人才奖励、项目开工落地等16个方面的政策体系。企业反映这些政策看得见、摸得着、能落地。二是加快体制机制改革。通过推进审批制度改革，推动项目容缺承诺、"一趟清、不见面"等机制，创造了平均2.5小时办结的"渤海新区速度"。建立了"四个干"机制、"晨扫描"机制、点评问责制度，严格落实日事日清、黄牌警告制度。三是建立动态绩效考核体系。根据互联网、大数据、智能化的发展对政务服务及时高效的要求，实现了由定向考核向动态考核的转变，建立了增量动态考核体系，坚持定量考核和定性评价相结合，对工作完成情况计分每周动态跟踪。四是提高干部队伍服务能力。无论是环境建设还是政策落地，最终都要由具体的政府部门和干部队伍来落实。渤海新区干部队伍"激情工作"的状态、"善做善成"的担当以及"多干少说"的服务能力，得到了企业的认可。

二、加快推进渤海新区实现高质量发展的建议

渤海新区在推进高质量发展的过程中，虽然取得了一定成绩，但感到缺乏国家层面深化改革破除难题的试验示范授权，同沿海其他新区、开发区建设国家自贸区享有的政策红利相比，渤海新区缺乏竞争力。因此，建议省委、省政府从以下方面给予支持：

（1）建议积极争取沧州渤海新区建立国家生物医药产业综合改革试验区。北京·沧州渤海新区生物医药产业园已经签约入园项目140个，天津生物医药产业园也已全面启动，正向着生物制药、医药制剂、现代中药等价值链高端迈进，向配方食品、医疗器械等大健康领域拓展。随着全省生物医药产业向渤海新区布局，预计到2022年，医药制剂产业等高端产业初具规模，到2025年，现代生物医药框架基本构建，产值将达到500亿元，争创沧州渤海新区国家生物医药产业综合改革试验区，势在必行。建议省支持沧州渤海新区向国家申请。

（2）建议支持沧州渤海新区打造国家化工合成材料基地。作为传统的沿海重化工业区，沧州渤海新区具备了石化、盐化、煤化产业的优势基础条件。特别是石化产业已具备1500万吨石炼化能力，正按照"油头化尾"目标，加快推进传统石化向

绿色高端新材料方向转变。按照省委、省政府部署，今后全省石化及化工行业将重点向渤海新区和曹妃甸区聚集，沧州渤海新区完全有条件打造国家化工合成材料基地。建议省委、省政府向国家争取纳入国家"十四五"规划。

作者：刘学谦，聂晓伟，连文生，李赞

关于国家加快体育产业发展政策
落实难问题和建议

近期，中科院科技战略咨询研究院与河北省政府参事室专家共同组成加快我国体育产业发展课题组，在认真学习国家发展体育产业文件、规划的基础上，先后赴长三角、京津冀及东北等地就发展体育产业情况进行调研，认为国务院 2014 年 46 号文件下发后，我国体育产业的发展呈现了良好的发展势头，体育产业发展明显加快，人民体育消费明显增加，但相关政策落实难的问题突出，直接影响了政策的推进效应。课题组在听取各地意见、认真分析研究相关政策落实难问题原因的基础上，提出促进有关政策落地、加快体育产业发展的建议。

一、相关政策落实难问题表现和原因分析

我们在调研中，各地反映较集中的相关政策落实难问题主要表现在四个方面：

一是涉及多部门的扶持和支持体育产业发展的政策落实难。如文件规定体育场馆等健身场所的水、电、气、热价格按不高于一般工业标准执行，但所调研的省市无一落实。原因之一，缺乏多部门统一协调的机制，有的有机制但没有发挥作用；原因之二，各省市机构改革中确定抓体育产业的处室多为合并，专职人员少，主动协调各部门不够；原因之三，条条部门没有制定落实相关政策的实施细则，基层无法落实。

二是涉及补贴、奖励、减税等资金的政策落实难。有的省市至今体育产业引导资金并没有到位，还有的是逐年减少，致使补贴和奖励无法兑现；文件中规定的减税项目不被税务部门认可，难以落实减税政策。原因之一，有的省市对体育产业重视不够，认为发展慢点快点不影响大局；原因之二，吃饭财政，资金确实困难（如黑龙江省）；原因之三，税务部门为条条管理，上面没有明确，下面不敢突破。体

育企业到税务部门落实减税政策，基层税务部门说"我们没接到上级的通知，无法落实"。

三是存在制度性障碍的体育政策落实难。如文件规定取消商业性和群众性体育赛事活动审批，与公安、外事、消防等职能部门规章冲突，影响大型品牌体育赛事的培育。主要原因是顶层设计考虑不周全，政策与法规相矛盾。

四是体育产业特点和国家认定标准不一致导致政策落实难。如体育服务、用品制造高新技术企业特点与科技部高新技术认定标准不一致，科技部门认为体育领域相关企业以设计研发为主，难以满足科技部对高技术标准的要求。主要原因是体育服务、用品制造等内容及其支撑技术没有得到科技部门的认可，缺乏符合体育高新技术企业特点的评价体系和认定标准。

以上体育产业政策落实难，直接产生了三个不良后果：一是投资体育产业项目先热后冷。在一些城市，46号文件下发后，许多市场主体看到发展体育产业政策利好，纷纷投资体育产业服务类项目，形成热潮，但由于优惠政策迟迟不能落地，随后一些体育服务类项目又出现了大批关停现象。有的虽然没关停，但也是在亏损运营。最重要的是造成了政府失信的社会影响。二是加重了体育产业内部结构的失衡。本来国家支持体育产业发展的政策，受益最大的是体育服务业产业，而产业政策落地难，受影响最大的也是体育服务业。这是我国当前体育产业中体育服务业比例低的原因之一。三是影响我国体育产业结构向价值链高端调整。支持体育产业高技术企业发展的政策落地难，直接影响高技术产业与体育产业的融合，不利于创新驱动体育产业高质量发展。

二、几点建议

我国正在进入加快体育产业发展的良好机遇期。从美国、英国、德国等西方发达国家发展体育产业的历史过程看，随着工业化和城市化的发展，体育产业必然要迎来一个快速发展期。我国的工业化进入中后期，城市化率已超过50%，已经具备体育产业快速发展的充分条件。特别是我国社会主要矛盾的转变，人民美好生活对体育产品和服务的强劲需求，为我国加快发展体育产业提供了巨大的市场空间。如能进一步推进体育产业政策的全面落实，改善市场环境，释放更多的政策红利，将能更好地发挥体育产业对国民经济的强劲拉动作用。

（1）加大管理体制改革力度，确保体育产业政策有人抓落实，有机构管落实，有主体能落实。一是完善联席会议制度，切实发挥协调推进政策落实作用。各省

（区、市）要完善和加强由政府分管体育产业的领导担任召集人，体育部门和发改委共同牵头，规划、土地、财政、经信、税务、金融、商务、公安、统计等多部门参与的联席会议工作制度，完善联席会议工作机制，加强问题清单收集，研究解决制度性障碍的过度实施方案。二是学习江苏、上海等地做法，在省市体育局设立体育产业发展促进中心（事业编），赋予相关职能。在这次机构改革中，由于国家机关机构编制的原因，体育部门主管体育产业的处室多为合并，人员少，职责多，很难专职抓体育产业。建议体育产业总值占比超过当地 GDP 总值 1% 的省市，设立体育产业促进中心，主管领导担任主任，担负体育产业规划制定、宏观管理、政策执行、市场监管、统计评价等职责。三是建立体育产业综合改革试验示范区。在体育产业相对发达的省市，选择不同的体育产业类型，在珠三角、长三角、京津冀、东三省和福建、成渝等地建立体育产业综合改革试验示范区，吸收"全创改"的做法，允许有利于体育产业加快发展的好政策先行先试，成熟后全国推广。

（2）要进一步提高国家政策的执行力，用制度法规保证国家政策的落实。一是国家有关部门要出政策执行落实细则。各有关部门要按文件要求，就涉及本系统的体育产业优惠政策，提出本部门本系统的落实细则和具体方案，作为基层具体实施和国务院督查考核的依据。要把实施细则和规定明确出来，让基层看得见、摸得着，解除大力发展和支持体育产业的后顾之忧。二是加强政策执行落实情况的督导检查。国家体育总局、发改委等部门应就体育产业有关政策落实难问题，进行专门研究，促进体育产业政策涉及部门形成共识，聚焦重点分解落实有关部门的任务。按照国家和省（区、市）发展体育产业的政策体系和方案意见，国家体育总局会同发改委，代表国务院组织对各部门、各地落实体育产业政策情况进行专项督查，跟踪政策落实情况和实施效果，实施奖惩挂钩和行政问责。三是条件成熟时，出台《体育产业促进法》。由于体育产业是工业化和城市化发展到一定阶段的产物，促进体育产业发展的政策，难免有和现行法规相矛盾的地方。要从法规的角度理顺促进发展体育产业政策同现有法规的关系。基本内容应包括国家政策、资金服务支持、社会资本投入、技术研发、市场开发、对外合作等内容，并在附则部分说明本法同其他相关法律的关系。以此解决发展体育产业无法可依的问题。

（3）加强完善机构职能，确保抓体育产业的领导和部门，有职有权，抓好政策制定和落实。一是进一步明确各级政府体育部门主抓体育产业的职能。要将体育产业的发展工作纳入各级体育部门年终重点工作考核评价目标。解决各地抓体育产业不上位、不重视、政策不落地与我无关问题。二是适时出台新的体育产业指导政策。根据各地的建议，国务院应责成国家体育总局结合 2014 年以来我国体育产业发展的实际情况，修改完善体育产业发展指导意见，适时出台反映新形势、新变化的新的体育产业发展指导意见。三是国家体育总局应着手和科技部门共同制定体育产业高新技术企业的评价体系和认定标准。以此解决体育高新技术企业的认定无标准可依的问题。

（4）要根据全国各地经济发展水平和体育产业的发展程度，调整财政支出，保证优惠政策能落实。一是制定差异化的财政支持政策。参考中央对地方均衡性转移支付模式，加大对经济欠发达地区体育产业的财政扶持力度，确保这些地区能够落实补贴和奖励政策。二是设立体育产业重大项目专项资金。对符合条件的体育产业重大项目直接落实到企业。鉴于河北张家口和黑龙江等地发展冰雪产业对全国的引领作用，应制定精准的扶持政策。三是充分发挥体育产业发展投资基金的作用。鼓励支持各类基金在经济欠发达地区投资体育产业项目，促进经济欠发达地区体育产业的发展。

课题组组长：潘教峰；

副组长：刘学谦；

主要执笔人：田园，李赶顺、朱永彬，刘昌新，李赞，庞善东

关于我省发展体育产业情况的调研与建议

今年以来，省政府参事室组织参事和中科院、社科院的专家学者共同组成课题组，先后到省体育局、石家庄、保定、张家口、沧州和唐山调研，为学习外地先进经验，又到上海、江苏、黑龙江等地学习考察。课题组认为，近年来我省体育产业发展出现了良好势头，特别是冰雪产业发展较快，但也存在影响体育产业加快发展的问题，需要领导给予关注并加以解决。现将课题组调研的基本情况和建议呈上，供领导参考。

一、我省体育产业发展呈现良好势头

（1）体育产业总量增加，增速加快。一是产业总量快速增加。经过课题组和省体育局分析估算，近年来，我省体育产业无论总产出还是增加值，都有较快增长。2015 年体育产业总量占全省 GDP 比重达到 0.85%，2017 年体育产业总量占全省 GDP 比重达到或接近 1% 的水平。我省总产出与增加值的增速均高于全国年均 20% 左右的增速，呈现较快发展态势。二是体育消费人群增加，潜力巨大。据北京市、天津市 2017 年发布的数据，北京市经常参加体育锻炼的人数约 970 万左右，占总人口的 49.8%；天津市经常参加体育锻炼的人数约 645 万左右，占总人口的 41.3%；据我省 2016 年发布的数据，我省经常参加体育锻炼的人口总数已达到 2539 万，占全省总人口的 34.2%。如京津冀三地相加，经常参加体育锻炼的人口总数达 4154 万，而且还在大幅增加。据保定等地滑雪场统计，接待的 70% 左右是北京游客，20% 左右是天津游客。快速增长的产业规模和京津冀巨大的体育消费人群，显示出我省体育产业发展的巨大潜力和空间。

（2）以迎冬奥会为契机，冰雪产业异军突起。一是冰雪产业发展的设施、场馆、轻重设备等基础不断夯实。截至 2018 年年底，河北经高危许可的滑雪场 37 家，居全国第三位，造雪面积 147.05 万平方米，雪道 272 条，总长度 186.62 千米；室内滑冰场 6 家，露天冰上场地 31 块；建立各类冰雪地方协会 18 个，活跃冰雪俱乐部 25 家；张家口市"河北省冰雪装备制造基地"吸引法国 MND、美国卡沃斯等世界著名冰雪装备制造商签约入驻，冰雪装备业发展后劲十足。二是冰雪企业不断创新经营模式与管理方式，企业盈利能力初现。受制于前期投资大、运营成本高、季节性强等特点，全国绝大部分冰雪企业微利或不盈利。但调研发现，我省一些滑雪场如保定易县狼牙山滑雪场、涞源七山滑雪场等，通过发展多样化雪娱乐项目、打造全季旅游等方式，已经实现较高的盈利。这些成功的经验与模式为我省冰雪产业进一步做强提供了可参考模板。三是冰雪产业的产业扶贫、产业消费带动作用增强。全省 2017—2018 年雪季成功举办冰雪运动赛事 65 项，区域性、大众性等各类冰雪活动 217 项，全省参与冰雪运动人次超过 857 万。涞源县通过七山滑雪场，雪季接待滑雪者 15 万人次，实现收入 2000 余万元，相关带动产业增收 5000 余万元，创造出就业岗位 2000 个。

（3）体育制造业加快发展，形成较好基础。体育用品制造业是我省体育产业发展的支柱力量，已培育形成了一批竞争力强的龙头企业和影响力大的自主品牌。如英利奥、乔氏台球、张孔杠铃等竞争力强的世界领先品牌；形成了沧州海兴、盐山路径器材，石家庄运动地板，廊坊落垡球类，肃宁渔具，邢台平乡自行车，定州运动装备等一批制造业产业集群，产品在行业内具有一定知名度，国内市场占有率较高。

（4）体育产业创新发展、融合发展已经起步。一是传统的体育制造业加快技术创新，推动体育器材升级。我省体育制造瞄准智能体育软件开发，智能装备硬件升级，互联网、云平台的搭建和一系列智能化增值服务，开发室内室外智能健身器材，为健身人群提供更专业、更科学的健身指导与服务。沧州市生产的公共健身路径器材已基本实现智能二代。二是体育产业融合发展探索起步，体育服务业产业链条不断延长。依托资源优势，我省加快体育与旅游、文化、生态、健康、养老等领域的融合步伐，打造了一批特色体育旅游示范项目和体育旅游户外运动功能区，10 多个项目被国家体育总局、国家旅游局评为中国体育旅游品牌。"体育+"有效发挥了体育产业的产业融合带动作用和消费拉动作用。

二、我省发展体育产业遇到的主要问题

一是体育产业体量不大，结构不优，发展不平衡。我省经济总体规模与福建省相当，但福建体育产业增加值占同期省内生产总值的比重为 4.1%，达到了世界中等发达国家的发展水平。我省体育产业体量与福建差距较大。同时我省体育产业内部

结构不合理、不优化，体育用品和相关产品制造业比重大，体育服务业发展相对滞后。尤其是体育竞赛表演业和体育健身休闲业发展不足，难以发挥核心产业的带动作用。特别是我省各地的基础和重视程度不同，明显出现各地体育产业发展不平衡的问题。

二是一些支持体育产业发展的优惠政策未能落实。国务院46号文件和国家体育总局等八部委文件均提出体育场馆等健身场所的水、电、气、热价格按不高于一般工业标准执行。根据调研，我省在具体执行层面并没有落实。现在执行的缴费标准大部分为商业标准，而商业标准是所有收费标准之中相对较高的。更为严重的是有部分游泳场馆和健身房等在部分城市按照特种行业标准收费，价格标准远高于商业标准，造成体育服务企业经营困难。

三是促进体育产业发展的体制和机制不健全。我省多数市尚未将体育产业纳入政府重要议事日程，部门协调不足，联动不够，没有建立以体育、发展改革、规划资源、财政、商务、文化旅游、统计等部门为成员单位的体育产业发展联席会议制度。在落实国家和各级政府部门支持体育产业发展政策上，缺乏有效的跟踪分析和监督检查，未纳入正式的考查、督查范围。同时各市县体育行政管理部门中体育产业管理人员普遍不足。受制于编制的限制，有部分市单独设有法规产业处（科），有部分市与其他处室合署办公（如法规产业人事处等），没有专职机构和人员。大部分县区体育局内设机构中都没有单独设立专门的体育产业管理部门。特别是我省、市体育产业统计非常滞后。全国体育产业发展的官方最新统计数据是2017年的，而我省体育产业发展的数据还是2015年的。各市没有体育产业统计的专门数据，基本以估算为主。

四是支撑体育产业发展的各类人才严重缺乏。目前开设"体育经济与管理"本科专业的只有省体院一家，2018年首届毕业生只有20人。2016年开始冰雪专业本科招生，目前还没有毕业生。唯一开设体育产业研究生教育的河北师范大学，多数学生选择在一、二线城市就业。同时由于我省体育产业发展水平总体不高，又受京津虹吸效应影响，已有体育产业人才流失比较严重。我省企业运营、产品创新、技术研发等都需要人才外聘，产学研结合不紧密，体育品牌设计、产品研发滞后，难以适应我省体育产业发展需要。

三、加快我省体育产业发展的几点建议

体育产业具有绿色低碳，产业链条长，融合性、带动性、消费黏性强的特点。

供给侧与需求侧同时表明体育产业是我省转方式的必然选择。我们应该抓住三大历史机遇，立足巨大的京津消费市场，进一步释放国家支持体育产业发展的政策红利，推动我省体育产业加快发展。

（1）提高认识，达成共识，形成发展体育产业的合力。一是全省及各市要从将体育产业逐步培养成河北省主导产业的高度出发，增强抓体育产业的积极性和自觉性，逐步将体育产业打造成我省各市的新名片和增长点。二是加大宣传，切实推进体育进校园、进机关、进企业、进社区等活动；开放或改造现有体育场馆、设施，发展全民健身运动，培育体育消费人群与消费习惯。三是从上到下形成发展体育产业的共识，各级干部要有责任有担当地主动对接、服务体育企业。

（2）围绕政策落实进一步明确职责，出台细则，加强考核督导。一是省有关部门要按国家文件要求，就涉及本系统的体育产业优惠政策，提出本部门本系统的实施细则和具体方案，落实到税费的收缴人员。二是制定体育产业分类指导意见，根据各地细分体育产业的发展基础、区位条件、自然与文化资源等，精准施策，实现我省各地体育产业的差异化、特色化发展。三是进一步明确各级政府体育部门主抓体育产业的职能。要将体育产业的发展工作纳入各级体育部门年终重点工作考核评价目标，跟踪政策落实情况和实施效果，实施奖惩挂钩和行政问责。

（3）加大体制改革创新力度，建立适合我省体育产业发展的体制机制。一是建立完善体育产业联席会议制度。已经建立的市，要进一步完善职责，积极开展工作。没有建立的市，要借落实省刚刚下发的《关于加快冰雪运动发展的意见》文件要求的机遇，尽快建立起来，多部门协调推进政策落地。二是借鉴长三角地区经验，省、市两级建立体育产业促进中心。该中心由省（市）体育局管理，为事业单位，不占用行政公务员编制。主管领导担任主任，担负省市体育产业规划制定、宏观管理、政策执行、项目监督、市场监管、统计评价等职责。三是做实京津冀体育产业协同发展机制。充分挖掘我省现有资源，加快户外体育精品线路、体育精品赛事等建设，推动京津冀全域体育旅游发展，吸引与服务京津体育消费人群。四是协调省统计局根据国家体育总局和国家统计局出台的体育产业统计标准，尽快将我省体育产业发展情况纳统，时间上至少实现和国家同步，为省市领导科学决策发展体育产业提供数据支撑。

（4）按照我省体育产业发展的需求，加大人才引进与培养力度。一是根据体育产业发展所需的复合型和技能型人才，扩宽人才引进渠道，降低人才引进的学历、职称等门槛，充分释放人才政策红利。二是积极鼓励具备条件的高等院校根据产业需求调整、设立体育产业相关专业；支持高等院校和体育企业建立体育产业教学、科研和培训基地，为企业定向培养专业人才。三是借鉴长三角地区经验，整合高校与科研机构专家学者等力量，吸收国内外知名专家学者参加，按照体育产业的门类，设立研究机构，为我省体育政策研制、推动体育消费等提供有力的智力支撑。

（5）调动各方积极性，促进体育产业结构优化，增强产业发展后劲。一是鼓励有基础的市申请建立体育产业示范基地或体育产业园区。引进国内外有影响力的体育经营企业和风险投资企业，参与园区运营，达到整合体育资源、延伸体育产业链条、促进体育消费的目的。二是鼓励筹建各类体育产业联合会或联盟。发挥联合会或联盟沟通政府与企业、企业与企业、企业与市场的平台作用。三是要求各市设立体育产业引导基金。鼓励和引导各类市场主体参与特色体育小镇、体育场馆、体育设施的建设与运营管理，提高资源配置效率。四是大力实施"体育+"战略，推进"体育+"与文化、旅游、教育、医疗等产业深度融合发展，构建场馆服务、体育培训、体育文创、运动休闲、竞赛表演、高端体育装备等业态丰富、结构合理的体育产业体系。

作者：刘学谦，李赞，庞善东

学习山东经验推进我省职教混改的调研与建议

最近，经教育部有关部门推荐，中科院科技战略咨询研究院专家和我省政府部分参事、专家组成职教改革课题组，针对如何推进职教混合所有制改革，破解遇到的问题，到山东省特别是国家职教创新发展试验区的潍坊市山东海事职业学院进行了调研、学习，得到许多启示，认为山东的职教混改经验对我省很有借鉴意义，现整理报告如下，供领导参考。

一、山东省推进职教混改的做法和效果

早在 2012 年，山东省潍坊市就发挥"潍坊国家职业教育创新发展试验区"先行先试的政策优势，以三家从事航海职业教育的企业为主体，通过政府注资引导组建了体现混合所有制的山东海事职业学院，作为教育部的职教混改试点开始混改探索。根据教育部的规划要求，山东省从 2016 年推进职教股份制混合所有制办学试点工作。当年 1 月 11 日，山东省教育厅印发了《关于公布职业院校混合所有制改革试点项目的通知》，遴选山东海事职业学院等 9 个职业院校混合所有制改革试点项目，在全国率先启动试点改革。目前，省内 61 所公办高职院校中，已有 33 所参与了混合所有制办学的探索。特别是教育部的职教混改试点山东海事职业学院，它们用 8 年的时间走出了一条成功的职教混改之路，形成了在全国有影响力的样板，并得到教育部的充分肯定。一方面办学充满了活力，招生就业走在了山东职教系统的前头；另一方面实现了国有资本和社会资本全面的保值增值，建校时全部资本为 3.6 亿元，2018 年审计为 5.8 亿元；国有资本建校时只占 1%，现在达到了 20%。其主要做法如下。

（一）争办国家职业教育创新发展试验区，拿到职教混改的授权

山东的同志认为，现在有《中华人民共和国教育法》《民办教育促进法》，但还没有混合所有制教育法，因此在职教混改的过程中，不可避免地会遇到两类问题：一类是和现有的制度和法规相矛盾的问题；另一类是在实践中无规可遵可循的问题。所以

山东省推进混合所有制高职院校改革，通过争办潍坊国家职业教育创新发展试验区，形成了先行先试的政策优势。通过"重点举办本科职业教育""探索发展股份制、混合所有制职业院校"两项改革任务，实施教育部提出的"全方位、全领域、全过程、全环节"体制机制创新，形成了具有山东特色的职教混改模式。到目前为止，山东海事职业学院的经验有全国 200 多家学校企业和政府部门学习复制，产生了较大影响。

（二）构建行之有效、规范灵活的政府与社会资本合作办学的平台

为了很好地解决政府和社会力量共同作为举办方的法理地位，以及产权确权和收益共享分配问题，山东采取构建融合政府资本与社会资本合作办学的开放式共享型平台的办法。一是政府入股与社会资本合作办学。首先是明确政府的法理地位。在法人单位登记、办学许可登记时，明确政府作为职业学院举办方之一登记在册。其次是政府、企业以股权为据投入办学资金并确权。再次是政府成立教育投资有限公司代政府持股，并将政府股份转由专业国有金融公司按市场化运营管理。二是股权开放，动态变更。混合办学体制在资源属性上打破了单一所有制体制，公有资本由传统的直接办学变为教育投资行为，契合供给侧结构性改革，提高国家教育资金的使用效率；社会资本投入，由传统的捐资行为变为股份制出资投资，符合市场经济规则，很受企业欢迎。实践证明，开放、动态变更股权的方法，可以有效破解职业院校融资难问题。三是创新产权式合作，校企实现利益共享。通过发挥混合所有制办学的优势，建立了基于产权式的校企合作模式，将所有权和使用权剥离，采用财产权的产权形式与企业合作，吸引企业资金、设备、师资、课程等资源入股，双方进行股份制合作，形成校企合作共同体。

（三）构建现代职业院校法人治理体系

一是组建董事会。由政府举办方代表、社会举办方代表、院长和教职工代表组成董事会。政府举办方授权委派市教育局分管负责人担任政府董事代表。二是组建监事会。由政府举办方代表、企业举办方代表、教职工代表组成。政府监事由政府授权委派股份代持方分管负责人担任。三是组建院领导层。院长由市教育部门推荐，省教育厅审核，董事会研究聘任。院级领导班子成员由院长推荐，董事会聘任。中层干部由院长推荐，学院聘任。党委书记、党委班子的组建按照"属地管理"的原则，按照高校工委、组织部门有关规定选举产生。董事会、监事会和办学团队严格按照"两个章程一个议事规则"办事，保障办学自主权。

（四）不断完善创新多元化的职业教育混合所有制办学模式

目前，山东各地职业教育混改过程中不断探索出多种办学模式，如国有资本与集体资本、私有资本、外资这三种资本中的一种或几种共同出资举办学校，在院校法人层面实现混合的"大混合"模式；在学校内部二级办学机构层面或具体合作项目层面混合的"小混合"模式；"大混合套小混合"模式、不涉及产权的半混合模式、PPP 模式共建基础设施等。具体实践操作中，各地推动组建多元主体参与的各级各类职教集团（产教联盟）、技术技能积累创新平台、生产实训基地等。职教混改模式在实践中不断创新、丰富，形成多元化、有特色、有成效的混合所有制办学形式。

（五）建立学校、教职员工、企业多方共赢的体制机制

混改取得一定成效并在全国具有影响力的山东海事职业学院，创新"混双师"的师资队伍建设，学院负责身份管理和基本工资，企业负责岗位管理和绩效工资，做到企业技师与学院教师、企业导师与学院导员、全职教师与兼职教师"三个结合"；强化"耦合"式的学历教育和行业培训建设，二级学院与行业培训基地一体化建设，通过理念、文化、标准、课程、证书等衔接，实现课程教学与岗位培训的有效对接。这些措施极大激地发了教职工的工作积极性，实现学校、教职工、企业多方共赢。

二、山东推进职教混改给我们的几点启示

山东在全国率先推进职教混改先行先试，并成功培育出山东海事职业学院的职教混改典型，有几点重要的启示：

一是政府企业入股，产权股权明确是重要前提。以往不同院校在混合所有制改革的探索中，公私资本双方按照协议约定，根据投入资产协议确定股份，共同参与学校的治理，履行各自的义务职责，分享相应的权力权益。但由于国有资本的产权属性问题未按市场化原则进行公司资产评估确权然后投入学校名下，因此只存在公私资本在形式上的混合。山东海事职业学院通过聘请各举办方都认可的第三方评估机构，对投入学院名下的公有、私有办学资产进行评估，依据资产评估情况确定各方股份比例，并依法进行公证确权和产权明晰，很好地解决了政府和企业持股和股本管理分配等一系列问题。

二是确立以企业为主体，是实施职教混改的重要目的。从实践中看，只有充分发挥企业办学特别是实体企业办学的主体作用，遵循办学契约，实施协商办学，形成多元办学合力，才能实现教育链、人才链、与产业链、创新链的有机衔接，才能保障职业技能人才培养供给侧和产业需求侧结构要素融合，全面提高办学整体效益。

三是建立学校法人治理结构，是职教混改成功的重要途径。建立科学有效的法人治理结构，是保障各方合法权益、维护举办方积极性的首要前提，也是激发职教

混改办学优势、提升办学质量的重要保证。能够从根本上消除一些公办学校体制僵化、活力不足以及民办学校不规范的弊端，不断激发学校的办学活力。同时又是形成政府、市场、社会优势互补的关键。

四是形成上下支持职教混改的合力，是先行先试的重要保障。职教混改是一项系统工程。特别是先行先试，必须上下联动。一个环节出了问题，往往会影响全局。首先，各职能部门要出台支持的政策，解决职教混改无规可依问题；其次，各办事部门要有支持改革创新的责任和担当精神，少说不行，多说怎么行；最后，纪检监督部门要提前介入，制定容错机制，形成支持职教混改的良好环境。

三、推进我省职教混改的建议

通过学习和调研，我们认为我省推进职教混改试点的条件已经具备。从国家政策看，2014 年《国务院关于加快发展现代职业教育的决定》中提出，"探索发展股份制、混合所有制职业院校，允许以资本、知识、技术、管理等要素参与办学并享有相应权利"。《国务院关于印发国家职业教育改革实施方案的通知》中，明确提出"支持和规范社会力量兴办职业教育培训，鼓励发展股份制、混合所有制等职业院校和各类职业培训机构"，表明经过 6 年的实践探索，国家充分肯定职教混改的办学方向，体现了从"探索"到"鼓励"的职教改革发展。从全国推进职教混改的实践看，虽然像山东海事职业学院这样的典型并不多，但大部分省市已经开始职教混改的试点工作，我省也已经部署。调研中发现，一些企业和学校对职教混改的积极性不高，并不是方向有问题，而是体制机制不顺、实施的相关政策不明朗造成的。这也表明了我省加快职教混改试点先行先试的必要性和重要性。

一是我省应争取建立国家职教混改发展试验区，获得职教混改的授权。积极申报设立国家职业教育改革试验区，也可以先从省部共建开始，力争我省 2 ～ 3 个地市成为试验区，获得先行先试的主动权及相关配套政策支持。试验区要重点探索公办和社会力量举办的职业院校资本股权的确权、法人治理结构的确立以及相互委托管理的机制，特别是学习山东经验，有试点任务的市，要建立教育投资有限公司代政府持股或经营国有资本；探索健全政府补贴、购买服务、助学贷款、奖金奖励、捐资激励等制度；探索落实并健全教育、财税、土地、金融等政策，吸引社会、个人资本投入职业教育等问题。按照试点先行、积累经验、稳步推进的原则，引入市场机制，努力探索出一条符合我省实际可复制、能推广的职教混改新路子。

二是各相关部门应出台支持职教混改的实施细则。借鉴山东等地经验，我省在

《河北省职业教育改革发展实施方案》的基础上，相关部门要联合出台支持职教混改的实施细则，进一步完善相关法律法规，制定混合所有制学校试点意见，明确混合所有制学校的法律地位、机构属性、管理体制及退出机制，建立起相应的注册登记、资产管理、收益分配、质量监控及风险防范等具体制度。同时尽快制定针对混合所有制学校的财政扶持、税费优惠、金融信贷等配套政策。

三是探索多元化的混合所有制办学模式。要大胆创新、敢行敢试，积极探索实施整个学校层面的体制混合的"大混改"、学校与教育集团型企业合作共建二级学院的"小混改"，以及"嵌入式"混合所有制、校企双主体混合所有制等多种改革模式。同时，要因地因校制宜，结合职教院校的不同教育阶段，地方区域经济、产业现状，在投资比例、管理模式等方面探索与创新现有模式。如优质公办职业院校可采取民间资本嫁接合作的方式，拓展优质教育资源辐射面；办学活力不足的公办职业院校可采取社会力量购买、承租、委托管理等方式，提升办学能力等。

四是进一步加大对职教混改的组织领导和统筹协调力度。发展职教混改既是国家的战略部署，也是我省产业实现转型升级的需求。但做好这项工作必须要加强组织领导和统筹协调工作。首先是要选好职教混改院校的校长这个领头人。省市领导小组和教育部门必须担起选拔校长人选的责任。混改的职校也是国家职教类别体系的组成部分，培养的是建设新时代中国特色社会主义事业的技能人才。所以，校长人选既要敢闯、敢试、敢为，又要有责任、有担当、有忠诚，确保党的领导和社会主义的办学方向。其次要建立定期研究和协调的机制。在职教混改的过程中，遇到这样或那样的问题是正常的，省市领导部门要不断发现问题不断解决问题，职教混改才能在实践中不断完善。最后，建议纪委、监察部门作为领导小组和职教混改联席会议成员单位提前介入职教混改，及时提出相关指导意见，确保职教混改健康发展。

作者：刘学谦，李赞，何新生，刘奉越

关于推动京津冀协同发展项目
落地情况的调研与建议

最近，省政府参事室组成参事课题组，就京津冀协同发展项目落地情况进行调研。通过实地考察和座谈分析，感到沧州市围绕疏解北京非首都功能，创新机制、优化环境、全面对接，发展思路更加清晰，平台建设不断加快，交通一体化、生态环保、产业对接三大领域取得突破，项目承接落地成果显著。他们的经验和做法值得认真总结和推广。

一、大批项目集群落户沧州，成为京津冀协同发展的标杆

沧州市把承接京津产业转移作为协同发展的重中之重，坚持"一个项目带动一个产业"，发挥沿海、区位、土地资源优势，带动塑造新的主导产业，汽车及零部件、生物医药、服装服饰等具有明显协同特点的产业正加速崛起。一是北京现代沧州工厂建成量产。二是北京药企成功落户沧州北京生物医药产业园。三是东塑明珠商贸城、明珠服饰产业特色小镇整体成功承接北京大红门、动批等服装商贸企业。四是与北大、清华、北航、北交大、南开高校成功进行创新研发合作。五是华北石化千万吨炼油及配套项目正式投料生产。

二、沧州市推进京津项目落地的主要做法

（1）搞好顶层设计、实现科学布局。沧州市委、市政府出台《沧州市加快推进京津冀协同发展实施方案》和《沧州市推进京津冀协同发展行动计划（2018—2020年）》等系列文件，明确了全市19个县（市、区）的功能定位和对接京津的重点产业，统筹推进全市协同发展工作。同时，将协同发展体制机制改革纳入全面深化改

革重要内容，制定《京津冀协同发展体制机制改革方案》，为引进更多京津大项目好项目、加快京津优质要素资源向沧州市聚集提供有力保障。

（2）努力营造良好发展环境。一是营造良好生活环境。以提升城市品质为重点，全面提升城市服务功能，特别是在明珠商贸城、服饰小镇周边规划建设一批公寓式住宅小区，真正让外来客商能够扎根沧州、安居乐业。二是营造良好营商环境。围绕构建"亲""清"新型政商关系，建立民营企业直通车制度，开展"一站式、便捷式、解难式"综合服务，打通了联系服务企业的"绿色通道"，为外来客商在沧投资发展提供良好的环境。三是营造良好管理服务环境。对明珠商贸城实施社区管理机制，设置多个警务岗亭、警务室、模块消防站，为商户提供最完善的安全保障；谋划新建幼儿园、小学、初中等基础教育设施，让外来客商子女享受到本地高质量教育，为他们解决后顾之忧。

（3）形成全方位对接合作的平台和机制。一是抓平台建设。围绕"来得了、接得住、接得好"，重点打造"渤海新区新型工业化基地、沧州现代产业基地、任丘石化产业基地"三大省级承接平台，大力提升18个省级以上开发区能级和水平，不断完善基础设施和配套功能。二是抓互联互通。启动建设石衡沧港城际铁路等3条城际铁路和京沪高速公路（沧州市至千童镇）等3条高速公路，完成沧州黄骅港30万吨级码头等一批基础设施建设，中捷通用机场正式投用。三是抓对接交流。加强与京津各市区的精准对接，建立常态长效机制。沧州市委、市政府先后两次与北京丰台区对接，建立北京丰台—沧州（大红门）项目服务中心，并从政府和企业层面开启全面对接合作；与天津签署系列框架协议，沧州市政府与滨海新区、红桥区签署框架合作协议，沧州各县（市、区）与天津各区进行一对一精准对接，推动产业、科技、医疗、教育多领域合作。

三、推进京津项目落地遇到的主要问题

沧州市在京津冀协同发展中，特别是转移项目落地方面，取得了可喜的成绩，但也遇到一些影响发展的实际问题。一是北京缺席港口群建设，不利于京津冀协同发展。随着北京市向沧州及我省沿海转移企业和出口贸易的增多，对港口建设的需求已经成为重要的发展环境。目前由于北京市没有参与我省沿海港口群建设，在顶层设计方面存在功能性滞后，影响深度协同发展。二是污染物排放指标在京津冀地区不能流转，客观上影响转移企业和转移地的绿色生态发展。三是北京转移的医药企业分公司不能入统当地，影响两地的医药产业深度全面的合作。四是明珠国际服

饰产业特色小镇的建设缺乏国家政策性的金融支持，同时作为京津冀最大服装产业基地的建设和运营，形成每天十万人左右的购销人员流动，目前通往沧州的高铁客运不能满足需求。

四、需上级协调解决的重大事项及建议

一是将京津冀港口群建设纳入京津冀协同发展机制。建议北京更多参与到港口的统筹规划建设中，通过京津冀协同发展机制，统一研究、规划、部署，着眼全局共同开发、利益共享，尽快打造世界级的京津冀港口群，通过港口拉动产业合理布局，提升京津冀城市群的建设品质和崛起速度。

二是构建更为活跃合理的污染物排放总量交易市场。建议在京津冀地区就产业转移形成配套的污染物排放交易市场，以迁出地企业和迁入地企业为购买双方，按照一定增减比例，实现企业内部的污染物排放指标流转，保证企业迁出落地的同时实现效益提升，排放降低，以产业的绿色发展推动京津冀地区的绿色高质量发展。

三是针对北京·沧州渤海新区生物医药产业园增加延伸监管范围、医药企业分公司尽快入统。建议上级部门研究政策措施，增加延伸监管产业范围，推动北京医药制剂、医疗器械、保健品等大健康产业向外转移，延长、增厚医药园区产业链条，加快北京产业疏解，促进两地的医药产业进行更全面的合作。同时建议协调京冀两地相关政府部门，共同推动，争取北京转移的医药企业分公司能够早日入统。

四是帮助解决明珠国际服饰产业特色小镇建设中存在的问题。首先需要国家政策性金融支持与服务。明珠国际服饰产业特色小镇，整体承接北京服装全产业链疏解至沧州，涉及北京几十万从业人员，是一项耗资巨大的系统工程，建议京冀两地政府协调国家开发银行等金融机构对承接项目进行整体授信，提供贷款服务。其次需要解决乘坐高铁来沧州购票难问题。针对沧州西站目前存在的停靠车次少尤其是车票配额少等问题，希望省有关部门协调中国铁路北京局集团有限公司，适度增加沧州西站停靠车次并加大可售车票配额。

作者：刘学谦，李赶顺，李赞

关于华北理工大学的调研与建议

最近，省政府参事室组织部分参事组成调研组，专程到省属重点骨干大学——华北理工大学进行调研。通过实地考察和座谈，感到自 2016 年 9 月完成整体搬迁后，华北理工大学站在新的起点，大力推进"双一流"建设，努力实现学校的高质量内涵式发展，通过发挥自身优势，积极服务曹妃甸特别是京津冀协调发展示范区的建设，取得了明显成效。同时，我们在调研中发现和听到的一些急需解决的实际问题，应引起省领导的高度重视。

一、华北理工大学搬迁后的基本情况

2013 年 6 月，为了在我省北部建设一所高水平的综合性大学，优化河北省高等教育发展布局，推动曹妃甸产业升级、加速曹妃甸现代化城市建设进程，省委、省政府做出了"华北理工大学整体搬迁曹妃甸"的战略性举措。新校区建在曹妃甸新城，占地 4500 亩，建筑面积达 100 万平方米。2016 年 8 月 23 日，新校园正式启用，2017 年春该校教学与科研步入正轨。整体搬迁后，学校综合实力得到提升，现为教育部国家专业改革综合试点高校、省"双一流"建设重点支持高校。冶金工程、矿业工程、公共卫生与预防医学等三个学科进入河北省世界一流学科和国内一流学科建设行列，临床医学、化学、生物学与生物化学等四个学科进入或接近 ESI 全球前 1% 行列，ESI 高被引论文排名和 NatureIndex 排名位居河北省第一。承担"863""973"等国家级科研项目 171 项，国家社科基金 7 项；获得国家科技进步二等奖 3 项；获批国家国际科技合作基地 1 个；与 10 多个国家的 30 多所大学建立了实质性合作关系。学校两次荣获国家技术转移领域的最高奖项"金桥奖"。科研质量和顶尖成果均在河北省高校中位列第 2 位。曹妃甸区的大学本科在校生人数达到 35000 余人，专任教师 2200 余人，其中具有博士学位的教师 600 多人，教授、副教授等高级职称教师 1000 余人。双聘院士、国家"千人计划"人才、"新世纪百千万人才工程"国家级人选、国务院特殊津贴专家、河北省高端人才、燕赵学者、省管专家等优秀人才80余人。

一是支撑曹妃甸加速人才聚集。整体搬迁曹妃甸后，吸引了原来与华北理工大学有合作关系的中国科学院、中国社科院、清华大学、中国矿业大学、中国地质大学、北京钢铁研究总院等众多高校和科研院的关注，这些单位的许多专家学者也已融入了曹妃甸的发展建设之中。由于华北理工大学及前期搬迁的唐山工业职业技术学院的带动效应，被称为中国北方的"匠谷"的北京曹妃甸国际职教城于2016年年底竣工建成，唐山实验中专、曹妃甸职业技术学院等高职高专院校相继入驻，高层次人才的培养力度进一步加大。同时，也为实施《北京（曹妃甸）现代产业发展试验区产业发展规划》中"北京市将在三年内至少完成一所高等院校、两家三级甲等医院和两所九年制义务教育学校向曹妃甸搬迁"，实现产城融合、多点支撑的发展格局打下了坚实的基础。

二是推动曹妃甸城镇化进一步加快发展。华北理工大学的迁入对唐山市的"一港双城"建设及曹妃甸的城镇化进程起到了重要的推动作用。搬迁后，曹妃甸常住人口由26.69万人增加到29.79万人（由于部分师生户口关系未迁，实际常住人口应近31万人）；年末常驻城镇人口由17.89万人增加到21.83万人，城镇化率由67.03%增加到73.28%，在唐山市各县区中名列前茅，超过我国平均城镇化率6个多百分点。同时，华北理工大学积极发挥科学研究、文化引领作用和社会服务功能。2017年以来，相继承办了以"科技创新、协同发展"为主题的第四届京津冀协同创新共同体高峰论坛暨曹妃甸科技发展创新驱动说明会；组织开展了"走进曹妃甸，融入曹妃甸，服务曹妃甸，共谋新发展"系列参观调研考察、项目对接等活动；与曹妃甸区政府合作运营高新技术成果转化基地，打造创新创业的"梦工厂"；与曹妃甸区人民检察院共同建立了"检校共建工作室"；举办了曹妃甸区属企业人才专题培训班；与曹妃甸区司法局联合开展了十九大精神暨普法宣传教育活动；与首钢京唐钢铁联合有限责任公司等十余家驻曹企业签署了校企战略合作框架协议和科研项目合作意向书，进一步深化产学研用一体化合作。

三是为曹妃甸建设增长极发挥科技引领作用。华北理工大学入驻曹妃甸后，在人才培养、科学研究、文化传承、社会服务等方面与曹妃甸地方经济社会发展和产业结构紧密结合，着力打造服务地方经济社会高质量发展的智力高地、科研高地、人才高地和文化高地，为曹妃甸以循环经济方式重点发展大钢铁、大化工、大装备、大物流等临港产业和战略性新兴产业、生产性服务业及海洋经济，起到了有力的促进作用。2018年1月15日，华北理工大学与曹妃甸区人民政府在曹妃甸工业区置业大厦签署战略合作框架协议。协议中明确，曹妃甸将充分发挥华北理工大学的资源优势、人才优势，在打造智慧曹妃甸方面谋求新的合作，并在大数据、云计算新型领域实现新突破。

二、存在的主要问题

一是正常财务运行经费出现较大缺口问题。学校整体搬迁后，由于校园占地面积、建筑面积增加，各类运行经费、人员经费大幅度提高，学校经费缺口较大。省相关部门给予了一些政策支持，但是资金来源为学校自筹经费，给学校带来了巨大的财务运行压力。经过两年多运行，学校年度预算资金需增加运行费 1.7 亿元，增量支出项具体为：新校园水、电、暖费用增量 0.69 亿元；新校园物业管理增量 0.36 亿元；新校区通勤车费用 0.15 亿元；新校园绿化费 0.1 亿元；人员绩效经费 0.4 亿元。

二是对在校大学生存在有效安全管理隐患问题。新校区有在校生 30000 多人，只有少数教师在校管理，大部分教师都住在 98 公里外的市区。一旦出现较大的安全管理问题，教师很难及时到位。同时，教职员工上下班需 4 个小时路程，教师上完课就要往市里赶，也没有更多的时间同学生交流。为解决教师住宿问题，虽然建设了华理家园住宅一期工程，共计建设住宅 681 套，但在新校区工作的教职工有 2700 余人，尚有 2000 余名教职工在曹妃甸区没有住房，而且当时建的教师周转公寓，在数量上也不能满足需要。因此，尽快解决教职工在曹妃甸校区的住宿问题，已成为学校整体搬迁后是否能确保学校安全稳定、实现可持续发展的刚性需求。

三、建议

（1）建立过渡调整期支持资金。从全国各地大学搬迁的情况看，搬迁后的运行过程中总有一些预算不周、不到位的问题，这是正常的，华北理工大学运行经费出现的缺口，基本属于这种情况。建议省教育厅、财政厅充分调研，在华北理工大学全面步入正常运行前，设立 3～5 年过渡调整期，在此期间省财政可按实际需求给予一定资金支持。

（2）可以通过以下两个渠道解决教职工住宿问题：一是为确保学校安全稳定运行，请省市协商出资在新校园内或周边建设教师周转公寓。二是启动华理家园住宅二期工程。考虑学校的老师大多是青年老师，经济承受能力有限，可参照一期模式，尽量降低成本，解决目前在职教职员工的住宅需求问题。

作者：刘学谦，李靖，连文生

邱县推进乡村振兴战略做法
和经验值得总结和推广

邱县是邯郸市黑龙港地区的一个平原小县，全县总人口 26 万。该县在推进乡村振兴战略过程中，从实际出发，抓关键环节，空心村搬迁、改造一步到位，全域整体推进人居环境治理，生产、生活、生态同步提升，充分调动广大农民群众参与乡村振兴建设的积极性和创造性，走出了一条平原县实现乡村振兴的新路子。近日，省政府参事课题组，就我省平原农业县如何推进乡村振兴战略到该县调研，感到邱县的做法具有典型推广意义，形成此报告，谨供领导参考。

一、深化农村改革，以确权促流转、建平台育产业，激发乡村振兴新动能

一是确权登记，为土地办张"身份证"。首先，建立组织和法律保障。成立了县委书记挂帅的县级工作指挥部和"三农"服务中心，设立农村土地承包仲裁办公室和法律解释组，负责土地确权纠纷仲裁和政策解释。乡村两级均成立推进小组，具体负责确权颁证稳步开展。其次，制定规范和公平程序。出台全县推进土地确权实施方案，探索总结出指界测绘、组建数据库、签订合同、检查验收等"八步工作法"，坚持政策、流程、过程、信息"四公开"，做到承包地块无遗漏、界址确认无偏差。最后，突出技术数据，确保准确无误。2017 年，邱县农村土地确权全部达到国家整县推进"四个 95%"的要求。今年 9 月 7 日，邯郸市首批农村土地承包经营权证颁证仪式在邱县陈村乡举行。

二是规范流转，让农民吃下"定心丸"。搭建交易平台。成立全省首家农村产权服务机构——新纪元农村产权服务有限公司。先后建设 7 个乡级服务平台、200 多个村级产权交易服务中心，构建起县、乡、村三级交易体系。搞活交易市场。开通

农村产权服务网站，实现网络信息资源共享，促进了农村生产要素的合理流动配置。积极探索土地承包经营权抵押贷款办法，被全国人大常委会授权成为国家农村承包土地经营权抵押贷款试点县，累计发放土地经营权抵押贷款 6722 万元。加速土地流转。目前，全县土地流转总面积达到 16.47 万亩，占全县家庭承包土地面积的 34.5%，其中规模流转面积 9.35 万亩，占流转总面积的 56.8%。

三是规模经营，促农业驶入"快车道"。建设现代农业园区。按照科学规划、合理布局、引导发展的思路，整合农口资金 2 亿多元，高标准建设占地 4 万多亩的盛水湾省级现代农业示范园区，建成 2 个市级和 5 个县级农业示范园区。培育新型经营主体。鼓励种植大户和紧密型农业合作组织发展，先后建设千亩荷塘、千亩油桃、光伏大棚等产业化基地 36 个，发展各类农民专业合作社 260 家，培育规模经营主体 487 个、家庭农场 758 家，带动 11000 多户农民增收致富。促进农业一、二、三产业融合。将美丽乡村建设、特色产业发展、群众增收致富有机融合，对全县特色小镇、田园综合体进行整体规划建设。建成河北省首个万亩文冠果实验示范园——文冠小镇，连续 3 年举办"文冠果花节"，吸引游客 10 余万人次。在全县建起红薯小镇段寨村、荷塘小镇古城营、伊斯兰风情小镇陈村回族乡、桃花小镇礼村等 7 个乡镇"田园综合体"精品旅游路线，拉动了休闲旅游、餐饮服务产业发展。

二、治理空心村，生产、生活、生态同步提升，群众迈向小康

一是建设新社区，让农民过上美好生活。该县在统筹考虑和科学论证的基础上，把村班子基础好、村内空闲宅基多的梁二庄镇坞头村作为试点，按照先建后拆、整村搬迁的模式建设全新社区。在新社区建设上，坚持基础设施一步到位。在建筑风格上，充分体现燕赵特色、冀南符号，努力建设"记得住乡愁"的新社区，增强对农民的吸附能力。2014 年新社区建成，2015 年通过验收，整村搬迁的农民全部住上了现代化的新民居。同时，盘活土地资源 520 亩，置换城乡建设用地指标 277.8 亩。

二是引进龙头企业，培树村民致富产业。采取"示范园区＋合作社＋种植大户＋服务平台＋优惠政策"模式，在坞头周边，发展文冠果种植 5000 亩，村民每年除获得土地流转租金外，还可以在公司种植基地打工，获得工资收入，总收入较迁建前大幅增加。

三是发展壮大集体经济，乡村治理更加高效。通过整村搬迁，新社区建设复垦后增加的耕地全部收归村集体，仅此一项，村集体每年可收入土地租金 40 万元。今年，该县又通过"整体迁建"模式，启动了东贺堡村整村迁建工程。

三、推进全域整治，里子面子一起建，全县人居环境显著提升

一是科学制定推进路径。在广泛征求基层党员干部、群众代表意见的基础上，出台了《邱县"三清一拆"实施意见》，确定了"全民动手共建美丽家园、党群联动共享美好生活"的建设路径，按照"平整、拆除、整修"标准对全县空闲宅基分类制定整治方案，针对群众担心的拆除后的宅权归属问题，确定了"宅权不变、群众自愿、绿树留存、百姓受益"的原则，给群众吃下"定心丸"，既打消了群众顾虑，又降低了整治成本，为全面"空心村"治理奠定了基础。

二是以上率下，全民参与。该县实行常委包乡镇、县级干部包村，县四套班子成员带头，利用周末、节假日等业余时间，带领县直机关干部到村开展义务劳动。结合农村人居环境整治三年行动，按照"户分类、村收集、镇转运、县处理"的原则，开展垃圾分类减量化处理。针对农村"垃圾"处理难、易反复的实际，一方面示范探索农户垃圾分类减量化处置，另一方面推行"塑料袋换鸡蛋"，全面开展村内垃圾分类和处理城乡一体化试点，实现了保洁、运输、处理"一条龙"。

三是立足惠民，让群众受益。按照"清、用、管"三位一体推进思路，对清理出的空闲宅基、闲置坑塘进行有效利用，通过种树、种菜、种花，打造果园、菜园、游园，形成"微田园、生态化"的村庄布局。对有历史意义、文化价值的老房屋、祠堂等妥善保护，建成民俗馆、纪念馆，使其成为记得住乡愁的乡土符号；利用废弃碾盘、石磙等老物件，打造景观小品，镌刻历史记忆。利用破旧房屋、残垣断壁拆出的旧砖铺砌胡同，对小街背巷进行硬化，方便群众出行。

四是创新机制，环境整治常态化。该县健全奖补机制，坚持"先干后奖，干好重奖"，整合林业、农牧、教育、交通等部门涉农资金，用于村庄治理后的绿化、道路硬化等。大力推行"一人一月一元钱"，建立了农村卫生长效管护机制。通过建立村规民约、开展星级文明户评比等，教育引导群众共同维护好村容村貌。同时，充分发挥农村党员先锋模范作用，实行党员联系户制度，按照"就近、就亲、就勤"的原则，负责相应村民的环境整治监督指导工作，抓住垃圾分类这个关键，利用每天"一早一晚"两个重要时间段，定时、定点手把手帮助群众做好垃圾分类，教育群众养成垃圾分类的好习惯。

四、邱县推进乡村振兴过程中遇到的问题和建议

（1）抓好顶层设计，理顺农村土地确权管理机制。调研发现，在农村土地确

权管理上，一方面存在管理部门各自为政的问题，另一方面也存在职责交叉或有管理盲区的问题。以邱县为例，在农村承包地确权上，由县委农工委牵头、县仲裁办（三农服务中心）负责。农村宅基地及地上房屋确权登记由国土部门负责。根据省市文件要求，没有房屋的农村空闲宅基不予确权登记。即使空闲宅基已变为农用地，但由于土地性质是宅基地，也无法确权。建议在对农村土地包括承包地、建设用地（宅基地、公益用地）、未利用地等的确权管理上，在省级层面做好顶层设计，加强统一指导和管理，在市、县层面明确牵头管理部门，形成职能清晰、责任明确、管理有序的农村土地确权管理机制。

（2）加强统一的土地信息化应用平台建设。目前，农业农村、自然资源（国土）、水利、林业、农业开发部门，甚至农工委、产业办、交通等部门均存储着分管范围内的农村土地上的建设信息，但各部门之间信息资源不能共享，上下级不同业务部门之间数据不一致，各级党委、政府难以系统准确掌握这些与农村土地有关的数据，影响管理决策。建议从省级层面建立统一的土地信息应用平台，实现相关数据一个平台运作、信息共享，避免数据冲突，便于党委政府决策。

（3）调整土地增减挂钩政策，为空心村治理注入新动力。我省在土地增减挂钩上规定，对成方连片 15 亩以下且不与大田相连的零散土地，不予按增减挂钩政策立项，无法进行置换。从邱县的实际看，空心村治理如果不是整村搬迁，腾出的土地很难达到成方连片 15 亩的标准。国务院和原国土资源部增减挂钩文件，并没有严格的亩数和地点限制，因此建议出台河北省增减挂钩实施细则，将土地增减挂钩项目由成方连片 15 亩调减为 5 亩（河南省为 5 亩，湖南省 2～3 亩就能立项），允许享受增减挂钩政策待遇。

（4）保持农村人居环境整治的政策连续性。近年我省关于改善农村人居环境方面的文件，每年一个主题，每年一个重点，但在重点的支持上应有政策连续性。建议从省级层面，围绕乡村振兴出台管长远的配套政策，保持政策的连续性和相对稳定性，以利于基层持续用力。同时在空心村搬迁、人居环境整治、农村基础设施建设上，加大省市财政资金支持力度。

作者：刘学谦，李赳顺

关于加快中日韩循环经济示范基地
发展的政策建议

2015年11月1日，在重新启动的第6次中日韩三国领导人会议上，李克强总理在就中日韩合作提出的五点建议中指出："推动建立中日韩环境污染防治技术合作网络，加强相关循环产业经济区和示范基地建设，继续推进有关次区域合作和地方经济合作。"会后发表的《关于东北亚和平与合作的联合宣言》提出："我们对中国为建设中日韩循环经济示范基地做出的努力表示赞赏，期待有关基地早日发挥示范作用。为此，三国应加强交流与协调。"根据总理上述要求和文件精神，今年3月份国务院参事室和省政府参事室确认，就加快中日韩循环经济示范基地发展，争取国家政策支持问题联合调研。近期，我们调研组三次到曹妃甸中日韩循环经济示范基地调研，经过座谈、研讨和实地考察，一方面感到在省委、省政府，特别是庆伟省长的高度重视和多次批示与指导下，基地建设取得了重要进展；另一方面，由于到目前为止，国家并没有明确给予中日韩循环经济示范基地单独的支持政策，直接影响了循环经济技术引进、交流、推广和贸易，影响项目招商和落地。之后，我们到大连循环产业经济区中日韩循环经济示范基地调研，他们也遇到了同样的问题。为此，我们从解决实际问题出发，参考上海自贸区和国际经济技术合作与交流的常规做法，提出了需要国家支持中日韩循环经济示范基地发展的十条政策建议，待修改完善后，以国务院参事和省政府参事联合建议的形式，从国务院参事室的渠道，呈报给克强总理。十条政策建议如下：

（1）对于引进的日韩循环经济类技术，已获日韩官方认证的，国内不再重新认证，实行备案制。对循环经济技术的确认，组织中科院、社科院等国内科研院所进行第三方确认，国家应予以认可。

（2）对于引进的日韩循环经济类项目，符合我国政府奖励政策的，享受国内同类项目鼓励奖励政策。引进的日韩循环经济类项目，已享受日、韩政府资金支持的，在国内享受同等政策支持和财政补贴。

（3）对落户在示范基地的日韩循环经济类企业，享受 10 年内税收全部返还，或免 2 减 3 的优惠政策；同时，企业设备进口时，享受我国高新技术设备进口减免税等政策。

（4）针对引进具有推广价值的日韩循环经济类项目，在土地、税收等方面允许有较灵活的优惠政策，并享受国家高新技术企业优惠所得税率。

（5）引进的日韩循环经济项目或技术，外汇使用额度不设限，由示范基地终审批准并报上级备案。

（6）为方便示范基地在中日韩三国之间开展便捷的循环经济技术合作与经贸活动，建议开设中日韩循环经济技术自贸专区。

（7）允许在中日韩循环经济示范基地内，建设由日韩两国主导、充分体现各国循环经济先进理念和经验的展示馆，定期召开三国之间的技术交流、贸易合作和教育展示交流会。

（8）为便于中日韩三国间经贸往来、技术合作和文化交流，应开通示范基地至日韩集装箱与客运直通航线。

（9）允许在示范基地投资的日韩循环经济企业，利用国内媒体和互联网的形式，宣传推介日韩先进循环技术理念和产品。

（10）为促进报废汽车、船舶、飞机等再生资源产业的健康发展，起到示范推广作用，应放开示范基地进口报废汽车、船舶、飞机等资质，并进行拆解和零部件再制造。

作者：刘学谦，詹文宏，李赶顺

关于雄安新区数字贸易港所需条件与政策的建议

近日，我们在部分互联网技术企业调研，在了解他们对雄安新区数字贸易港诉求的基础上，就雄安新区贸易数字港建设提出几点建议，供您参考。

数字贸易不同于电商平台，也不同于自由贸易数字港，是以互联网为基础，以数字交换技术为手段，以数字化信息为标的，通过为需求方提供数字化信息实现收益的一种新型商业模式。数字贸易需要以统一的技术标准搭建（全球）公共数字贸易平台。平台不提供物化的商品，通过供求双方互动数字信息，达成数字信息产品的交易。数字贸易港是数字产品的流通中心、存储中心和交易中心。

一、雄安新区建设数字贸易港的意义

一是当今世界已进入全球数字经济时代，数字贸易成为国际贸易的重要内容。随着全球数字经济的快速发展，数字贸易将成为数字经济时代的主要贸易形式。二是雄安新区建设数字贸易港十分必要。在雄安新区建设数字贸易港，不仅有利于促进国家数字贸易发展，也有利于雄安新区在数字经济发展中发挥引领作用，提升在国内外的影响力。三是雄安新区建设数字贸易港符合新区产业定位。体现了对雄安新区功能的精准定位，对促进雄安快速发展具有重大意义。四是作为国家战略的雄安新区具有建好数字贸易港的充分条件和政策空间。

二、雄安新区数字贸易港的贸易分类

根据国际数字贸易内容，可把雄安新区数字贸易分为三大区块规划建设：一是数字技术贸易区块；二是数字服务贸易区块；三是数字信息贸易区块。

（1）数字技术贸易区块。主要包含如下内容：一是数字化技术设施和依托的设备设施等相关技术。如硬件计算机技术、互联网技术、云计算技术、物联网技术、

316

经济与社会理论研究与智库服务

区块链技术的交易等。二是行业对数字技术应用产生的新技术。如各种智能数字控制技术、智能数字制造技术、智能数字监控技术等生产出的机器人、无人机、3D打印等应用数字技术。三是消费者通信服务及互联设备技术。如智能电话、可穿戴设备、智能家居、远程医疗监护技术等。

（2）数字服务贸易区块。主要包含如下内容：一是依托互联网云服务研发的各类服务软件。如基于大数据云计算开发的各种互联网＋农业、互联网＋教育、互联网＋医疗、互联网＋政务服务、互联网＋财政税务、互联网＋管理等。二是运用数字技术开发的数字内容的文化教育产品。如数字图书、数字电影、数字音乐、数字游戏等数字产品贸易。

（3）数字信息贸易区块。主要是基于大数据、云计算而生成的各种对生产者对营销商有价值意义的数据。一是各类综合性的社会需求数据；二是工农业、公共服务业产品的生产和销售数据；三是不同国别、不同地区、不同层次消费群体的需求数据；四是不同国家间的贸易数据等。通过信息数据交易，满足不同企业的需求。

三、建设雄安新区数字贸易港的政策建议

（1）建设雄安新区数字贸易交易中心。这是开展数字贸易的基本条件。应面向世界招商，吸引数字技术贸易企业、数字服务贸易企业、数字信息贸易企业入驻。允许全球各类数字产品研发机构在中心设立销售平台或窗口。

（2）在内容审查方面。国外数字贸易企业进港交易的数字图书、电影、电视剧、游戏等文化数字产品，不进入中国市场的，无论流通还是交易，实行登记备案、内容免审查政策。对进入中国市场的，实行高效限时的审查政策。

（3）在知识产权保护方面。国外数字技术产品在外国取得的专利，不分国别，凡进入数字贸易港的，在雄安自由贸易试验区范围内，无论流通、交易、生产，一律受到保护。

（4）在市场准入方面。进入雄安数字贸易港的数字产品，无论是硬件还是软件产品，允许实行原出口国国家的技术标准，在雄安自由贸易试验区内，进行流通、交易和生产。对购买方有特殊要求的除外。

（5）在海外投资方面。国外数字贸易公司进入雄安数字贸易港，可以独资注册，在雄安自由贸易试验区范围内，独立开展数字产品的生产和交易活动。

（6）国内外从事数字贸易的企业批准进入数字贸易港，即可以享受雄安自由贸易试验区的相关优惠政策。

作者：刘学谦，李赶顺

关于在雄安新区周边建设无水港的调研与建议

在今年省"两会"上，王东峰书记在讲话中指出，推动京津冀协同发展，高起点规划、高标准建设雄安新区，在对接京津、服务京津中加快发展自己。许勤省长在政府报告中也指出，举全省之力高起点规划、高标准建设雄安新区，努力打造千秋之城、未来之城、典范之城。"两会"结束后，省政府参事室组织部分参事赴全省调研京津冀协同发展和服务雄安新区规划建设情况。通过连日来的实地考察和座谈，认为我省应在雄安新区周边携手天津港尽快规划和启动无水港建设。现将有关情况报告如下。

一、在雄安新区周边与天津港共建无水港具有必要性和可行性

（1）与天津港共建无水港是落实京津冀协同发展战略、服务雄安新区建设的新突破。京津冀协同发展重大战略提出后，我省与北京、天津的交流合作日益广泛，京津冀协同发展成效日益显现。尤其是雄安新区的规划建设，与北京城市副中心共同构筑首都发展的两翼，与筹办冬奥会带动张北地区发展形成我省的两翼，为河北注入了强大发展动能。在与天津对接合作方面，我省已与天津签订了深化经济与社会发展合作框架协议，从十个方面进一步统筹津冀经济社会协调发展。当前，京津冀已经实现检验检疫、海关通关等工作的一体化，有效提高了通关效率、降低了物流成本，为我省与天津合作提供了新的契机。与天津港合作在雄安新区周边建设无水港，将实现河北与天津协同发展的新突破，更好地推动津冀携手发展，服务雄安新区建设。

（2）雄安新区建设和发展需要在周边建立无水港。雄安新区是非首都功能的疏解地、我国对外开放的新高地，这必然释放出很强的国际贸易活力，需要以建立无水港作为重要平台。首先，雄安新区作为创新之城，高科技创新成果的孵化、产业化要进出口大量的相关仪器、成套设备等，非常需要在其周边建立无水港；其次，

雄安新区按绿色生态环保智慧的要求进行城市基础设施建设，需要大量的国内外新型建材和设备，需要有高效、便捷、近距离的无水港保障；再次，雄安新区作为新城市，将集聚大量的人口和产业，必然需要通过无水港进行国内外农副产品以及冷链产品的进口贸易；最后，雄安新区需要有连接"一带一路"的海上和陆路节点通道，在其周边建设无水港是必然选择。

（3）天津港有在雄安新区周边建设无水港的强烈意愿。天津港是百年老港，有成熟的国内外市场和港口管理经验，与天津港共建无水港，双方可以在土地、产业、人才、市场、技术、管理等方面实现优势互补。天津港已决定，为更好服务雄安新区，在雄安新区周边适当的地方设置无水港。天津港与肃宁保税物流园合作已有实质进展，目前该园区已与天津盛港集装箱技术开发服务有限公司、天津益港物流技术服务有限公司签订战略合作框架协议。此外，天津港也在雄安新区其他地区（保定）进行了考察。

二、在雄安新区周边建无水港，沧州肃宁有比较优势

（1）肃宁具有雄安新区周边建立无水港特有的交通区位优势。肃宁县地处东经116°千年轴，位于京、津、石金三角中心位置。京九铁路和朔黄铁路在肃宁交叉过境并分别设站，被经济学家喻为"铁路黄金十字"。肃宁建有朔黄铁路最大的编组站，建有32条疏解线。朔黄铁路与京沪铁路、京九铁路、京广铁路相连接，已成为连接雄安新区与天津港最近的货运通道。规划中的京九（京港台）高铁、保沧城际高铁也过境肃宁并设站，尤其京九高铁建成后，肃宁是雄安南第一站，乘坐高铁到北京仅需37分钟，到雄安站仅需15分钟。大广高速公路在肃宁设有两个互通出口，在建的曲港、津石两条高速公路也过境肃宁，其中曲港高速直达黄骅大港，津石高速将在肃宁北与大广高速交会互通，缩短了肃宁至天津港的路程，交通更加便捷。

（2）肃宁基本具备建立无水港的必要条件。2016年以来，肃宁县鹏宇保税物流中心（B型）的千亩保税物流园项目已经启动，该项目总投资4.2亿元，占地180亩，建筑面积12万平方米。目前，投资2亿元、占地80亩的一期工程已通过海关验收。发展无水港保税物流，利用肃宁保税物流平台，除可以满足雄安新区需求外，也可以把天津港及肃宁周边县市杂货汇集肃宁后进行疏散，同时把东欧、西亚等国外货物引进来，直接服务雄安、京津冀。下一步，肃宁保税物流园区将吸纳更多的进出口加工企业入驻。

（3）肃宁及周边县市进出口贸易能够保证港口的可持续发展。肃宁产业特色鲜

明，拥有裘皮、针纺、电器电料、渔具等众多从事进出口业务的加工企业，产品远销世界各地，对原材料需求量巨大。其中针织服装企业 800 多家，主要从巴基斯坦进口棉纱，每日的需求量达到 400 吨。塑料颗粒每日进口量约 300 吨。毛皮企业每年进出口总额达 1.8 亿美元。同时，肃宁周边市县也拥有众多外贸型产业，安平丝网、高阳针纺及农机配件、蠡县毛皮毛纺、河间电线电缆汽车配件、献县除尘设备、辛集皮革等，百公里范围内拥有近千家外贸企业，为在肃宁打造无水港奠定了坚实基础。2017 年 1—11 月份，沧保衡三市进出口总额为 714.7 亿元，其中肃宁及周边县市进出口总额达到 100 亿元。在肃宁建设无水港，实现通关一体化，可为肃宁及周边进出口企业提供一站式物流服务，大大降低肃宁及周边城市物流成本，保证港口的可持续发展。

三、几点建议

（1）建议省发改委、石家庄海关、河北港口集团就我省与天津港共建无水港工作进行进一步调研论证。

（2）建议省政府对天津港与肃宁合作共建无水港给予足够的关注。同时，在土地指标（建设肃宁无水港，大体需要 1000 亩土地指标）、基础设施（将肃临路向北延伸至雄安新区，打通雄安新区至冀中南的物流通道）建设等方面给予相应支持。

（3）建议省政府协调发改、商务、石家庄海关等相关部门对肃宁保税物流园区建设给予指导支持，使其能够及时升级，以便为条件成熟时制定高质量、高水平的服务雄安新区无水港建设规划打下基础。

作者：刘学谦，李赶顺，连文生

《京津冀系统推进全面创新改革试验2017年度中期评估报告》中提出的问题需给予重视的建议

今年5月21日，国家发改委高技术司和中科协创新战略研究院举行京津冀全面创新改革试验（终期）评估启动会议。我作为河北唯一被邀请的专家，参加了这次会议。其间，我认真研读了国家发改委委托中科协创新战略研究院组成评估组所撰写的《京津冀系统推进全面创新改革试验2017年度中期评估报告》（去年已上报国务院）。其中提出的问题，特别是涉及我省的问题，需要引起省领导的高度重视。

一、报告提出的主要问题

报告在总结总体进展情况的同时，明确提出了四个方面的问题（原文）：

一是重点改革任务难落地。"允许京津冀区域股权市场在依法合规的前提下开展跨地区合作经营"被列入国家确定的2017年度17项重点改革举措清单。按照当前规定区域性市场原则上不得跨区域设立营业性分支机构，不得接受跨区域公司挂牌，需要得到中央有关部门授权和支持。但这属于三地共同事务，谁去争取、谁去沟通，其责任主体不明确，若再不加快与中央有关部门对接，可能会出现年底无法向国家交账的局面。"限额内可兑换"外汇改革、合格境内个人投资者境外投资试点、国有技术类无形资产转让制度改革等重要改革举措，情况与此类似，推进也相对迟缓。

二是三个区域统筹协调困难。国务院授权的18项改革举措中，有6项都属于跨区域体制机制改革，只有京津冀三地高效协同组织，才有可能取得实质性突破。但在前期推进过程中，从方案制定到具体执行都存在"一项改革举措、三地分头推进"现象，三个区域"左顾右盼"、观望执行，严重影响了改革进度和改革效果。比如，科技成果转移转化收益分配比例各不相同，高新技术企业不能区域互认，其分支机构仍需要"二次认定"等。实际工作中，部分区域的责任部门将改革视为附加任务，以本职工作替代改革工作，导致工作难以推进。

三是中央单位参与改革难。在京津冀地区，优质创新资源和核心创新力量主要集中在部委所属高校和科研院所、中央企业，只有中央单位充分参与、主管部门充分授权，才能确保改革举措顺利进行、取得实效。比如，北京市大力推进财政资金购买的科研仪器设备所有权和经营权分离改革，虽然取得了积极进展，但每个中央单位、每个主管部门乃至国家有关部委，都对固定资产有相应的管理措施，虽然国务院出台文件允许先行先试，但中央单位不积极，改革成效大打折扣。

四是调动各方面积极性难。目前，京津冀尚未就推动全面创新改革试验建立容错机制、奖惩机制，有关地方、部门和创新主体参与改革的主动性不强。比如，京津冀自上而下地部署了知识产权运用保护、跨区域政策交叉覆盖等改革任务，但各城市、园区、高校、科研院所和企业主动性不强，没有将这些改革措施落实到最后一环，改革效果不明显。再如，河北省针对全面创新改革试验出台了大量文件，但由于缺少实施细则或政策不配套，特别是监督部门把握尺度不一，石保廊三市重视程度参差不齐，导致很多政策停留在文件层面，有的还停留在一般工作层面推动实施，基层单位落实起来还是有很多顾虑，改革试验成功案例和典型经验不多。

二、几点建议

（1）根据京津冀三地的要求，评估自评开始时间由原定5月下旬往后推迟15天。希望石保廊三市紧紧抓住这点宝贵时间，在认真总结全面创新改革试验情况的基础上，针对中期报告中为石保廊指出的问题，再进行一次对标检查，破解难点，争取终期评估有好的改观。如果三市的终期评估出现像中期评估那样的结果，上报国务院后，将产生严重后果。

（2）以14项改革措施为重点，再强化一下落实。14项改革措施发布后，上下反映都很好。对我们自己能落实的要千方百计落实到位。属于中央和部委管理，暂时无法落实的要讲清原因，并说明我们努力的过程。

（3）授权有关部门和专家组成督导组按国家评估组确定的终期评估标准，对石保廊自评情况进行一次有效的督导。

作者：刘学谦

关于推广河北农业大学创新改革试验成果的建议

在今年 6 月份石保廊全面创新改革（终期）评估过程中，我作为专家评估组副组长参加了评估全过程。深深感到，我省创新改革试验工作，在省委、省政府领导的高度重视和试验单位的积极努力下，已初步形成了一批被专家评估组认可的典型模式。其中，河北农业大学创新改革的成功经验得到了专家组的高度评价。

一、河北农业大学创新改革的主要做法和成效

2016 年国务院及国家发改委、科技部先后批复《京津冀系统推进全面创新改革试验方案》《河北省系统推进石保廊全面创新改革试验方案》，将河北农业大学列入河北省、保定市高校评价制度改革试点、高校设立科技成果转化岗位改革试点、高校技术职称评聘改革试点，承担起高校创新改革先行先试任务。为此，他们先后制定了《河北农业大学关于加强科研成果转移转化管理的实施办法》《太行山农业创新驿站建设管理办法》等系列文件。针对创新改革试验任务，重点在三个方面进行了创新改革：

一是在科技评价方面创新改革：1.科技活动评价。重点从创新性研究和技术转化服务两方面对科技人员进行评价考核，其中技术转化服务权重占总权重的 60%，创新研究占总权重的 40%。2.高校创新团队评价。技术成果转化、基层服务、技术推广、经济效益、社会效益评价占总权重的 35%。3.高校科技项目评价。着重评价目标完成情况、成果转化情况和技术辐射范围，产业化应用转化情况占总权重的 60%。

二是在技术职称评聘方面创新改革：获得国家发明专利 4 项以上且均为第一发明人的，每项专利直接转化收益 300 万元以上的，或取得品种保护权等知识产权 2 项以上（第一完成人），累计转化收益 1000 万元以上（以到账收入为准），不受学历、专业技术职务任职年限限制。

三是在科技成果转化岗位方面创新改革：职务科技成果转化收入，其中 70% 用

于科技成果完成人的奖励和报酬，其余 30% 收益由学校、所属中层单位按 6∶4 的比例分配。

通过这三项创新改革，较好地解决了大学中普遍存在的重视创新研究发论文获奖，不重视科研成果转化、产业化；评聘职称重视学位学历论资排辈，不重视研究创新和成果转化能力；只强调科研人员创新研究奉献，不重视物质奖励和报酬激励，难以普遍调动积极性、创造性的问题。

河北农业大学推进创新改革的时间虽然不长，但已经收到了良好的效果。近 3 年签订各类科技合作协议 378 项，推广新品种、新技术 500 多项，技术培训 10.8 万人次，培植起一批现代农业产业，年创社会经济效益上百亿元。2016 年农业科技成果转化成交额 2970 万元，2017 年农业科技成果转化成交额 3544 万元，2018 年 6 月底农业科技成果转化成交额 2035 万元。全校职务科技成果转化收入已按创新改革方案落实到位。

二、总结复制推广河北农大创新改革试验成果意义重大

河北农业大学创新改革试验的成果对我省大学如何鼓励科研人员创新创业，更好地服务我省产业转型、技术转化、高质量发展具有破题性的典型示范意义。我省大学一方面数量少、层次低，另一方面许多学校又存在科研和社会需要两层皮问题。河北农业大学在科研成果服务社会、服务农村农业发展方面一直走在全国的前头，通过复制推广他们创新改革的成果，深入挖掘他们科研同"三农"需要对接、科研成果直接转化农业生产的经验，对全省大学转变传统创新研究观念、创新创业服务社会需要，会发挥很好的引导作用。

作者：刘学谦

关于支持石家庄高新区申报"国家级新型生物医药产业改革创新试验区"的建议

近日，省政府参事室就创新体系建设和产业结构优化课题，组织部分参事到石家庄高新区进行调研。其间，了解到该区的新型生物医药产业发展迅猛，具有国际国内一流的企业规模和产品品牌优势，已成为我省战略型新兴产业发展壮大的领军产业。为此，建议我省把支持石家庄高新区申报"国家级新型生物医药产业改革创新试验区"提上日程，明确牵头部门，加快推进步伐。

一、石家庄高新区具备创建"国家级新型生物医药产业改革创新试验区"的基础条件

《河北省战略型新兴产业三年行动计划（2018—2020 年）》，将生物医药与健康产业作为主攻发展的领域。石家庄作为"中国药都"得以快速发展壮大，已经具备了承担国家层面进行新型生物医药产业改革创新试验的基础。

（1）规模基础。石家庄高新技术产业开发区是全国最大的现代化综合生物医药产业基地，生物医药产业成为石家庄高新区的立区产业。2017 年营业收入 677 亿元，占高新区总产值的比重超过 40%，占石家庄全市生物医药行业总产值的 70%，占河北省生物医药产业产值的 50% 以上。

（2）技术基础。石家庄高新区在生物医药产业的药物筛选、抗体药物、高端抗生素、微生物发酵、酶工程、基因工程药物、多肽药物、脂质体技术、液体硬胶囊制剂技术等方面居国际先进水平。截至目前，园区企业共承担国家科技重大专项课题 150 余项；在研新药项目 400 余项，其中国家一类新药和独家品种 33 个。园区医药企业累计拥有专利 9380 项，其中，发明专利 2908 项。

（3）平台基础。拥有众创空间 23 个、科技企业孵化器 17 家、加速器 2 个，其

中国家级孵化器 7 家、省级孵化器 8 家、市级孵化器 2 家，还拥有"智同药谷"生物医药专业孵化器、"宏昌工业园"创新药物研发企业加速器、生物医药研发服务外包基地等专业园区。有开放式公共技术服务平台 8 个，并且拥有国家级重点实验室 2 家，国家级工程实验室 2 家，国家级企业技术中心 4 家，国家级工程技术研究中心 1 家，国家级产业技术创新联盟 4 家，市级以上各类创新平台共计 108 家。尤其是投资 16 亿元与世界级平台公司药明康德合作共建的六大新药研发平台，将成为中国北方最大的生物药一体化研发生产中心。

（4）人才基础。高新区拥有 23 个院士工作站，6 个"诺贝尔奖工作站"，9 个国家级博士后工作站。全区已有进站院士 50 余位，国家"千人计划"专家 5 个，自有博士以上各类高端人才千余人，成为开发区生物医药领域创新驱动的生力军。2016 年石家庄国际人才城在高新区正式启用，是全国高新区唯一的创新中国智库院士调研基地。石家庄市生物医药领域从业人员超过 30 万人，是中国该领域从业人员最集中的区域。

（5）金融基础。金融服务机构 47 家，其中，银行 17 家，保险、小贷公司、创投机构等共 30 家。设有 50 亿元母基金、10 亿元的新药基金、5 亿元产业基金、3.5 亿元的创投基金、3500 万元的天使基金，搭建了全产业资金链。作为全国科技金融创新试点园区，全省科技保险创新试点园区，成立了全省首家科技保险专营机构、3 家科技支行，为科技型中小企业提供一揽子资金解决方案，为高新区生物医药领域创新创业提供了有力的资金支撑。

（6）工作基础。石家庄高新区是全国首批"国家新型工业化产业示范基地"、"石家庄药用辅料与制剂国家创新型产业集群试点"、国家火炬计划产业基地、国际科技交流合作基地、国家知识产权示范园区、全国心脑血管品牌创建示范区、全国首批 25 家科技服务业区域试点之一等。在实践中，石家庄高新区积累了较多的示范、试点经验，他们有能力完成"国家级新型生物医药产业改革创新试验区"的任务。

二、石家庄高新区创建"国家级新型生物医药产业改革创新试验区"的目标、任务和要素保障

（1）创建目标。按照"技术引领、创新驱动、环境最优、国际一流"的要求，创建"国家级新型生物医药产业改革创新试验区"，紧跟国际生物医药先进技术进步，引领我国生物医药技术和产业发展，在重要领域、重大技术、重点产品取得实质性突破，形成产业有效集聚，培育一批具有国际竞争力的龙头企业，培养一批在

国内国际具有较高公认度的重磅产品。将石家庄高新区打造成为中国生物医药产业的"三区一基地"，即具有国际影响力和竞争力的生物医药产业聚集区，引领中国生物医药产业发展方向的综合改革试验区，服务快捷高效的中国生物医药产业综合保税区，集技术研发、孵化转化、生产制造、市场服务于一体的中国一流生物医药全产业链创新基地。

（2）重点任务。1. 明确重点创新领域。一是围绕恶性肿瘤、心脑血管疾病、代谢性疾病等重大疾病防治，加快发展抗体疫苗药物、基因工程药物、细胞药物与再生医学等新技术、新产品的研发和产业化；二是鼓励发展创新型医疗器械，重点支持高端医疗影像、数字化诊疗设备、高效诊断试剂、心脑血管与骨科介入器械、高值医用材料等。2. 实现生物医药产业的全产业链创新。即打造集"研发—转化—生产—销售"于一体的全产业链服务创新体系。一是研发服务外包（CRO）创新；二是药物合同生产（CMO）创新；三是打造国际临床实验中心；四是建设生物医药国际物流园，成为全球生物医药物流配送体系的重要节点。3. 构建产业智库与技术中介服务体系。引导和扶持产业智库与科技中介机构发展，为产业和企业发展提供战略谋划、政策咨询、信息服务等。构建与国际接轨的技术评价、质量检测、专利认证、商标认证和知识产权保护体系，围绕基因编辑、细胞治疗、新机制和新靶点药物、现代中药、智能医疗器械等新型生物医药创新技术和产品开发，提供优质的技术中介与标准服务。

（3）要素保障。一是在试验区设立国家药品及医疗器械审评审批先行先试政策服务窗口，加快试验区新药研发注册审批速度，提高研发和产业化效率。二是将新型生物医药开展临床试验的相关医疗费用纳入国家医保范围，切实降低研发成本。三是在试验区开展创新药物临床试验审批制度改革，试点生产现场和临床试验检查同步，而非互为条件。四是在试验区建立 ICH 国际临床研究接轨加速站，接受试验区企业利用境外开展的国际多中心临床数据，直接进行药品上市注册申请；允许在试验区注册的中国公司，以境外药品上市许可持有人身份，利用国际 CMO 加工的药品在国内申报新药注册和销售。五是在试验区设立区域伦理委员会，实行备案制，提高其审查的独立性，采取单一审查模式，避免重复审查，提高审查效率，促进多国或一国多中心临床试验的开展。六是在试验区设立"绿色通道"技术预审中心，借鉴 FDA 不同阶段预会议模式提供产品注册技术预审服务，建立服务窗口；建立符合中药特点的技术评价体系，试行中药审评审批制度创新改革；争取国家卫生计生委在甲类大型医用设备配置方面给予支持；争取卫生部门在审批试验区非公立医疗机构及其开设的诊疗科目时，对其执业范围内需配备且符合配置规划的乙类大型医用设备一并审批。七是搭建试验区医药企业与国家市场监督管理总局的直接沟通机制，提高衔接和审批效率。

三、有关建议

鉴于建设"国家级新型生物医药产业改革创新试验区"在国内尚属首个，意义重大，建议省发改委、省卫计委、省医药部门到石家庄高新区进行深入调研，对其可行性进行更详尽、更专业的充分论证。同时，积极向上级主管部门进行汇报和沟通。条件成熟时，省市有关部门联合建立申报机构，正式推进试验区的申报工作。

作者：刘学谦，李赶顺

关于大力发展我省特种机器人产业的调研与建议

今年 7 月初，省政府参事室《我省战略型新兴产业的现状与问题研究》课题组，专程走访了中信重工开诚智能装备有限公司（原唐山开诚电控设备集团有限公司）。通过实地考察和调研，深感发展成就和潜力巨大。他们通过改革发展、创新发展，开发生产特种机器人 20 余种，有 7 种已形成了规模化生产。他们开发生产的特种消防机器人，一经推出便受到广大用户的欢迎，经过 20 余次不同火灾灭火实战检验，在灭火效果和保护生命方面显示了巨大优越性。因其技术水平先进、稳定，德国一次性订购 400 台。去年以来，共实现特种机器人销售合同 1600 台，已交付 600 台，这个 300 多人的企业，实现纳税 2.1 亿元，已经成为我省战略性新兴产业的支撑企业。现将该企业相关情况汇报如下：

中信重工开诚智能装备有限公司，是国内知名的集研发、生产、销售、服务于一体的智能装备制造企业，拥有传动、自动化、特种机器人、传感器四大系列 200 余种产品。从中国第一套多功能矿井提升信号系统，到中国第一台矿用隔爆兼本质安全型高压变频器，公司拥有 20 余项国内首创产品、100 余项关键技术专利，中国唯一的国家级特种机器人实验室、大型高压 4MW 传动产品实验室、院士工作站以及省级技术中心。2015 年 12 月 18 日宣告成立中信重工开诚智能装备有限公司，当年 5 月，中信重工机械股份有限公司（以下简称"中信重工"）以发行股份及支付现金的方式，购买唐山开诚 80% 股权。从此，唐山开诚集团正式成为中信集团专业生产特种机器人的企业。中信重工计划注入资金 6 亿元，助力唐山开诚建成世界最大特种机器人基地。就我国的情况而言，发展特种机器人产业，可以避免在工业机器人领域的激烈市场竞争，避免沦为世界工业机器人四大家族（ABB、库卡、发那科、安川）的组装厂和代工厂，避免走入"高端产业低端化、高端制造空心化"的歧途，既能实现机器人产业的可持续发展，又可以和世界特种机器人产业在相近的水平上同场竞技，充分发挥我们的优势，争取在特种机器人领域达到世界领先水平。去年以来，该企业作为中国最早研制特种机器人的企业之一，在特种机器人发展史上创造多项第一，多项核心技术持有先发优势，尤其是基于特殊工况和高危环境下的工业特种机器人产业，已成为中国产品线最全的特种机器人研发制造基地。产品涵盖履带式机器人平台、水下机器人平台、巡检机器人平台、管道机器人平台、钻孔探测机器人平台五大系列，涉及多个应用领域。特别是去年研制的消防机器人具有远程多向遥控、喷射流量大、射程远等优点，能有效解决消防人员在危险场所、恶劣环境下面临的人身安全威胁、数据信息采集不足等迫切问题，与进口产品相比，开诚智能生产的消防机器人不仅具有价格优势，同时还有性能稳定、售后服务及时的优点。

今年以来，该公司在唐山高新技术产业开发区建设的集研发、实验、生产、展示于一体的区域特种机器人产业总部项目，已在唐山市委、市政府的支持下开工建设。在产品方面，进一步完善消防类特种机器人的系列化，增加面向微型消防站的民用小型消防灭火机器人；实现水下机器人的批量生产；完成防爆巡检机器人的验证性运行并投入定性生产；完成铁路列检机器人的场地实验并进入验证性试运行阶段；研发公共安全防控和军警用反恐防爆战斗类特种机器人，争取进入陆军无人化战斗辅助平台候选供应商名单。同时，为扩大产品覆盖面，促进产业发展和生产布局，摆脱产能不足的困境，他们积极同各地政府接触，与军工集团合作，在全国各地积极布局特种机器人生产基地。目前，已布局江苏徐州、山东东营、浙江宁波、江西共青城等区域生产基地。其中，徐州和江西基地已投入生产。

我省目前正在进行产业转型升级，培育经济增长的新动能。尽管我们的战略型新兴产业与沿海江浙广有较大差距，但特种机器人产业作为具有高成长性的高新技术产业，我们走在了全国前面。特种机器人不同于传统的工业机器人，其技术含量和人工智能水平非常高。它所覆盖的技术领域和产业链条，包括机械、液压、光学、机电一体化、自动控制、精密电子、传感器、导航、发动机、车辆、人工智能等专业。特种机器人成套产品和特种机器人应用的控制器、传感器等核心零部件产品在产业总部基地将达到百亿产值规模，其带动的配套产业将达到千亿元产值规模。因此，特提出三点建议，供领导参考。

（1）将特种机器人作为我省战略型新兴产业的重点，给予大力支持。要把特种机器人的发展纳入专项规划。全力支持唐山以该公司为基础，建设立足京津冀、面向国内外的世界级特种机器人生产基地，以此带动我省高端智能装备制造业的发展。

（2）将特种机器人系列产品列为我省高科技优秀产品，作为参展国内外展会的重点展示产品，成为省领导到外地、外国考察交流时重点推介的我省产品。

（3）应在我省率先推广使用特种机器人产品。率先采购和推广使用本国、本省的创新产品是国际惯例。我省率先推广使用特种机器人，特别是消防机器人，不仅是对企业的支持，同时也将提升我省产业安全和防火减灾的能力和水平。

作者：刘学谦，詹文宏，李赶顺

关于张家口市农村"三空"问题的调研与建议

根据张家口市委回建书记和省政府参事室党组詹文宏书记协商意见，由詹文宏书记带队的农村"三空"问题调研组，从 3 月 8 日至 13 日，历时 6 天，先后到蔚县、康保县和张家口市直部门实地调研，举行市、县、乡、村座谈会 6 次，实地考察走访典型"三空"村 6 个，与市、县、乡、村领导及驻村扶贫工作队、村民代表近百人，进行了面对面的沟通和交流。初步了解了张家口市农村"三空"问题的基本状况，对破解农村"三空"问题有了一些初步思考，现汇报如下。

一、张家口市农村"三空"问题的现状、特点和成因分析

经初步调研，张家口市共有空心村 1403 个，占全市行政村总数的 33.6%。全市空心村户籍人口为 32 万户，89.4 万人。其中，常住人口 17 万户，45.4 万人，分别占户籍人口的 53%、51.2%。空心村问题日渐严重直接衍生了空白村（村内基层党组织缺乏后续发展力量）和空壳村（村内无集体经济收入）问题，三者综合形成了张家口市农村的"三空"问题。

张家口市"三空"问题呈现不同特点：

一是表现多样化。由于成因不同、条件不同，张家口市空心村出现了多样化：有全空型空心村，即人全走了，已经成了无人村；留守型空心村，即壮劳力都外出打工，妇女、儿童、老人留守村庄；候鸟型空心村，即平时外出，季节性回流，节假日回村；户籍型空心村，即人走了，房空了，但户籍还在，享受一切待遇（多数空心村存在这一问题）。

二是分布差异化。从分布区域来看，空心村主要集中在坝上地区和坝下偏远贫困山区，张北、尚义、康保、沽源、察北、塞北等坝上 6 个县（区）空心村 711 个，占全市空心村总数的 50.7%；赤城、崇礼、蔚县、阳原、怀安等 5 个坝下重点山区县空心村总数为 543 个，占全市空心村总数的 38.7%。

三是趋势严重化。主要表现在宅基地闲置现象逐步恶化，全市所有的空心村都存在宅基地空置现象。坝上地区尤为严重，宅基地闲置率在 30% ~ 40%。劳动力等生产要素流失较为严重。农村青壮年是新农村建设的主力，也是资金、技术等先进生产要素的主要拥有者，伴随着农村劳动力的大量外流，人才、资金、技术等农村先进生产要素也随之流出。

四是治理复杂化。"三空"问题的治理手段复杂化。"三空"治理是一项复杂工程，其整治与新型城镇化建设、工业化发展密切相关，相辅相成、不可分离，需要综合考虑农村自然、经济、社会、文化等多方面的因素，不仅涉及村镇规划，还涉及产业发展、土地管理、基础设施建设等因素。因此，"三空"的治理能否顺利进行，需要综合考虑各种相关因素，加大了其综合治理的复杂性。

张家口市农村"三空"问题同我国其他农村一样，是工业化、城镇化过程中不可避免的问题。随着工业化、城镇化进程的推进，户籍制度约束的放松，向城市转移的农村剩余劳动力持续增加。越是贫困落后的地区，劳动力资源向发达地区转移得越多，造成的空心村问题越严重。张家口市农村"三空"问题，也是这一规律的反映。就张家口市的具体原因而言，加上生态自然环境的退化、生产生活环境的恶化，特别是水资源严重缺乏以及教育、医疗卫生、文化体育等公共服务缺失等问题，使得张家口市贫困落后农村地区"三空"问题十分严重。

二、张家口市解决"三空"问题取得的阶段性成效

为应对解决农村"三空"问题，张家口市紧紧围绕"三空"问题产生的原因，积极谋划，采取一系列措施，以美丽乡村建设为引领，以精准脱贫为目标，以生态、经济、文化协同发展为原则，通过美丽乡村建设、异地扶贫搬迁、特色产业增收、基层组织建设创新、扶贫方式和机制创新、促进村集体增收等方式，努力解决农村产业落后、经济发展乏力、人居环境恶劣等问题，形成了一套因地制宜的治理模式和经验，取得了一定成效。一是异地扶贫搬迁，解决"一方水土养不起一方人"的问题。通过认真排查，区别对待空心村，分类施策。针对一些自然条件恶劣、生产生活条件较差、基础设施和公共服务设施难以全面覆盖的空心村，实施大规模整体搬迁，将劳动人口聚集到生产、生活、生态条件较好的区域，促进土地节约集约利用，基础设施、公共设施统建共享。将没有劳动能力的留守、空巢、独居老人统一安置进入互助养老幸福院；有劳动能力的村民多方设法安置就业，实现基本生活条件自给。土地实现"两个统一调配"，即宅基地统一打捆折股，生态用地、耕地统一

使用，由各县区集中规划建设。二是因地制宜发展特色产业，推动贫困人口稳定增收。张家口市各地结合自身条件，因地制宜，利用风光电、生态资源发展特色产业，带动群众脱贫致富，发挥了较好的作用。如康保县以 37 个永久保留村和 60 个暂时保留村为重点，采取"光伏企业垫资＋扶贫专项资金入股＋银行贴息贷款＋贫困户自筹"的方式，筹资 1.05 亿元，建成 15 个分布式光伏电站，覆盖贫困户 8839 人，年均户增收 3000 元以上。三是创新扶贫方式和机制。①生态扶贫。通过实施退耕还林还草政策，对农民进行补贴，减少较大面积的撂荒，改善农民的种植结构，确保农民经过精心管理有稳定收入。同时大力发展生态产业，既减轻了县级财政生态建设支出压力，也增加了老百姓收入。②土地扶贫。充分发挥未利用土地多、易地扶贫搬迁规模大的比较优势，将中心村建设、易地扶贫搬迁与实施土地占补平衡项目和增减挂钩项目有机结合，对空心村进行复垦，置换建设用地，用于建设用地规划指标，加大未利用地开发和空心村治理力度，着力解决扶贫资金短缺难题。③创新金融扶贫机制，破解扶贫资金短缺难题。充分发挥金融扶贫杠杆作用，建立"政银企户保"风险担保基金，投入扶贫专项资金，设立风险补偿基金，撬动银行贷款，大幅度降低贫困户贷款门槛和贷款成本，有效缓解龙头企业"融资难、融资贵"的问题。四是组建农民合作社保障农民利益、充实村集体收入。据不完全统计，张家口围绕奶业、蔬菜、葡萄、杏扁、马铃薯、食用菌等特色产业组建了约 2000 家合作社，合作社具有科技普及、技术培训、资金筹措、产品销售等功能，在保障农民利益、增加农民收入等方面发挥了巨大作用，具有规范化、实体化、特色化、多元化等特点。同时，一些村镇通过依托村集体，组织农民加入农民合作社，将扶贫款、土地、房屋等形式资产投入龙头企业里分红，村集体抽取一部分分红的办法来保障农民利益，解决村内基础设施建设、公共事业和民生服务等问题。五是合并党的基层组织，确保"三空"村党组织不空。①组建农村联合党总支。按照地域相邻、产业相近、科学调配原则，将迁并的行政村缩减为自然村，在中心村建立联合党组织。②成立农村优秀人才党支部。蔚县以乡镇为单位，对外出务工人员和流出党员进行摸底排查，建立台账，选拔优秀人才，成立外出务工人员流动党支部。③推行"三向培养"计划。即把致富能手培养成党员，把党员培养成致富能手，把党员致富能手培养成村干部，注重发挥农村致富带头人带动、增加就业、科技推广三个作用。④探索村庄搬迁后撤并托管模式。一方面将项目开发、基础设施、土地流转等村级重大事项，以及原村庄（迁并的行政村和自然村）之间在集体财产、债务处置等遗留问题处理方面试行乡镇托管模式；另一方面有序推进迁并村（消亡村）党组织撤并工作，调整"三不"（不干事、不在村、不检点）农村党组织书记。

三、深入解决张家口市农村"三空"问题必须坚持的原则和建议

张家口市农村出现的"三空"问题，并非单一原因造成的，因而破解农村"三空"问题，也不能采用单一的手段，必须坚持系统辩证的分析，采取综合科学的对策。为此，提出解决张家口农村"三空"问题必须坚持的四条原则和六条工作建议，仅供参考。

四条原则：

（1）"四化"联动，整体推进。工业化、城镇化、信息化和农业现代化是我国城乡发展的总体趋势，是由我国的发展阶段和生产力发展水平所决定的。张家口市农村出现的"三空"问题，虽然具有一定的地域性特点，但是都可以从"四化"的滞后中找到原因，因此只有坚持"四化"联动，整体推进，才能从根本上解决"三空"问题。

（2）围绕国家和省定位，谋发展、出对策。国家明确提出将张家口市定位为京津冀生态涵养区，最近出台的《河北省城镇体系规划（2016—2030年）》中明确，张家口市的职能定位是国际奥运名城、国际休闲运动旅游区、京津冀绿色农副产品保障基地、新能源产业基地。上述定位是准确的，是符合张家口市未来发展实际的。因此，在把好张家口市脉搏的基础上，围绕国家和省对张家口市的定位，谋划破解农村"三空"问题的路径和办法，才能得到国家和河北省的大力支持。

（3）以人民为本，让人民生活幸福美好。这是我们解决农村"三空"问题的出发点和落脚点，无论是移民搬迁还是建设美丽乡村，都不是做样子、搞形式主义。解决"三空"问题，说到底是让人民群众脱贫致富，让"三空"村的老百姓和全国人民一道，过上幸福美满的生活，牢牢把握这一原则，治理农村"三空"问题就不会出现大的偏差，就能得到人民群众的真心拥护。

（4）分类指导，大胆稳妥。我们在这次调研中，深刻地感到，同是"三空"问题，在坝上和坝下，特别是深山区具有完全不同的特点。因此解决"三空"问题，必须因地制宜，分类指导，不能套用一个模式、一刀切。必须坚持两点论、两分法，既要大胆创新、敢作敢为，又要循序渐进、逐步展开；既要当机立断、不失时机，又要稳扎稳打、步步为营；既要典型引路、取得经验，又要点面结合、全面推进，确保按时完成。

六条工作建议：

（1）解放思想，达成共识，形成合力。我们在调研座谈的过程中，深切地感受到农村干部解决"三空"问题的迫切愿望，但在如何解决的问题上，大家的思想并

不统一，就是对市委即将开展的"安居乐业"工程，也有诸多的担心。建议围绕习近平总书记视察张家口时提出的要求，按照省委书记赵克志来调研时的指示精神以及国家、省对张家口市的职能定位和面临的机遇，在全市开展应该怎么办、怎么做思想解放学习讨论，加大引导力度，把干部群众的思想统一到总书记的要求和国家、省、市的决策部署上来。

（2）抓住"三大产业"做大做强，即解决人口就业问题，增强解决农村"三空"难题的经济支撑。首先要发展张家口市全域旅游业。①大力发展国际休闲旅游。除了发展崇礼国际冰雪运动场所外，还要在有条件的县发展大众化的冰雪运动场所，积极开发冰雪运动以外的休闲运动项目，形成国际休闲运动项目系列。②大力发展以特色旅游小镇为节点的自然生态旅游。充分利用森林、深山、草原、生态湿地资源，形成若干条各具特色的生态旅游线路。③大力发展古代文化旅游。张家口市不仅有明清长城，还有像泥河湾这样的人类活动遗迹，有许多保存相对完好的古镇、古堡，有剪纸、打树花等文化遗产。这些宝贵的古代文化资源，能够形成有张家口市特色的古代文化旅游线路。其次要发展绿色农副产品产业。面对京津大市场对绿色农副产品的巨大需求和张家口市绿色无污染土地资源的巨大优势，应大力发展绿色食品加工业，形成若干产出不同产品的绿色农副产品现代农业园区和产业带。最后，要大力发展新能源产业。这次调研中看到，张家口已形成了以风电和光伏为主要产品的新能源产业规模，在解决农村"三空"问题，实现产业扶贫、农民集体增收方面发挥了重要作用。要注意在发展风电和光伏规模的同时，积极引进用电大企业，开发对直流电有特殊需要的新产品，如直流蓄电池产业，可在张家口全域旅游线路使用电动清洁能源汽车等，甚至在条件成熟时，依托直流电资源开发张家口市自己的电动汽车产业，解决弃光限电和弃风限电的矛盾。

（3）要把解决农村"三空"问题，作为推进新型城镇化的机遇去抓，用城镇化统领开展"三空"村的移民搬迁和中心城镇建设。推进农村新型城镇化是国家的大战略，有许多配套政策，可以争取。2015 年，河北省将张家口市全市列入省新型城镇化综合试点；2016 年，国家将张北县列入国家层面新型城镇化综合试点。因此，应将张家口市的移民搬迁、美丽乡村建设、打造 2 万～ 3 万人以上特色小城镇、积极发展张家口市具有优势资源的主导产业、解决人口集聚后的就业问题等，统筹纳入国家和省新型城镇化综合试点，这样容易解决必须由国家和省同意才能解决的人口户籍、用地指标等诸多问题。

（4）推进张家口市城乡信息化，大力发展互联网＋政、商服务。以信息化促进城镇化和农村现代化，是实现张家口市跨越发展的重要抓手。互联网时代，给落后农村地区赶上和超越先进地区创造了新机遇，错过了这个机遇，落后地区会更落后。要通过发展互联网＋政务服务，进一步改善营商环境，打通服务农民群众的最后一公里。要通过发展互联网＋商务服务，让张家口市各类品牌商品畅销全国，走向世界。通过发展互联网＋，让张家口市的各类优势资源转化为优势产业，成为"三空"地区人民脱贫致富、过上美好生活的幸福之桥。

（5）利用京津冀协同发展、与北京携手举办2022年冬奥会和定位生态涵养区三大历史机遇，打好解决农村"三空"问题的政策支持组合拳。要在用好脱贫攻坚、美丽乡村建设、移民搬迁、土地置换、城乡建设用地增减挂钩等各项政策的基础上，向国家和省争取更多只面向张家口的优惠政策。要向京津冀协同发展争取更多的产业转移项目和市场；要通过冬奥会争取更多的基础设施建设资金和建设国际奥运名城支持资金；要通过建设生态涵养地，争取国家更多的生态补偿和生态修复资金等。

（6）搞好破解农村"三空"问题顶层设计，发挥专家智库的作用。这次调研中大家深切感到，破解农村"三空"问题，并不简单，许多问题下连农民群众的切身利益，上连国家政策，牵一发而动全身。因此，必须在符合国家政策的基础上，提出科学的破解农村"三空"问题之策。建议张家口市围绕"三大产业"发展、生态涵养区建设、特色小镇建设等，分别邀请国内高层专业技术专家来调研支招，一方面增强市委、市政府决策的科学性，另一方面通过他们的宣传，争取更多的国家政策支持。

四、解决张家口市农村"三空"问题需国家和省政策支持的几个问题

（1）对"三空"农村发展风电和光伏产业给予政策支持问题。张家口市"三空"农村发展风电和光伏产业出现了入网难问题，直接影响了产业扶贫、农民脱贫致富。希望省协调电力部门作为支持"三空"农村脱贫致富的重要措施，给予特殊的准入政策。

（2）"三空"农村土地流转需要政策支持问题。针对空心村拆旧复垦产生的增减挂钩，由于贫困县的耕地质量等级普遍较低，基本上处于13～15等级级别，需要指标的市、县的耕地质量较高，难以实现增减挂钩无法变现，难以达到以土地政策支持扶贫攻坚战的目的。建议对张家口市"三空"农村增减挂土地实行区别对待，在降档流转和置换建设用地、土地指标异地交易等政策上给予倾斜和例外。

（3）对农村"三空"问题生态补偿给予特殊政策支持问题。对退耕还林、退耕还草、退耕还牧等，除继续发放补贴外，应根据国家对张家口生态涵养区建设的要

求，加大对林区、牧区的生态补偿力度，提高补偿标准。

（4）对"三空"农村进行产业扶贫的企业给予政策支持问题。对产业扶贫的企业应在用地指标、贷款、税收、用工等方面给予政策支持。围绕张家口市特色农业产业以及产业链，从用水、用电、用地、贷款、财政贴息、以奖代补等方面加大扶持力度。

作者：詹文宏，刘学谦，李赶顺

关于我省对照国际标准建设一流营商环境的建议

去年以来，省政府参事室组成"建设一流营商环境"课题组，先后到上海自贸区、辽宁大连开发区、福建自贸区厦门片区及我省曹妃甸工业区和沧州渤海新区等地调研。深感我省对照国际标准建设一流营商环境的紧迫和重要。

党的十八大以来，习近平总书记和李克强总理多次强调要建设优良的营商环境。我省要实现转型发展、京津冀协同发展，更好地融入"一带一路"，开创对外开放的新局面，把营商环境营造好、建设好，已经成为重要的基础条件。去年年初省委、省政府印发了《关于大力改善营商环境的若干意见》，今年年初，省委、省政府又面向全省，开展了以着力打造公开高效市场营商环境为重点的作风整顿，取得明显效果。我们在调研中强烈地感受到在经济发展新常态下，我省同沿海发达地区发展的差距，主要还是营商环境的差距。我们必须正视现实，对照国际标准，结合我省实际，高起点、高标准建设一流营商环境，这样才能掌握在新形势下推进我省开放发展的主动权。

目前国内一流的营商环境并没有统一的标准，国际上比较公认的是世界银行每年发布的《世界营商环境报告》。这个报告对每个国家营商环境评价有 10 个方面，涉及社会要素、经济要素、政治要素和法律要素等内容，共 31 项指标，每年有微调。这套评价体系的对象虽然是国家和地区，但对各个省市也有很强的参照性。目前做得最好的城市是福建省厦门市，他们在 2015 年以世行评价体系为参照，结合福建厦门自贸片区的特点，制定了建设国际一流营商环境目标和评价体系。推行一年多来，公众明显感受到了营商环境的变化，如个体工商户申报工商执照立等可取，其他事项审批手续时间明显缩短等。根据第三方对厦门市营商环境的评估，2015 年年初，相当于世界银行对世界各国排名的第 61 位水平，到 2015 年年末再评估时，达到世界银行对世界各国排名的第 49 位水平，其中，开办企业、登记财产、跨境贸易等三个方面已接近世界第一的水平。仅 2016 年上半年，厦门自贸片区新增企业 9840 户，同比增长 286%，注册资本 1381.5 亿元，同比增长 300%。《经济日报》、《光明日报》、人民网等均作了全面报道，国家工商总局张茅局长批示："推广厦门经验。"

根据调研的情况，我们认为参照世界银行确定的营商环境标准，紧密结合我省的实际，明确建设一流营商环境的目标，经过一段时间的努力去实现，是可行的。首先，我省无论是转型升级、京津冀协同发展、融入"一带一路"倡议，还是新常态下的开放发展，上下都有着营造一流营商环境的诉求，有着强烈的愿望和动力。其次，省委、省政府高度重视建设营商环境已取得一定成绩，各设区市营商环境都有了较大改善。形成的好的经验，有些内容是和国际标准相同和相近的。因此，对照国际标准进一步明确细化目标，坚持改革创新，在我省建设一流营商环境是有条件和基础的。最后，建设一流营商环境，党中央、国务院多次强调并高度重视，我省提出和大力推进一流营商环境建设，相信会得到国家各部委的大力支持。基于这样的考虑，我们提出四点建议：

（1）根据我省实际和外地经验，梳理世行营商环境标准，取消权限不在省市的有关条款，增加反映我省营商环境特点的内容，形成既坚持国际标准又适合我省特点的一流营商环境目标体系。

（2）上下结合、顶层设计与企业需求结合，形成共建共享营商环境的机制。在推进各市县建立行政审批局、实现"一枚印章管审批"的基础上，要通过多种媒体和商协会，广泛收集企业建议，以提高政务服务效率和降低企业经营成本为标准，逐项清理不合理、收费标准偏高、程序过于复杂、办理时间相对较长的事项，确保一流营商环境建设工作符合我省实际，收到实实在在的效果。

（3）抓好典型实验示范，逐步全面推开。要按照一流营商环境标准，选择省直有关部门和市县进行试验示范工作。经过实践检验对目标体系进行完善，适时发布我省可量化考核的一流营商环境的目标体系。

（4）建立常态化的第三方评价与跟踪机制。应选择比较权威的第三方，建立评估我省营商环境建设进度、质量、效果的评价与跟踪指标体系，每年发布一次评价结果，作为我省和各市推进一流营商环境建设效果的参考。

作者：刘学谦，詹文宏，李赶顺，林青，薛晓光

关于加快生物活性碳化肥料
在我省实验和推广建议报告

围绕我省去产能创造新动能，发展战略性新兴产业，培育新的经济增长点，我们课题组集中对唐山新能源、新环保及新的循环经济产业项目，唐山权达环保新能源发展有限公司进行了调研，感触颇深，认为这是一个利国利民、恰逢其时、值得政府关注和支持的战略性新兴产业。

长期以来，我国大量农作物处于有机营养的"碳饥饿"状态，即缺碳，从而导致农作物早衰、根系衰弱、黄叶病或失绿症、亚健康、防病抗逆机能低、农作物种质退化。除此外，还具"三性"：一是全局性，几乎所有农作物都可能发生缺碳病；二是系统性，不但造成农作物直接病害，还间接发生更多病害，这导致农药用量增加，带来新的经济损失和食品不安全；三是长期性，引起的生态循环链条破坏、农业环境恶化、种质资源退化等，都是难以修复和不断延续的。

缺碳病不仅是农作物百病之首，而且是百病之源，可谓是当今农作物壹号病。正视并根治缺碳病，就等于找到了根治农作物壹号病和保证 14 亿人粮食供给安全及农产品安全等重大问题的开门钥匙。生物活性碳化肥料不仅是打开该门的钥匙，且是 21 世纪一场"黑色革命"的重要标志。

唐山权达环保新能源发展有限公司是一家专门集生物活性碳化肥料研发、生产及其设备研发、制造于一体的民营生物质能源企业。2008 年以来，该公司自主创新、研发具有知识产权的敞开式快速新型碳化窑技术，达到国际领先水平。该技术主要以农作物秸秆、林木枝丫、工农业生产中产生的固液有机废弃物等为原料，通过生物发酵和化学裂解等技术，以敞开式快速新型碳化窑以及先进的科技手段和生产工艺，生产出富含活性有机碳的有机碳肥，创造了国际先进水平的向耕地和农作物补碳的新技术，掀起了我国富碳农业的一次革命。

该技术，从综合利用农作物秸秆等有机废弃物作为生产活性炭生物肥料，到碳化过程中产生的焦油、木醋酸液和可燃烧气体（即可发电）回收再利用，在整个碳化过程中实现了"零排放""零污染"，是一个典型的循环经济和新能源及环保工程项目。对破解农村秸秆类燃烧污染难题、实现多种生物资源的科学开发利用，对破解我国农作物缺碳病而导致粮食供给安全威胁问题、实现生态循环型固碳农业，都具重大意义和价值。

一、活性炭生物肥料技术的推广与应用进展

该公司多年来以"产学研"相结合的研发模式，一直致力于破解因农作物缺碳病而导致的土地板结、地力下降、产量降低等问题的"补碳"技术研发，从而获得活性炭生物肥料技术多项突破，并获得国家专利金奖。该技术以活性炭和木醋酸液为原料，首先以木醋酸为营养液培养对土壤有意的微生物种群，然后将活性炭与木醋酸营养液按一定比例混合，即可生产出高效的活性炭生物肥料。

活性炭生物肥料的主要功能（有效碳的本性）：

（1）向植物提供根系可直接吸收的有机碳营养，促进根系发达；

（2）改变土壤碳氮化，促进微生物繁殖，改良土壤；

（3）使矿物营养以有机配位"零电价"态被吸收，提高化肥微肥的利用率；

（4）促进农作物的光合作用，增加碳积累、提高产量、改善品质；

（5）改善小生态，抗"重茬"、抑制土传病害、提高作物抗逆机能，抗寒、抗旱、抗涝、抗早衰、抗病虫害、消除亚健康。

由于该公司活性炭和木醋酸液均为生物质敞开式快速新型碳化过程中的主要产品，具有技术工艺先进适用、成本低、收益高等特点。加之生物性活性炭具有不可比拟的功能，目前该公司在国内数十个省市自治区已建立生产基地，尤其是黑龙江、辽宁、吉林将其碳化料作为修复改良黑土地的指定肥料。该公司生产的碳化设备及碳化有机肥料已远销加拿大、泰国、印度尼西亚、马来西亚、越南等国家。而且，这些国家和地区以极其优厚的条件招商该公司去当地投资建厂。

二、推广和应用活性炭生物肥料技术的重要意义

（1）缺碳病的克星。我国耕地土壤贫瘠化和农作物缺碳病问题很严重，目前耕地有机质平均含量仅为 2.08%，为历史最低，且接近生态"警戒线"。更让人担忧的是耕地有机质还在以每年 0.05 个百分点的趋势下降。若不尽快着力解决农作物缺碳病问题，20 年后我国耕地中将有 50% 以上不能再种庄稼。因此，根除农作物缺碳病

不仅是农业技术问题，更是国家战略问题。

（2）废弃物碳化的高手。河北省年产农作物秸秆5542.72万吨，除部分用于青贮饲料化外，都可作为活性炭生物肥料资源，若废弃、烧掉严重污染大气环境，会导致雾霾。另据统计，全省皮革行业含铬污泥、含铬皮革碎料、含油污泥、废有机溶剂等危险废物年产生量1000多吨，环境危害巨大。该公司完全能够通过碳化技术把其全部转化为高附加值的碳化有机肥料。

（3）土地修复的能手。河北土壤中度、重度污染，占耕地总面积的2.1%，一般费用最少的修复方法是植物修复法，平均3万～5万元/亩，合计费用约为621亿元。修复100亩中度污染的土地，所需成本将达到3000万元（即中度污染费用30万元/亩），合计费用约为6210亿元。每修复1亩污染严重的耕地，大约需要人民币50多万元/亩，合计费用约为1.035万亿元。使用该公司碳化有机肥料修复成本低、见效快。若全国污染耕地普遍使用有机碳肥，全年需1500万吨，将因有机废弃的资源化利用而减排1900万吨CO_2，或减排相应当量的COD，贮碳于土环保功绩巨大。

（4）"一带一路"走出的好选手。目前已有六七个东南亚国家以优厚的条件招商该公司去当地投资建厂或战略合作。该公司已具备走出去的基础和条件，力争早日列入省乃至国家"一带一路"走出去的项目目录。

三、关于生物活性碳化肥料在我省应用与推广的建议

（1）建议省发改委、农业、科技、环保等相关部门对该项目实地考察，规范技术标准和体系，制定在全省实验和推广应用的具体方案。

（2）建议省农业部门牵头，进一步总结该项目技术推广应用价值，以及碳化"黑色革命"从河北走出来，对破解农作物缺碳病、实现生态循环型固碳农业的重大意义和价值，上报国家发改委、农业部、科技部等相关部门，为在全国范围内推广奠定基础。

（3）建议从省级财政列支于秸秆能源化利用资金（2015年河北省级财政列支3.5亿元支持秸秆能源化利用）以及《2016年中央对地方税收返还和转移支付预算表》中专列土壤污染防治和污染土壤修复治理等专项支出资金中，适当拿出一部分资金作为生物活性碳化肥料全省生产布局、使用推广补贴。

（4）建议扶持并列入"一带一路"走出去项目目录，并力求获取国家新农村建设和新能源发展等领域的财政支持，扶持企业做大做强。

作者：李赶顺，詹文宏，刘学谦

值得推广的肃宁"互联网+政务服务"新模式

最近，河北省参事室推进河北省"互联网+政务服务"课题组专程到河北省沧州市肃宁县进行调研，通过实地调研考察，认为肃宁县在原有"三级便民服务中心"硬件基础上，借助互联网的信息化、科技化优势，研发建设的"三级网上审批便民服务系统"把县政务服务中心—乡镇便民服务站—村便民服务室串联了起来，变"群众跑腿"为"信息传输"，构建了一个上下联动、层级清晰、覆盖城乡的三级便民服务体系，形成了"互联网+政务服务"的新模式，群众90%以上的事项办理"小事不出村（社区）、大事不出乡镇"，较好地解决了服务群众"最后一公里"问题。

肃宁县"三级便民服务中心"，以"三级网上审批便民服务系统"为纽带，破解了传统审批模式存在的诸多疑难问题，实现了"一网受理、联动办理、统一监管、便捷高效"的政务服务效率最大化。一是用"电子表单"取代传统表格。针对与农民群众息息相关的审批服务，该县共整理出涉及民政、人社、卫计、农业等26个县直部门共208项审批服务事项，一事项一套电子表单，按部门分类放置到政府门户网站"网上办事"专栏和"三级网上审批便民服务系统"上，随时随地供服务对象下载、打印、填写。"电子表单"解决了群众办事到部门领取表格问题，也为网上审批奠定了基础。二是通过"电子签章、签名"，加快了审批流转。为解决审批过程中审核和批准之间需要盖章和签名的问题，网上审批系统融入了"电子签章、签名"管理系统，为县、乡、村三级工作人员配备了密钥，通过层层电子签批，实现了网上事项流转。电子签章管理系统的运用，确保了网上审批的全程快速流转，既缩短了审批时限，提高了办事效率，又实现了档案保存的数字化管理。三是现场"高拍彩扫"，办事不用出村。办事群众只需要按照网上办理事项的要求，将应提供的原始证件、相关材料准备好，经村委会主任授权，村代办员初步审核加盖电子印章后，通过高拍仪拍取申请人的头像、资料，对审批表单进行彩色扫描，对数据进行加密后上传到系统。系统自动加盖"时间水印"和"三级便民服务中心专用"水印，有效防止证件被他人盗用。四是设定"单方加密"软件，确保信息安全。设定特定加密软件，对流转资料进行加密后上传，流转环节审查资料均由特定软件打开，普通软件不能打开，确保了群众个人信息不外泄。五是设置"短信提醒"，办事公开透明。网上审批事项流转开始后，每到一个办理环节，系统会对经办人员进行短信提醒，办结后，会向服务对象发送事项办结短信通知。群众可根据办事发起时系统发送的编码，随时登录政府网站，了解办理过程和办理进度，方便群众全程监督，并根据承诺的办结时限提出意见。六是设置"电子监察"模块，实现服务全程监督。系统中的"电子监察"模块，根据事项的分类和规定办结时限，对网上办理事项实施统计、监察，事项办理进程在政府网站公开，对即将到期的事项进行黄牌提醒，超期办理的予以红牌警告，并发出短信进行催办。这样既破除了人情化的传统管理模式，又防止了工作人员的不作为和乱作为现象。七是政府部门全方位"门户链接"，方便群众全程查询。电子监察系统与政府部门网站相连，政府门户网站部门办事流程全部公开，并通过发送给办事群众的"查询码"，让群众随时登录政府门户网站察看办事过程，方便群众对网上办理事项的查询。八是"人机考核"并重，管理公平科学。对网上的审批事项能够实现程序对人考核的，全部用程序实现对人的考核，不能够实现程序考核的，由管理人员对三级便民服务中心受理、审核、审批人员实现日常考核，考核结果纳入对乡镇和部门的年终考核。

肃宁县"三级网上审批便民服务系统"作为"互联网＋政务服务"的新模式、新探索，从 2015 年 10 月正式运行以来，实现全县 9 个乡镇、253 个村和 7 个社区全覆盖。到目前为止，累计办结群众申报事项 2.4 万件，群众满意率达 100%。今年 4 月，该系统与沧州市政服务中心审批专网成功对接，由"三级网上审批便民服务系统"变为市、县、乡、村"四级网上审批便民服务系统"，进一步延伸了服务，受到群众的欢迎。

另值得一赞的是，肃宁在打造电子政务的同时，积极发展电子商务，实现了便民服务一体化发展。今年 4 月，肃宁与阿里巴巴农村淘宝成功签约，成为阿里巴巴淘宝入驻沧州的第一个县。他们还引进了"移联网信"农村电商平台，网上销售农产品。利用网络平台，逐步纳入保险代理、电话充值缴费、小额存取款等便民服务事项，实现电子政务、电子商务和便民服务的有机融合，让农民享受发展互联网带来的优质服务。

今年 4 月 14 日，国务院办公厅转发了国家发展改革委等部门推进"互联网＋政务服务"开展信息惠民试点实施方案的通知。9 月 14 日，国务院召开常务会议，对加快推进"互联网＋政务服务"进一步提出了要求。对照上级要求，我们认为肃宁的"互联网＋政务服务"的模式具有超前性和创新性。因此，提出三点建议：

（1）建议由国家有关部门组成调研组到肃宁进行综合性考察调研，帮助肃宁进一步丰富、完善"互联网＋政务服务"做法和经验。在此基础上邀请国家层面相关专家组成专家评估小组，对"肃宁模式"的科学性、可行性和普适性进行评估论证，并提出意见。

（2）建议条件成熟时，可在肃宁召开全国"互联网＋政务服务"现场会。在各地认同、认可的基础上，在全国推广肃宁的经验。

（3）根据我们了解的情况，肃宁开发的"互联网＋政务服务"的模式需要一定的经费支持，建议在全国推广时，中央财政可给予一定的补贴。

作者：刘学谦，詹文宏，李赶顺

关于唐山市大力发展城市经济的研究与建议

为认真落实"城市经济""城市人才集聚""创新转型"三大课题，我院分别组织相关专家组成三个课题组，初稿已完成，正在修改完善之中。其中由省政府参事牵头和我院专家学者组成课题组撰写的《关于唐山市大力发展城市经济的研究与建议》已完成，现报告如下，仅供领导参考。

一、唐山城市经济发展的现状与问题

近两年，唐山市高度重视城市经济的发展。市委、市政府领导几次在重要会议或场合提出"当前唐山正在加快向工业经济、城市经济双轮驱动转变，要深刻认识城市发展的阶段特征，坚持以产兴城、以城聚人，更加主动地以产业思维、市场理念抓实城市经济""城市经济是城市转型的增长点、动能转换的增量支撑"等工作思路，并将城市经济列为 2020 年重点任务之一。但整体来看，唐山市城市经济处于起步阶段，城市经济区别于沿海经济、县域经济，而体现的信息化、智能化、人性化、绿色化、创新性、开放性、集聚性等特征表现并不明显。

（1）城市经济发展相对薄弱，经济集聚性有待提高。2019 年唐山市 GDP 为 6890.0 亿元，中心城区路北区和路南区的 GDP 分别为 357.2 亿元和 209.2 亿元，占唐山 GDP 的 5.18% 和 3.04%，在唐山市所有县区中排第 7 位和第 13 位。唐山市 GDP 累计增长 7.3%，路北和路南的 GDP 增速分别为 5.5%、8%，排名第 18 位和第 6 位。唐山市辖区 [①]GDP 总和为 3552.8 亿元，占唐山 GDP 的比重为 51.2%。整体看，唐山依旧为城市经济特别是中心城区较弱、县域经济较发达的城市。从经济密度（GDP/建成区面积）[②] 看，2019 年全市经济密度为 13.78 亿元 / 平方千米，而路南、路北区的

---

① 根据统计资料，市辖区包括 7 个区（曹妃甸、路南、路北、开平、古冶、丰润、丰南），4 个开发区（海港经济开发区、高新技术产业开发区、芦台经济技术开发区、汉沽管理区）。

② 因暂无 2019 年唐山建成区面积，且根据历年唐山各区、县建成区面积比较，变化较小，故建成区面积采取 2017 年数据。

经济密度分别为 5.51 亿元 / 平方千米和 4.52 亿元 / 平方千米，市辖区的平均经济密度为 11 亿元 / 平方千米，远低于各县级市、县的经济密度。

（2）城市经济发展创新活力不足，难以支撑高质量城市经济发展。2019 年唐山市战略新兴产业占规上比重为 13.4 %，累计增长 25.1%，高新技术产业占规上比重为 11.5 %，累计增长 19.4 %。市辖区战略新兴产业占规上比重为 17.8%，累计增长 21.8%，高新技术产业占规上比重为 17%，累计增长 17.7%。与县域经济相比，唐山城市经济发展的产业创新优势、创新能力并不明显。同时，科技成果转化服务平台、高新技术产品推广应用服务平台、传统产业智能化改造平台等科技成果转化平台运行机制尚不完善，许多高新技术企业、科技型中小企业研发力量薄弱，缺乏自身核心技术，距离成为独立自主的科技创新主体还有较大的差距。

（3）城市经济产业结构偏重、产业层次偏低。从三次产业结构比例看，2019 年，唐山全市三次产业比例为 7.7 ∶ 52.4 ∶ 39.9，市辖区三次产业比例为 4.16 ∶ 49.6 ∶ 46.2。虽市辖区第三产业比例高出唐山市 6.3 个百分点，但从全国比较看处于较低水平，与我省石家庄、廊坊、邢台等地差距较大。从对外贸易情况看，2019 年唐山全市利用外资 18.04 亿美元，累计增长 6.1%；市辖区利用外资 7.43 亿美元，累计增长 -7.7%，市辖区利用外资占比 41.2%；全市进出口额 760.51 亿元，累计增长 24.9%，市辖区进出口总额 426.12 亿元，累计增长 11.5%。从社会消费品零售总额看，2019 年唐山市零售总额为 2983.6 亿元，累计增长 8.8%，市辖区零售总额为 1576.0 亿元，占唐山市零售总额比重为 52.8%，累计增长 8.7%。对比可见，唐山城市经济在外贸和消费方面并不具备突出优势。从产业内部结构看，虽工业占比较大，但产业层次偏低、偏重，高新技术和战略新兴产业发展薄弱，产业竞争力不强。2019 年五大新兴产业增加值占规上工业比重为 7.7%。第三产业中传统生活性服务业，如批发零售、餐饮住宿、交通运输等比例过大；现代化生活服务业，如会展业、文旅业，以及新兴的生产性服务业，如金融保险、商务服务、会计法律咨询、人力培训咨询服务等处于发展初期。2019 年，唐山数字创意产业增加值为 0，战略新兴产业相关服务业增加值占规上工业比重为 0.1%，不能有效支撑唐山市工业转型升级与新旧动能转化。

（4）城市经济发展要素不足，发展缺乏后劲。首先，唐山城市经济发展所需的人口集聚性不强。人口向城市集聚是城市经济发展的基础。截至 2019 年 12 月，唐山市常住人口城镇化率为 64.32%，虽在河北省处于前列，但从各区来看，丰南区（60.60%）、丰润区（59.84%）、开平区（67.15%）的城镇化率较低，城市经济人口集聚性优势尚未凸显。路南区（91.74%）、路北区（96.16%）虽城镇化率较高，但作为主城区，同国内部分城市主城区城镇化率接近 100% 还有较大差距，且从城镇化率发展速度上看，2013—2019 年，路南区、路北区的城镇化率分别上升 1.9、1.44 个百分点，增速偏慢。其次，城市经济发展所需的楼宇经济发展不足。楼宇是城市经济现代化服务业发展的载体，楼宇经济是城市经济的重要组成部分。唐山市楼宇存在硬件设施水平较低、配套设施不完善、服务能力不强、缺乏高端产品等问题，不能满足客户需求；政府重视不够，不能形成浓厚的商业气息和氛围；建管链条脱节、经济贡献较小、发展支持政策不足。

二、唐山市发展城市经济可选择的重点

结合国家和省对唐山发展的定位，以及唐山自身的区位优势、产业基础、产业环境、市场规模等特点，我们认为唐山城市经济可选择发展总部经济、平台经济、文旅经济、健康经济、数字经济、生态经济六大经济形态。这六大经济形态基本补齐城市经济发展的短板，充分体现现代城市经济所具有的知识性、创新性、集约性、开放性和智慧性特点，可以进一步释放城市经济的活力。

（1）大力发展总部经济。唐山城区招商的重点要转变到发展总部经济上来。一是适当放宽企业总部认定标准，鼓励与唐山市战略定位相匹配的跨国公司地区总部、投资性公司、外资研发中心等总部项目落地，形成一批具有国际知名度和影响力的总部企业集团。二是充分发挥曹妃甸区的港口、产业和自贸区的组合优势，支持鼓励大型跨国公司在唐山曹妃甸区设立东北亚地区性总部，制造企业研发、贸易、结算等功能性总部。三是立足唐山钢铁、煤炭、水泥、装备制造等优势产业，在已有的基础上，鼓励做大做强总部经济，争取唐山有更多的优势产业产品的定价权、行业标准话语权。四是围绕唐山有发展基础的五大新兴产业、高新技术产业招商引资，形成集商务办公、研发、设计、采购、物流、贸易等于一体的新兴产业的现代化生产服务总部基地，以服务业与制造业深度融合推动新兴产业发展。五是围绕有发展前景、有潜力的战略性新兴产业发展总部经济。各城区要集中力量紧盯科技发展趋势，重点引进互联网、物联网、生物医药、人工智能等领域国际国内大型知名巨头企业、高成长性企业来唐山设立总部。

（2）大力发展平台经济。唐山城区发展平台经济，一是要通过进一步盘活、激活现有会展中心资源，引进培育大规模、有影响力的品牌性展销会、展览会，承办政治、经济、文化、学术等国际型会议，推动会展业、综合性商业、商贸流通业、金融业等提档升级。二是利用曹妃甸自贸区和唐山跨境电子商务综合试验区建设的

机遇，进一步做大做强现有的钢铁交易、曹妃甸大型矿石交易、煤炭交易、天然气交易等平台，并吸引培育跨境电商、产业电商、本地生活服务类、物流类等新兴平台企业。三是鼓励有实力的工业企业开展工业互联网平台建设，整合上下游资源，打造集供应链、产业链、价值链于一体的平台生态系统。四是发挥政府、行业协会等服务功能，整合力量，打造不同行业的科技创新平台、产学研一体化平台、医疗教育等公共服务平台。五是在路南、路北等区域重点利用楼宇空间，大力发展小微型产业园区。以空闲楼宇面积为平台，实现多楼组团，建立多个以现代服务产业为主的、多功能的楼宇经济特色园区（不是孵化器），是现代化城市由扩张发展向内涵发展的必然趋势。唐山市要像支持高新区、经济区那样，支持城市楼宇经济特色园区的发展，制定相应的支持园区发展的各项优惠政策，吸引各类现代服务型企业入驻，使其成为唐山城区新经济的增长点。

（3）大力发展文旅经济。近年来唐山市文旅产品供给不断丰富，公共供给服务逐步改善，"唐山周末"品牌影响不断增强，文旅经济发展拥有了良好的基础。文旅经济作为唐山城市经济发展的重点，一是要进一步整合旅游资源，规划精品线路，增加有效供给，激发市场主体活力，扩大唐山文旅产业的知名度与影响力。二是深度挖掘唐山优秀传统文化旅游项目。要在已有历史文化典故的基础上，开发出一批优秀的具有现代化、数字化表现手段的，对广大青少年有吸引力的，反映冀东地区历史文化的多形式文化旅游产品。同时，要发掘唐山市反映善良、美好、爱国价值取向的历史故事和民间传说，在有相关性的历史传统村、镇演绎拓展，形成集"历史+文化+生态"于一体的乡村游开发项目。三是进一步盘活现有体育场所、南湖公园等资源，争取承办国际国内大型的体育文化品牌赛事；依托唐山地形地貌特征，承办或开发适宜的体育项目，加强体旅融合发展。四是在现有传统工业旅游基础上，积极开发新唐山现代化工业体系中在全国有影响力的项目，如数字化的钢铁产业，现代化的高铁动车制造，渤海湾最大的现代化矿石、石油码头等都可以开发工业旅游项目。关键是找准产品定位、消费人群等，融入休闲、高科技元素，提高工业旅游的体验性与参与性，构建"可观、可玩、可学、可购、可闲"的工业旅游运营生态。

（4）大力发展健康经济。近年来唐山城区发展健康经济有了一定基础，但健康经济涉及的六大健康产业群主要项目较少，有企业但规模小，价值链低端，健康经济发展落后，难以撑起经济增长点的要求。一是各市辖区可根据各自产业基础、资源禀赋、消费人群、消费能力，从六大产业群中选择发展前景广阔的医药、消杀产品、医疗器械产业；或健康理疗、康复调理等跨医疗产业；或健康检测、评估、咨询、管理等服务类产业和专业物流配送等产业。各区要形成差异化、特色化的健康产业发展布局，建设不同功能区、产业区，实现健康经济各产业间的协同发展。二是支持医疗器材制造、医疗装备制造和医药生产企业开发新产品，积极引进国内外知名品牌产品，争取更多、更好的针对疫情防治的专利产品在唐山落地。唐山亚特专业汽车有限公司针对战"疫"生产的负压救护车很受用户欢迎，应给予重点支持。三是将引进健康经济市场主体作为招商引资重点。紧盯国际国内健康产业龙头企业，力争在市区设立生产、仓储、销售中心以及分支机构、营业网点等；利用唐山旅游资源、体育资源、医疗资源等，鼓励国内外知名企业联合开发康养项目。

（5）大力发展数字经济。唐山城区传统产业升级转型压力巨大，要抓住数字技术革命机遇，通过发展数字经济实现转型升级，实现高质量发展。在重点抓好高新区达创传导散热片、华发红外触屏、汇中智能仪表、曹妃甸智能触摸屏、开平矿山物联网产业发展，以及加快推进北京理工大学唐山研究院数字表演与仿真技术开发及产业化等项目，实现唐山数字创意产业零突破的基础上，还要做好系统化和规模化的谋划和发展。一是大力引进与发展大数据、移动互联网、云计算、5G、智能显示、通信装备、集成电路等新一代信息技术产业的市场主体来城区落户。二是进一步推动数字经济与传统产业的加速融合发展，鼓励唐山城区有能力有条件的钢铁、装备制造、智能轨道交通、特种机器人等企业开展工业互联网、智能化、无人化车间建设，推动企业采用数字技术从产品设计、工艺流程、销售等环节重塑自身的产业链，逐渐向大规模定制、制造向服务转型和分布式制造转型。三是加强数字基础设施建设，推进智慧城市建设，促进数字技术在政务、医疗、教育、交通、环境生态等领域的融合应用，充分释放数字红利。四是利用唐山建成东北亚合作窗口的机遇，建立国内首家东北亚经济合作大数据中心。

（6）大力发展生态经济。唐山市是典型的资源型城市，环境和资源约束趋紧，环境保护方面责任重大，发展生态经济是唐山贯彻绿色发展理念、摆脱传统资源依赖路径、转型升级的不二选择。在重点抓好高新区节能环保装备（产品）制造基地、古冶工业固废资源综合利用产业园建设，以及加快唐钢华奥等一批节能环保服务机构（公司）的基础上，逐步形成生态经济产业规模。一是做好唐山自身的生态建设。加快产业链上下游技术合作、新工艺研发，以绿色、循环、低碳为方向改造现有工业园区，发展循环经济，将城区工业园区全部建成循环经济园区；同时以健康、智慧、环保为主题，依靠产业融合延伸生态经济产业链，提高附加值。二是围绕生态主题，引进和鼓励企业利用生态环保技术，节能、节水、节地、节材等资源节约利用技术，生产出健康、环保、生态产品，积极改变唐山市产品的生态结构，实现绿色经济增长。三是加强污染物处理、污染排放达标监控、矿石生态修复、土壤修复改良等技术的研发与转化，发展节能环保产业、废物利用与处理产业、工业固废综合利用产业等，将生态经济打造为城区经济转型升级实现高质量发展的一个新亮点。

三、唐山市城市经济发展的路径与政策

（1）以"三个努力建成"为指导，形成清晰的规划思路和发展路径。习近平总书记"三个努力建设"重要指示为唐山市发展明确了方向与定位。城市经济发展要以"三个努力建成"为指导，以"十四五"开局为契机，将其明确列入"十四五"规划或形成城市经济发展规划专项。根据可选择的六大经济形态，形成唐山市辖区差异化、特色化的发展定位、目标、重点、空间布局、产业布局、政策措施等清晰明确的规划思路。

（2）解放思想，转变城市经济发展思路与模式。新时代对城市经济发展提出新要求，唐山发展城市经济必须进一步解放思想，打破发展路径依赖。以"创新、绿色、开放、协同、共享"五大发展理念为指导，从供给端发力，去产能、降成本、补短板，大力发展先进制造业、现代性服务业，构建现代产业体系；由资源、劳动力驱动向知识、技术驱动转型，通过打造一批六大经济形态的新的市场主体，促进产业结构的合理化、高端化。要通过政策支持建成一批有特色、竞争力强的小微型楼宇经济开发区、园区，大力提升城区的经济密度，再造城区经济的新优势。

（3）实施产业基础再造工程，夯实唐山城市经济转型升级的产业基础。要实现城市经济转型升级，适应六大新经济形态的发展要求，必须实施产业基础再造工程。实践证明，适应传统产业的产业基础，不会自动适应战略新兴产业的发展要求。要大力培育优势产业、战略新兴产业的发展基础，必须从根本上改变城区工业长期以加工配套为主、服务业以传统产品流通为主、生活服务业以餐饮为主的产业格局。增强城区工业核心关键基础材料、先进基础工艺、产业技术基础自主化程度，进一步增强发展基础与核心竞争力，把唐山制造业做实做精；要用数字化和智能化的手段，改造和提升生产和生活服务业，大力发展健康产业，适应发展战略新兴产业和满足人民美好生活的需要；要发展包括试验验证、计量、标准、检验检测、认证、信息服务等在内的基础服务体系，推动制造业与生产性服务业、信息技术产业深度融合发展，发展先进、智慧制造业产业集群，夯实城市经济发展的实体基础。

（4）营造宜居宜业城市发展环境，制定适合城市经济发展的支持政策。知识型、技术型的六大经济形态对城市环境提出更高要求。通过打造廉洁高效法治的营商环境、政务环境、竞争环境，舒适便利人性的教育、医疗、出行等生活环境，山清水

秀空气清新的生态环境，吸引产业、企业、人口集聚，保证城市经济发展有活力、有后劲。要从具体的产业、企业、人才的实际需求情况出发，制定体现出唐山产业发展重点、招商重点、人才需求重点、创新发展急需点特色的政策；制定人性化的教育、医疗、住房、人才流动、研发技术转化等优惠政策；并对认定为六大经济形态的企业、取得成绩作出贡献的人才与企业给予奖励。政策要体现出层次性、多元性，防止一刀切与雷同，切实让城市经济的建设者、贡献者摸得着、享得到，确保制定的各项优惠政策能取得鼓励实效。

作者：刘学谦，李赞

关于加快推进唐山市人才集聚的几点建议

为认真落实"城市经济""城市人才集聚""创新转型"三大课题，我院分别组织相关专家组成三个课题组，其中前两个已完成。现将华北理工大学和我院专家学者组成课题组撰写的《关于加快推进唐山市人才集聚的几点建议》报告如下，仅供领导参考。

人才工作一直在党和国家的各项工作中占有十分重要的地位。党的十九大报告提出"人才是实现民族振兴、赢得国际竞争主动的战略资源"。唐山作为传统资源型城市，面临着产能结构性过剩、持续增长动力不足等问题，转型升级任务异常艰巨，而人才结构决定着产业结构，人才的数量和质量关系着转型的成败。为加快推动新旧动能转换和经济转型升级，实现"三个努力建成"和"两个率先"目标，如何依托人才实力，引导产业结构调整快速"聚变"，成为唐山市当前及今后较长时期必须着力攻坚的课题。

一、唐山人才集聚的现状

近年来，唐山市委、市政府对人才集聚问题高度重视，给予大力支持，唐山市在引才、用才、留才等方面取得显著成效。

（一）引才目标逐步明确

唐山市凤凰英才计划目标要求到 2022 年，全市人才资源总量达到 183.2 万人，高技能人才占技能劳动者的比例达到 30% 以上，主要劳动年龄人口受过高等教育的比例达到 25% 以上，人才密度达到 35%，规模以上工业企业研发经费支出占主营业务收入比例达到 1.3%，高新技术企业研发投入占主营业务收入比例达到 4.5%。

（二）人才规模不断扩大

近三年来，唐山市每年引进硕士及以上海内外高层次人才 900 余名，其中博士 50 余名，海外高层次人才 10 余名，柔性引进数名两院院士和国家"千人计划"专家，

40 余名省市领军人才，培训企业经营管理人才 3000 余名。高层次人才队伍的不断壮大，为唐山市加快推进"三个走在前列"、实现"三个努力建成"提供了坚实的智力支撑。

（三）人才政策逐步完善

唐山市认真贯彻落实中共中央《关于深化人才发展体制机制改革的意见》，先后密集推出一系列人才政策，《唐山市人才强市战略规划》《关于实施人才强市战略若干政策的意见》《唐山市中长期人才发展规划》《唐山市企业家十年培训计划纲要（2018—2027 年）》《关于实施"凤凰英才"计划加快建设人才强市的意见》《唐山市党委（党组）联系服务专家制度实施办法》《关于建立并规范使用周转编制的通知》《唐山市建设和管理特邀院士工作站实施细则》《唐山市科技创新团队管理办法》《唐山市人才创新创业金融支持政策》等，为唐山引才、留才提供了强有力的政策支持。

（四）引才举措不断丰富

注重与企业、学校等单位的前端引进，例如在北京中关村设立了唐山市驻中关村引才引智工作站，建立天津大学、中国石油大学、北京理工大学研究生社会实践唐山基地等，并且在人才考核和激励方面做了相应工作，举办了唐山市市长特别奖评选表彰活动等。

二、唐山在人才集聚中遇到的问题和难点

由于唐山长期以来受地理区位等因素的影响，使得人才在集聚中还存在一些问题亟待解决。

（一）人才结构有待完善

一是领军人才极度匮乏。古之先哲认为"贤大于多数"，一位领军人物能带动一个行业发展。目前唐山着力在冶金、制造、医学、经济等具有一定优势领域引进高端人才，但依然缺少"大咖"式人才。在推进唐山资源型城市转型升级中，新兴产业的发展更需要一大批领军人才的加盟。二是高水平创新创业人才占比较低。从学历结构看，目前本科及本科以下就业人员占比多达 90%，研究生及以上学历就业人员比重偏低，在研究生毕业人数逐年递增的趋势下，唐山市研究生低占比属于不符合时代发展的状态。究其原因，专科学历人员从事非专业岗位比重较大，挤压了本科及研究生求职者的就业机会，同时硕士生引进政策支持力度较小也是原因之一。三是高端技能型人才不足。虽然唐山市有唐山工业职业技术学院、河北能源职业技术学院、曹妃甸职教城等专业技术类院校，但中高技能型专长人才依旧紧缺，具有

工匠精神的专业人才更是寥寥，唐山传统工业产业升级急需大批大国工匠型人才。四是企业家人才较少。在京津冀协同发展、港口经济、自贸区、免税区、创业园、工业园等多种有利条件下，唐山市并没有吸引到足够的优质企业甚至普通企业落户，包括大型私有企业、中小型民营企业及初创企业等，产业集群效应没有得到很好的发挥，产业链没有得到较为完整的补充。

（二）人才实效有待提高

唐山市人才引进力度持续提升，资金资源占用较大，但人才带来的"效益"并没有达到预期，投入和产出不成比例，不能达到依靠人才产出成果、促进唐山经济发展的预期目标。一是人才创新成果不足。技术创新、理论创新、应用创新等创新成果数量与人才数量不成比例，虽不断提升研发投入，但项目成果并没有达到较高水平，没有真正发挥人才的创新能力。二是人才创收成果不足。项目转产或直接引进项目的数量与成果收益不成正比，成果转化效率较低，难以将好的项目做大做强并向外推广。人才创业计划搁浅严重，难以孵化优秀初创企业，更难进一步发展壮大。三是人才集聚效应不显著。唐山市人才引进工作已有初步成效，人才数量有所上升，尤其紧缺专业领域人才引进工作稳步进行。高端人才引进数量有一定提高，但覆盖面不广，并没有给唐山带来人才吸引人才、人才创造人才的集聚及溢出效应。

（三）引才政策落地精准度不够

唐山人才发展现状，除整体大环境之外，政策实施细节是需要完善的重要方面。一是宣传力度不够，虽有政策，人才不知，导致大量人才在没有选择面的情况下，在没有对比的前提下选择了离家更近城市或毕业院校城市进行就业，大大减少了可供引进的人才数量。二是具体政策细节需进一步完善，没有形成吸引人才的独特优势。唐山市"凤凰英才卡"的政策力度很大，但仅仅局限于出入境和居留、户籍办理、工商税务、创业扶持、金融服务、住房保障、配偶随迁、子女入学、医疗保健等大的层面，缺乏深入日常生活的细节政策。符合申请条件却不去申请这一现象真实地表明了"凤凰英才卡"的预期引才作用被弱化。

三、加快唐山人才集聚的建议

人才聚，则事业兴。为进一步加快推进唐山人才集聚，实现唐山经济社会高质量发展，借鉴并吸收雄安新区、深圳等先进地区经验，结合唐山发展实际，建议今后着重将谋划人才新规划、探索引才新举措、搭建育才新平台、构造聚才新生态、健全人才新保障五个方面，作为新时期唐山人才工作的主攻方向。

（一）高站位宽视野，谋划人才新规划

按照新时代新要求，进一步解放思想、更新观念，依托唐山发展总体规划，结合唐山发展新目标和新布局，以更高的站位、更宽的视野，制定并完善唐山人才规划。一是树立产业是人才基础的理念，坚持以产聚才、以才带产，实现产人互动、城产人融合发展新局面。比如用足曹妃甸自贸区名片，依托跨境电商行业，借鉴广州直播电商行动方案，大力培育网红带货直播人才，并形成《专业人才规划》，抢先打造"北方直播人才高地"，不仅可以满足本土需求，还可以向外地输出专业人才，进而带动实体经济发展。再如，适应和抓住大健康产业以及此次新冠肺炎疫情带来的卫生健康产业发展机遇，研究出台《唐山市卫生和健康人才发展规划》，依托现行政策，实施公共卫生人才工程、基层卫生人才工程、实用型卫生人才工程、卫生和健康高层次人才工程以及中医药传承与创新人才工程，各类人才队伍统筹协调发展。二是树立"不求所有，但求所用"的引才观，高标准打造"硬环境"，下力度优化"软环境"，坚持软硬一起抓，着力破除体制机制障碍，向用人主体放权，为人才松绑，让人才创新创造活力充分迸发，使人才各得其所、各展其长。三是坚持待遇引才与事业引才相结合，注重以事业为引才筹码，破除当前以优厚的待遇吸引人才的普惠式办法。四是构造"块茎"人才生态，通过市场化手段，对已扎根唐山市的人才和团队，进行合理激励与培育，实现以才引才，以个才引群才，让"块茎"蔓延生长，分叉生发出更多的"块茎"，形成生命力旺盛、根植力强大的人才生态环境。

（二）多举措新路径，构筑引才强磁场

人才是城市竞争力之根本。充分利用互联网、大数据等新技术，创新引才模式，形成人才愿意来、来后留得住的强磁场。一是加强大数据精准引才。互联网时代，可借助大数据分析明确人才需求目标。建立唐山就业人员数据库，对唐山市就业人员所持技能证书、学历、所学专业等进行详细统计，结合企业岗位目录对比，厘清唐山市目前紧缺的人才。进一步结合年龄和专业情况进行实时"更新换代"，将中高端人才及时填充到现有职位空缺之中，提升就业人员人才密度。二是转变引才引智模式。结合唐山市产业发展规划，进一步梳理唐山支柱产业以及优先发展产业所需要的领军人才类型，依托唐山已有的专门引才小组，结合猎头公司等社会资源，瞄准目标人才，采取针对性甚至"一对一"方式，力争对行业"大咖"的引进实现新突破。同时，下大力度挖掘并引进行业"潜力股人才"，可以从国家有突出贡献的中青年专家、全国杰出专业技术人才等范围内进行针对性遴选，也可以紧盯世界500强企业中的优秀中青年骨干，用事业引才，夯实精英人才储备。三是亲情吸引"离巢"人才。依托唐山一中等优秀的教育资源，每年有大量学生被国内重点高校录取。

优秀的本科、研究生、博士生中唐山人占比不在少数。可利用春节、国庆节等时段，对返乡人员进行调查摸底，实时、准确、动态地掌握返乡人才的基本情况、就业需求和创业意向，建立在外人才储备库，进一步挖掘离巢人才。四是柔性引进高端急需人才。充分借助京津两地高校资源建立统一的人才交流、交换平台。依靠市外高端人才带领市内研究人员进行共同的科研项目研究，以及异地就医、异地金融服务等交流合作平台发现专业人才，柔性提升本市人才水平，确保柔性引才效益最大化。

（三）强平台固载体，完善育才硬支撑

人才培育是人才工作的基础，也是扩大数量、提高质量的主要途径，要用足用好各类育才平台，形成梯次布局。一是依托高校平台。学校是人才的孵化器，培养人才一定要先从学校抓起。提高培养要求，对专业知识水平突出的学生进行着重培养。采取定向培养、定向就业等方式对紧缺人才进行着重培养。开通高校特殊人才绿色通道，以优势学科为"极点"，着重引进或培养 1～2 名高精尖专业人才，引领行业发展，倒逼企业招贤纳才。二是用足社会培育平台。打造技能人才教育基地、农村劳动力转移与提高素质的培训基地、企业职工继续教育基地等来提高现有人员的知识、技术水平，使其成为更高水平的专业技能人才。三是充分发挥企业平台载体作用。重点支持唐钢、二十二冶、中信重工、中车、建华石墨烯等大中型企业建立人才平台，充分发挥其桥梁作用，汇聚全国乃至全球的行业人才信息，汇聚最新的科研成果，使全球行业内人才能为企业所用。比如联合中车、北京交通大学、中科院智能研究院等，形成区域产业联盟，吸纳国内外优秀人才，更好地推动高铁、装备制造等行业发展。四是加大市属研究机构的平台建设。主要是市属事业单位、医院、行业研究所（煤炭研究所、有色金属研究所等）等人才投入，包括人才引进力度、科研经费投入等，用于引进和留住人才。

（四）精政策细落实，构筑聚才新生态

基于"看得见、够得着、可操控"的原则，做细做实人才政策；进一步开拓人才服务思路，在精细化上下功夫。一是采取租售结合的住房政策。住房是关系民生的大事，在人才住房问题上，可以借鉴"雄安模式"，以长租形式让青年人才"安居乐业"，后续根据实际情况可以租转售，这样既有利于吸引年轻人才，更有利于留住人才，也能更好地促进人才政策发挥实效。二是构造人才社区服务模式。对中高端人才可以设立专门的人才服务机构，对符合人才标准的人员进行会员制服务，为人才提供个性化、精准化服务。结合青年人"宅"的特点，可以通过新建或旧楼改造，形成吃、住、交往等一体化的青年公寓社区，能更好地解决人才工作之外的"后顾之忧"，不仅可实现以满意度和幸福感留才，还可推动服务业发展，有利于优化城市产业结构。三是创新人才激励机制。开拓技术入股思路，不仅是专利，高学历、高级职业技能证书等皆可入股。改变普惠式的奖励政策，以人才的创新成果或业绩作为成果价值分配的标准，比如，收益与成果转化实际效益挂钩，对重大成果突破，可适当提高成果转化占比，从而更好地激发人才做出实效。四是营造强包容性的"软环境"，用柔性激励机制来拓展人才效用。按照马斯诺需求层次理论，高层次人才对于被尊重和自我实现等较高层次的需要更为看重，所以用情感激励等柔性的激励手段，创造一个弹性的工作时间、轻松的工作氛围和宽松的工作环境以及更强包容性的文化环境，能够更好地激发人才的创新思维和创造动力，起到事半功倍的效果。

（五）强理念重执行，健全保障体系

不断强化"一把手抓第一资源"的责任，结合本地实际，制定优化相应人才政策措施。一是完善党管人才工作格局。全市人才工作在市委、市政府和市人才工作领导小组的统一领导下，由组织部门牵头抓总，有关部门各司其职、密切配合，社会力量积极参与、发挥作用。理顺党委和政府人才工作职能部门职责，将行业、领域人才队伍建设及人才服务保障职能列入相关部门"三定"方案。二是建立党政领导联系人才制度。各级党政领导班子成员每年至少开展一次人才工作专题调研，至少挂钩联系一名重点人才（项目），与专家人才保持密切联系，广泛听取意见和建议，及时帮助协调解决实际问题。畅通人才参政议政渠道，对各类人才提出的重要建议，开展定期会商，实行挂牌督办。三是强化目标责任考核激励。加大党政领导班子和领导干部人才科技工作目标责任制考核力度，纳入"一把手"抓党建述职内容和考核体系。建立健全奖惩激励机制，将考核结果作为考核评价领导班子和领导干部的重要依据，与单位绩效考核挂钩，对履职不力的严肃问责。四是优先保障人才投入。市县两级财政根据人才发展实际需要，优先足额安排人才开发资金，并保持人才投入与经济发展同步增长。定期开展人才投入绩效分析，不断优化人才投入结构和方式，提升资金使用效益。鼓励和支持企业及社会组织建立人才发展基金，建立政府、企业、社会多元化人才投入机制。

作者：刘学谦，甄翠敏，张公鬼

唐山市创新转型升级发展的建议

为认真落实"城市经济""城市人才集聚""创新转型"三大课题，我院分别组织相关专家组成三个课题组进行专题研究。其中《关于唐山市大力发展城市经济的研究与建议》已完成并上报；"城市人才集聚"报告初稿已完成，正在修改完善中，《关于唐山市创新转型的研究与建议》现呈报仅供领导参考。

唐山是一座传统的以钢铁煤炭等重化工业为主导的资源型城市，习近平总书记于 2010 年 7 月和 2016 年 7 月两次亲临唐山视察，作出了"三个努力建成""三个走在前列"的重要指示和"英雄城市再创辉煌"的殷切期望，从而为唐山这座资源型城市转型发展指明了方向，确定了战略目标定位，描绘了美好的发展蓝图。2017 年 4 月，唐山入选全国首批产业转型升级示范区。按照要求，唐山需要用 10 年左右时间，建立健全支撑产业转型升级的内生动力机制、平台支撑体系，构建特色鲜明的现代产业集群。

一、新时代下创新转型的新要求、新特点

创新转型是党中央对唐山的要求，也是未来唐山发展的出路。党的十九大首次提出建设现代化经济体系，这是新时代做好我国经济工作的一个总纲领和新要求，而创新转型则是建设现代化经济体系的战略支撑。唐山是河北经济大市，在新时代发展背景下，唐山要想建立现代化经济体系，必须聚焦建设创新城市，打造地区发展产业地标，加快城市产业结构调整，构建现代产业新体系，形成推动经济高质量发展的"加速度"，从而保障唐山顺利实现要素投入增长型向创新驱动转变、资源依赖型发展向沿海开放带动转变，增强唐山整体经济的创新力和竞争力。

（一）创新是发展手段

习近平总书记曾提出"创新是引领发展的第一动力"的论断，与"科学技术是第一生产力"一脉相承，既是继承，也是发展，是对新时代下经济转型发展方向、

发展路径和主要着力点的精辟概括。抓创新就是抓发展，谋创新就是谋未来。在承前启后、继往开来的新时代背景下，创新成为时代发展的主旋律，创新不仅仅是指科技创新，还包括理论创新、体制创新、制度创新、人才创新等多种创新，要切实地把创新思维运用到产业转型、经济转型中去，做到基础创新、技术创新、品牌创新、经验创新，并通过对产业发展的创新转型促进区域可持续发展。创新是一种发展手段，创新要立足于现实基础，运用创新手段推动经济增长由要素投入增长向创新驱动转变。

（二）转型是发展目标

产业发展的转型升级是创新发展的目标所在，创新的最终目的就是实现产业转型，构建现代化经济体系，进而实现区域产业的可持续发展。一方面，在国家创新转型的大潮流之中，地区发展不能盲目顺从潮流，要结合自身情况，在依托原有传统产业的基础上，植入新技术、新元素、新人才，对传统产业进行改造、升级，延伸产业链、提升价值链，引导产业逐步发展或衍生成为现代服务业。另一方面要进行地区产业发展的新创造，培育促进地区发展的新兴产业、高新技术产业和现代服务业，扩大新兴产业集群，利用好政府政策、选准核心新兴产业、利用科技创新的动力，打造地区发展新优势，进而达到区域产业发展的"无中生有"效果。

（三）科技创新是核心

创新是经济增长的"发动机"，是动能转换的"核心引擎"。实施创新转型发展战略、推动以科技创新为核心的全面创新，必然要求我们真正把科技创新摆在发展全局的核心位置，切实发挥好其核心作用。当今世界正进入一个前所未有的"大科技"时代，基础科学沿着更微观、更宇观、更辩证、更人本等基本方向深度拓展，技术创新在新一代信息、新能源、新材料、生物科技等基本领域群起并进，带动先进制造、节能环保、新能源汽车等复合领域技术迅猛发展，关键共性技术、前沿引领技术、现代工程技术、颠覆性技术引领的创新正以革命性方式对落后产业产生归零效应，新的科研和创新范式加速兴起。所以，我们可以强调科技创新的基础作用、引领作用，但在新时代条件下我们应更多强调科技创新的核心作用。

（四）创新转型要考虑公众需求

习近平总书记指出"科技成果只有同国家需要、人民要求、市场需求相结合，完成从科学研究、实验开发、推广应用的三级跳，才能真正实现创新价值，实现创新驱动发展"。所以，只有解决了前沿拓展、后端应用这"一前一后"两大问题，科学技术才能真正转化成为现实生产力，进而引领经济社会发展。创新转型本质上就是创新供给与市场需求对接的一个过程，供给主体根据市场实际需要，创造出符合市场需求的新技术、新产品，市场自然会为科技成果提供转移转化、价值变现的渠道。如若创新转型成果只是为了创新而创新，为了转型而转型，不考虑国家需要、人民要求和市场需求，一味地关着门做研究，最终只能导致创新转型无用武之地。

（五）创新转型指向绿色化

绿色转型是现代化经济体系建设的发展趋势，也是实现经济高质量发展的必然选择与内在需求。但是，绿色转型是一项涉及多方面的系统工程，包括宏观经济层面的绿色转型和国家、区域或城市、乡村的绿色转型，中观层面的产业绿色转型，以及微观层面的企业或个体的绿色转型。从中观角度看，调整优化产业结构，改造升级传统优势产业，培育地区新兴产业，推动产业向高端化、绿色化、智能化、融合化迈进，这一过程必须坚持创新驱动、绿色转型的道路，加快构建科技含量高、资源消耗低、环境污染少的产业结构和生产方式，培育发展新动能，实现地区经济绿色增长。

二、唐山市创新转型过程中的现状及问题

近年来在市委、市政府的坚强领导下，唐山市社会各界以稳中求进应对稳中有变，以破立并举提速转型升级，取得了不俗成绩，但创新转型过程中还存在以下四大问题需要我们注意。

（一）创新驱动产业迭代升级，"4+5+4"现代产业体系基本成型，传统产业向价值链高端跃升略显乏力

2018 年，唐山市地区生产总值达到 6955 亿元，居全省第 1 位、全国第 28 位，服务业对经济增长贡献率达到 51.2%，高新技术产业增加值年均增速 17% 以上，对工业增长贡献率超 25%。

"4+5+4"现代产业体系已经基本成型，特别是新兴产业和生产性服务业增加值累计增速保持在 14 个百分点以上。但是，创新转型既应该能够支撑新兴产业的发展，同时也必须做到推动传统产业的优化升级，加速新旧动能转换。目前形势下，钢铁、煤炭、化工、陶瓷、装备制造等传统产业依旧是唐山市支柱型产业，贡献大半经济总量，但在唐山市规模以上工业企业中，有 R&D 活动的企业数量不足 20%，其 R&D 经费内部支出仅占主营业务收入的约 1%。加快要素投入增长型向创新驱动转变，以科技创新提升传统产业质量、延伸产业链条，以增值服务带动产业升级、促进传统产业发展，加快"互联网 +""标准 +""设计 +"嵌入，实现产业价值链向高端跃升，对唐山市更具现实性和紧迫性。

（二）众多创新载体相继落地，创新资源逐步汇集，科技创新策源能力以及关键核心技术的短板问题不容忽视

2018 年引进并落地战略性新兴产业投资 3000 万元以上项目共 70 个，新增科技孵化器（众创空间）26 个，新建科技园区 7 个，共有市级及以上工程技术研究中心、重点实验室、产业技术研究院 38 个，新增科技型中小企业 1423 家，新增高新技术企业 232 家，超过近 5 年增量总和，全市战略性新兴产业增加值增长 17.2%。

企业作为创新活动的主体，培育一批原创性基础研究成果是创新策源能力提升的重要标志，掌握自主创新的核心技术能力是提高综合实力的大前提。目前许多高新技术企业、科技型中小企业盲目依赖政府政策扶持，研发力量薄弱，缺乏自身核心技术，距离成为独立自主的科技创新主体还有较大的差距。主要制约性因素有：企业自身缺乏高端技术人才；没有自己独立的研发机构；缺少资金；与高校、科研院所等沟通信息不畅；有些企业缺乏创新意愿和动力，满足现状，缺乏长期发展的眼光等。要想补足短板，强化科技创新策源功能、掌握关键核心技术，意味着唐山应该涌现出一批科学规律的第一发现者、技术发明的第一创造者、创新产业的第一开拓者、创新理念的第一实践者。

（三）科技研发投入逐年递增，创新成果转化机制尚不完善，科技资源向现实生产力转化速度待提升

唐山市 2017 年全社会 R&D 经费内部支出 82.2 亿元，居全省第 2 位，占当年 GDP 比重为 1.26%，同期增长 19.65%；2018 年政府科技拨款 9.1 亿元，累计增长 28.5%，并且呈逐年递增趋势。

创新是一个系统工程，就目前形势来看，尚不能充分发挥企业创新主体作用，由于主观或客观因素，科技成果转化服务平台、高新技术产品推广应用服务平台、传统产业智能化改造平台等科技成果转化平台尚未起到重要支撑作用。不能构建形成产学研协同创新共同体，技术创新这股动力就不能顺畅推进科技与经济的深度融合；产业链、资金链、人才链、技术链不能做到"四链合一"，则科研成果很难市场化、创新资源向现实生产力转化这条鸿沟仍然较大。

（四）形成了一批有竞争力的领军企业和特色产业，但提升城市首位度的高质高端业态尚未形成有效品牌

2019 年政府工作报告明确指出，深化大数据、人工智能等研发应用，培育新一代信息技术、高端装备、生物医药、新能源汽车、新材料等新兴产业集群，壮大数字经济。

对标国家创新发展战略，2018 年唐山市战略性新兴产业增加值累计增长 14.4%，占规上工业比重为 13.4%，五大新兴产业增加值累计增长 15.1%，特别是动力电池和机器人产业累计增长超过 70%。对丰润轨道交通、高新区机器人、迁西激光再制造等有产业基础和发展潜力的新兴产业，瞄准高质高端，加强政策扶持，打响特色品牌，形成了一批省级、国家级的领军企业，构建了一批有竞争力的战略性新兴产业集群。

《数字中国指数报告（2019）》结果显示，唐山市以总指数 2.3905 分排名第 57 位〔低于省内石家庄（5.1954，21）、保定（3.3748，39）、廊坊（2.6450，53）、邯郸（2.6269，54）〕；唐山市其他分指标为：数字产业，第 57 名；数字文化，第 40 名；数字政务，第 90 名；数字生活，第 47 名。横向比较这些指标可以发现数字文化与数字生活排名较为靠前，但是纵向比较唐山市数字经济整体比较乏力、竞争力较弱。据统计，唐山市居民的交通通信、教育文化娱乐和医疗保健 3 项共占居民人均消费支出比重的约 40%，并呈直线上升趋势，以引入新兴产业、创意设计、文化旅游等高质高端业态提升城市首位度，以文旅融合"小切口"做活城市转型大文章，是一个十分合时宜、十分必要的抉择。

三、唐山市创新转型升级相关建议

创新转型事关唐山高质量发展未来，因此，必须坚持市级统筹、区级主体，坚持"全域唐山"理念，坚持港产城融合发展，坚持以产兴城、以城聚人，以产业思维、市场理念推进创新转型，探索盘活存量、无中生有、腾笼换鸟、有中生新等方式方法，建设一条支撑唐山市高质量发展的创新驱动智能转型之路。

（一）总体思路

以推动创新转型升级，实现转变发展方式、调整经济结构、推进供给侧结构性改革为目标，坚持"传统优势产业走出去，新兴空白产业引进来，数字绿色产业增上去，污染耗能产业降下来"原则，实施创新转型双轨制，实现产业结构由"重"到"轻"转变、产品结构由低端到高端转变、能源结构由传统能源到绿色清洁能源转变，促进工业化、信息化、城镇化、农业现代化同步发展。逐步推动基础创新、技术创新、品牌创新、经验创新、引进创新，培育发展新动能、拓展发展新空间、完善发展新机制，聚集城市经济的新业态、新要素、新增量，助推唐山市高质量发展。

（二）相关政策建议

1. 培育高水平科技创新载体，提升科技创新策源能力

以国家创新型城市建设为契机，建设迁西县、迁安市、玉田县等跨县区科技创新走廊，利用相关政策优势，打造河北省自贸区曹妃甸片区、高新技术开发区、曹

妃甸大学城、丰润动车城"两区两城"创新核，促进信息、资金、人才、征信等方面的互联互通，保障生产要素在区域内有序高效流动。推进国际一流创新平台建设。加大省级以上重点实验室、工程研究中心（工程实验室）、技术创新中心（工程技术研究中心）、产业技术研究院、企业技术中心等投入力度。提升"两区两城"创新能力，以及国家级孵化器、众创空间、院士工作站等数量。面向唐山市重点产业布局，依托华北理工大学、唐山学院、唐山师范学院等高校及各类科研平台联合攻关，突破新一代人工智能、智能运载工具等关键核心技术。

2. 提高传统产业智能化水平，打通创新链、提升价值链、延伸应用链

开展智能制造提升工程。嵌入"互联网+""标准+""设计+"等技术，助推现代化农业发展。建设应用工业互联网、培育智能制造新模式，延伸传统产业链，大力发展 AI 产业、大数据产业、大电商、应急产业、体育产业。曹妃甸区探索构建国家级物联网产业示范基地，加速打造千亿规模的国家级物联网产业集群。推进高新技术产业园区软件园形成行业应用软件、互联网服务、大数据、IC 设计和智能控制等产业集群。大力发展职业教育，挖掘文化资源的智能化培育模式，形成以智慧文旅业为主的多样化、个性化、品质化的现代服务业。实施智能产品创新计划。推进高新技术开发区智能机器人产业发展，打造自主可控、智能安防、智能制造及应用、大数据等方面的"机器人硅谷"建设；推动智能终端与信息消费、大数据的紧密结合，研发智能终端产品；推动传统家电智能化升级，更新智能家居产品，创新服务模式。

3. 以推进绿色转型为目标，打造生态大唐山

优先发展环保、节能型产业，逐步破解唐山作为北京蓝天保卫战的关键节点，推进产业生态化、高端化、智能化；加快形成节约资源、保护环境、安全智能的空间格局、产业结构和生产方式，让绿色成为高质量发展的最鲜明底色，建设"美丽唐山"；要统筹区域发展，深入实施乡村振兴战略，走好城乡一体化发展路子，建设京津优质安全农产品供应基地、环京津生产加工物流基地、京津冀休闲农业和乡村旅游目的地，打造"强富美"乡村振兴的唐山样板。

4. 坚守自主品牌创新，打造超大型人工智能产业项目

形成自主研发和引进培育相结合的人工智能技术体系，建设华北理工大学人工智能学院，推进智能制造、智慧文旅、智慧农业、智慧物流、智慧医疗与健康、智慧教育、智能公共服务等大型人工智能产业项目。组建市级人工智能无障碍技术创新中心，成立"无障碍人工智能技术创新战略联盟"，建立"院士专家+政府职能部门+高校院所团队+专业技能人才+孵化器+投资机构"多方集合的人工智能无障碍产品产业的专家团队，对人工智能无障碍产业重大决策开展咨询和评估。通过设立无障碍人工智能科技专项，设立重大专项及科技重点专项等科技计划项目，加强对人工智能无障碍领域科技创新项目的投入。力争在计算机视觉技术、自然语言处理技术、人机交互技术产品研发方面取得突破。以国轩高科为主的新能源产业基地建设项目为引领，建立重大产业项目招商引资和建设储备库，做好大项目建设、招商引资、转型升级等各项工作，形成大项目带动、产业推动、智能生产的创新转型新格局。

5. 开拓创新理念，形成高质高端新业态

以数字城市地理空间框架建设项目为基础，推动区块链底层技术服务和新型智慧城市建设相结合，构建区块链产业生态，提升城市智能化、精准化管理水平；逐步形成互联网经济、楼宇经济、文旅产业、大健康产业等高质高端新业态；仿照武器研发"装备一代，设计一代，预研一代"三代法进行产业发展布局，瞄准氢能源、电子纸（柔性显示器）、无人驾驶、信息技术制造业等战略性新兴产业，制定战略性新兴产业发展规划；探索发展以旅游、文化、体育、康养等产业为代表，以健康、绿色、智慧等为特征的幸福产业，促进经济转型升级、培育发展新动能，推动服务业高质量发展。

6. 升级信息化基础设施，提升电子政务服务水平

实施新时代"数字唐山·宽带工程"行动计划。扩大光纤宽带和4G网络的覆盖广度深度。推进第五代移动通信系统（5G）的技术试验和商用试点建设，开展5G示范应用，完善智慧广电网络基础设施；优化唐山网上办事大厅"一网通办"能力。推进全市重点领域高频便民服务事项网上办理，建设唐山掌上政务平台便民利民应用，实现掌上便民服务业务闭环。深入开展"互联网＋"工程。开展重点领域大数据应用，建设唐山"金服云""生态云""健康医疗云""旅游云"等云平台，更好地提供金融服务、环境治理、医疗服务及旅游服务。

7. 完善科技创新转化机制，提升科技资源转化能力

搭建科技成果转化平台。加强与高校、企业、科研院所合作，支持高校院所依托优势学科建设技术转移平台。积极引进中国科学院的优质科技创新资源和科技服务团队，充分发挥中科院战略咨询研究院唐山科学发展研究院的智库作用，加快中科院北京国家技术转移中心唐山中心的规划建设；完善科技成果转移转化体系，关注科技成果市场；加强省级及以上技术转移机构、技术合同认定登记机构等各类专业化、市场化的技术转移服务机构建设；推动京津冀协同创新。吸引优秀科技成果入唐进行孵化转化，推动创新项目来唐转移落地，打造京津冀地区重要的科技成果转化基地和高新技术产业化基地。

作者：何新生，薛晓光，齐立强，沈兆楠，高原